Ao querido amigo Pedro.
Dedico alguns momentos de
muito prazer... o prazer da leitura!
Beijos

O NAPOLEÃO DO CRIME

BEN MACINTYRE

O Napoleão do crime

A vida de Adam Worth, o ladrão mais genial do século XIX

Tradução
Beth Vieira

COMPANHIA DAS LETRAS

Título original
The Napoleon of crime
The life and times of Adam Worth, the real Moriarty

Capa
Silvia Ribeiro
sobre fotomontagem de Roberto Stelzer a partir de fotos de Adam Worth
e de *A duquesa de Devonshire*, óleo de Thomas Gainsborough (1787)

Índice remissivo
Maria Claudia Carvalho Mattos

Preparação
Cristina Penz

Revisão
Beatriz de Freitas Moreira
Carmen S. da Costa

Dados Internacionais de Catalogação na Publicação (CIP)
(Câmara Brasileira do Livro, SP, Brasil)

Macintyre, Ben, 1963-
O Napoleão do crime : a vida de Adam Worth, o ladrão mais genial do século XIX / Ben Macintyre ; tradução Beth Vieira. — São Paulo : Companhia das Letras, 2000.

Título original: The Napoleon of crime.
ISBN 85-359-0006-3

1. Crime organizado — História — Século 19 2. Ladrões — Estados Unidos — Biografia 3. Ladrões — Grã-Bretanha — Biografia 4. Roubos a bancos — Grã-Bretanha — História — Século 19 5. Worth, Adam, 1844-1902 I. Título. II. Título: A vida de Adam Worth, o ladrão mais genial do século XIX.

00-1559 CDD-364.1552092

Índice para catálogo sistemático:
1. Ladrões famosos : Biografia 364.1552092

[2000]

EDITORA SCHWARCZ LTDA.
Rua Bandeira Paulista 702 cj. 32
04532-002 — São Paulo — SP
Telefone (11) 3846-0801
Fax (11) 3846-0814
e-mail: editora@companhiadasletras.com.br

Para Kate

Índice

Adam Worth foi o Napoleão do mundo do crime. Ninguém lhe chegou aos pés.

Sir Robert Anderson,
chefe do Departamento de Investigação Criminal,
Scotland Yard, 1907

Ele é o Napoleão do crime, Watson. É ele quem organiza metade de tudo quanto é nocivo e quase todos os crimes não detectados desta grande cidade. Ele é um gênio, um filósofo, um pensador abstrato. Tem um cérebro de primeira classe. Senta-se imóvel, como uma aranha no centro de sua teia, mas essa teia tem milhares de raios e ele conhece bem o frêmito de cada uma delas. Ele próprio faz muito pouco. Apenas planeja. Porém seus agentes são numerosos e magnificamente organizados [...] *o poder central que utiliza os agentes não é nunca apanhado — não chega sequer a se tornar suspeito.*

Sherlock Holmes sobre o professor Moriarty em
"O problema final" de Sir Arthur Conan Doyle

Espero que não esteja levando uma vida dupla, fingindo-se de malvado e sendo realmente bom o tempo todo. Isso seria hipocrisia.

Oscar Wilde, *The importance of being earnest*

Prefácio

Eu tinha ido a Los Angeles para cobrir o último capítulo do caso Rodney King, aquela saga de ferocidade que tão bem define os tempos modernos. Porém saí da cidade com uma história muito diferente sobre bandidos e tiras.

Os policiais brancos de Los Angeles, filmados por um câmera amador quando espancavam um motorista negro, estavam no banco dos réus pela segunda vez, proclamando obstinadamente sua inocência. Previa-se, com absoluta confiança, que a cidade estava à beira de uma revolta. Uma tarde, enquanto os jurados se retiravam para dar o veredicto, decidi ir até o bairro de Van Nuys para explorar os arquivos da Agência de Detetives Pinkerton, pensando que talvez pudesse escrever um artigo para o *Times* a respeito da lei norte-americana numa outra era, cor sépia, num mundo distante dos valentões em julgamento ou daqueles nos guetos que podiam sair às ruas, caso escapassem de novo da justiça.

Os Pinkerton. O próprio nome evocava duros homens da lei, com pêlos cômicos na cara e um revólver com seis cartuchos no tambor, perseguindo gente como Jesse James, a gangue Reno,

Butch Cassidy e Sundance Kid. Levado até o arquivo no porão por uma secretária entediada, mascando chiclete de bola, percebi imediatamente que havia muito mais ali do que eu poderia digerir num ano, que dirá numa tarde. As filas de armários estavam literalmente transbordando de pastas, um testamento dos métodos esmerados dos primeiros detetives norte-americanos. Uma hora e pouco de investigação ao acaso me levaram a um álbum de recortes encadernado e datado de 1902. Folheando, topei com este fragmento de notícia.

SUNDAY OREGONIAN

PORTLAND, 27 DE JULHO, 1902

Adam Worth, o maior ladrão dos tempos modernos: roubou $ 3 000 000

Esta é a história de Adam Worth.

Se um escritor de ficção pudesse conceber uma tal história, possivelmente hesitaria muito em escrevê-la por medo de ser acusado de abusar do improvável.

O julgamento sóbrio, desapaixonado e técnico passado pelos melhores caça-ladrões da América e da Grã-Bretanha é o de que Adam Worth foi o mais notável, o mais bem-sucedido e o mais perigoso profissional do crime a surgir em tempos modernos.

Adam Worth, numa vida de crimes que abarcou quase meio século, roubou no mínimo 2 milhões de dólares ou, mais provavelmente, 3 milhões de dólares.

Ele cruzou o Mediterrâneo num iate a vapor com uma tripulação de vinte homens e deixou um rastro de cidades pilhadas atrás de si.

Foi pego apenas uma vez e, mesmo assim, graças a um engano de um estúpido comparsa.

Ele dirigia os criminosos mais espertos e planejava feitos para eles com uma engenhosidade que desafiava os melhores detetives do mundo.

As polícias da América e da Europa ansiaram durante anos por pegá-lo e, durante anos, ele perpetrou todas as formas de roubo — falsificação de cheques, fraudes, apropriações indébitas, arrombamento de cofres, roubos de diamantes, roubos postais, roubos em todos os graus, assaltos na estrada e assaltos a banco — com completa imunidade, debaixo das vistas dessas mesmas polícias.

Havia três características redentoras na vida dessa alma perdida.

Ele adorava sua família e tratava seus entes queridos como algo sagrado. Sua mulher nunca soube que era um criminoso. Seus filhos vivem hoje nos Estados Unidos em completa ignorância do fato de que seu pai foi o larápio-mor do mundo civilizado.

Nunca foi culpado de violência e nunca se associou, em nenhuma circunstância, a qualquer um que o fosse.

Nunca abandonou um amigo ou cúmplice.

Devido a essa lealdade, uma vez resgatou seu bando de falsificadores de uma prisão turca e, depois, de salteadores gregos, caindo na miséria absoluta para fazê-lo.

Devido a essa lealdade, tornou-se "O Homem que Roubou o Gainsborough".

O motivo desse roubo será contado aqui pela primeira vez. Até agora, todos que dele tinham conhecimento estavam sob a obrigação peremptória de silêncio. O motivo que levou ao roubo é único na história do crime moderno. E Adam Worth, dono de milhões, que jogava cara ou coroa a cem libras por vez, que numa determinada época possuiu cavalos de corrida, que teve um iate a vapor e outro a vela, morreu algumas semanas atrás da forma como começou — um ladrão pobre, sem um centavo.

Ele se alçou acima de todos os outros criminosos de seu tempo; estava tão adiante deles que o homem que o perseguia fraquejou diante da maestria de seu intelecto; porém, o destino inexorável que persegue o violador das leis morais o alcançou e acabou com ele, pelo menos onde a lei do homem viu-se impotente.

Quando Adam Worth morreu — à exceção de alguns funcionários e detetives da Scotland Yard, dos Pinkerton e de muito poucos membros da polícia norte-americana — ele continuava tão misterioso para a grande maioria dos oficiais de polícia do mundo quanto o fora em vida. Se não tivesse se tornado famoso, recentemente, como o homem que roubou e devolveu o retrato de Gainsborough, o público provavelmente nunca teria ouvido falar dele. Apenas uns poucos, entre os mais hábeis detetives do mundo, o conheciam, ainda que só de vista. Um número menor ainda sabia qualquer coisa a seu respeito. A história que se segue é uma versão completa e minuciosamente exata, conferida em cada detalhe e endossada pelos homens que passaram quase meio século tentando pegá-lo.

Não restou nesta história nada para conjecturas.

O resto do artigo, para minha imensa fúria, não fora colado no álbum. Li várias vezes esse recorte, extravagante em suas afirmações, mesmo para os padrões jornalísticos da época, e uma pequena onda de emoções começou a se formar em algum lugar no fundo de minha mente. Meu *pager* eletrônico tocou, trazendo-me rapidamente de volta ao presente, com a notícia de que o veredicto do caso Rodney King era iminente. Até a tarde seguinte, dois dos policiais haviam sido considerados culpados, os habitantes da região centro-sul de Los Angeles tinham decidido não se revoltar e eu estava de volta a Van Nuys, revirando os arquivos Pinkerton em busca de todo e qualquer material que pudesse achar sobre Adam Worth. Os detetives, percebi rapidamente, haviam caçado Worth pelo mundo todo durante décadas com uma teimosia constante, e o resultado era uma abundância de documentos: seis pastas cronológicas completas, amarradas com barbante e cheias de fotografias, cartas, mais artigos de jornal e centenas de memorandos dos detetives Pinkerton, todos meticulosamente escritos em letra redonda e miúda, relatando uma história ainda mais intrigante e peculiar do que aquela que o escritor sem nome do *Sunday Oregonian* sugerira.

Isso porque Adam Worth, conforme transpareceu, era muito mais que um simples vigarista talentoso. Charlatão profissional, foi o mais temido dos bichos-papões vitorianos: o homem de dupla face, o patife charmoso, o respeitável e civilizado doutor Jekyll, cuja vilania patenteava-se apenas sob o disfarce da noite. Worth fez da própria vida um mito, erguendo uma pesada cortina de riquezas e posses para encobrir uma infinidade de crimes que começaram com bater carteiras e deserção e, mais tarde, expandiram-se e incluíram arrombamentos de cofre em escala industrial, falsificação internacional, roubo de jóias e assaltos em estradas. O dossiê de Worth revelava uma vívida galeria de vigaristas, aristocratas, charlatões, prostitutas, membros de quadrilha e policiais, todos girando em torno desse homem singular. Em detalhes, os detetives descreviam uma rede criminosa que tinha por centro Paris e Londres e que se estendia da Jamaica à África do Sul, da América à Turquia.

Deixei os arquivos Pinkerton encantado porém espicaçado pela curiosidade. O material era vasto mas incompleto. Como todo vigarista sensato, preocupado em não ser localizado, Worth não escrevera suas memórias e deixara apenas um punhado de cartas cifradas. Minhas pesquisas iniciais levantaram mais perguntas que respostas. Como Worth desenvolvera seu contraditório código moral? Como escapara à prisão durante tantos anos? Como se transformara de um pobre imigrante judeu-alemão de Cambridge, Massachusetts, num lorde inglês, em pleno coração aristocrático de Londres?

Um dos mistérios intrigava-me mais que os outros. No início do verão de 1876, no auge de seus poderes criminosos, Worth roubara de uma galeria de arte londrina, na calada da noite, *A duquesa de Devonshire*, o famoso retrato feito por Thomas Gainsborough e, na época, o quadro mais caro jamais vendido. O que dera nele? E por que, ainda mais bizarramente, ele guardara a grande tela, em segredo, pelos 25 anos seguintes? O retrato de Gainsborough, disso eu já estava seguro, era a chave para se abrir o segredo de Adam Worth.

A Califórnia mostrou ser apenas o primeiro passo de uma longa trilha. Lentamente fui compondo um painel mais completo, a partir de cartas, diários, memórias publicadas por outros criminosos, relatos de jornais e arquivos da Scotland Yard, da Sûreté de Paris, da Galeria Agnew e de Chatsworth House. Outras e inesperadas descobertas vieram na seqüência.

Worth inventou a própria vida como um romance dramático. Porém, quando o *Sunday Oregonian* falou de sua história picante como material de ficção pura, o jornal estava dizendo a verdade literal. O detetive inglês Sherlock Holmes já era um nome familiar quando Sir Arthur Conan Doyle soube, pela primeira vez, dos atos de vilania de Worth. O grande escritor inglês usou Worth como modelo para ninguém menos que o professor Moriarty, o malévolo adversário de Holmes, colecionador de arte e um dos mais memoráveis criminosos da literatura. Conan Doyle não está sozinho em seu débito para com Worth porque escritores tão diversos quanto Henry James e Rosamund De Zeer Marshall, autora de romances de sexo explícito da época da guerra, também encontraram inspiração nas atividades de Worth.

Minhas fontes de informação levaram-me a peregrinações improváveis: ao majestoso prédio em Piccadilly, perto da Fortnum & Mason's, onde ficava o quartel-general criminoso de Worth; ao campo de batalha da Guerra Civil norte-americana onde ele se inventou pela primeira vez; à galeria de arte londrina de onde ele roubou sua mais preciosa posse e a uma sala de leilões da Sotheby's onde, pela primeira vez, encontrei a indelével imagem cara a cara. Enquanto escrevo, do escritório em Paris do *Times*, posso ver do outro lado da Place de l'Opéra o Grand Hôtel, onde Worth dirigia um cassino ilegal ao lado de sua amante, por volta de 1870. Ainda não estou certo se fui eu quem seguiu Worth pelos últimos quatro anos ou se foi ele quem me seguiu.

Eu comecei disposto a caçar "o maior ladrão dos tempos modernos". O que encontrei acabou se mostrando um reflexo improvável daqueles tempos e dos nossos: um cavalheiro vitoriano e ao mesmo tempo um ladrão magistral, que fundiu os mais altos princípios morais às mais baixas vigarices criminosas. O que se segue é uma história que nunca tinha sido contada; é uma história de personalidades duplas, padrões duplos e hipocrisia heróica.

Esta é a história de Adam Worth.

Paris
março, 1997

£1000

DE RECOMPENSA

Roubado

Entre vinte e uma e trinta, 25, e sete da manhã, 26, deste mês, da Picture Gallery, Old Bond Street, nº 39-B, o célebre óleo, pintado por Gainsborough, da duquesa de Devonshire, de 60 por 45 polegadas, sem moldura nem suporte.

Ela está vestida de branco, com saia e faixa de seda azul e um grande chapéu preto com penas. A cabeça está voltada três quartos para a direita, os olhos na direção do espectador, os cabelos profusamente cacheados, empoados e caindo-lhe sobre os ombros; a tez é muito brilhante e os braços estão cruzados diante da cintura. O fundo da tela compreende o céu, com árvores de ambos os lados da figura.

A recompensa acima será paga pelos senhores Agnew & Sons, de Old Bond Street, nº 39-B, a qualquer pessoa capaz de fornecer informações que levem à apreensão e ao julgamento do ladrão ou dos ladrões e à recuperação da tela.

Informações ao superintendente Williamson, Departamento de Detetives, Great Scotland Yard, Londres, sw.

1. A fuga

Numa noite nevoenta de maio, no ano de 1876, três homens emergiram de um endereço da moda, em Piccadilly, de cartola na cabeça, dinheiro no bolso e furto em grande escala na mente. Num passo apressado, o trio seguiu pela rua deserta e, no local onde a Piccadilly cruza com a Old Bond Street, parou. Famosa por suas galerias de arte e lojas de antiguidades, durante o dia a Old Bond Street ficava congestionada com as carruagens dos ricos, bem-nascidos e culturalmente bem informados. Agora estava totalmente vazia.

Os três trocaram algumas palavras na esquina, depois um deles esgueirou-se até um beiral, invisível para além das sombras bruxuleantes da iluminação a gás, enquanto os outros dois viraram à direita na Old Bond Street. Faziam um par incongruente enquanto andavam: um era franzino e garboso, tinha uns 35 anos de idade, usava bigodes longos e aparados e estava vestido no auge da moderna elegância, completa com botões de madrepérola e corrente de ouro para o relógio. O outro, andando alguns passos atrás, era um sujeito troncudo, de suíças grisalhas, cuja sobrecasaca mal assentada quase não chegava a cobrir o tonel que tinha por peito. Houvesse alguém ali para observar o par, teria presumido tratar-se de um homem rico tomando a fresca ao lado de seu pouco atraente valete, após um jantar substancial em seu clube.

Do lado de fora da galeria de arte de Thomas Agnew & Sons, no número 39 da Old Bond Street, os dois pararam e, enquanto o aristocrata apagava o charuto e admirava o próprio reflexo esmaecido, mas altivo, no vidro, seu companheiro brutamontes olhava furtivamente para cima e para baixo da rua. Em seguida, a um sinal de seu senhor, o gigante achatou-se contra a parede e juntou as mãos em estribo, no qual o homem pequeno colocou um bem calçado pé, como se estivesse montando num puro-sangue. Com um gemido, o homenzarrão alçou o sujeitinho pela parede e, em poucos momentos, ele já havia escalado agilmente até o parapeito da janela, a uns quatro metros e meio da calçada. Equilibrando-se precariamente, ele se utilizou de um pequeno pé-de-cabra para forçar o batente da janela e entrou, enquanto seu companheiro desaparecia de vista abaixo do portal da galeria.

A sala não tinha mobília e estava às escuras, mas, sob a frágil luz vinda da calçada iluminada a gás, era possível distinguir-se uma grande tela numa moldura dourada na parede oposta. O homenzinho tirou o chapéu ao se aproximar.

A mulher do retrato, famosa por toda Londres como a maior beldade a agraciar uma tela, fitava o espectador com olhos imperiosos e inquisitivos. O cabelo cascateava em cachos por sob um chapéu de abas largas, assentado num ângulo jovial para emoldurar um olhar ao mesmo tempo tentador e zombeteiro, e um sorriso que era um tremular aquém de um beicinho de birra.

O vago rumor dos roncos do vigia noturno subia do aposento inferior enquanto o pequeno cavalheiro desatrelava uma grossa corda de veludo que, durante o dia, mantinha a curiosidade do público a uma certa distância da tela. Tirando uma lâmina afiada do bolso, com infinito cuidado cortou o retrato da moldura e colocou-o no chão da galeria. Em seguida pegou um pequeno pote de pasta e, usando a borla de veludo que havia na extremidade da corda, salpicou o dorso da tela para torná-la maleável, depois enrolou-a com a pintura pelo lado de fora, para evitar rachaduras na superfície, e enfiou a tela dentro da sobrecasaca.

Alguns segundos depois já tinha descido pelos ombros de seu monstruoso assistente até a rua. Um assobio baixo convocou o espia que ficara na esquina e, com passadas lépidas, o pequeno dândi tomou a Piccadilly outra vez, com o retrato roubado apertado de encontro ao peito e os dois vis companheiros logo atrás.

A senhora pintada era Georgiana, duquesa de Devonshire, outrora celebrada como a mais bela e a mais depravada mulher da Inglaterra georgiana. O pintor, o grande Thomas Gainsborough, executara este que é um de seus melhores retratos, em 1787. Poucas semanas antes do evento recém-relatado, a tela fora vendida num leilão por 10 mil guinéus, na época o preço mais alto jamais pago por uma obra de arte, causando sensação. Georgiana de Devonshire, nascida Spencer, era mais uma vez o assunto principal de Londres, tanto quanto sua tetra-sobrinha Diana, princesa de Gales, nascida Spencer, tornar-se-ia em nossos tempos.

Durante a vida de Georgiana, que terminou em 1806, seus admiradores competiam para prestar tributos às "amenidades e graças de suas maneiras, a seus modos irresistíveis e à sedução de sua companhia". Seus detratores, entretanto, consideravam-na uma harpia desavergonhada, uma jogadora, uma beberrona e uma ameaça à moral civilizada, que vivia abertamente num *ménage à trois* com o marido e a amante. Mulher nenhuma da época suscitou tanta inveja ou provocou mais mexericos.

A venda da grande tela de Gainsborough para o *marchand* William Agnew fora motivo para uma nova onda de "Georgianamania". A visão que Gainsborough tivera do encanto enigmático e o extraordinário valor que agora lhe era atribuído tornaram-se assunto favorito em Londres. Os críticos vitorianos, assim como seus predecessores do século XVIII, uma vez mais acumularam louvores sobre esse ícone de beleza feminina, enquanto reproduziam alguns dos aspectos mais saborosos de sua história sexual.

Quando a tela foi roubada, o interesse público pela *Duquesa* de Gainsborough virou febre. O quadro adquiriu um imenso simbolismo cultural e sexual. Foi elogiado, reproduzido e arremedado incontáveis vezes, tornou-se o pôster da Marilyn Monroe da época, enquanto a própria Georgiana era, de novo, alçada a símbolo da coqueteria feminina. O nome do homem que raptou a *Duquesa* aquela noite, em 1876, era Adam Worth, aliás Henry J. Raymond, rico residente de Mayfair, cavalheiro esportista e mentor de crimes. Na época, Worth estava no auge de seus poderes, controlando um pequeno exército de infratores menores, numa surpreendente indústria criminosa. Roubar a tela foi um ato de apropriação indébita mas também de insolência e romantismo. Georgiana e seu retrato representavam o píncaro da alta sociedade inglesa. Worth, por outro lado, era um judeu de origem alemã, criado em pobreza abjeta na América que, mediante uma sólida ficha criminosa, reunira os quesitos necessários aos privilégios e ao status daquela sociedade, acrescidos de toda a aparência de virtude. A grande duquesa morrera setenta anos antes que Worth decidisse, em suas próprias palavras, "fugir" com seu retrato, dando início a um curioso e verdadeiramente vitoriano caso de amor entre um vigarista e uma tela.

2. Uma bela guerra

Catorze anos antes, ao final de agosto de 1862, os exércitos da União e da Confederação chegaram às vias de fato num lamacento campo da Virgínia, bombardeando-se mutuamente durante dois dias num encontro que ficou registrado na história como a Segunda Batalha de Bull Run, um dos combates mais sangrentos da Guerra Civil norte-americana.

Segundo os dados oficiais da guerra, mais de 3 mil soldados morreram na carnificina, inclusive um certo Adam Worth, que tinha apenas dezoito anos na época.

Bull Run foi palco da primeira morte e da primeira reencarnação de Worth. Relatos sobre sua morte foram, é claro, grandemente exagerados e, longe de sucumbir num campo de batalha da Virgínia, o jovem Worth sobreviveu à guerra gozando de saúde excelente, com um outro nome, uma profunda aversão por sangue e toda uma nova carreira de impostor pela frente. A Guerra Civil quase destruiu a América; no entanto, após o derramamento de sangue, o país moldou-se de uma outra forma, e o mesmo fez Worth. Durante os próximos quarenta anos, ele desapareceria e reapareceria sob novos nomes com uma regularidade e facilidade que atordoaram as polícias de três continentes.

Worth era sabidamente reticente quando se tratava de discutir os anos que antecederam seu estranho renascimento em Bull Run — talvez para preservar melhor a miríade de mitos que se acumulavam a sua volta. Alguns relatos posteriores afirmaram que ele era produto de uma rica família ianque e de uma educação dispendiosa, um cavalheiro criminoso na tradição de Raffles. Um outro informava, de modo categórico e sem nenhuma corroboração, que "seu pai fora um polono-russo, e sua mãe, alemã". O grande detetive William Pinkerton, o homem que acabou conhecendo Worth melhor do que todos os demais, insistia que ele era filho de um rico cidadão de Massachusetts que enviara o filho a uma academia particular para aprender um negócio honesto, mas que o garoto acabara sendo atraído ao crime por más companhias nos bordéis de Nova York. "Tivesse ele continuado uma vida decente, sem dúvida alguma teria se tornado famoso como homem de negócios", lamentou o valoroso Pinkerton. Uma outra figura importante na vida de Worth, uma notória ladra e mulher de bandido chamada Sophie Lyons, cooperou para a crença de que Worth provinha de boa cepa ao relatar que ele "nasceu de excelente família e foi bem educado, [mas] adquiriu maus hábitos e desenvolveu uma paixão pelo jogo".

O próprio Worth seria a última pessoa a negar tais inícios glamourosos e que estavam, como tantos outros aspectos de sua existência, a uma considerável distância da verdade. Adam Worth (ou Wirth, ou até mesmo, ocasionalmente, Werth) nasceu em 1844 em algum lugar do Leste da Alemanha. Seu pai e sua mãe eram judeus-alemães que emigraram para os Estados Unidos quando Worth tinha apenas cinco anos de idade. Sem falar inglês e praticamente um indigente, Worth *père* estabeleceu-se como alfaiate na cidade de Cambridge, Massachusetts. Não há nenhum outro detalhe sobre o pai e a mãe de Worth, mas é de se presumir que suas habilidades, principalmente na área da ética, eram claramente insuficientes: Adam Worth abraçou o crime em tenra idade, o irmão John seguiu-o logo depois e a irmã, Harriet, continuou a tradição da família casando-se com um advogado corrupto.

A primeira lição em falcatrua que Worth aprendeu foi, aparentemente, no pátio da escola. Pinkerton gostava de contar que ele "entrou na escola aos seis anos de idade e rapidamente, como o próprio Worth afirmava, foi levado a negociar com um menino mais velho, que lhe ofereceu um centavo novinho em folha em troca de dois velhos". O menino Worth, achando a moeda recém-cunhada um objeto muito mais atraente do que as suas duas velhas, concordou com a troca e voltou para casa para mostrar ao pai, que "lhe deu a mais cruel das sovas", com isso "imprimindo nele o valor de um novo centavo em relação a dois velhos".

"Desse dia em diante, até sua morte, ninguém, fosse amigo ou inimigo, honesto ou desonesto, negro ou índio, parente ou estranho, jamais tirou vantagem de Adam Worth em qualquer transação comercial, regular ou irregular", Pinkerton concluiu.

O jovem Worth cresceu, ou melhor, não cresceu, transformando-se num homem de baixa estatura, medindo entre um metro e 65 e um metro e setenta, segundo as fichas policiais. Seus contemporâneos tinham grande apreço por sua falta de altura, e seus colegas criminosos, que eram acima de tudo literais quando se tratava de distribuir apelidos, chamavam-no de "Little Adam". Na verdade, para uma época em que os seres humanos eram consideravelmente menores do que são agora, ele não estava muito abaixo da altura média, porém vinha a calhar aos propósitos daqueles que não tinham como não admirá-lo tornar nosso homem um anão, para assim magnificar suas canalhices e fazer parecer ainda mais notável sua habilidade em baldar as autoridades. Quando o detetive Robert Anderson, da Scotland Yard, chamou-o de "o Napoleão do mundo criminoso", estava se referindo não só aos nefandos feitos e à estatura criminosa do homem como também a sua contrastante falta de centímetros. O pequeno Worth rapidamente desenvolveu um grande complexo napoleônico.

A altura de Worth era sempre a primeira característica física a chamar a atenção dos vários detetives, policiais, vigaristas e amantes que entraram em contato com ele. A segunda eram os olhos, escuros, quase negros, vazios penetrantes sob sobrancelhas peludas, sugerindo inteligência e determinação. Quando ficava irritado, o que acontecia raramente, eles saltavam desagradavelmente. Tinha cabeleira espessa, que usava curta e penteada para o lado, um nariz proeminentemente curvo e, posteriormente na vida, um longo bigode que se curvava nas bochechas para encontrar-se com um par de gordas suíças.

Se a infância dura de Worth deixou-o com uma disposição cínica para sobrepujar todos os seus pares pela astúcia, também parece tê-lo deixado imbuído de um intenso romantismo. Enquanto seu pai ganhava uns tostões para manter a família viva no fétido cortiço que era o lar de Worth, a imaginação do filho mais velho levava-o para um mundo de altos jantares, finos adornos e conversas polidas.

Nos estudantes de Harvard que desfilavam por Cambridge, o imigrante judeu teve amplas oportunidades de observar, quando moleque, o espetáculo exteriorizado de riquezas e privilégio. Quanto mais brilhante o centavo, percebeu ele, mais fácil a falsificação. Envergonhado de suas origens humildes, frustrado com a penúria, o jovem Worth obviamente se sentia igual ao melhor dos jovens que perambulavam pelo parque Boston Common. A riqueza e sofisticação provocavam sentimentos ambivalentes, de inveja, ressentimento e raiva, mas também de admiração e desejo. Worth resolveu "subir" na vida.

A América de então, como a de agora, prometia todas as coisas a todos os homens, mesmo que nem sempre as entregasse. Era uma época em que a "ambição", como escreveu o cardeal Newman, "coloca toda a gente diante da perspectiva de sucesso, de subir na vida, de juntar dinheiro, de obter poder, de reprimir rivais, de triunfar sobre os que até então lhe eram superiores, de afetar uma importância e uma aristocracia que não possuía antes". Worth compartilhava dessas aspirações e, mais cedo ou mais tarde, acabaria por concretizá-las. Apenas seus métodos o destacariam de outros "homens que se fizeram sozinhos", porque o que outros ganharam, herdaram ou compraram ele simplesmente roubou, obtendo a respeitabilidade com furto, impudência e fraude. Se seu pai batalhara fazendo roupas para atender à vaidade dos ricos, Worth simplesmente teceria para si próprio o deslumbrante traje de um embusteiro, com pano surripiado.

No entanto, seria errado ver o jovem Worth apenas como uma criatura imoral, um destruidor nato do tecido social. Desde a idade mais tenra, sempre esposou princípios os mais valorosos: lealdade à família e aos amigos, as virtudes do trabalho árduo, perseverança, generosidade, caridade e coragem. Ao entrar na adolescência, o pequeno Adam já começara a desenvolver uma personalidade de partes múltiplas e conflitantes: egoísta, ganancioso e generoso até demais, ao mesmo tempo implacável e romântico. Via o próximo e principalmente seus superiores na escala social com indisfarçável cinismo; no entanto, jamais passaria a perna num amigo, roubaria um homem pobre ou faria mal aos inocentes. Tinha uma aguda consciência das diferenças entre o certo e o errado e desenvolveu um código de comportamento que manteve com a mesma convicção resoluta de qualquer outro pilar da sociedade, enquanto virava os códigos sociais de cabeça para baixo. Adam Worth tinha muito tempo para a moral; eram as leis que ele desdenhava. As circunstâncias difíceis e incertas dos primeiros anos de vida deixaram-no com a profunda convicção de que era possível ser um "bom" homem, pelo menos segundo suas próprias estimativas, e ao mesmo tempo seguir uma vida de logros calculados.

Ao sair de uma infância de privações para uma adolescência que não oferecia nada muito melhor, Worth tomou a decisão de livrar-se de sua primeira e desinteressante vida. Aos catorze anos, fugiu de casa, deixando para trás seus humildes pais e sua condição de párias sociais. A idéia de uma carreira de crimes e imposturas talvez ainda não estivesse formada na jovem mente, porém Worth já sabia o que não queria. Nunca mais pôs os pés na casa onde se criou, mas a necessidade de amor familiar e talvez também de uma forte figura paterna, coisa que seu pai nunca foi, marcou o restante de sua irrequieta existência.

Depois de alguns meses levando uma "vida de vagabundagem pela cidade de Boston", acabou indo para Nova York, onde arrumou, pela primeira e única vez, um trabalho honesto como funcionário "de uma das principais lojas da cidade de Nova York". Worth nunca forneceu detalhes desse flerte brevíssimo com o trabalho remunerado, sendo que os grandes mestres do crime são sabidamente sensíveis a respeito desse tipo de coisa, mas a experiência foi, de todo modo, encerrada pela Guerra Civil norte-americana. Aos dezessete anos, o escriturário de Massachusetts abandonou prontamente o tedioso emprego de arquivar pastas e uniu-se a um regimento do exército da União que se preparava para marchar rumo ao Sul e à batalha.

O nome de Worth aparece pela primeira vez nos registros do 34º Regimento da Artilharia Ligeira de Nova York, mais conhecida como "Bateria L", que se reuniu em Long Island. Foi oficialmente alistado no regimento em Nova York, a 28 de novembro de 1861, e recebeu uma "gratificação de mil dólares para aliciar voluntários", segundo Pinkerton. Muitos jovens recrutas aumentavam a idade ao se alistar, a fim de parecerem mais maduros do que eram e, assim, apressar possíveis promoções. Worth, de dezessete anos, deu sua idade como sendo vinte, a primeira mentira registrada.

O comandante da Bateria L era um sapateiro, alemão de nascença, chamada Jacob Roemer, que emigrara para Nova York em 1839. O capitão Roemer era um homem nervoso e irascível, com uma barba pontuda, olhos vesgos e o rosto hirsuto de um verdadeiro oficial de carreira. Vaidoso, explosivo e corajoso até a insanidade, muitos anos depois Roemer escreveria suas memórias, altamente auto-elogiosas, aparentemente destinadas a provar que fora ele, o autor em pessoa, o principal responsável pelo resultado da guerra. O jovem Worth, conterrâneo de Roemer por nascimento, parece ter chamado a atenção de seu comandante porque foi logo promovido a cabo e depois, em 30 de junho de 1862, ao posto de sargento, no comando de seu próprio canhão e cinco homens. Worth estava a caminho de se tornar um bom soldado, porém já se envolvera com congeniais más companhias. "Ele se associou a alguns companheiros desregrados, a quem conhecera em danças e folias" enquanto estava em Nova York, Pinkerton mais tarde registrou.

A vida da Bateria L era tudo menos festa. Durante vários meses, os soldados treinaram em Long Island, aprendendo a manobrar os canhões de campanha sob a inspeção obsessivamente crítica do capitão Roemer. Aí, no início do verão, o capitão Jacob Roemer, cinco oficiais comissionados, o sargento Adam Worth, 150 homens, 110 cavalos, doze mulas de carga e uma lavadeira fizeram as malas e rumaram para o Sul, para se unir ao restante do exército da União, sob o comando daquele confuso incompetente, o general Pope, merecidamente um dos generais menos lembrados de toda a Guerra Civil. Em Washington treinaram mais um pouco, nos arredores do prédio ainda por terminar do Capitólio. Worth claramente odiou cada momento e até Roemer admitiu que o acampamento Barry era um "buraco lamacento".

"Tudo o que queríamos era uma chance para provar nossa devoção e lealdade à pátria", o irritadiço e patriótico Roemer escreveu. Worth tinha outras idéias. De fato, suas primeiras experiências da vida militar contribuíram para um nascente desrespeito pela autoridade.

Durante a primeira metade de agosto, o exército da União e os Confederados, sob o comando de Thomas "Stonewall" Jackson, rodearam-se mútua e cautelosamente nos campos e colinas da Virgínia. A Bateria L tomou parte em várias escaramuças violentas, mas foi somente no final de agosto que os homens de Roemer experimentaram todos os horrores da batalha, quando os dois lados se encontraram cara a cara, pela segunda vez durante a guerra, perto do regato conhecido como Bull Run.

Na véspera do dia 28 de agosto, graças em grande parte à absurda determinação do capitão Roemer de cobrir-se a si e a seus homens de glórias e sangue, a Bateria L viu-se frente a frente com o inimigo em meio ao vale Manassas. Roemer gozou cada momento. "Tiros e morteiros voaram de todos os lados", ele lembrou depois, enquanto os soldados dispararam 207 cargas e, de alguma forma, rechaçaram o inimigo. "Eu estava triunfante", escreveu Roemer. Um de seus aterrorizados tenentes, contudo, foi encontrado escondido debaixo de uma moita e teve que ser removido, balbuciando incoerentemente, do campo de batalha. O comandante continuava em seu elemento, dando voltas pelo campo, esperando, talvez até querendo, ser atingido pelo inimigo e deixar uma trilha de últimas palavras apropriadamente heróicas no caminho. No dia 30 de agosto ele teve uma conversa destinada a levantar o moral de seus soldados. "Rapazes, não adianta mais esconder de vocês o que nos espera", ele anunciou, alegremente. "Antes que o sol se ponha esta noite, muitos de vocês podem ter dado suas vidas; talvez eu próprio terei dado a minha, porém tudo que tenho a dizer é — Morram como homens; não fujam como covardes. Mantenham-se ao lado de suas armas e, com a ajuda de Deus e nossos próprios esforços, talvez escapemos. Em frente, marchem." O que Worth fez com a épica oratória de Roemer pode-se deduzir de suas ações subseqüentes.

Algumas horas depois, a Bateria L viu-se em meio à mais feroz das batalhas até então. "Balas e morteiros caíam como granizo durante uma forte tempestade [...], as balas vinham de toda parte e os morteiros estavam arando o chão. Os homens rolavam, os cavalos caíam e, sem dúvida, parecia que 'o Juízo Final estava vindo'", recordou Roemer, que teve seu cavalo atingido e recebeu, para óbvio deleite seu, uma ferida na coxa direita. Finalmente o inimigo recuou. O exército da União fora solidamente derrotado em Bull Run, porém o desequilibrado capitão Roemer considerou a batalha uma imensa vitória pessoal.

Do ponto de vista de Adam Worth, entretanto, o fato mais intrigante do confronto em Bull Run foi que ele, oficialmente falando, não sobreviveu.

Roemer registrou o passamento do jovem Worth sem emoção: "Durante essa batalha, geralmente conhecida como Segunda Batalha de Bull Run ou Manassas, 29-30 de agosto, 1862, as baixas na Bateria L foram catorze homens alistados feridos (inclusive o sargento Adam Wirth [sic], mortalmente ferido), além de mim, três cavalos mortos e 21 feridos". Segundo os registros do Exército, Adam Worth morreu no hospital Seminary, Georgetown, a 25 de setembro, de feridas recebidas em batalha três semanas antes.

O que de fato aconteceu com Adam Worth em Bull Run é uma questão de especulação porque, ao contrário de Roemer e por motivos óbvios, ele não escreveu suas memórias de guerra. Com certeza foi ferido durante o confronto. Mais tarde ele iria se vangloriar do fato, no entanto o ferimento não parece ter sido sério. Em algum momento entre 30 de agosto, quando ele foi carregado do campo de batalha, e 25 de setembro, quando foi oficialmente registrado como morto, Worth concluiu com sucesso sua fuga. Talvez tenha trocado a identificação com outro soldado mortalmente ferido, ou talvez na esteira confusa do confronto, quando tantos feridos e moribundos estavam empilhados na capital do país, ele tenha terminado como um fortuito erro de transcrição, registrado na lista errada. Seja como for, Worth saiu dos campos de batalha da Virgínia apenas com um ferimento superficial e uma identidade totalmente nova. Adam Worth cessara oficialmente de existir e, assim, podia se mover sem medo de perseguições. Pela primeira vez, mas não pela última, ele reinventou a si próprio e tornou-se um "caçador de gratificações".

Durante os meses seguintes, Worth estabeleceu um sistema: ele se alistava num regimento qualquer, sob nome falso, recebia a gratificação que estivesse sendo oferecida, em seguida desertava. Assim foi que vagou de um lado do esparramado exército a outro, mudando de nome a cada parada e desenvolvendo um talento para a farsa que, mais tarde, tornar-se-ia uma profissão em tempo integral. William Pinkerton, que na época era ele próprio um jovem soldado no exército da União, relatou que Worth, após sua primeira deserção e realistamento, ficou "estacionado por uns tempos na ilha Riker, NY [e] dali foi transportado por vapor até o rio James, na Virgínia, onde foi designado para um dos regimentos de Nova York no exército do Potomac". Embora a guerra tenha convencido Worth da futilidade da violência, várias vezes se viu em meio a grandes batalhas, inclusive, segundo Pinkerton, a famosa batalha de maio de 1864, um confronto tão feroz quanto a Batalha de Bull Run.

Deserção era um negócio lucrativo, porém altamente arriscado. "Em seu terceiro alistamento", segundo um de seus associados no crime, "foi reconhecido como caçador de gratificações e, em conseqüência disso, mandado para a linha de frente do exército do Potomac, juntamente com outros de sua classe". Uma vez mais Worth conseguiu sair ileso; desertou prontamente e realistou-se. Havia, é claro, um limite para essas mudanças de regimento de modo que, num extraordinário ato de ousadia, ele agora decidira mudar de lado. Como escreveu um contemporâneo: "Por volta dessa época, o general Lee, do exército sulista, proclamou que todos os soldados da Federação que desertassem para as linhas confederadas, trazendo consigo suas armas, receberiam trinta dólares do governo confederado e também um passe livre para cruzar a fronteira de volta aos Estados Unidos através dos estados da Virgínia do Oeste e Kentucky".

O aspirante a vigarista, imperturbável diante de sutilezas como lealdade à causa da União, imediatamente "tirou partido desses termos excepcionalmente liberais e desertou uma noite, em companhia de alguns outros, enquanto faziam piquete". Não ficou muito tempo no Sul e, tendo recolhido seus trinta dólares, viajou "pelos estados confederados a pé, a fim de chegar à fronteira dos estados do Norte". Sem dúvida teria repetido o procedimento várias outras vezes, mas antes que pudesse fazê-lo a guerra acabou e, com ela, a primeira fase da carreira de crimes de Worth.

Worth foi apenas um entre milhares de soldados que se viram meio perdidos com a declaração de paz. William Pinkerton, homem que viria a desempenhar um papel decisivo na vida de Worth e a ser seu mais confiável cronista, foi outro. Em breve os dois homens tornar-se-iam adversários, cada qual de um lado da lei, depois admiradores mútuos ainda que relutantes, aí co-conspiradores e, por fim, bizarramente amigos. Seus caminhos não se cruzaram até o final da guerra, porém já eram reflexos de luz e sombra um do outro. Assim como os centavos brilhantes e azinhavrados da infância de Worth, tinham valor semelhante, mas um brilho totalmente diverso.

Filho mais velho de Allan Pinkerton, o escocês que fundou a grande agência de detetives em Chicago, em 1850, William Pinkerton era contemporâneo de Worth e alistara-se no exército da União quase na mesma época. Se a vida pregressa de Worth fora marcada por necessidades materiais e uma completa ausência de diretrizes morais, a de Pinkerton fora passada na próspera Chicago, sob as mais severas regras éticas. Allan Pinkerton era um detetive soberbo, mas um pai brutal e um fantástico moralista que pregava as virtudes da honestidade, integridade e coragem crua a seus filhos e empregados com algo próximo de fanatismo. William fez o possível para corresponder a padrões tão exigentes, mas nunca conseguiu ser bom o bastante. Trabalhando com o pai, chefe oficial dos espiões de Abraham Lincoln, William Pinkerton não só dirigiu agentes do outro lado da fronteira, em território confederado, como também esteve presente no primeiro vôo de observação de um balão de ar quente, durante a Guerra Civil. Corajoso, direto e cheio de energia, Pinkerton foi ferido no joelho por um morteiro, na batalha de Antietam, tendo já "obtido experiência que lhe seria valiosa na carreira que iria seguir". Freqüentou a Universidade Notre-Dame, em Indiana, durante um ano, depois integrou-se à agência de detetives do pai, em franco crescimento, onde logo estabeleceu a reputação de incansável homem da lei, um dos primeiros e talvez o melhor dessa raça de detetives norte-americanos. Os Pinkerton escolheram como símbolo um olho humano bem aberto e o mote "O olho que nunca dorme", do qual deriva o termo em inglês para detetive, "private eye".

As vidas e carreiras subseqüentes de Worth e Pinkerton demonstram, muito bem, a dualidade moral que tanto obcecava os vitorianos. Seguiram-se de perto e ecoaram-se mutuamente, o detetive fazendo o Holmes para o Moriarty de Worth, no entanto eram farinha do mesmo saco no que tange a gostos, atitudes e opiniões. Ambos, em grande medida, representavam histórias tipicamente norte-americanas de imigrantes que se fizeram sozinhos, inflexíveis em seu oportunismo, rígidos em suas crenças, porém em pólos opostos da moralidade convencional. Worth teria dado um excelente detetive; Pinkerton um criminoso talentoso. A Guerra Civil norte-americana foi uma experiência sombriamente niveladora, mas seu final permitiu ao país começar a reconstruir-se e a reinventar-se uma vez mais. Os dois homens saíram dos campos de batalha decididos, assim como milhares de outros, a deixar sua marca. Tomaram caminhos diametralmente opostos para alcançar esse objetivo; porém, no fim da vida, o caçador de gratificações e o herói de guerra acabariam, de uma forma que nenhum deles foi capaz de prever, do mesmo lado.

A de Pinkerton fora uma guerra notável, porém o registro militar oficial do sargento Adam Worth também foi de bravura sem máculas e de heroísmo trágico: um jovem e promissor soldado mortalmente ferido enquanto defendia a União no campo de batalha de Bull Run. A verdade, claro, é que ele passou a guerra driblando as autoridades, trocando de lado, abandonando as bandeiras dos dois exércitos rivais e recolhendo um bom lucro no caminho.

3. O bando de Manhattan

Após a Guerra Civil, como tantos outros veteranos, Worth acabou indo parar em Nova York que, por volta de 1860, já era um dos lugares de maior concentração de criminosos do planeta. Os políticos se vendiam, magistrados e policiais eram corruptos, os pobres tinham pouca escolha exceto roubar, e os ricos, muitas vezes, pouca inclinação para não fazê-lo, já que costumavam escapar incólumes. Raras vezes a história conspirou para reunir, numa pequena ilha, tamanha e tão vívida variedade de punguistas, malandros, prostitutas, trapaceiros, cafetões, assaltantes, mendigos, ladrões de banco e bandidos de toda espécie. Alguns dos piores criminosos ocupavam cargos da maior autoridade, pois que essa foi a era de Boss Tweed, provavelmente o político mais magnificamente venal que Nova York já produziu. A corrupção e o suborno permeavam a cidade como os veios permeiam o mármore, e os que tinham autoridade sobre a grande e fervilhante metrópole eram muitas vezes tão desonestos quanto os que eles policiavam e estorquiam. À medida que os detritos humanos iam sendo varridos para a zona sul de Manhattan, na esteira da Guerra Civil, a miséria e as oportunidades criminosas multiplicavam-se. Em 1866 um bispo metodista, Matthew Simpson, calculou que a cidade, com uma população total de 800 mil habitantes, incluía 30 mil ladrões, 20 mil prostitutas, 3 mil casas de bebida e outros 2 mil estabelecimentos dedicados ao jogo. Fortunas imensas coexistiam com pobreza extrema, e o crime era endêmico.

Os advogados corruptos mais famosos de Nova York, William Howe e Abraham Hummel, escreveram um livro sobre a perversa cidade, intitulado *In danger, or life in New York: a true history of the great city's wiles and temptations* [Em perigo, ou a vida em Nova York: uma história verdadeira dos estratagemas e das tentações da grande cidade], que se propunha ser uma advertência contra os perigos do crime, no interesse dos desavisados. Porém o que o livro fazia era, basicamente, anunciar as ofertas fáceis de lucro e fornecer uma cartilha sobre os vários métodos de obtê-los, de chantagem a trapaças no jogo e arrombamento de cofre. Howe e Hummel prometiam "elegantes armazéns, lotados com mercadorias as mais finas e caras, grandes bancos cujos cofres continham mais ouro do que poderia ser transportado pelo maior dos navios, estabelecimentos colossais cheios de diamantes, jóias e pedras preciosas recolhidas de todas as porções conhecidas ou incivilizadas do globo — todas essas riquezas incontáveis, em alguns casos guardadas com tão pouca segurança". (O livro foi um best-seller instantâneo e, segundo um especialista em crimes, "tornou-se leitura obrigatória para todo profissional ou aspirante a criminoso".)

Era muito natural que um ambicioso aspirante a malfeitor tomasse o rumo de Nova York e que, uma vez ali, aprendesse rapidamente. Decidido a evitar um possível regresso ao trabalho de mero escriturário e endurecido pelas experiências de guerra, Adam Worth tomou seu lugar na multidão de larápios. "Por causa de suas relações entre os caçadores de gratificação, finalmente associou-se a ladrões profissionais e malandros em geral e, daquela época em diante, seguiu carreira de malfeitor", Pinkerton relata, sombriamente.

Worth logo se viu na região de Bowery, em Manhattan, uma área de lendária decadência e lar para uma grande e sempre crescente comunidade criminosa dividida, em grande parte, em gangues: os Plug Uglies, os Roach Guards, os Forty Thieves, os Dead Rabbits, os Bowery Boys, os Slaughter Housers, os Buckarros, os Whyos e muitas mais. Muitos desses gângsteres eram meramente valentões excepcionalmente violentos, cuja especialidade criminosa não ia além de assaltos diretos, desordem e assassinatos, em geral cometidos entre si e normalmente executados sob a influência de prodigiosas quantidades de álcool temperado com terebintina, cânfora ou qualquer outro produto tóxico, por mais letal que fosse, que calhasse de terem à mão.

"A maioria dos bares não fechava nunca. Ou, se o faziam, era apenas pelo tempo suficiente para serem limpos e recomeçarem novamente as bebedeiras, as brigas, os xingamentos, as apostas e sabe Deus o que mais", lembra-se Eddie Guerin, um patife incompetente mas memorialista bem-sucedido que acabaria se tornando amigo e colega de Worth. Os 3 mil bares mencionados pelo bispo Simpson incluíam estabelecimentos tão eufônicos quanto o Ruins [ruínas], o Milligan's Hell [inferno do Milligan], Chain and Locker [corrente e cadeado], Hell Gate [portão do inferno], a Morgue, McGurk's Suicide Hall [salão do suicídio de McGurk], Inferno, Hell Hole [buraco do inferno], Tub of Blood [banheira de sangue], Cripples's Home [lar dos aleijados] e o Dump [pocilga]. Porém, se a nomenclatura dos inferninhos era indicativa da imoralidade ali vigente, os nomes da clientela eram ainda mais significativos: Boiled Oysters [ostras fervidas] Malloy; Ludwig the Blood Sucker [o chupa-sangue], um vampiro que tinha pêlos "crescendo de todos os orifícios"; Wreck [destroços] Donovan; Piggy [porquinho] Noles; o pirata Scotchy Lavelle, que mais tarde contratou Irving Berlin como garçom cantante em seu bar; Eat-em-up [coma-eles-todos] Jack Manus; Eddie the Plague [a praga]; Hungry [faminto] Joe Lewis, que certa vez, trapaceando, arrancou 5 mil dólares de Oscar Wilde no bacará; Gyp the Blood [sangue]; o psicótico Hop-Along [saltitante] Peter, que costumava, sem que alguém tenha conseguido jamais explicar o porquê, atacar policiais assim que os via; Dago Frank; Hell-Cat [gata-do-inferno] Maggie, que lixava os dentes em pontas e usava unhas afiadas de latão; Pugsy Hurley e Gallus Mag, uma dama atemorizante que dirigia o bar Hole-in-the-Wall e periodicamente arrancava pedaços das orelhas de clientes turbulentos e guardava-os numa jarra de picles acima do balcão, "pour encourager les autres"; Big Jack Zelig que, segundo seu próprio cardápio, cortava a cara de alguém por um dólar e matava um homem por dez; Hoggy Walsh, Slops Connally e Baboon Dooley, da gangue dos Whyos; One-Lung [um-pulmão] Curran, que roubava paletós de policiais; Goo Goo Knox; Happy [feliz] Jack Mulraney, que matou o dono de um bar porque este riu do tique facial que dera origem ao apelido; donas de bordel como Hester Jane "the Grabber" [a usurpadora] Haskins e Red Light [luz vermelha] Lizzie; e a inesquecível Sadie "the Goat" [o bode], uma pirata ribeirinha e chefe da gangue da Charlton Street, que ocupava um boteco inteiro à beira-rio, no lado leste, e aterrorizava as fazendas ao longo do rio Hudson.

Segundo Herbert Asbury, cujo *Gangs of New York* [Gangues de Nova York], de 1928, é provavelmente o melhor livro já escrito sobre a criminalidade em Nova York, "Sadie adquiriu o apelido [de bode] porque tinha o costume, ao encontrar um estranho que parecia ter dinheiro ou valores, de baixar a cabeça e marretar-lhe a barriga, momento em que seu companheiro masculino prontamente nocauteava a vítima com um bodoque e esta podia, então, ser roubada com vagar". (Por motivos que não se conhece mas que não são difíceis de imaginar, Sadie desentendeu-se com a formidável Gallus Mag do Hole-in-the-Wall, que lhe tirou um pedaço da orelha, como era seu costume. Porém a história teve um final feliz: as duas mulheres acabaram se reconciliando, depois do que a galante Gallus pescou de sua jarra de picles o órgão arrancado e devolveu-o a Sadie the Goat, que passou a usá-lo num medalhão pendurado ao pescoço.)

Sophie Lyons, a suposta "Rainha do Submundo", cujas memórias extraordinárias são uma fonte crucial de informações sobre a vida de Worth, era tida por Asbury como sendo "a mais notória trapaceira que a América jamais produziu". Ela acabou se endireitando, começou a escrever histórias libertinas e parcialmente inventadas sobre a vida do submundo nova-iorquino para os jornais da cidade e terminou sendo a primeira colunista social dos Estados Unidos.

Para dentro desse mundo colorido e horrendo, Adam Worth resvalou rápida e facilmente. Aos vinte anos, já com sua alcunha criminosa, Little Adam tornou-se um punguista.

"Bater carteiras, aqui, transformou-se numa arte exercida por muitas pessoas como profissão", escreveu o autor de *Secrets of the great city* [Segredos da grande cidade], em 1868. "É preciso muita prática e grande habilidade, mas estas, uma vez adquiridas, fazem daquele que as possui um perigoso membro da comunidade." Sophie Lyons, que se tornou grande amiga e às vezes cúmplice de Worth, descreveu como Little Adam adaptou-se à arte de aprendiz de criminoso: "Como eu mesma e muitos outros criminosos que mais tarde atingiram notoriedade em campos mais vastos, ele tentou primeiro ser punguista. Tinha bons professores e era aluno apto. Seus dedos longos e finos pareciam feitos para a delicada tarefa de tirar relógios dos bolsos dos homens e porta-níqueis das bolsas das mulheres".

Como punguista aprendiz, Worth se viu em meio a um mundo intensamente hierarquizado. No nível mais baixo da punga estavam os "filantes de gatuno", jovens inexperientes que muitas vezes era quase impossível distinguir dos mendigos; um pouco mais acima estava o "abafador" que, como indica o nome, não fazia qualquer tentativa para não ser detectado e simplesmente roubava e corria, ou então o "rabicho", especializado em extrair lenços de seda dos bolsos de casacas. O mais desenvolvido da espécie era o "gancho", também chamado de "campainha", para quem a punga era uma arte que exigia considerável ousadia e destreza manual. Ágil e discreto, Worth começou como ladrão de lenços mas logo o veterano da Guerra Civil graduou-se e ascendeu à qualidade de "ferramenteiro" habilitado, mestre na arte da punga. As igrejas eram um território especialmente lucrativo, assim como estações de ferry-boat, teatros, corridas, reuniões políticas, brigas de rato e quaisquer outros lugares onde houvesse um grande número de pessoas distraídas próximas umas das outras.

Embora a profissão solitária de batedor de carteiras pudesse ser lucrativa, os mais bem-sucedidos punguistas trabalhavam em gangues e, com seu talento, "não demorou muito tempo até que Worth tivesse capital suficiente para financiar outros criminosos". Juntando-se com alguns companheiros de igual mentalidade, Worth estabeleceu um sindicato de punguistas, ficando ele próprio como coordenador principal, banqueiro e beneficiário. Era, declara Sophie Lyons, "a primeira manifestação das habilidades executivas que um dia o tornariam um grande poder no submundo", um Napoleão dos malfeitores.

A técnica para a punga em grupo já estava bem estabelecida. Um "alvo" com cara próspera é selecionado; em seguida ele é empurrado ou abalroado pelo "esparro"; enquanto o alvo é distraído, o "gancho" (às vezes chamado de "mecânico") rapidamente revista seus bolsos e passa na mesma hora os objetos para um outro cúmplice que sai calmamente na direção contrária. Charles Dickens descreve a manobra em *Oliver Twist*: "Dodger meteu-se sob seus pés, ou deu uma topada acidental em sua bota, enquanto Charley Bates tropeçava em cima dele por trás: e, naquele curto momento, tiraram-lhe, com extraordinária rapidez, a caixa de rapé, a carteira, a corrente do relógio, o alfinete da camisa, o lenço de bolso, até a caixinha dos óculos". O "alvo", nesse caso, era ninguém menos que o próprio Fagin, o *pater familias* dos punguistas.

Ao lado de sua eficiente equipe de punguistas, Worth estava se tornando rapidamente um dignitário menor da patota dos bacanas, como era chamado o escalão superior do submundo e, segundo Sophie Lyons, ele logo adquiriu "dinheiro suficiente e ampla fama por sua esperteza em escapar à prisão". Mas nem bem começara a desabrochar, a carreira criminosa de Worth teve uma parada brusca e constrangedora. No final de 1864, Worth foi detido por surripiar um pacote do caminhão da Adams Express e sumariamente sentenciado a três anos de cadeia em Sing Sing, a famigerada prisão nova-iorquina bem ao norte da cidade, às margens do rio Hudson.

O curto tempo que Worth passara encarcerado por caçar gratificações não o havia preparado para o extravagante horror da "Bastilha do Hudson". Em 1825, o primeiro diretor do presídio, um fantástico e criativo sádico chamado Elam Lynds, comentou: "Eu não acredito em regeneração do preso adulto. [...] Ele é um covarde, um violador consciente da lei, cujo espírito tem que ser vergado pelo chicote". Em 1833, Alexis de Tocqueville descrevera Sing Sing como uma "tumba de mortos-vivos", de tão silentes e acovardados que eram os presidiários.

Vestido com a característica roupa listrada instituída por Lynds, Worth foi enviado com os demais condenados às pedreiras do presídio, onde foi encarregado de preparar a nitroglicerina para as explosões. Muitos anos depois, Worth lembrou-se de que fora instruído pelo capataz a aquecer o explosivo quando ele se tornasse frio e quebradiço sob o ar gelado. Foi o que ele fez, grato pela oportunidade de poder aquecer as mãos, e teve sorte de não voar pelos ares porque, como admitiu francamente, "não tinha a menor idéia, na época, do quão perigoso era aquilo". Ensinar criminosos inveterados a lidar com nitroglicerina não era, talvez, um passo muito inteligente da parte das autoridades, como demonstraram as habilidades posteriores de Worth no terreno de arrombamento de cofres.

O homem que escapara das correntes no Potomac e que transformara a deserção numa arte não sofreria os horrores de Sing Sing um momento além do necessário, ainda que os guardas da prisão, uma raça de brutalidade espantosa, tivessem ordens de atirar em qualquer um que tentasse escapar. Enquanto trabalhava, Worth calculava a movimentação dos guardas e, depois de apenas umas poucas semanas de vida presidiária, ele escapuliu durante a mudança da guarda e escondeu-se numa vala de escoamento de águas que "descarregava dentro do túnel da ferrovia". À noite, segundo um contemporâneo seu, "ele conseguiu descer alguns quilômetros rio abaixo, até onde havia uma doca e algumas barcaças", numa das quais, congelado e coberto de lama, escondeu-se e "teve a satisfação, poucas horas depois disso, de ser transportado até a cidade de Nova York por um rebocador que fora buscar a barcaça na qual ele se refugiara". Ao amanhecer, à medida que o rebocador se aproximava de seu "cais solitário, bem lá para cima do lado oeste da cidade", Worth jogou-se na água e nadou até a margem. "Ele conseguiu, embora estivesse com as roupas da prisão, chegar à casa de um conhecido, onde lhe arranjaram trajes adequados." Imediatamente mergulhou de volta na terrível porém protetora anonímia de Bowery.

A despreocupação posterior de Worth ao relembrar essa

fuga disfarça o que só pode ter sido uma experiência terrível, ainda que formativa. Mal completados vinte anos de idade, já vira o pior que o sistema penal norte-americano tinha a oferecer e seu desprezo pela autoridade era formidável. Que Worth não tenha hesitado em mergulhar, na calada da noite, num rio violento, vestido com as roupas do presídio e consciente de que ser pego poderia muito bem significar a morte reflete tanto sua resistência física quanto uma crença cada vez maior em sua própria invencibilidade. Longe de se sentir reformado por sua breve e desagradável experiência presidiária, Worth concluiu que a vida de punguista não oferecia recompensas suficientes, tendo-se em vista seus perigos, e que chegara a hora de mudar de direção para aumentar as chances de sua vingança pessoal contra a sociedade. Reunindo-se com alguns membros da antiga gangue, Worth começou a expandir as operações, incluindo roubos menores e outras apropriações indébitas, além de bater carteiras. Sua palavra "era lei entre o pequeno grupo de jovens gatunos que viviam a sua volta", escreveu Sophie Lyons. "Ele fornecia o cérebro para mantê-los longe da cadeia e o dinheiro para tirá-los de lá, se por acaso entrassem. Todas as manhãs encontravam-se num pequeno restaurante da Canal Street para pegar as ordens — à noite voltavam para entregar-lhe uma fatia liberal dos ganhos do dia." Até então, as atividades de Worth não tinham ido além do que se pode chamar de crime desorganizado. Dali em diante ele percorreria uma trilha mais cuidadosa, quase sempre delegando e colocando-se em risco apenas quando a recompensa ou a promessa de aventura fossem maiores. Seu rígido domínio sobre o resto da gangue era a primeira manifestação de um complexo de poder que se tornaria mais pronunciado com a idade. Criminosos, é justo que se diga, não são as pessoas mais intelectuais do mundo. Na verdade, a classe como um todo costuma ser caracterizada por uma intensa imbecilidade. A abordagem altamente inteligente que Worth fazia e sua habilidade em obter resultados na forma de dinheiro vivo eram suficientes para garantir obediência, até mesmo reverência, de seus subordinados.

Solvente pela primeira vez na vida, a determinação de Worth de vencer em todos os níveis logo o levou às roletas de Nova York, aos antros de jogo e às mesas de faraó — um jogo de máximo azar que era a última moda nas rodas de jogatina e que, de lá para cá, praticamente desapareceu. Apostando pesado na fé borbulhante de que quanto mais ousasse mais a fortuna lhe sorriria, começou a viver a vida de um "esportista", passando dos antros sinistros de Bowery para as luzes mais brilhantes, mais luxuosas porém não menos desregradas da Região Norte de Manhattan e para o famoso e sórdido glamour de uma região onde o vício e a corrupção eram proeminentes.

A inteligência natural de Worth não era o único traço de caráter a distingui-lo de seus companheiros de vigarices. Era também notável por evitar bebidas fortes, numa época em que o alcoolismo era endêmico e embebedar-se praticamente obrigatório entre as classes criminosas. Talvez ainda mais estranho, ele se recusava a apoiar qualquer forma de violência, considerando-a impolida, desnecessária e, diante de sua limitada estatura, imprudente. Das 68 mil pessoas presas em Nova York em 1865, 53 mil foram acusadas de crimes violentos. Entretanto, era regra de Worth que a força não deveria desempenhar nenhum papel em qualquer empreendimento criminoso em que estivesse envolvido, regra que violou apenas uma vez na vida. Sua rejeição ao álcool e à violência era parte de uma necessidade de controlar, não apenas a si próprio, mas àqueles sobre quem tinha poder. Os vigaristas que bebiam ou brigavam cometiam erros e, por esse motivo, Worth manteve distância desses bandos de vândalos que viviam em guerra uns com os outros. Worth não se contentava simplesmente em organizar seus subordinados, ele precisava dirigir, regular e recompensar enquanto escalava os degraus do submundo. Um vigarista sóbrio, habilidoso, não violento, conduzindo suas forças entre uma tropa de arruaceiros ignorantes e bêbados, Worth era também excepcional pelo escopo de suas aspirações criminosas ou, colocado de uma outra forma, sua cobiça. Sophie Lyons notou sua "ambição irrequieta" quando ele começou a subir rumo às altas classes criminosas.

Um dos vigaristas seniores da América mais tarde registrou que "o estado da sociedade criada pela guerra entre o Norte e o Sul produziu um grande número de vigaristas inteligentes" de talentos variados. Na Nova York do pós-guerra, porém, os assaltantes de bancos eram considerados uma aristocracia por direito próprio. James L. Ford, um especialista, por participação, no lado obscuro de Nova York, escreveu em suas memórias: "Operações como roubo de banco eram tidas em muito mais alta conta durante os anos 1860 e 1870 do que no momento, e os mais destacados membros do ofício eram fisionomias conhecidas e apontadas a estranhos". Allan Pinkerton, o pai do futuro adversário de Worth, em seu livro de 1873, *The bankers, the vault and the burglars* [Os banqueiros, o cofre e os ladrões], observou que "em vez dos bandidos desajeitados, mal-encarados e desengonçados de outrora, nós agora temos o larápio inteligente, científico e calculista, especializado no uso de suas ferramentas e um cavalheiro na aparência, que se orgulha de sempre deixar 'um negócio bem-feito' atrás de si".

O amigo de Worth, Eddie Guerin, argumentava que "um ladrão de banco bem-sucedido exige roupas finas e aparência de cavalheiro". Sophie Lyons concordou, observando também que havia um certo esnobismo nas altas fileiras do crime. "Era difícil para um jovem entrar para um grupo organizado de ladrões de bancos porque os homens mais experientes relutavam em arriscar as chances de sucesso admitindo um principiante."

Em vão Worth buscou aceitação em tais círculos estabelecidos de assaltantes, como o de George Leonidas Leslie, mais conhecido como "Western George", responsável por uma vasta porcentagem dos assaltos a banco executados em Nova York entre o final da guerra e 1884. Lyons encontrou-se pela primeira vez com Worth quando ele estava "doido para entrar no trabalho de bancos", especificamente através de seu marido, Ned Lyons, um notório larápio. Porém todos os ladrões veteranos recusaram os avanços do ambicioso recém-chegado.

Worth precisava de um patrono, de alguém que lhe fornecesse uma entrada na elite criminosa. Encontrou um na figura gigantesca de "Marm" Mandelbaum.

4. Os profissionais

Autores contemporâneos lançavam mão de superlativos para descrever Fredericka, mais conhecida como "Mother" ou "Marm" Mandelbaum: "A melhor promotora de crimes dos tempos modernos", "a mais bem-sucedida receptadora da história de Nova York" e a criatura "que pela primeira vez na América pôs o crime em bases associativas" foram apenas alguns dos aplausos que ela angariou durante uma longa carreira de sólida desonestidade.

O apelido "Marm" foi uma conseqüência da atitude naturalmente maternal que ela adotava em relação a todos os tipos de criminosos, já que tinha um coração proporcional ao seu diâmetro. Ela era uma aristocrata do crime; no entanto, ao contrário do objeto das afeições posteriores de Worth — especificamente o retrato de Georgiana, duquesa de Devonshire —, Marm Mandelbaum não era nenhuma obra-prima. "Era uma mulher imensa, pesava mais de 110 quilos, tinha uma boca acentuadamente curva e bochechas extraordinariamente gordas, acima das quais havia dois olhinhos negros, sobrancelhas pretas carregadas, uma testa alta e inclinada e uma massa de cabelos pretos enrolados bem apertados, sobre os quais em geral estava assentada uma minúscula boina preta com penas pendentes."

Assim como Worth, Fredericka emigrara da Alemanha para os Estados Unidos na juventude, chegando "sem um amigo ou parente", mas bem longe de indefesa. Sophie Lyons, que adorava Marm, observou que "suas feições grosseiras e pesadas, o físico avantajado e os olhos penetrantes eram proteção e companhia suficiente para qualquer um", acrescentando, indelicada (porém sem dúvida corretamente), que "é improvável que alguém tenha forçado atenções indesejadas sobre esta imigrante".

Nem bem desembarcou do navio, a portentosa Fredericka pôs o olho num certo Wolfe Mandelbaum, dono de um armarinho e de um prédio de três andares no número 79 da Clinton Street, na região da Kleine Deutschland da zona leste de Manhattan. Sujeito fraco e preguiçoso, Wolfe "padecia de dispepsia crônica". Umas poucas semanas da comida abundante mas facilmente digerível de Fredericka persuadiram-no a casar-se com ela e "dali para a frente, até o fim, a senhora Mandelbaum foi o chefe da casa dos Mandelbaum". Embora continuasse nominalmente sendo uma loja de armarinhos, Marm transformou a propriedade da Clinton Street no quartel-general de uma das maiores operações de interceptação que Nova York já viu. Começou vendendo "o produto dos roubos de casa em casa" e em poucos anos construiu um vasto negócio que "lidava com a mercadoria e financiava as operações da maioria das grandes quadrilhas de ladrões de lojas e bancos". Armazéns em Manhattan e no Brooklyn eram usados para esconder as mercadorias roubadas, e os inescrupulosos advogados Howe e Hummel foram contratados por um salário anual de 5 mil dólares para garantir-lhe a permanência em liberdade, principalmente através de suborno, sempre que "a lei fazia algum gesto impudente na sua direção". Grande parte do negócio de Marm era interceptação, porém ela não hesitava em financiar as operações de outros vigaristas e diz-se mesmo que dirigiu uma "Escola Fagin" na Grand Street, não muito distante do quartel-general da polícia, "onde garotos e garotas aprendiam a ser batedores de carteira e lalaus". Alguns alunos destacaram-se e continuaram "o trabalho de pós-graduação em chantagens e falcatruas".

O primeiro registro de Marm Mandelbaum na polícia data de 1862 e, durante as duas décadas seguintes, calcula-se que tenha lidado com 5 a 10 milhões de dólares de mercadorias roubadas. Os criminosos adoravam-na. Como comentou certa vez o célebre ladrão "Banjo" Pete Emerson, "ela era astuta e desonesta tanto quanto o dia é longo, mas também podia ser como um anjo para o pior diabo, desde que ele jogasse limpo com ela". À medida que a fama, a fortuna e a cintura da logo mais viúva Mandelbaum aumentaram (a dispepsia de Wolfe voltou para valer), o mesmo ocorreu com as extravagâncias de seu estilo de vida e suas ambições sociais. Os dois andares acima do centro das operações "eram mobiliados com uma elegância sem igual em qualquer outra parte da cidade; na verdade, muitas de suas mais dispendiosas tapeçarias já tinham adornado a casa de aristocratas, de onde haviam sido roubadas por gatunos agradecidos e de bom coração". Ali Marm Mandelbaum mantinha sua corte de *saloniste* do submundo e "recebia luxuosamente, com danças e jantares aos quais compareciam alguns dos criminosos mais célebres da América e, freqüentemente, policiais e políticos que estavam sob sua influência".

"Jamais esquecerei a atmosfera da casa de 'Mother' Mandelbaum", Sophie Lyons escreveu, saudosa, pois que ali se congregavam não apenas ladrões e malandros como também juízes comprados, tiras corruptos e políticos vendidos, todos prontos a fazer negócio. Criminosos notáveis, tais como Shang Draper e "Western George" vinham sentar-se aos pés de Marm, e ela retribuía as homenagens financiando seus crimes, vendendo o produto de seus feitos e ajudando aqueles que caíam do lado errado da lei. Numa profissão em que não impera a generosidade, Marm era exceção, mantendo "um lugar especial no coração para vigaristas mulheres" e outros que pudessem necessitar de mão amiga na escada do crime. Marm era uma empregadora adepta da política de oportunidades iguais, convicta de que o sexo não era uma barreira para o sucesso no mundo do crime, um ponto de vista tremendamente esclarecido para a época e uma verdade da qual ela própria era a prova mais substancial. Porém, não admitia competição e quando uma ladra especialmente bem-sucedida chamada "Black" Lena Kleischmidt roubou uma fortuna, mudou-se para Hackensack (na época muito mais na moda do que agora) e começou a se dar ares e jantares, Marm não gostou. E deliciou-se quando Black Lena foi denunciada como ladra de jóias e posta na cadeia depois que um de seus convidados reparou que a anfitriã estava usando um anel de esmeralda roubado da bolsa de sua mulher algumas semanas antes. "Isso apenas prova", rebateu Marm Mandelbaum, "que é preciso cérebro para ser uma dama de verdade."

Na época em que Worth procurava desesperadamente um caminho para entrar na liga dos grandes criminosos, Marm Mandelbaum já era uma lenda e, talvez, a criminosa mais influente da América. "O exército dos inimigos da sociedade tem que ter seu general e eu acredito que provavelmente o maior de todos eles era 'Mother' Mandelbaum", observou Sophie Lyons, que se tomara de amores pelo jovem Worth e provavelmente apresentou-o ao círculo encantado de criminosos em volta de Marm Mandelbaum. Worth passou a freqüentar regularmente as *soirées* de Mandelbaum e foi com certeza sob sua tutela que realizou seu primeiro e decepcionante assalto a banco. Em 1866, Worth e seu irmão John assaltaram a companhia Atlantic Transportation, na

Liberty Street, em Nova York, e passaram várias horas tentando explodir o cofre, antes de saírem, frustrados, com o nascer do dia. Lyons reconta "o grande desgosto" de Worth com o fracassado roubo. Sem desanimar, após um ano organizando roubos menores, Worth, agora trabalhando sozinho, concretizou seu primeiro grande assalto roubando 20 mil dólares em apólices de uma companhia de seguros de sua cidade natal, Cambridge. Marm Mandelbaum, que podia interceptar qualquer coisa, de cavalos e carruagens a diamantes, vendeu-as por uma fração do valor original — dando a Worth seus habituais 10% e embolsando o restante. Ele não ficou exatamente rico com o roubo, mas era um começo, e esse golpe menor efetivamente "firmou-o como ladrão de banco" entre seus pares. Pouco depois, Worth já tinha a reputação de ter "mão de mestre na execução de roubos" e histórias de seu sangue-frio começaram a circular pelo submundo.

Worth parece ter se deliciado em velejar o mais próximo possível do vento, e, a cada escapada, seu desprezo pelas forças da lei confirmava-se e aumentava. Como disseram mais tarde os detetives Eldridge e Watts: "Certa vez, depois de roubar uma loja de jóias em Boston, este ousado ladrão saiu pela porta da frente e deu de cara com um policial. Sem um instante de tremor, este homem de nervos de aço saudou educadamente o oficial e retrocedeu alguns passos para reabrir a porta e dizer, friamente, ao companheiro lá dentro: 'William, não se esqueça de trancar bem a porta quando sair! Eu tenho que tomar o próximo carro'. Que foi de fato o que ele fez, após desejar ao policial uma boa noite, porém saltou do carro alguns quarteirões adiante da loja, voltou sorrateiramente, fez sinal ao companheiro e ambos escaparam com o fruto do roubo".

Aluno ávido, Worth parece ter encontrado em Marm Mandelbaum tanto uma aliada quanto um modelo. O modo fácil como ela delegava o trabalho criminoso para os outros, suas acomodações luxuosas e traquejo social eram exatamente o tipo de existência que Worth tinha em mente para si. Acima de tudo, foi talvez Marm quem lhe ensinou que ser "um verdadeiro cavalheiro" e um vigarista completo era não só perfeitamente compatível como também totalmente compensador. A mesa de Marm oferecia uma atmosfera de luxo ilícito, onde os ladrões de elite podiam gozar da companhia de homens e mulheres de mentes igualmente espúrias.

Dois dos convidados de Marm, em particular, desempenhariam papéis cruciais, embora diferentes, no futuro de Worth.

Um deles era Maximilian Schoenbein, "ou M. H. Baker, ou M. H. Zimmerman, ou 'Holandês', ou Mark Shinbur ou Sheerly, ou Henry Edward Moebus", mas mais freqüentemente Max Shinburn, "um assaltante de banco distinto que se queixava muito, dizendo que no fundo era um aristocrata e detestava os vigaristas com os quais era obrigado a se associar". Durante as três décadas seguintes, os caminhos do crime tomados por Adam Worth e Max Shinburn correram paralelos. Os dois infratores tinham muita coisa em comum e acabaram se odiando profundamente.

Shinburn nasceu a 17 de fevereiro de 1842, na cidade de Ittlingen, Württemberg, onde foi aprendiz de mecânico antes de emigrar para Nova York, em 1861. Fazendo-se de "barão" já desde o início, Shinburn mais tarde acabou comprando o título de barão Schindle ou Shindell de Mônaco com "um gasto judicioso de parte de sua fortuna". Distante, inteligente e insuportavelmente arrogante, o Barão fazia um figurão no baixo mundo da sociedade nova-iorquina. Até a polícia ficava impressionada.

O inspetor Thomas Byrnes, do Departamento de Polícia de Nova York, o considerava "talvez o mais especializado dos ladrões de banco do país", ao passo que a polícia belga fornecia a seguinte descrição do meticuloso e poliglota delinqüente: "Fala inglês com um leve sotaque alemão. Fala alemão e francês. Sempre bem vestido. Tem aparência distinta e maneiras polidas. Fala muito cortesmente. Sempre fica nos melhores hotéis". Shinburn tinha excelente aparência; possuía "olhos azuis pequenos e penetrantes, um nariz reto, bigode e pequena barba em pêra, ambos castanhos e misturados com fios grisalhos, o bigode torcido nas pontas, queixo pontudo [...], às vezes usa barba completa e às vezes bigode e suíças, a fim de esconder a pronunciada cova do queixo". Seus inúmeros encontros com a lei e sua predileção, na juventude, por duelos deixaram-no com várias outras características identificáveis. Depois de uma prisão, um funcionário da polícia anotou as seguintes, com pavorosa exatidão: "no dorso do pulso esquerdo [...], feridas de pistola correndo paralelas umas às outras perto da deformidade na perna direita [...], tiro de pistola ou revólver do lado esquerdo [...], várias cicatrizes menores que parecem resultado de feridas por chumbo grosso; cicatriz do lado esquerdo do abdome, dando a impressão de que o tiro entrou por trás e saiu pelo [...]". As pretensões aristocráticas fraudulentas de Shinburn estavam cheias de furos, assim como ele.

A notoriedade no mundo do crime adveio, principalmente, da invenção de uma máquina que, segundo ele, poderia revelar a combinação de qualquer cofre: "uma catraca que, quando colocada sob o botão da combinação de um cofre, furava uma folha de papel calibrado quando o botão parava e começava a se mexer na direção oposta. Ele repetia esse processo até estar de posse da combinação toda". Segundo outras fontes policiais, "seu ouvido era tão sensível e acurado que, ao girar o botão, conseguia determinar em que números a lingüeta entrava no lugar".

Com seu treino mecânico, Shinburn também aperfeiçoou um conjunto de ferramentas leves e eficazes de arrombamento, que ele se dispunha a vender por um certo preço. "Shinburn revolucionou as ferramentas de assalto e colocou-as em bases científicas", observou Sophie Lyons. Para aperfeiçoar suas técnicas de arrombamento, o Barão "trabalhou, por algum tempo, sob um nome falso, na fábrica da Companhia de Cofres Lilly, [cujos] cofres eram considerados os melhores e mais seguros". Mas não por muito tempo. Ao deixar uma trilha de cofres vazios em sua esteira, Shinburn acabou penalizado por sua própria competência, e os cofres Lilly "caíram em tamanho descrédito que a companhia foi forçada a declarar falência".

"O cofre que eu não posso abrir ainda está para ser construído", Shinburn vangloriou-se uma vez a Sophie Lyons.

Por volta da época em que Worth conheceu Shinburn, em meados de 1860, este último já adquirira renome entre a fraternidade de assaltantes de banco ao limpar o Savings Bank em Walpole, New Hampshire. Worth era ambivalente em relação ao Barão. Admirava seus trajes de dândi e invejava sua reputação, porém achava insuportáveis suas intermináveis fanfarronices e ares de superioridade.

Muito mais ao gosto de Worth era um outro luminar das trevas do submundo e protegido de Mandelbaum, Charles W. Bullard, um lânguido e atraente playboy do crime, mais conhecido como "Piano" Charley. Nascido de uma rica família de Milford, cuja linhagem podia retroceder até um dos funcionários pessoais de George Washington, Bullard "teve uma boa educação escolar", herdou uma grande fortuna do pai enquanto ainda era adolescente e voltou-se para o mal imediata e extravagantemente. Tendo dissipado a herança, Bullard ensaiou uns breves passos no comércio de carnes, mas abandonou a ocupação e "dedicou suas habilidades a roubar bancos e cofres", um gosto herdado de seu avô que, segundo se dizia, era um ladrão "em pequena escala". "A dissipação e o desejo irrequieto por emoções mórbidas fizeram de Bullard um vigarista de mão cheia" e, mais tarde, um ladrão inusitadamente ousado e astuto. No submundo de Nova York, era considerado "um dos mais ousados operadores a lidar com uma gazua ou a perfurar um cofre".

"Bullard é homem de boa educação", registra um admirativo relatório policial, "fala inglês, francês e alemão fluentemente e toca piano com a perícia de um profissional." Malandro, refinado e bonito, com um cavanhaque minúsculo e olhos límpidos, Bullard tinha três paixões na vida, a que ele se entregava por inteiro: mulheres, música e jogo. Através da prática constante em seu piano de um quarto de cauda, Piano Charley desenvolvera tamanha "delicadeza de toque" que era capaz de adivinhar a combinação de um cofre simplesmente girando o botão, enquanto as sonatas conseguiam reduzir o mais empedernido criminoso às lágrimas e seduzir a mais casta das mulheres até a cama.

"Jogador inveterado", perenemente sem fundos, em geral desbragadamente bêbado mas sempre encantador, Bullard era uma das figuras mais românticas do submundo nova-iorquino. Sob o olhar benigno de Marm Mandelbaum, ele e Worth deram-se bem de imediato.

A folha criminal de Piano Charley Bullard incluía roubo de jóias, assaltos a trem e fuga da prisão. No começo de 1869 juntara-se a Max Shinburn e a um outro ladrão profissional, Ike Marsh, para arrombar os cofres do banco Ocean National, em Greenwich Village, depois de abrir um túnel pelo porão. Diz-se que a aventura rendeu mais de 100 mil dólares e quase toda essa quantia foi parar nos bolsos de Shinburn. "Os ladrões ficaram quase um mês trabalhando no assalto e o banco arruinou-se com a perda", a polícia registrou. Mais tarde, naquele mesmo ano, a 4 de maio, Bullard planejou um novo assalto com Marsh, dessa vez ao trem expresso Hudson River, no trajeto de Buffalo, no interior do estado, até a Grand Station, em Nova York. Sabendo que a companhia Merchant's Union Express usava o trem para transportar grandes quantias em dinheiro, com a conivência de um dos guardas do trem, eles "esconderam-se no vagão de bagagem [...] onde estava guardado o cofre e o despojaram de 100 mil dólares". Bullard e Marsh saltaram em seguida, no Bronx, com o dinheiro e os papéis negociáveis dentro de sacolas. O guarda foi encontrado amarrado, aparentemente inconsciente, com uma baba espumosa escorrendo pelo queixo — que num exame mais detalhado mostrou ser sabão — e preso logo em seguida.

Os Pinkerton, cuja reputação se expandira de tal forma que eles eram chamados para participar de quase todos os assaltos significativos, seguiram os ladrões até Toronto e encontraram Ike e Charley vivendo em grande estilo num dos hotéis mais caros da cidade. Após uma longa batalha judicial, Bullard foi extraditado para os Estados Unidos e trancafiado em White Plains, no estado de Nova York, para aguardar o julgamento. Usando o pouco de dinheiro que lhe restara, a família Bullard contratou um caro advogado para defender o filho instável. Como Worth, Piano Charley nunca deixava passar em branco uma oportunidade criminosa e combinou com uma de suas muitas amigas mulheres extrair os mil dólares (todos os honorários) do bolso do advogado "enquanto ele regressava a Nova York no trem".

Foi certamente Marm Mandelbaum quem decidiu que Piano Charley, cujas interpretações ao piano eram tão populares em seus jantares, não devia ficar apodrecendo atrás das grades.

Worth, já então amigo do preso, foi selecionado para tirá-lo de lá, juntamente com Shinburn. Foi a primeira e a única vez que os dois trabalharam juntos.

Uma semana depois de os dois terem iniciado a pena, os amigos de Bullard escavaram os muros do presídio de White Plains e puseram Ike e Charley em liberdade, que por sua vez voltaram prontamente a Nova York para uma longa e, no caso de Bullard, extraordinariamente alcoólica comemoração. O Barão ficou imensamente satisfeito consigo próprio. "Shinburn costumava sentir mais orgulho da invasão ao presídio de White Plains, em Nova York, onde entrara para libertar Charley Bullard e Ike

Marsh, dois amigos seus, do que com alguns de seus roubos mais ousados", Sophie Lyons conta. Porém, o efeito imediato da bem-sucedida fuga foi cimentar a crescente amizade entre Bullard e Worth. Piano Charley tinha o tipo de elã desembaraçado e o verniz cultural que Worth tanto admirava e buscava imitar. Por outro lado, Worth era esperto e calculista, qualidades que tanto faltavam ao agradável porém estouvado Bullard.

Eles decidiram formar uma parceria.

5. A noiva dos ladrões

O Boylston National Bank era uma vista familiar em Boston, desde os tempos da infância de Worth. Os ricos cidadãos da cidade acreditavam que, atrás da imponente fachada do grandioso edifício de tijolos, na esquina das ruas Boylston e Washington, no centro da cidade, seu dinheiro estaria tão seguro quanto seria possível a um homem deixá-lo. Segundo Sophie Lyons, Worth "fez uma turnê de inspeção por todos os bancos de Boston e decidiu que o famoso Boylston, o maior da cidade, lhe convinha". Max Shinburn mais tarde diria ter dado uma ajudazinha no planejamento do roubo, porém não há evidências de que seus conselhos tenham sido necessários ou pedidos. Na verdade, a exclusão de Shinburn desse "trabalho" pode ter sido a origem da inimizade entre ele e Worth. Ike Marsh, o irlandês um tanto obtuso que fora o companheiro de Bullard na limpeza do trem expresso, foi chamado a participar do plano que era, como todos os melhores planos, perfeitamente simples. Fazendo-se passar por William A. Judson e Co., negociantes de tônicos de saúde, os parceiros alugaram o prédio adjacente ao banco e puseram uma divisória na frente da janela na qual estavam expostas "umas duzentas garrafas contendo, segundo os rótulos, quantidades de 'Tônico Oriental Gray'". "As garrafas tinham um propósito duplo", escreveram em seu relatório os Pinkerton; "o de mostrar o negócio e o de evitar que o público visse o lugar". Exatamente o que havia no Tônico Oriental Gray nunca se soube, já que nenhum frasco foi vendido.

Depois de calcular cuidadosamente o ponto onde a parede da loja era contígua ao cofre de aço do banco, os ladrões começaram a cavar. Durante uma semana, trabalhando apenas à noite, Worth, Bullard e Marsh empilharam o entulho nos fundos da loja até que, finalmente, o "cofre ficou exposto".

"Cortá-lo exigiu bem mais esforço", o *Boston Post* relatou depois. "Tão silenciosa foi a operação que o único som perceptível aos ocupantes das salas contíguas era aquele feito por uma pessoa assentando um carpete com um martelo comum de pregar percevejos. As ferramentas empregadas foram pontas [de broca] ou verrumões de cerca de 2,5 centímetros de diâmetro, por meio dos quais foi feita uma sucessão de furos, abrindo uns nos outros, até que uma placa de cerca de 45 x 30 centímetros tivesse sido removida. Gazuas, martelos e cinzéis foram usados, conforme a necessidade, para consumar o nefando trabalho." Nas primeiras horas do domingo, 21 de novembro de 1869, Worth espremeu-se pelo buraco, acendeu uma vela dentro do cofre do banco e examinou o produto. "O tesouro estava guardado em cerca de 25 ou trinta baús de lata", que Worth foi passando para seus cúmplices, um a um. "Os baús foram abertos, seu conteúdo examinado, o que era valioso embolsado e o que não era rejeitado." Ao alvorecer, os três ladrões acomodaram os despojos em baús etiquetados com Tônico Oriental Gray, chamaram uma carruagem para levá-los até a estação e tomaram o trem matinal para Nova York.

Às nove horas da manhã de segunda-feira, 24 horas depois, os funcionários do banco abriram os cofres e ficaram "bastante chocados com a cena que se lhes deparou". A coleção inteira de caixas de depósito, e com elas a sólida reputação do Boylston National Bank de Boston, se fora.

BOSTON POST

TERÇA-FEIRA, 23 DE NOVEMBRO, 1869

Ontem de manhã Boston ficou estupefata. Não há outro termo. Um assalto de tamanha magnitude ao Boylston National — um total entre 150 mil a 200 mil dólares, na verdade —, perpetrado em algum momento entre sábado à tarde e segunda-feira de manhã, é algo completamente fora do comum nos assuntos municipais desta cidade e quase, se não totalmente, excessivo, para se crer prontamente nele. Porém o assalto foi indiscutivelmente um assalto; e, tomado como uma façanha, como um artista vê o trabalho de um outro, foi um dos mais certeiros que a imprensa já teve a felicidade ou infelicidade de registrar. A forma quase que uniformemente bem-sucedida com a qual essa classe de assalto tem sido realizada por todo o país, durante os últimos meses, pode levar à inferência de que a pessoa ou pessoas no presente caso escaparão ao braço da lei, embora seja verdade que o principal culpado é tão conhecido quanto qualquer criminoso precisa sê-lo. A infinita esperteza com que suas operações têm sido conduzidas, de começo a fim, indicam ser ele um homem de habilidades extraordinárias e parece bastante provável que, tendo conseguido até agora escapar à polícia, volte a fazê-lo. Caso o faça, ver-se-á um homem ainda mais rico do que talvez tenha antecipado [...]. O nome pelo qual o criminoso é conhecido é William A. Judson.

O *Boston Post*, mal disfarçando sua admiração, foi conservador em seus cálculos. Os Pinkerton acreditavam que "quase 1 milhão de dólares em dinheiro e papéis" fora roubado por Worth e seus cúmplices, soma confirmada por Sophie Lyons. No interior da companhia William A. Judson, a polícia encontrou "uns cinqüenta alqueires ou mais de tijolos e argamassa", cerca de trinta baús de lata vazios e duzentas garrafas de Tônico Oriental Gray. Durante uma semana, o assalto ao Boylston dominou todas as conversas em Boston. "Todos continuam falando sobre o assalto ao Boylston Bank", o *Boston Post* registrou soturnamente alguns dias depois. "Porém ninguém — ou pelo menos ninguém que tivesse alguma coisa para dizer — comunicou nada de novo. De todos os lados admite-se que foi um trabalho muito bem-feito, a começar do Tônico Oriental até chegar aos cofres do banco."

Na realidade fora o trabalho mais bem-feito de Worth até a data, porém o próprio sucesso da empreitada, a imensa quantia envolvida e a determinação declarada das autoridades de encontrar os ladrões (espicaçada por uma recompensa de 20% do total) deixaram Worth e Bullard com um dilema óbvio. Ficar em Nova York e tentar "revender os papéis" da forma tradicional era um convite a problemas sérios, já que até Marm Mandelbaum pensaria duas vezes antes de interceptar tal mercadoria. Eles podiam pegar o dinheiro, abandonar os papéis e ir para o Oeste, onde os estados fronteiriços ofereciam obscuridade, e onde a lei era, na melhor das hipóteses, parcialmente administrada. Porém Worth e Bullard, com suas predileções pela vida cara e companhias sofisticadas, não tinham o estofo de vaqueiros, e a perspectiva de gastar seus ganhos espúrios em alguma cidade poeirenta, onde podiam inclusive ser assassinados por causa do dinheiro, era pouco sedutora. Uma alternativa mais atraente era rumar para a Europa, de onde a extradição seria improvável e onde os norte-americanos ricos eram recebidos de braços abertos, sem muitas perguntas. Big Ike Marsh já decidira aposentar-se, com sua parte dos lucros. Voltou para a Irlanda via Baltimore e Queenstown, foi recebido em Tipperary com uma grande cerimônia, o garoto local que dera certo ou, melhor dizendo, errado. No fim, conforme relatam os Pinkerton, "ele jogou, bebeu, fez tudo aquilo que não devia ter feito e acabou regressando para a América, em busca de mais fundos". O pobre Ike foi preso enquanto tentava assaltar outro banco, em Wellesborough, sentenciado a vinte anos de solitária no Leste da Pensilvânia e terminou a vida "velho, alquebrado e dependente da caridade dos amigos".

Worth e Bullard presumiram, corretamente, que os Pinkerton seriam chamados depois de assalto tão grande. De fato, apenas uma semana após o serviço no banco, os detetives tinham seguido os ladrões e seu espólio até Nova York, e os documentos nos arquivos Pinkerton indicam que Bullard e Worth, graças a algumas conversas esparsas nos círculos criminosos, eram os principais suspeitos. A notícia de que eram homens procurados chegou rapidamente aos próprios fugitivos. "Aqueles malditos detetives vão nos achar em uma semana", Bullard avisou a Worth. "Eu não vou querer ficar tocando piano na Ludlow Street [cadeia]."

Agindo com rapidez, o par despachou os papéis roubados para um advogado nova-iorquino, possivelmente Howe ou Hummel, com instruções para esperar alguns meses, depois vender os títulos por uma fração do valor real e remeter os lucros no tempo devido. Na época esse era um método amplamente aceito de se recuperar propriedade roubada, sob as vistas da polícia que muitas vezes ajudava a negociar o retorno dos títulos, para vantagem tanto dos donos quanto dos ladrões. "Tudo que [os ladrões] precisam fazer é entrar 'num acordo', o que significa abrir mão de parte dos lucros, e depois dedicar suas horas de lazer a planejar novas vilanias", observou o *Boston Sunday Times*, um dos poucos órgãos a levantar objeções a esse conluio moralmente dúbio. "Deve haver alguma coisa radicalmente errada no sistema policial de um país quando tais transações acontecem repetidamente."

Em seguida, Worth e Bullard empacotaram às pressas o dinheiro restante em baús de fundo falso, despediram-se de Marm Mandelbaum, Sophie Lyons e Nova York e tomaram o trem para a Filadélfia, onde o *Indiana*, com destino à Inglaterra, esperava para levá-los, em grande estilo, à Europa e a uma nova vida. Para tanto precisariam de novos nomes e, animados os dois, discutiram de que forma se reinventariam. Bullard escolheu o nome de Charles H. Wells e adotou uma nova persona, a de um rico negociante texano. A escolha de Worth foi inspirada.

Aquele ano vira o precoce e muito lamentado passamento, a 18 de junho, de Henry Jarvis Raymond, o editor-fundador do *New York Times*. Senador, congressista, consciência política e voz moral poderosa da época, Raymond sucumbira "a um ataque de apoplexia" aos 49 anos de idade e seu falecimento foi motivo para algumas das mais solenes adulações jamais impressas. Um único artigo obituário sobre o grande homem descreveu-o como: patriótico, sábio, moderado, honrado, sincero, indulgente, trabalhador, frugal, consciencioso, magistral, modesto, corajoso, nobre, consistente, probo, culto, distinto, lúcido, delicado, justo, clemente, calmo, sincero, moral, leniente, vivaz, empreendedor, comedido, controlado, perspicaz, sagaz, eloqüente, leal, compassivo, bondoso, generoso, agradável, amistoso e direito. O *New York Times* encerrou essa adjetivação panegírica a seu fundador declarando que Raymond "sempre fora um verdadeiro cavalheiro, [...] na verdade nunca conhecemos um homem mais completamente sincero ou cuja vida e caráter melhor ilustrem as virtudes de uma verdadeira e engenhosa masculinidade". Os rivais da imprensa concordaram. O *Evening Mail* observou: "Ele sempre foi um cavalheiro [...] fiel a suas próprias convicções". O *Telegram* chamou-o de "um dos mais brilhantes e mais cavalheirescos jornalistas que o Novo Mundo já produziu", enquanto o *Evening Post* também observou que "ele foi um cavalheiro nas maneiras e no falar". O túmulo no exclusivo cemitério de Green-

Wood desse homem íntegro, desse colosso ético, está assinalado com um obelisco de doze metros em honra de seus feitos e virtudes. "A opinião contemporânea raras vezes pronunciou um julgamento mais unânime, mais cordial ou mais enfático do que no caso do falecido diretor do *New York Times*", declarou esse mesmo jornal.

Worth, que já então ansiava pela respeitabilidade que acompanharia sua nova riqueza, lera esses louvores todos (quem poderia evitá-los?) e as repetidas referências ao "cavalheirismo" do falecido senhor Raymond alojaram-se em sua mente. Apropriar-se do nome de um homem tal seria uma rica e satisfatória ironia, quanto mais não seja porque Worth, ávido colecionador das fofocas do submundo, talvez soubesse que o grande árbitro moral da época levara uma vida dupla, da qual seus leitores e admiradores não tinham a menor idéia. Oficialmente, na noite de sua morte, o valoroso editor "ficara com a família e alguns amigos até as 22 horas, quando então saiu para uma consulta política; e a família não o viu mais até ser descoberto, por volta das duas e meia da manhã, deitado no hall, inconsciente e aparentemente moribundo". A verdade foi bem mais dúbia porque, na verdade, Henry Jarvis Raymond, homem virtuoso, morrera de um súbito infarto enquanto "fazia uma visita a uma jovem atriz". Adam Worth chegou então à conclusão de que, residindo no céu reservado aos grandes homens ou no purgatório dos adúlteros, Henry J. Raymond não precisava mais de seu nome. Durante a viagem à Inglaterra, ele adotou essa imponente alcunha (substituindo Jarvis por Judson, em memória do nome usado para o assalto em Boston) e conservou-o pelo resto da vida. Foi um dos roubos mais espirituosos e menos reconhecidos de Worth.

No começo do ano seguinte, dois ricos norte-americanos entraram no hotel Washington, em Liverpool, anunciando que ocupariam os melhores quartos da casa indefinidamente, uma vez que planejavam uma longa viagem de negócios. O par estava vestido no auge da moda, de sobrecasaca, plastrom de seda e bengala. Dois ianques grã-finos recém-desembarcados e loucos para se divertir, Henry J. Raymond, banqueiro, e Charles H. Wells, negociante texano, dirigiram-se ao bar do hotel para brindar sua chegada ao Velho Mundo. O senhor Raymond bebeu ao futuro, o senhor Wells, como de hábito, bebeu em excesso.

Acontece que, atrás do balcão do bar do hotel Washington, o futuro dos dois já os estava esperando, na forma altamente desejável da senhorita Katherine Louise Flynn, uma moça irlandesa de dezessete anos de idade, com uma vasta cabeleira loura, covinhas sedutoras em todos os lugares corretos e um brilho nos olhos que poderia até ter sido confundido com disponibilidade mas que, provavelmente, estava mais próximo de ambição pura. Essa mulher notável nascera na pobreza de Dublin e fugira às origens humildes com quinze anos, decidida, mesmo naquela tenra idade, que o seu seria um destino bem diferente. Esquentada, vivaz e espertíssima, Kitty ansiava por emoções, viagens, companhias cultas e coisas bonitas. Compreendia, especificamente, o valor do dinheiro e queria montes dele.

Mercenária é uma palavra maldosa. Kitty Flynn era simplesmente prática. A miséria e as privações de seus primeiros anos deixaram-na com um respeito saudável pelas vantagens da riqueza e uma determinação de fazer o que fosse necessário, dentro do razoável, para obtê-la. Em sua atual situação, isso envolvia agüentar e repelir gracejos e flertes bonachões da clientela regular. Porém quando esses mesmos beberrões ultrapassavam os limites e eram tolos o bastante para sugerir que Kitty talvez apreciasse algo um pouco mais íntimo após a hora de fechamento, eram esclarecidos, além de toda e qualquer dúvida, através de uma corrente de vívidos impropérios irlandeses, que a garçonete considerava-se destinada a delícias muito maiores do que as que eles poderiam oferecer. O vapor de Dublin a Liverpool fora o primeiro estágio da planejada viagem de Kitty rumo à fortuna e à respeitabilidade; seu atual emprego como garçonete de bar era apenas uma estação transitória do caminho. A chegada dos senhores Raymond e Wells abriu-lhe novas e sedutoras vistas. Cavaleiros em armaduras brilhantes eram poucos e raros em Liverpool e os dois norte-americanos ricos, com dinheiro para torrar, eram obviamente a segunda melhor opção.

"Ela era uma moça inusitadamente bela — uma loura roliça e vistosa, do mesmo tipo da [atriz] Lillian Russell, anos atrás", conta Sophie Lyons. Era, como todas as melhores garçonetes de bar, rechonchuda. Seu cabelo loiro, caindo em cachos até o meio das costas, era arranjado de tal forma que parecia ter explodido da nuca. Suas feições eram delicadas, o nariz arrebitado, os lábios cheios, porém eram os olhos, surpreendentemente azuis e ligeiramente dilatados, que reduziam seus admiradores a uma pasta. Sob determinadas luzes ela não parecia nada além de uma rã excepcionalmente atraente, o que vinha a calhar, já que Kitty logo mais embarcaria numa carreira na qual, como no conto de fadas, ela seria beijada por uma variedade de príncipes, encantados ou não. No melhor retrato que restou dela (uma versão colorida de uma foto do grande fotógrafo francês Félix Nadar), Kitty Flynn está com expressão que oscila entre o flerte e a pura maldade.

Essa expressão teve um efeito eletrizante nos dois recém-chegados ao hotel Washington, em janeiro de 1870. Nunca ficou bem claro qual dos dois malfeitores se apaixonou primeiro por Kitty, mas que ambos o fizeram, e profundamente, era aceito como fato por todos os seus contemporâneos. Sophie Lyons é caracteristicamente abrupta sobre a questão: "Bullard e Raymond [ela usa tanto o nome verdadeiro de Worth quanto sua alcunha] apaixonaram-se perdidamente por ela".

Durante o mês seguinte, Kitty foi assediada por esses dois pretendentes tão diversos — um pequeno, garboso, quase abstêmio e intenso, o outro alto, soturno e, como dizem os Pinkerton, "inclinado a viver rápido e a dissipar-se". De repente Kitty se viu sendo levada a jantares tão suntuosos que ultrapassavam seus próprios sonhos extravagantes e tornavam Liverpool pequena para ela. Apesar da rivalidade amorosa, os dois escroques continuaram sendo ótimos amigos enquanto arrebatavam Kitty de um caro jantar à luz de velas para outro, com Bullard fazendo serenatas e Worth o possível para convencê-la de que ele, e não seu exótico parceiro, representava um investimento mais sólido. "A corrida pelos seus favores foi apertada", registra a investigante Lyons, "apesar do fato de Bullard ser um músico de primeira [e] falar várias línguas fluentemente." Por fim Kitty cedeu aos rogos de Piano Charley e concordou em se casar com ele. Entretanto, sempre reservou um lugar no coração e, aliás, em sua cama, para Worth.

Kitty Flynn tornou-se a senhora Charles H. Wells num domingo primaveril. A cerimônia foi realizada no hotel Washington e uma grande multidão de curiosos compareceu para ver a menina dos olhos da cidade ser levada numa carruagem puxada por quatro cavalos pelo seu marido norte-americano. Adam Worth foi o padrinho e, como conta Lyons, "para lhe fazer justiça, deve-se dizer que o casal de noivos não teve ninguém mais sincero na hora de desejar boa sorte aos dois". Worth tinha boas razões para a equanimidade porque, embora Kitty tivesse concordado em se casar com Bullard, parecia muito contente em compartilhar de seus favores com ambos. Se Bullard fazia alguma objeção a esse arranjo, nunca disse nada. Na verdade, nem estava em posição moral de fazê-lo, uma vez que, sem que Kitty soubesse, já era casado. Foi só tempos depois que Kitty descobriu que Bullard tinha mulher e dois filhos vivendo na América. É possível que Worth tenha usado essa informação para chantagear

Bullard e forçá-lo a compartilhar sua mulher. Porém, esse não era seu estilo, e como o relacionamento entre os dois continuou perfeitamente amigável, é mais provável que a acomodada Kitty Flynn e os liberais Bullard e Worth, que nunca deixaram que as convenções atrapalhassem seus desejos, tenham simplesmente descoberto que um *ménage à trois* era simplesmente o mais conveniente arranjo para todas as partes envolvidas.

Enquanto Kitty e Charley gozavam de uma curta lua-de-mel, Worth passou o tempo roubando cerca de 25 mil libras em jóias da maior loja de penhores de Liverpool. Os Pinkerton mais tarde fizeram um relato completo do roubo:

> Ele procurou alguma coisa em sua linha de trabalho e descobriu uma grande loja de penhores que julgou valer a pena roubar [...], percebeu que se pudesse obter um modelo da chave faria um belo serviço. Depois de trabalhar cautelosamente durante vários dias, conseguiu distrair o dono da loja tempo suficiente para obter a posse da chave e fazer uma impressão em cera: o resultado foi que, duas ou três semanas depois, o homem chegou à loja uma bela manhã e viu que todas as peças valiosas de joalheria tinham sido surripiadas de seu cofre. A loja e o cofre estavam trancados, mas os valores haviam sumido.

O roubo causou uma pequena sensação em Liverpool, onde a criminalidade era abundante mas assaltos em grande escala, raros. O relato de Pinkerton, embora tenha sido escrito muitos anos depois, parece bem acurado. Grande parte dos títulos roubados do Boylston Bank já tinha "voltado" a seus donos e o banco decidira cancelar o contrato dispendioso com a agência de detetives, concluindo acertadamente que os ladrões estavam àquela altura fora de alcance. Entretanto, os Pinkerton continuaram o cerco, através de uma rede de informantes, aos norte-americanos no exterior. Nos anos seguintes, suas informações sobre Adam Worth e sobre suas atividades como Henry Raymond foram ficando cada vez mais detalhadas.

Roubar uma loja de penhores era jogo fácil, e Worth começou a ficar inquieto, querendo esportes mais desafiadores em novas pastagens. Kitty também estava ansiosa por um ambiente mais glamouroso e Bullard não se importava muito com seu destino, desde que houvesse dinheiro e champanhe em grandes quantidades, e um piano. Worth encheu Kitty de presentes dispendiosos (inclusive as jóias roubadas), comprou-lhe roupas caras, incentivou-a e cooperou com a determinação da moça de deixar suas origens humildes para trás. Com o dinheiro roubado, Worth procurou moldar e refazer Kitty, assim como estava reinventando a si próprio. Mas a cinzenta Liverpool não era lugar para uma futura dama e a grande fraude exigia um pano de fundo mais brilhante. No final de 1870, o trio empacotou seus pertences, inclusive os restos ainda consideráveis do roubo ao Boylston Bank, saiu do hotel Washington e rumou para Paris, onde a guerra entre a França e a Prússia, o cerco de Paris e a iminente anarquia provocada pela Comuna faziam da capital francesa um local especialmente atraente para uma parelha de escroques socialmente ambiciosos e sua acompanhante.

6. Um bar americano em Paris

Paris fornecia provas cabais daquele tipo peculiar de duplicidade moral que Worth absorveria e adaptaria: sob o Segundo Império, uma mulher podia ser presa por fumar nos jardins das Tulherias, porém a imoralidade pessoal era quase *de rigueur*. A superfície era magnífica, mas a corrupção e a libertinagem desregradas. Os empreendedores especulavam, os hedonistas fartavam-se e os visitantes ingleses desaprovavam “os péssimos padrões morais”. A grande e alegre fachada do Segundo Império veio abaixo quando os exércitos franceses foram esmagados pela máquina militar prussiana e, depois, quando mais de 20 mil pessoas morreram na horrenda violência da Comuna que se seguiu ao cerco mutilante da cidade. Worth, Bullard e Kitty viajaram lentamente para o Sul e pararam em Londres para aguardar o resultado dos eventos sangrentos de Paris, antes de atravessar o canal da Mancha em finais de junho de 1871. Encontraram uma cidade exausta e parcialmente em ruínas, desordenada e vulnerável, porém ainda assim glamourosa em sua devastação: um local perfeito de onde coordenar novas atividades criminosas, com muita coisa para satisfazer os gostos extravagantes do trio. Como observou posteriormente um historiador, "a França é uma paciente incrivelmente maleável e agora — vergonhosamente derrotada, fendida por uma guerra civil, falida devido às reparações de guerra exigidas pela Alemanha e ao custo de consertar Paris — surpreenderia o mundo e alarmaria seus inimigos com a velocidade de sua recuperação". Ali estavam, Worth percebeu, ricos frutos. Seu xará, Charles Frederick Worth, o famoso costureiro, "comprara parte das ruínas das Tulherias para erguer falsas ruínas em seu jardim"; agora um outro Worth também deixaria sua marca nos restos da cidade devastada onde, pelo menos por enquanto, as autoridades estavam ocupadas demais em lavar o sangue das ruas e reconstruir a capital para prestar muita atenção no recém-chegado triunvirato.

Em anos posteriores, Kitty diria, sem conseguir ser convincente, que não fazia idéia de que o marido e o sócio fossem notórios criminosos internacionais. Deve ter ficado bem claro, desde o início, que o charmoso marido e seu amigo não eram respeitáveis homens de negócios, já que pagavam tudo em dinheiro vivo, não trabalhavam em coisa nenhuma e nunca discutiam nada que se aproximasse de negócios legítimos. O papel de Kitty no estágio seguinte do drama indica que ela estava envolvida nas atividades criminosas da dupla até as belas orelhinhas.

Com o restante do dinheiro proveniente do roubo em Boston, Bullard e Worth compraram, no nome de Charles Wells, um prédio espaçoso na rue Scribe, número 2, parte do complexo do Grand Hôtel, vizinho do L'Opéra, e alugaram grandes e confortáveis apartamentos nas vizinhanças. A nova instalação, batizada de American Bar, foi mobiliada com "esplendor palaciano" ao custo de uns 75 mil dólares, com telas a óleo, espelhos e vidros caros. Garçons americanos foram importados para preparar coquetéis exóticos e populares em Nova York mas "que eram, naquela época, praticamente desconhecidos na Europa".

O American Bar era uma operação dupla. O segundo andar do prédio foi transformado numa espécie de clube para norte-americanos em visita à cidade, completo com as últimas edições dos jornais dos Estados Unidos e escaninhos de onde os expatriados podiam apanhar sua correspondência. "Os norte-americanos eram cordialmente convidados a usá-lo como ponto de encontro", um lugar onde podiam se reunir e tomar drinques norte-americanos, um estabelecimento tranqüilo, sóbrio e totalmente respeitável. Nos andares superiores da casa, entretanto, a cena era bem diferente. Ali Worth e Bullard montaram uma operação de jogo em grande escala, bem equipada e totalmente ilegal. Importando crupiês dos Estados Unidos e especialistas em bacará, deram ao covil um lustro cosmopolita, mas foi Kitty quem acabou sendo a principal atração, porque "sua beleza e seus modos cativantes atraíam muitos visitantes norte-americanos".

Os agentes da Pinkerton na Europa começaram a vigiar o lugar praticamente desde o dia da inauguração e declararam que o American Bar estava rapidamente se transformando "no quartel-general de jogadores e criminosos norte-americanos que ali planejam muitos de seus crimes europeus", porém mesmo as forças da lei ficavam atordoadas com os amplos charmes da anfitriã. "A senhora Wells era uma bela mulher", os detetives mais tarde relataram, "uma conversadora brilhante vestida na última moda: quase todos os clientes da casa buscavam sua companhia". Enquanto a deliciosa Kitty presidia, visão de sedas e cachos, "o afável Bullard tocava piano e Worth monitorava cuidadosamente a clientela". Havia um botão de alarme discreto, instalado atrás do bar "que o barman apertava, tocando uma campainha nos salões de jogos acima sempre que a polícia ou qualquer pessoa suspeita entrasse". Segundos depois de ter soado o alarme, Worth podia apresentar os andares superiores do número 2 da rue Scribe de forma tão calma e respeitável quanto os inferiores. A polícia de Paris "fez duas ou três incursões à casa, mas nunca conseguiu achar nada lá, exceto uma porção de homens sentados lendo jornal e nenhum jogo à vista". Worth também subornava a polícia local para avisá-lo quando houvesse a possibilidade de uma blitz.

O American Bar, o primeiro clube noturno de estilo norte-americano em Paris, foi um sucesso instantâneo, um ímã vistoso numa cidade arruinada e exausta, e os parisienses ficaram "estonteados com sua magnificência. O local logo adquiriu fama e passou a ser muito freqüentado, não só por norte-americanos como também por ingleses; na verdade por visitantes de toda a Europa". Empresários, banqueiros, turistas, ladrões, falsificadores, condenados, condes e vigaristas eram todos igualmente bem-vindos para gozar os frutos do soberbo *chef* de Worth, bebericar um coquetel ou, se preferissem, recolher-se aos andares de cima onde a deliciosa Kitty os ajudaria a perder dinheiro nas mesas de jogo com tamanha graça que eles quase sempre retornavam outras vezes. Logo se espalhou pelo submundo o boato de que o American Bar era o melhor lugar da Europa para fazer contato com outros criminosos, arrumar um emprego ou simplesmente esconder-se das autoridades.

O elegante e pomposo Max Shinburn tornou-se cliente regular. Assim como seus antigos associados, o Barão achara necessário passar suas atividades para o continente de maneira um tanto súbita. Alguns anos antes, para seu profundo constrangimento, fora publicamente detido num dispendioso hotel em Saratoga, onde se disfarçara "de banqueiro nova-iorquino", e acusado pelo assalto de New Hampshire, cometido em 1865. A polícia encontrou 7 mil dólares em títulos roubados em seus bolsos e, ao dar busca em seu endereço de Nova York, descobriu "uma oficina completa para a confecção de ferramentas de assalto e de chaves impressas em cera". Condenado a dez anos de cadeia, o Barão conseguira escapar da prisão em Concord depois de nove meses — uma fuga tida como "uma das mais ousadas e habilidosamente preparadas da história do crime" — e fugira para a Europa, onde ainda havia grande demanda para sua perícia como arrombador de cofres. "Com o dinheiro obtido em vários roubos, Shinburn deve ter deixado o país com quase 1 milhão de dólares", registraram os Pinkerton.

Shinburn instalara-se na Bélgica, comprara uma grande propriedade e ações numa imensa tecelagem de seda e declarara formalmente ser o barão Shindell, coisa que "ninguém se deu ao trabalho de contestar". Sua existência cosmopolita incluía visitas freqüentes a Paris e ao American Bar, onde o falso barão gostava de se pavonear diante de antigos colegas de crime e gastar dinheiro "com mão aberta". Worth ressentia-se da intrusão do "insuportável porco holandês", como ele o chamava, um tanto incorretamente, porém tolerava sua presença em nome de Piano Charley, que ainda tinha uma dívida com o Barão por tê-lo tirado da cadeia.

Sophie Lyons, que viajava sempre à Europa a negócios (de natureza inteiramente criminosa), era outro rosto familiar no American Bar, e logo um punhado diversificado de escroques, muitos deles figuras familiares dos tempos de criminalidade em Nova York, começou a orbitar o clube parisiense numa época em que os assaltantes de banco profissionais estavam migrando para o outro lado do Atlântico em números cada vez maiores. "Eu poderia dar o nome de uns cem homens que tiravam uma boa renda com isso [assalto a bancos] e que depois foram para a Europa tentar a sorte. A França costumava ser um território especialmente bom", escreveu o amigo de Worth, Eddie Guerin.

Com esses detritos criminosos que iam aportando em Paris, uma turma inescrupulosa e repugnante, Worth acabaria por formar uma das quadrilhas mais eficientes e disciplinadas da história. Logo após limpar o First National Bank de Baltimore, por exemplo, chegaram Joseph Chapman e Charles "The Scratch" Becker. Chapman era um criminoso de longas barbas e olhos sentimentais que possuía, segundo um relato contemporâneo, "apenas um vício — falsificação; e uma paixão — Lydia Chapman", sua mulher e "uma das mulheres mais belas que o submundo dos anos 1870 já conheceu". Becker, vulgo John Blosh, era um falsificador neurótico, holandês de nascença, de fama internacional, capaz de reproduzir, segundo se dizia, a primeira página de um jornal com tamanha verossimilhança que, depois de terminar, ninguém, Becker inclusive, era capaz de distinguir o original da cópia. Pinkerton o considerava "o falsificador profissional mais capaz do mundo".

Entre outros fregueses do American Bar estavam "Little" Joe Elliott (vulgo Reilly, vulgo Randall), um larápio com aspecto de rato, de inclinações intensamente românticas ("um grande sujeito para correr atrás das moças francesas", Worth lhe dizia), Carlo Sesicovitch, um grandalhão russo com um temperamento de amargar mas com um dom especial para disfarces, sua amante cigana Alima e vários outros criminosos dignos de nota.

Mas a clientela do American Bar não era em hipótese alguma formada apenas de trapaceiros e patifes. Muitos eram simplesmente negociantes de passagem, "norte-americanos grã-finos que não sabiam que os donos desse bar eram assaltantes de banco profissionais" e turistas interessados em um pouco de vida noturna e numa fezinha na roleta ou na mesa de faraó. Entre eles, inclusive alguns que haviam sido vítimas dos donos do clube em tempos anteriores. Segundo um relatório da polícia, o American Bar foi visitado por Sanford, da companhia Merchant's Express, enquanto estava em Paris, "porém ele não soube, até seu regresso a Nova York, que Wells era Bullard, o homem que roubara 100 mil dólares" de sua companhia em 1868. Também se disse que alguns altos funcionários do Boylston Bank de Boston passaram uma noite agradável no clube, sem suspeitar como as mesas de jogo de mogno e o restante da cara mobília haviam sido financiados.

Por três anos o American Bar prosperou desbragadamente, e o peculiar *ménage à trois* dos donos continuou, surpreendentemente, sem qualquer obstáculo. Kitty Flynn, seu forte e indicativo sotaque irlandês já totalmente evaporado, estava se tornando a grande dama graciosa que sempre almejara ser, mesmo que metade de seus admiradores fossem ladrões e vigaristas. Bullard consumia contente vastas quantidades de coquetéis norte-americanos, começando o dia quando abria os olhos, no final da tarde, e terminando quando os fechava, por volta do amanhecer, em geral com a cara sobre marfins do piano. "Na alegre capital francesa, ele logo ficou conhecido como jogador e libertino", que era tudo que Piano Charley quis ser. Worth também estava bem contente, embora curiosamente inquieto. Servir drinques era lucrativo e o antro de jogo era um convite constante para demonstrar seu poder sobre o destino, porém a operação parisiense dificilmente seria a grande aventura criminosa que ele via como sendo seu destino. O *demi-monde* que rodeava as mesas de jogo era brilhante e divertido, sem dúvida; no entanto, ele tinha planos mais ambiciosos para ele e Kitty do que meramente a vida de um crupiê de alta classe e uma *hostess* de clube.

No inverno de 1873 surgiu um borrão desagradabilíssimo no horizonte do trio felizardo quando William Pinkerton, o terror dos criminosos norte-americanos, entrou despreocupadamente no American Bar e pediu uma bebida. Homem nenhum assanhava mais eficazmente a fraternidade do crime do que William Pinkerton. O detetive tornara-se um homem corpulento e rubicundo, cuja estrutura pesada não correspondia à energia impressionante e ao talento ímpar para pegar criminosos. O rosto de Pinkerton era conhecido de praticamente todos os escroques da América, assim como sua fama de homem que "empreendera uma guerra incessante contra os assaltantes de trem, de bancos e de expressos que infestaram o Meio-Oeste ao término da Guerra Civil". Precursora direta do moderno FBI, a agência Pinkerton estava ganhando o respeito internacional graças, em grande parte, à energia fenomenal de William Pinkerton. Os fora-da-lei mais notórios do Oeste — Jesse James e seu irmão Frank, os tenebrosos irmãos Reno e os lendários Butch Cassidy e Sundance Kid — conheciam melhor que ninguém o desconforto de ter Pinkerton em sua cola. "Não era incomum, naqueles tempos de caça aos bandidos, que William Pinkerton ficasse dias e dias sobre a sela, acompanhado de bravos oficiais da lei, dando buscas nas planícies e colinas do Meio-Oeste e seguindo os bandidos até seus esconderijos." Homem de grande bonomia e charme, Pinkerton também sabia ser totalmente impiedoso, como descobriram muitos criminosos à custa de sua liberdade e, em alguns casos, de sua vida. "Quando Bill Pinkerton saía atrás de um homem, ele não desistia enquanto não o pegasse, mesmo que isso lhe custasse 1 milhão de dólares, ele não se importava", escreveu Eddie Guerin.

Muitos anos depois, durante uma entrevista com William Pinkerton, Worth fingiu despreocupação ao lembrar-se da inesperada e indesejada visita do detetive ao American Bar. "Ficamos um tanto preocupados com o que poderia tê-lo levado ao clube", disse Worth. Frenéticos teria sido um adjetivo mais apropriado.

Worth reconheceu o parrudo detetive na hora e, como sempre optando pela abordagem mais ousada, ofereceu-se para lhe pagar mais uma bebida. Pinkerton aceitou. Foi um estranho encontro entre o arquicriminoso e o homem que já passara cinco anos, e que passaria os 25 seguintes, tentando colocá-lo na prisão. Conversaram uns momentos a respeito de conhecidos mútuos, dos quais tinham muitos, de ambos os lados da lei, até que Pinkerton declarou que era hora de ir andando. Os dois homens apertaram-se então as mãos, sem nunca terem precisado se apresentar.

Assim que Pinkerton saiu, Worth chamou Piano Charley e um facínora visitante, conhecido como "Old Vinegar", e saíram os três pela rue Scribe, para seguir o detetive norte-americano. "Não havia intenção de atacá-lo", asseverou Worth mais tarde a Pinkerton. "Nós só queríamos dar uma boa olhada em você." Pinkerton estava plenamente consciente de estar sendo seguido e, depois de levar o trio através de algumas ruas de Paris, subitamente virou-se contra eles. Piano Charley, com os nervos esgarçados pela bebida, "quase morreu de susto" e os três chisparam na direção contrária. "Old Vinegar ficou escondido durante semanas", Worth mais tarde comentou, com uma risada.

Ele podia não admitir, mas a visita-surpresa de Pinkerton o abalara profundamente. Worth tranqüilizou-se apenas parcialmente ao descobrir, por intermédio de um intérprete corrupto que trabalhava para a polícia francesa, de nome Dermunond, que o detetive não estava à procura dele e de seus parceiros mas a soldo do Baltimore National Bank e na trilha de Joseph Chapman, Charles Becker e Little Joe Elliott. Na verdade, avisou o informante, Pinkerton já dera entrada nos papéis de extradição junto às autoridades francesas. Worth mandou recado a seus colegas, dizendo-lhes que estavam em perigo mortal e que não deveriam, em hipótese alguma, ir ao bar. Alguns dias mais tarde, Pinkerton, acompanhado de dois detetives franceses, entrou num outro lugar predileto da quadrilha, um salão de danças chamado Voluntino, onde Worth jantava com Little Joe Elliott. Acontece que Worth viu o momento em que o carnudo detetive cruzou a porta e presumindo, corretamente, que "as entradas também estariam vigiadas", levou Elliott para cima, até uma sala particular, abriu a janela e, segurando as mãos de Joe, baixou-o uns quatro metros e meio até um pátio lá embaixo. "Joe caiu bem, levantou-se e fugiu", Worth lembrou mais tarde, porém fora mais uma escapada desagradável e por um triz.

A quadrilha teve uma moratória bem-vinda, ainda que temporária, quando Pinkerton foi chamado para ajudar nas investigações de uma série de falsificações cometidas contra o Banco da Inglaterra. Pinkerton identificou precisamente as falsificações como sendo trabalho dos irmãos Austin e George Bidwell, "dois conhecidos falsificadores e fraudadores norte-americanos" que também estavam entre os fregueses regulares de Worth. Enquanto os Pinkerton estavam ocupados perseguindo os Bidwell (Austin foi preso em Cuba; George, em Londres), Joe Chapman e os outros escafederam-se de Paris e foram se esconder.

A essas alturas Worth já concluíra que os dias do American Bar estavam contados. Durante sua rápida visita ao clube, Pinkerton adivinhara, corretamente, que havia algum sistema de alerta instalado, para avisar os jogadores lá em cima de uma blitz iminente. Ao voltar aos Estados Unidos, passou esse seu palpite à polícia de Paris e começou a importunar a Sûreté para que fizesse algo a respeito do ninho de criminosos estrangeiros da rue Scribe. Até mesmo a polícia francesa, indolente graças aos subornos, foi levada a agir quando Pinkerton forneceu as fichas detalhadas de Worth, Bullard, Shinburn, Chapman, Becker, Elliott, Sophie Lyons e muitos outros fregueses assíduos do bar. Em maio do ano seguinte, Worth foi novamente advertido por Dermunond de uma blitz e conseguiu remover todas as provas de jogo minutos antes de a polícia invadir o local. Mas as atenções da Sûreté estavam sendo prejudiciais aos negócios, principalmente entre a intranqüila clientela criminosa. "As pessoas respeitáveis pararam de freqüentar e logo a coisa veio abaixo", Pinkerton registrou, triunfalmente.

Com os lucros caindo, Worth decidiu melhorar as coisas a

seu modo tradicional, roubando um saco de diamantes de um comerciante que fora descuidado o bastante para deixá-lo no chão enquanto jogava roleta. Foi um roubo cometido sob a inspiração do momento — enquanto Worth descontava um cheque para o negociante e o distraía, Little Joe Elliott agachou-se sob a mesa e substituiu o saco contendo os diamantes por um outro. Esse furto rendeu cerca de 30 mil libras e foi o próprio Worth "quem insistiu para que a polícia fosse chamada ao local e desse busca de alto a baixo. Mas não sugeriu que olhassem num barril de cerveja nas cercanias, no fundo do qual repousavam as preciosas gemas". Apesar do elaborado blefe, o diamantista exigiu que o gerente do clube fosse citado numa acusação de roubo. Numa audiência preliminar, Henry Raymond, fazendo o papel de um enraivecido negociante estrangeiro cujo bom nome estivesse sendo arrastado na lama, exigiu o direito de questionar seu acusador e de tal forma confundiu o mercador com um bombardeio de perguntas iradas que o pobre homem foi incapaz de se lembrar claramente de onde tinha posto o saco. Worth foi solto; o roubo, porém, ainda que bastante lucrativo, selou o destino do American Bar.

"O roubo espantou toda Paris e serviu para atrair suspeitas sobre a casa [que] perdeu prestígio e logo descambou." A essa altura Pinkerton começara a recrutar o apoio internacional para fechar o American Bar, notadamente o do inspetor John Shore, da Scotland Yard em Londres. Shore vinha recebendo relatórios, já havia algum tempo, a respeito de um bando de criminosos que operava de Paris e, ele também, começou a exigir que a polícia parisiense fechasse o estabelecimento de uma vez por todas. Através de seus espiões, Worth ficou sabendo que a polícia inglesa estava pressionando as autoridades francesas e seu alarme duplicou. Essa foi a primeira vez em que Shore e Worth cruzaram as espadas.

"O local foi finalmente invadido pela polícia", Pinkerton relatou, mas dessa vez a Sûreté não iria se deixar vencer pelo sistema de alarme de Worth. "O barman foi imobilizado assim que eles entraram e, subindo às pressas, encontraram a jogatina a pleno vapor." Worth e Kitty, por sorte, não estavam no prédio na ocasião, porém "Wells [Bullard] e outros [um par de crupiês desafortunados] foram presos e acusados de manter uma casa de jogo, mas soltos sob fiança". Bullard, o dono nominal do bar, escapou à fiança e fugiu para Londres, deixando para Worth e Kitty a tarefa de liquidar o que restara do negócio.

Worth mais tarde disse a Pinkerton que já tinha decidido que o bar "nunca mais seria um sucesso da forma como ele queria", e o clube foi então vendido a "um jogador e corretor de apostas chamado Jack Ballentine", que o manteve funcionando por mais dois anos até finalmente fechá-lo.

Pinkerton escreveria depois, com a confirmação de Worth, que "a balbúrdia que eu criei foi o meio de arruinar Bullard em Paris, expulsá-lo de lá, quebrar o bar e botar todo mundo, conforme ele próprio disse, mendigando". Porém em vez de se ressentir da rude intrusão de Pinkerton, Worth parece ter admirado os esforços do detetive. "Quando nos encontramos em Londres [ele disse] que sempre gostara de mim e que me achava um homem reservado e que sempre sentira uma disposição afetuosa em relação a mim", registrou Pinkerton. Eles podiam estar de lados diferentes da lei, porém o ladrão e o detetive já tinham desenvolvido um respeito saudável pelos talentos um do outro que, mais tarde, desabrocharia na mais improvável das amizades.

Longe de estar "mendigando", Worth ainda era um homem de posses substanciais. O desmantelamento do American Bar simplesmente fechou um capítulo e abriu outro em sua vida. Cada vez mais ele ansiava, para si e para a ambiciosa Kitty, se não respeitabilidade genuína, pelo menos seus adornos exteriores e, aos 31 anos de idade, podia muito bem dar-se ao luxo de tê-los.

Havia na verdade um único destino para um homem de ambições sociais e criminosas, e este era Londres, abundante de riquezas e portanto de oportunidades vis, centro do mundo civilizado, onde o ideal cavalheiresco fora elevado à condição de religião.

A Grã-Bretanha vitoriana estava se aproximando dos píncaros de sua grandeza e presunção. "A história da Grã-Bretanha é, enfaticamente, a história do progresso", declarou o popular escritor T. B. Macaulay. "O maior e mais civilizado povo que o mundo já viu espalhou seu domínio por mais de um quarto do globo." Uma nota semelhante de onipotência patriótica soara um pouco antes, com o historiador Thomas Carlyle: "Nós removemos montanhas e fazemos dos mares nossa estrada suave, nada pode resistir a nós. Guerreamos com a rude natureza e, graças a nossa inquietude, sempre saímos vitoriosos e carregados de espólios". Para um escroque em guerra com a ordem natural, recomendações assim tão altas eram irresistíveis. Espólios imensos e a elevação social que traziam consigo eram precisamente o que Worth tinha em mente.

Piano Charley já estava do outro lado do canal da Mancha, operando sob o disfarce de um comerciante de vinhos e consumindo uma vasta proporção de seu suposto estoque. Worth, Kitty e o restante da quadrilha empacotaram o que sobrara do American Bar — os candelabros, os adornos de latão e as telas a óleo — e partiram alegremente para a grande metrópole inglesa.

Os andares superiores que foram outrora o covil de jogo de Worth são hoje quartos do Grand Hôtel Intercontinental, um dos mais caros de Paris. Mais apropriadamente ainda, dada a natureza da etapa seguinte na vida de Worth, a porta do número 2 da rue Scribe agora pertence à Old England, uma cadeia de lojas onde até hoje se podem comprar todos os complementos, de botas de cavalgar com monograma a cartolas, de um sólido cavalheiro inglês.

7. A *Duquesa*

Por coincidência ou obra do destino, em 1875 o retrato de Gainsborough de Georgiana, duquesa de Devonshire, também estava prestes a fazer sua reentrada triunfal na capital inglesa, depois de muitos anos escondido. O modelo morrera umas quatro décadas antes do nascimento de Worth, porém desempenharia um papel crucial em sua vida.

Georgiana Spencer tinha apenas dezessete anos, em 1774, quando se casou com William Cavendish, quinto duque de Devonshire. O duque, um dos homens mais ricos e esquisitos da Inglaterra, era também, conforme opinião generalizada, um sujeito de sorte, porque a filha mais velha de John, primeiro conde de Spencer, já então era tida como a mulher mais bela e perfeita do país. Os poetas encomendavam-na aos céus, o príncipe de Gales a bajulava e os pintores competiam entre si para reproduzir seus encantos. Os detratores eram igualmente enfáticos e qualificavam-na como uma devassa aristocrática com chapéus demasiadamente altos e moral demasiadamente baixa. Todos tinham alguma opinião sobre Georgiana.

Thomas Gainsborough começou sua mais célebre tela da duquesa por volta do ano de 1787, uma tarefa nada fácil, mesmo para o maior retratista que a Grã-Bretanha já produziu. Havia qualquer coisa no franzir daqueles lábios, uma sugestão de dengo, brincalhona e insinuante, que desafiava reproduções. Ou talvez fosse simplesmente a presença cativante do próprio modelo, "então plenamente desabrochada", que confundia o mestre. A frustração de Gainsborough foi aumentando à medida que ele desenhava e redesenhava a boca de Georgiana, tentando capturar aquela expressão fugaz e coquete, "porém sua beleza estonteante e os sentimentos que nutria com o encanto de sua aparência e com sua conversa tiravam-lhe a disposição da mão e a felicidade do toque que lhe pertenciam em momentos ordinários". Por fim acabou se zangando. "Passando seu lápis molhado por uma boca que, a todos que a vissem, parecia primorosamente adorável, ele disse: 'Sua Graça é difícil demais para mim!'".

Gainsborough pintou Georgiana, até onde se saiba, três vezes: em criança, em 1763, uma tela deliciosa "que já promete, mesmo então, encantos notáveis" e que agora faz parte da coleção do duque de Spencer, em Althorp, Inglaterra; e uma segunda vez em 1783, um retrato de corpo inteiro agora na National Gallery de Washington, DC. Neste último quadro, a duquesa está recostada numa coluna, em pose clássica, porém parece um tanto abatida e "esverdeada", segundo Walpole, possivelmente depois de uma boa noitada na cidade. Quando ele voltou a pintá-la, tanto o artista quanto o modelo haviam se tornado ainda mais célebres, e Gainsborough estava decidido a capturar o encanto de Georgiana. Daí sua frustração com a fugidia boca da duquesa.

Ele perseverou, contudo, e o retrato ficou uma obra-prima, parecendo destilar a deliciosa expressão de Georgiana. Sua sobrancelha esquerda está arqueada, vitoriosa, um meio sorriso torturante brinca-lhe nos lábios e, sob o imenso chapéu posto de banda, o olhar é dissimuladamente matreiro. Numa das mãos segura uma rosa totalmente aberta e na outra, presa sugestivamente entre o polegar e o indicador, um botão róseo e maduro. Georgiana não fora difícil demais para ele, no fim das contas, e o produto final era devastador, francamente sexual e, ainda assim, estranhamente recatado.

Ela já fora pintada várias vezes antes e seria pintada de novo pelos maiores artistas da terra, inclusive Reynolds, Romney e Rowlandson. Como escreveu um crítico em 1901: "Há mais retratos de Georgiana do que qualquer outra dama inglesa do século XVIII". Entretanto, em termos de grandeza e impudência, personalidade e malícia, nenhum se equipara ao retrato de Gainsborough da duquesa na flor da idade.

Não há provas de que o retrato tenha jamais adornado a residência ducal dos Devonshire, em Chatsworth, porém mais ou menos na época em que Georgiana engravidou de seu amante, o futuro primeiro-ministro Charles Grey, o adorável retrato de Gainsborough sumiu súbita e inexplicavelmente. Talvez o duque, embora ele próprio um adúltero contumaz, tenha achado o retrato da mulher, com seu sorriso coquete e sobrancelha arqueada, um lembrete muito potente de seu caso amoroso e o tenha banido de sua presença.

No outono de 1841, três anos antes que Adam Worth viesse ao mundo, o *marchand* londrino John Bentley fazia uma de suas excursões anuais pelos condados mais próximos de Londres, em busca de telas raras. Conhecedor e astuto, Bentley tinha um próspero negócio na metrópole e era muito procurado como avaliador dos velhos mestres. Durante o decorrer de sua carreira, por prazer e por lucro, tomara por hábito passar algumas semanas todos os anos vagando pelas aldeias e cidadezinhas inglesas perguntando aos moradores locais se tinham obras de arte ou qualquer outra antiguidade que quisessem avaliar ou vender. Havia muitas pechinchas a serem descobertas dessa forma e a prática permitia a Bentley trocar, por uns tempos, os cuidados e tensões da vida metropolitana por uma busca nômade e bucólica pela arte.

Nesse ano em particular, o gozo de Bentley com sua escapada anual fora grandemente diminuído por um maldito resfriado que se instalara tanto em seu peito, fazendo-o tossir e espirrar, quanto em sua mente, tornando-o mal-humorado.

Na manhã do dia 17 de setembro, Bentley esqueceu subitamente do aborrecimento e do nariz escorrendo quando suas investigações o levaram até a pequena sala de estar de uma certa Anne Maginnis, uma professora idosa, havia muito aposentada. Porque ali, em cima da lareira da senhora Maginnis, encardido mas inconfundível, estava o retrato de Georgiana, duquesa de Devonshire, de Thomas Gainsborough. Exatamente como a viúva Maginnis, que tinha pouco dinheiro e ainda menos interesse em belas-artes, conseguira pôr as mãos no famoso retrato desaparecido de Gainsborough nunca foi adequadamente explicado. Segundo um dos relatos, a velha senhora "falava dele como sendo o retrato de uma parenta sua e que fora comprado não como o retrato da bela duquesa mas simplesmente como 'um Gainsborough'". Bentley nunca indagou muito a fundo como ela obtivera a grande tela, em parte por tato, mas, principalmente, porque identificara de imediato a duquesa perdida, reconhecia um palerma de longe e queria comprar o quadro, e barato.

Ninguém sabe ao certo o que ocorreu com o retrato nos anos intermediários. Um biógrafo cita o reverendo Henry Bate que, referindo-se aos dois retratos de Gainsborough, diz "um deles está com Lady Spencer, o outro, crê-se, está na posse do senhor Boothby". Uma possibilidade é Charles Boothby-Skrymshire, também conhecido como "príncipe" Boothby, um homem da moda assim apelidado devido a seu egrégio alpinismo social e a sua tendência de "abandonar os amigos assim que conhecia pessoas de posição social mais elevada". Acredita-se que tenha sido amigo íntimo dos Devonshire e pode ter obtido o retrato quando o duque decidiu que não o queria mais. O príncipe Boothby cometeu suicídio no dia 27 de julho de 1800, ocasião em que suas posses se "dispersaram". Outro candidato para o misterioso "senhor Boothby" é Sir Brooke Boothby, de Ashbourne Hall, a cerca de trinta quilômetros de Chatsworth, um erudito, poeta, amigo de Rousseau e de Charles James Fox, satirista e colecionador de arte, que possuía pelo menos um outro retrato da duquesa, bem como um crayon, e conhecia seus vizinhos, os duques. Sir Brooke pode ter vendido o Gainsborough em 1792, quando ficou subitamente sem dinheiro. Porém seja qual for o Boothby que possuiu brevemente a *Duquesa*, o retrato desapareceu completamente de vista até surgir novamente no pequeno *cottage* da viúva Maginnis, sob o olhar conhecedor e excitado de Bentley. A velha senhora obviamente não tinha idéia do que era, nem do que valia, já que, num ato singular de vandalismo, alguns anos antes cortara as pernas da *Duquesa* logo abaixo dos joelhos, diminuindo a tela para três quartos de seu tamanho original e destinando os pés de Georgiana ao fogo. Henry James criticaria as "pernas muito duras" dos retratos de Gainsborough, porém esse não chega a ser um motivo para queimá-las e a cirurgia desmiolada da senhora Maginnis deixou o retrato desequilibrado: Georgiana parece quase que subjugada por seu vasto chapéu. Mesmo nessas tristes circunstâncias, Bentley reconheceu a *Duquesa* de Gainsborough, admirou-lhe o sorriso ainda apimentado e farejou uma pechincha.

Muitos anos depois, um neto de Bentley, um certo Sigismund Goelze, explicou o que acontecera, lembrando a descoberta do avô em carta ao *Times*: "Na época estava pendurado na sala de estar dela, sobre a lareira, e, sabendo que originalmente o retrato fora de corpo inteiro, ele lhe perguntou por que mostrava o modelo somente até os joelhos. A velha senhora lhe disse que cortara o quadro para que coubesse na posição que agora ocupava e acrescentou, então, que tinha queimado o pedaço cortado".

Embora Bentley não pudesse ter certeza absoluta de que esta era, de fato, a *Duquesa*, seu palpite era favorável. A viúva Maginnis, embora não fosse nenhuma especialista em questões artísticas, conhecia o valor do dinheiro e, acima de tudo, era mestre em regatear. Depois de negociações acaloradas, que duraram várias horas, a velha senhora concordou em deixar que o *marchand* levasse a pintura embora, sob a promessa de que ele conhecia um homem que talvez pagasse até setenta libras por ela. Bentley teve o cuidado de não mencionar quem era a retratada porque, mesmo 35 anos após sua morte, Georgiana ainda era prata da casa e um nome que só faria aumentar as expectativas de uma pobre professora aposentada.

No dia 6 de outubro, a senhora Maginnis escreveu:

> Prezado Senhor,
>
> Sou-lhe grata pela pronta atenção referente à venda do retrato e receberei setenta libras por ele, em dinheiro, se o cavalheiro puder, já que me sinto segura de que fará o possível com ele.
>
> Esperando que se encontre em melhor saúde do que quando o vi pela última vez,
>
> Permaneço, Senhor, sua obediente criada,
>
> Anne Maginnis

No fim Bentley conseguiu persuadir Anne Maginnis a deixá-lo ficar com o retrato pela soma de 56 libras, um dos negócios mais vantajosos que fez na vida. Segundo seu neto, Bentley "nunca teve a menor dúvida quanto à autenticidade do quadro; e, para um artista, é obviamente impossível que qualquer copista reproduza, com sucesso, o toque rápido e espontâneo do grande mestre em retratos femininos". O *marchand* levou o quadro consigo para Londres, onde, depois de limpá-lo, exibiu a *Duquesa* para seus admirados amigos. "O retrato permaneceu com meu avô por algum tempo e minha mãe ainda se lembra dele pendurado na sala de jantar de sua antiga casa, na Sloane Street", Goelze escreveu.

Bentley mais tarde concordou em vender a *Duquesa* para seu amigo e também conhecedor de arte Wynn Ellis, um comerciante de sedas, "recusando-se, tipicamente, a auferir qualquer lucro pelo que me foi dito", Goelze relatou. "Bentley era amigo íntimo e conselheiro da maioria dos maiores colecionadores de arte, durante os primeiros anos do último reinado; porém tinha como regra jamais receber qualquer remuneração por seus serviços ao ajudar a formar as coleções, hábito que, receio eu, deve parecer curiosamente quixotesco em nossos dias. O motivo fornecido é que apenas assim poderia provar que seu conselho era absolutamente desinteressado."

Wynn Ellis (provavelmente o quinto dono do quadro) começou nos negócios em 1812 "como comerciante de armarinhos, meias e tecidos" e terminou como dono das maiores fábricas de seda de Londres, homem de imensa fortuna, gosto excelente e pontos de vista profundos. Como membro do Parlamento por Leicester e juiz de paz em Hertfordshire, onde em 1830 adquiriu uma enorme propriedade chamada Ponsborne Park, Ellis defendia o fim da Lei dos Cereais, que impedia a importação de grãos, e considerava-se um liberal avançado. Suas opiniões mais cáusticas diziam respeito a um passatempo caro a Adam Worth, uma vez que Wynn Ellis "tinha profunda aversão por apostas, corridas e jogos". Ellis não apostava em nada e, menos ainda, nas grandes telas que comprava com sua imensa fortuna. John Bentley, por outro lado, era um *marchand* dos mais vivos, que não tinha escrúpulos em arrancar uma boa pechincha de uma velha professora aposentada. De modo que, sejam quais forem as declarações do neto e as exigências da amizade, teria sido bem mais característico que Bentley tivesse cobrado uma pequena fortuna de Ellis pelo retrato. Infelizmente, jamais saberemos qual o lucro que Bentley apurou com seu investimento de 56 libras, porque o fabricante de sedas — como outros donos posteriores do retrato — recusou-se terminantemente a dizer quanto pagara por ele e permitiu que os boatos de que desembolsara apenas sessenta guinéus pela compra circulassem sem desmentidos. Ellis enviou a tela para ser estampada por Robert Graves, da Henry Graves & Co., e o resultado, simplesmente identificado como a *Duquesa de Devonshire*, de Gainsborough, foi publicado a 24 de fevereiro de 1870.

Ellis possuía uma das melhores coleções de arte da Inglaterra, e o grande Gainsborough agora ocupava lugar proeminente nela. Será que Wynn Ellis sabia ao certo que "a tela que fora mutilada para caber em cima do consolo enfumaçado de uma velha tola era [...] uma pérola de valor inestimável"? Alguns, mais tarde, tiveram suas dúvidas. "Havia [...] uma crença generalizada, entre os interessados em questões artísticas, de que não seriam poucas as telas [na coleção de Wynn Ellis] que, embora ostentando o nome de eminentes pintores ingleses, eram cópias ou imitações." Teria Wynn Ellis sido muito apressado ao declarar que a tela era a *Duquesa de Devonshire* de Gainsborough? "Embora grande amante da arte, ele não era um juiz infalível", observou um crítico, "e está registrado que a descoberta de que três imitações de Turner lhe haviam sido impingidas a elevados preços levou diretamente à sua morte" — acontecimento ocorrido a 8 de janeiro de 1875, quando Ellis tinha 86 anos de idade e juntara uma fortuna estimada, na época, em pouco menos de 600 mil libras.

Suas 402 telas, juntamente com "aquarelas, porcelanas, mobiliário decorativo, mármores etc." foram deixados à nação. Os curadores da National Gallery selecionaram uns 44 antigos mestres, conforme ditado pelo testamento de Ellis, e o restante da vasta coleção foi levado a leilão. Gainsborough era tido, então, como artista moderno, de modo que também sua tela foi posta à venda pelo estabelecimento dos senhores Christie, Manson & Woods. Depois de anos em misteriosa obscuridade, a *Duquesa* de Gainsborough estava prestes a fazer sua primeira aparição pública em quase um século e os boatos sobre a encantadora Georgiana e sua picante história começaram a circular uma vez mais pelos salões londrinos. O leilão estava marcado para 6 de maio de 1876 e, de repente, a *Duquesa* estava na última moda de novo: se os georgianos haviam se apaixonado pela turbulenta mulher em carne e osso, os vitorianos estavam prestes a se deixar encantar pelo retrato de Georgiana.

8. O doutor Jekyll e o senhor Worth

Para marcar a primeira fase da transformação que o levou de rufião da rue Scribe a cavalheiro ilustre em Londres, Worth estabeleceu-se, juntamente com Kitty e Bullard, num novo e espaçoso quartel-general ao sul do Tâmisa, usando o que restara dos lucros da venda do American Bar e dos diamantes roubados. Alertada pelos Pinkerton e pela Sûreté, a Scotland Yard já estava de sobreaviso e logo enviou notícias a Robert Pinkerton, irmão de William e chefe dos escritórios Pinkerton em Nova York, de que o expedito Worth "agora deleita-se com o nome bem mais aristocrático de Henry Raymond [e] ocupa uma espaçosa mansão bem recuada da vista dos muito curiosos, com jardins próprios, na esquina ocidental do parque Clapham, conhecida como West Lodge". De fachada imponente, com janelas abauladas, o West ou Western Lodge fora construído por volta de 1800 e pertencera, anteriormente, a cidadãos notáveis como Richard Thornton, um milionário que fizera fortuna especulando com sebo na Baltic Exchange, uma associação de companhias sediadas em Londres, e, mais recentemente, a Sir Charles Trevelyan: precisamente o tipo de conexões sociais que Worth começava a ambicionar. O restante da quadrilha, inclusive Becker, Elliott e Sesicovitch moravam num outro grande prédio, alugado por Joe e Lydia Chapman, na Neville Street, número 103, que Worth ajudou a mobiliar com grossos tapetes vermelhos e candelabros.

Worth certamente sabia que a Scotland Yard o vigiava, mas, como nutrisse uma opinião muito pobre da polícia britânica em geral e do inspetor John Shore em particular, isso não parece tê-lo perturbado. Com uma altivez que estava se tornando característica, Worth não fazia segredo de que achava Shore um bêbado idiota e mulherengo — "um grande pateta, alvo de risos de todo mundo na Inglaterra [...], ele não conhecia ninguém, exceto uma porção de trapaceiros e gatunos baratos". Worth já se julgava muito distante disso tudo, ele que também fora um pequeno gatuno nas ruas de Nova York.

Porém à medida que Worth ia se dando ares, modelando-se em homem elegante e mundano, lançando os alicerces para uma variedade de atividades criminosas, o trio original começou a desmoronar. Em outubro de 1870, Kitty dera à luz uma menina, Lucy Adeline, que seria seguida, sete anos depois, por uma outra chamada Katherine Louise, nome de sua mãe. A exata paternidade das filhas de Kitty permanece um tanto nebulosa, por motivos óbvios. A própria Kitty talvez não soubesse ao certo quem eram os verdadeiros pais de suas filhas, se Worth ou se Bullard — é concebível que eles as tenham dividido, uma para cada um, como fizeram com tudo o mais —, mas a maioria de seus comparsas no crime simplesmente presumia que as crianças fossem de Worth, como ele próprio, aliás. William Pinkerton acreditava que Worth simplesmente assumira os direitos conjugais do parceiro quando Bullard se tornou demasiadamente alcoólatra. "Bullard, aliás Wells, tornou-se muito desregrado; sua mulher, nesse meio tempo, dera à luz duas crianças, duas filhas, que eram na verdade filhas de Adam Worth", declara o detetive.

Mais irascível e introvertido a cada trago, Bullard não era mais a figura descuidada e vistosa por quem Kitty se apaixonara no hotel Washington, em Liverpool. Ele desaparecia por longos períodos nos bairros mais sórdidos de Londres e depois voltava, crivado de culpa e ressaca, e ficava horas ao piano, tocando soturnamente. Para piorar ainda mais as coisas, Kitty ficara sabendo do casamento anterior de Bullard e de seus filhos com a outra mulher. Embora não tivesse muitos remorsos de dividir seus favores com dois homens, Kitty ficou furiosa quando descobriu que, além de bêbado depressivo, Bullard era também um bígamo.

Ciente da inquietude de Kitty e na esperança de mantê-la por força de maiores riquezas, Worth estava agora preparando o terreno para a fase mais grandiosa de sua carreira no crime. Além da mansão em Clapham, com suas "quadras de tênis, galeria de tiros e gramado para jogos de bola", arranjou também acomodações no bairro ainda mais elegante de Mayfair, alugando um grande e bem equipado apartamento na avenida Piccadilly, número 198, "pelo qual pagava seiscentas libras por ano". O apartamento ficava a umas poucas centenas de metros de Devonshire House, no número 74, onde a duquesa costumava receber com tanto luxo e onde agora funcionava a Bradford & Bingley Building Society — exatamente o tipo de estabelecimento que Worth não hesitaria em roubar. Dali, com infinito cuidado, Worth começou a planejar uma série de roubos, falsificações e outros crimes.

Usando seus associados de maior confiança, ele distribuía serviços criminosos, em geral em bases contratuais e através de outros intermediários, para homens (e mulheres) selecionados do submundo de Londres. Os vigaristas que executavam os trabalhos sabiam apenas que as ordens eram passadas de cima para baixo, que os lucros eram bons, o planejamento impecável e que os alvos — bancos, caixas de estações ferroviárias, residências de indivíduos ricos, correios, armazéns — eram selecionados pela mão de um grande mestre. O que eles nunca ficavam sabendo era o nome do homem no topo, nem mesmo o daqueles no meio da pirâmide de comando que Worth estruturara. Assim, nas raras porém inevitáveis ocasiões em que um roubo dava errado, Worth estava praticamente imune, principalmente porque a judiciosa filtragem do dinheiro destinado a manter os bicos calados através das falanges da organização garantia discrição adicional em todos os níveis. Sempre fanático pelo controle, Worth estabeleceu sua própria forma de *omertà* por força de sua personalidade, de sua rígida atenção aos detalhes, de sua supervisão severa mas sempre anônima de todas as operações e do gasto de uma proporção de seus lucros para garantir, se não a lealdade, pelo menos o silêncio. Contentava-se em receber figuras seniores do submundo, sabendo, como um "chefão" da máfia, que a sobrevivência deles, tanto quanto a sua, dependia da discrição, porém os criminosos menores que eram sua principal fonte de rendas nunca lhe viram, conscientemente, o rosto. Não demorou muito tempo para que o apartamento em Piccadilly se tornasse "uma casa de receptação internacional".

O sucesso fenomenal de Worth durante esses anos é talvez mais bem descrito pela avaliação francamente admirada dos Pinkerton, que o consideravam "o mais notável, o mais bem-sucedido e o mais perigoso criminoso profissional dos tempos modernos". Numa história oficial, publicada anos mais tarde, os detetives lembraram-se de que "durante anos ele perpetrou todos os tipos de roubo — falsificação de cheques, arrombamento de cofres, roubo de diamantes, trapaças, apropriações indébitas, furto de correspondência, furtos em todos os graus, assaltos à mão armada em estradas, roubos de banco — com imunidade total [...]. Seu luxuoso apartamento em Piccadilly, onde recebia em grande estilo [...], tornou-se ponto de encontro para os principais ladrões da Europa e da América. Sua casa tornou-se local para encontros de vigaristas notórios do mundo inteiro, especialmente norte-americanos, e ele se transformou num 'receptador' para a maior parte dos grandes roubos perpetrados na Europa. No final dos anos 1870 e durante toda a década de 1880, os grandes roubos sucediam-se; a fina 'mão italiana' de Adam Worth podia ser detectada, mas não comprovada, em quase todos eles".

Como registrou um outro contemporâneo: "Crimes em todos os quadrantes do globo eram planejados em sua luxuosa casa — e ali, muitas vezes, era feita a divisão final dos lucros". Uma especialidade particular da quadrilha de Worth era o roubo de correspondência registrada das caixas-fortes levadas pelos trens e pelos vapores que atravessavam o canal da Mancha. "Era um roubo atrás do outro, em rápida sucessão [...] de 2 a 5 milhões de francos foram tirados dos Correios dessa forma." Para iniciar esses roubos, Worth váleu-se de compatriotas confiáveis, preferindo vigaristas norte-americanos fidedignos à mais instável variedade britânica. Achar recrutas não era difícil porque, como um deles registrou, "a zona centro-oeste de Londres estava cheia de norte-americanos, ladrões de bancos, arrombadores de cofres, falsificadores, vigaristas e interceptadores". Muitos anos depois, Worth deu sua opinião sobre as classes criminosas britânicas: "Havia alguns homens, entre os ingleses, que eram camaradas realmente leais e firmes, que podiam fazer um bom trabalho e assumir riscos, mas a maioria deles não valia nada".

As figuras centrais da quadrilha de Worth incluíam os falsificadores Joe Chapman e Charles "The Scratch" Becker, Carlo Sesicovitch, o mal-humorado russo, e Little Joe Elliott, sempre que pudesse ser convencido a deixar de perseguir as dançarinas do coro. A esse grupo foi acrescentada a imponente figura de Jack "Junka" Phillips, um ladrão imenso e tremendamente burro, cujo apelido [lixo] vinha de seu hábito de carregar quantidades imensas de lixo nos bolsos do casaco. Foi o único escroque inglês a ser admitido na roda íntima, decisão da qual Worth mais tarde viria a se arrepender. Combinando ignorância e deslealdade em graus quase iguais, Junka era uma figura aterrorizante, prognata, suíças compridas e um rosto que poderia bem ter sido esculpido num queijo parmesão. Ex-lutador, os principais atributos de Junka eram sua altura (bem mais que um metro e oitenta), seu rosto feroz e sua força colossal. Era capaz de carregar nas costas o mais pesado dos cofres, que podia então ser aberto com vagar, ao passo que sua aparência tenebrosa funcionava com força de dissuasão para os extremamente inquisitivos. Há uma foto hilária de Junka nos arquivos Pinkerton, preso alguns anos depois, em traje de festa completo, amarrado a um poste. Como um Sansão criminoso, Junka está se contorcendo dentro das amarras, os olhos apertados de fúria. Os Pinkerton, com raro uso de comedimento, intitularam a imagem "uma foto a contragosto".

A amplitude das operações de Worth foi consideravelmente aumentada com a compra de um iate de 110 pés que exigia, conforme se disse, uma "tripulação de 25 pessoas", que ele equipou luxuosamente e depois usou para transportar seus comparsas criminosos numa série de expedições ao exterior. Deu o nome ao barco de *Shamrock*, em honra a seu amor irlandês. Em 1874, a quadrilha partiu para a América do Sul e Antilhas e numa única operação roubou 10 mil dólares de um cofre num armazém de Kingston, Jamaica, antes de voltar ao mar. "Essa última expedição teria terminado com sua captura por uma canhoneira britânica que o perseguiu por trinta quilômetros se seu iate não fosse extraordinariamente veloz", diz Lyons, que aparentemente estava a bordo essa vez. A polícia colonial de Kingston enviou relatório do roubo aos Pinkerton e à Scotland Yard. "O inspetor Shore concorda comigo que deve se tratar de Adam Worth", William Pinkerton escreveu ao irmão, em Nova York. O palpite estava certo; no entanto, sem provas não podia pegá-los.

O anseio pela respeitabilidade, pela condição de cavalheiro, ainda que passível de discussão, era o principal impulso motivador da sociedade vitoriana; era mais forte ainda do que o desejo de acumular dinheiro, algo que, para muitos vitorianos e certamente para Worth, não passava de um meio para aquele fim. Como observou o filósofo Herbert Spencer, "ser respeitável significa ser rico". Essa foi uma época de imenso esnobismo em todos os níveis, de intensa consciência social, mas também de mobilidade tanto para cima quanto para baixo. Um homem *podia* elevar sua posição na hierarquia através de trabalho, riquezas ou sorte e, pelos princípios que governavam o momento, ele *devia.* "Agora que um homem pode fazer dinheiro, elevar-se no mundo e associar-se, sem censuras, com pessoas outrora tão acima dele", escrevera John Ruskin, alguns anos antes, "torna-se uma verdadeira pena que ele permaneça no mesmo estado em que nasceu e todos acham que é seu DEVER tornar-se um 'cavalheiro'."

Todavia, definir exatamente o que se fazia necessário para ser um cavalheiro nos vários níveis da sociedade era um tanto difícil, já que, como comentou Anthony Trollope em sua autobiografia, qualquer tentativa de fazê-lo estava fadada ao fracasso, mesmo que todos soubessem o que o termo queria dizer. Um historiador escreveu que um cavalheiro vitoriano "devia ser honesto, digno, cortês, atencioso e socialmente desembaraçado; desdenhar o comércio e [...] manter os dogmas da *noblesse oblige.* Um cavalheiro paga suas dívidas de jogo, não faz trapaça com as cartas e comporta-se honradamente com as damas" — todas qualidades que Worth exibia por completo, com exceção da primeira: honestidade. Acrescente-se a isso que era consenso geral que quanto menos atividades produtivas óbvias um homem exercesse e quanto maiores seus gastos, mais alto posto ocuparia ele na escala social. Até onde podiam dizer seus vizinhos e associados não criminosos, Henry Raymond não exercia nenhuma profissão e gastava dinheiro num nível que poderia até ter sido suspeito, não fosse tão completamente satisfatório ao sentido vitoriano das prioridades. Como observou ironicamente Oscar Wilde, "somente as pessoas superficiais não julgam segundo as aparências". Worth construiu para si uma concha de riquezas e posses reluzentes para ocultar suas origens humildes e seus crimes, e permaneceu uma figura sóbria, até mesmo escrupulosa, oferecendo um espetáculo luxuoso mas observando sua criação à distância, para sempre um estrangeiro, um protótipo do Jay Gatsby de Fitzgerald.

Com extraordinária facilidade, ele entrou para a vida de um cavalheiro inglês, recebendo, na tradição de Mandelbaum, para grandes jantares em seu apartamento de Piccadilly e em sua mansão de Clapham, ambos agora aparelhados com "mobiliário dispendioso, tapeçarias e pinturas", além de livros raros e porcelanas caras. Misturava-se de modo igualmente fácil com homens e mulheres do alto mundo e com os cidadãos do submundo londrino, porque, como reconheceu mais tarde o chefe do Departamento de Investigações da Scotland Yard, Sir Robert Anderson, "ele era um homem que sabia transitar em qualquer companhia", trocando de papéis sem dificuldade, passando do rico homem de lazer para o mestre do crime. Enquanto vivia como um "príncipe", Worth também parece ter procurado melhorar sua mente e conhecimentos culturais. "Tornou-se um estudioso de arte e literatura", Lyons comentou, para desempenhar melhor seu papel de homem mundano, mas também por interesse genuíno nas melhores coisas que se podia obter com o dinheiro dos outros.

Assim como qualquer outro homem com disposição para os esportes, Worth tomou interesse pelo turfe, comprou uma enfiada de "dez cavalos de corrida e conduzia uma parelha que alcançou 750 libras sob o martelo". Para seus vizinhos em Piccadilly, Worth era um norte-americano educado e evidentemente próspero que recebia bem e com freqüência e que mandava fazer seus ternos em Savile Row. Para o frustrado inspetor Shore, ele era uma exasperação permanente porque Worth sempre dava um jeito de se manter um passo adiante, cobrindo sua trilha com infinito cuidado e subornando fontes dentro da Scotland Yard para mantê-lo a par dos movimentos de Shore. Um dos relatos chega mesmo a afirmar que "ele empregava um grupo de detetives e um advogado, e que seu secretário pessoal era advogado". Para seus colegas de crime, Worth era uma fonte de surpresas e de rendimentos regulares, de prodigalidade lendária: "Enquanto teve dinheiro, foi extremamente generoso, nunca deixava um amigo ir procurá-lo uma segunda vez e estendeu a mão a todos que precisaram, estivessem de acordo com seu modo de vida ou não", escreveu mais tarde um comparsa, opinião confirmada pelos Pinkerton. "Qualquer um que o conhecesse da troca de algumas palavras podia chegar até ele e receber assistência, quando estava a seu alcance dá-la." Num reconhecimento oblíquo de suas origens humildes e, agora, totalmente ocultas, ele roubava única e exclusivamente daqueles que tinham dinheiro de sobra e sempre sustentou que o crime não precisava de violência: os Pinkerton achavam incrível que "durante sua carreira ele jamais tenha usado um revólver nem colocado em perigo a vida de uma vítima".

Perfeitamente confiante em suas próprias habilidades para evitar detecção, Worth começou a assumir riscos cada vez maiores e a recolher recompensas cada vez mais altas. Como ele disse a seus seguidores: "É tão fácil roubar 100 mil dólares quanto um décimo dessa soma [...], o risco é tão grande quanto. Nós, portanto, iremos sempre atrás de dinheiro grosso". Muitos anos depois, o falsificador Charles Becker foi interrogado pelos Pinkerton e deu o seguinte relato da filosofia da quadrilha. Vale a pena citá-la inteira porque fornece dicas importantes sobre a curiosa vida dupla de Adam Worth:

> Se você quiser subir rapidamente, você tem que ser rico ou tem que parecer que é. Para ficar rico você tem que jogar um jogo duro — não por ninharias ou um jogo cauteloso. Não. Não. Se com as cem profissões pelas quais um homem pode optar ele fizer fortuna rápida, será denunciado como ladrão. Tirem suas próprias conclusões. Assim é a vida. Os moralistas não farão nenhuma mudança radical, podem ter certeza, na moral do mundo. A natureza humana é imperfeita. O homem é o mesmo, no topo, no meio ou na base da sociedade. Vocês acharão dez sujeitos em 1 milhão que ousam sair da manada e fazer coisas, que ousam desafiar todas as coisas, até mesmo as leis de vocês. Querem saber como chegar em primeiro lugar em todas as lutas? Eu lhes digo. Eu viajei nas duas estradas e sei. Ou pelo mais alto gênio ou pela mais baixa corrupção. Ou você abre caminho pela multidão como uma bala de canhão ou você rasteja por ela como uma pestilência. Eu uso o método da bala de canhão.

De certa forma, essa era uma filosofia peculiar à época vitoriana. Worth era (ou considerava-se) um ser superior, dotado de mais recursos para a luta darwiniana pela sobrevivência que é, afinal de contas, uma luta sem moral. Assim como muitos vitorianos, ele considerava a aquisição de riquezas, e a conseqüente respeitabilidade, um objetivo digno por si mesmo, porém a forma de acumulação desse dinheiro era, para Worth, uma questão da mais profunda indiferença. O simples fato de que pudesse dançar um passo adiante dos Pinkerton e da Scotland Yard era prova de que deveria ser. Ninguém melhor do que Worth sabia que o homem é o mesmo no topo, no meio ou na base da sociedade, porque tinha visitado todos os três níveis. A moralidade da época era uma coisa maleável, estranha: "Eles fingiram ser melhores do que foram", como observou um historiador. "Fizeram-se passar por incrivelmente piedosos e morais; falavam de sentimentos nobres e viviam de uma outra forma." Os vitorianos lutaram para levar, externamente, uma vida "boa" e fizeram grande alarde do fato, contudo gostavam de se comportar "mal" tanto quanto qualquer outra sociedade em qualquer outro período da história humana. O código moral de Worth era rígido e ele aderiu genuinamente a seus princípios. Orgulhava-se de um regime pessoal severo, abstinha-se de bebidas fortes, levantava-se cedo, trabalhava duro na profissão escolhida, fazia donativos às instituições de caridade, talvez até freqüentasse a igreja e, ao mesmo tempo, quebrava todas as leis que pudesse encontrar e enriquecia-se com a riqueza de outros. Se por acaso Worth se regia por um conjunto de convicções magnânimas totalmente contrárias a suas ações, não estava de modo algum sozinho nisso. Ele teria gostado do gracejo de Wilde em *The importance of being earnest* [A importância de ser prudente]: "Espero que não esteja levando uma vida dupla, fingindo-se de malvado e sendo realmente bom o tempo todo. Isso seria hipocrisia".

Sóbrio, trabalhador e leal, Worth era um criminoso de princípios, os quais impunha a sua quadrilha com disciplina rígida. Com exceção de Piano Charley, os bêbados eram excluídos e a violência terminantemente proibida. "Um homem com cérebro não tem o direito de carregar armas de fogo", ele insistia, já que "sempre há uma alternativa, e uma alternativa melhor, através do rápido exercício do cérebro"; os roubos deveriam ser feitos apenas contra os que podiam se dar ao luxo de serem roubados e a divisão do espólio devia ser justa. Miríades de escroques e vadios lhe deviam o ganha-pão, entretanto Worth não era nenhum Robin Hood, roubando aos ricos para dar aos pobres. Por outro lado, tampouco o era Robin Hood.

"Foi seu recorde praticamente imbatível de sucessos em obter grandes quantidades de dinheiro e em escapar do castigo que levou o submundo a depositar tamanha confiança nele e fez dos mais inteligentes criminosos seus cúmplices", concluiu Sophie Lyons.

Worth deliciava-se com sua recém-conquistada posição, elevada tanto na sociedade respeitável quanto no submundo. Lentamente sua confiança expandiu-se em arrogância. Por volta de 1870, encontrou-se com William Pinkerton outra vez, nessa ocasião no bar Criterion, em Piccadilly, um conhecido ponto de encontro de *flâneurs* e esportistas, porém dessa vez Worth sentiu-se tão seguro no centro de sua rede criminosa que pôde até fazer um elogio ao detetive norte-americano, enquanto esbravejava contra seu colega inglês, o inspetor Shore. O detetive da Scotland Yard, ele disse, "podia agradecer ao Todo-Poderoso o fato de os Pinkerton serem seus amigos ou jamais teria passado de um detetive de gatunos de rua". Secretamente William Pinkerton estava inclinado a concordar, já que sem o fluxo regular de informações dos Estados Unidos as autoridades britânicas teriam ainda menos do que possuíam a respeito da rede criminosa que se irradiava de Londres. "O que ele diz é verdade", refletiu Pinkerton, "se não fosse por nossa agência Shore nunca teria dado em nada."

"Quanto de bajulação havia nisso tudo não estou em condições de dizer, mas uma coisa eu digo a seu favor, ele sempre me tratou bem em Londres. Tentou me dar vários presentes", William relata, acrescentando rapidamente, "que eu recusei."

Sob certos aspectos, Worth era um produto arquetípico de seu tempo: decidido a subir na vida, pouco se importando com as concessões que tivesse que ir fazendo no caminho, ao mesmo tempo totalmente correto e totalmente corrupto. Contudo, embora fosse um escravo da sociedade e de suas regras, estava numa guerra implacável contra elas. Ele imitava seus contemporâneos burgueses, roubava deles e os desprezava.

A opinião adotada por Friedrich Engels de que os mais valentes entre os que se encontram nos degraus inferiores da sociedade tornam-se ladrões para fazer "uma guerra aberta contra as classes médias" tem uma certa verdade no caso de Worth, porque sua impostura era um ato de rebeldia raivosa e de desdém pela sociedade da qual ele seria, por mais que se empenhasse, um pária permanente. Parece improvável que Worth tenha chegado a se ver como um revolucionário social, porém as implicações subversivas de seus atos eram inteiramente intencionais. Se a busca pela posição de cavalheiro era o principal mandamento da vida vitoriana, reivindicar esse status fraudulentamente era blasfêmia social, era minar a hierarquia sobre a qual esse elaborado senso vitoriano da ordem mundana fora construído.

De fato, 1874 viu a culminação de um dos casos mais notórios de impostura social já registrados na história britânica, conhecido como a "Saga Tichborne". Em abril de 1854, vinte anos antes, portanto, um vapor que ia do Rio de Janeiro para Liverpool desapareceu sem deixar rastros, levando com ele Roger Charles Tichborne, herdeiro de um baronato e de extensas propriedades em Hampshire. Lady Tichborne, sua mãe, recusou-se a acreditar que o filho tivesse morrido e quando, em 1866, um homem apresentou-se a ela dizendo ser seu filho perdido, ela imediatamente o acolheu. Não foi tarefa fácil porque se o Roger Tichborne original era esbelto, de cabelos escuros e bem-educado, o pretendente a seu nome era sardento, semi-analfabeto e pesava 140 quilos. "Eu acho que meu pobre Roger confundiu tudo na cabeça, como num sonho. Eu acredito que ele é meu filho", Lady Tichborne dizia. E até sua morte, ele gozou de todos os benefícios de um filho pródigo. Em 1870, contudo, com Lady Tichborne fora do caminho, seus parentes entraram com um processo por falsidade ideológica contra o grandalhão e, como ficou provado, falso baronete. O caso provocou sensação e arrastou-se por anos. Um dos discursos da defesa durou dois meses inteiros. Finalmente em 1874, no exato momento em que Adam Worth começava a construir sua vida falsa em Londres, o réu foi desmascarado como sendo Arthur Orton, um açougueiro de Wapping, e condenado a catorze anos de serviços penais. Nesse meio tempo, entretanto, o imenso impostor tornara-se um catalisador para o ressentimento popular que fervilhava logo abaixo da tranqüila superfície da sociedade vitoriana. Visto como uma "vítima das classes ricas e da própria rainha Vitória", Orton-Tichborne foi um símbolo potencial de revolta. Milhares de pessoas fizeram assinatura de uma revista que saiu em sua defesa, porque "ao apoiar a *Claimant* [nome da revista], os tichbornitas estavam expressando oposição às instituições e aprovação a alguém que parecia desafiar seus códigos e práticas". A revista *Punch* caracterizou as atitudes dos adeptos da *Claimant* da seguinte maneira: "Eu não me importo se ele é Roger Tichborne ou Arthur Orton, o que eu não gosto é de ver um homem privado de seus direitos".

O caso Tichborne, que continuou despertando acirrados debates durante toda a década de 1880, ilustrou vividamente o quanto a apropriação criminosa de uma posição superior, nessa sociedade estratificada, mexia com o fulcro mesmo das confortáveis presunções vitorianas. Porém também mostrou como a apropriação do poder através da fraude mexeu com milhares de pessoas fora (ou seja, abaixo) dos estratos superiores da sociedade.

As pretensões espúrias de Worth eram ainda mais sediciosas porque, até aquele momento, permaneciam secretas enquanto ele se deliciava com sua vida dupla, "mantendo seu disfarce de norte-americano bem-nascido e indo, todas as noites, até esconderijos de ladrões, na zona leste de Londres". Segundo um dos relatos, "ele trocava os trajes finos por roupas mais humildes, encontrava-se com seus colegas de crime, depois procurava uma sala de banhos ferroviária e vestia de novo suas 'roupas de cavalheiro' antes de voltar a [seu] quarto com o raiar do dia".

À medida que foi ficando mais rico e respeitável, Worth transformou-se na mais familiar e temida das figuras da literatura vitoriana: o homem duplo, um Jekyll e Hyde que ocultava do mundo sua personalidade mais sombria, vangloriando-se igualmente de sua ruindade real e de sua aparente probidade. Ele já enterrara há muito tempo a distinção entre uma vida baseada na realidade e a que era fruto de sua própria invenção. Ele roubara o nome do cavalheiro mais digno que pudera encontrar; forjara para si uma carapaça reluzente de respeitabilidade, uma existência exemplar que era, na verdade, uma cintilante falsificação. Os vitorianos liam a obra-prima de Robert Louis Stevenson com um terror delicioso, pois que o doutor Jekyll e o senhor Hyde — assim como Henry Raymond e Adam Worth — eram os lados escuro e luminoso do próprio homem, algemados em febril contraste, e uma breve e atemorizante visão das profundezas sombrias e terríveis de suas próprias naturezas.

Por volta de 1875, Adam Worth já estava confortavelmente instalado na personalidade de Henry Raymond, mais rico e mais distante das garras da lei do que jamais estivera na vida. Aí vieram três golpes em rápida sucessão: Piano Charley Bullard, seu parceiro no crime, que já estava descarrilando a uma velocidade considerável há anos, acabou num presídio norte-americano; os principais membros de sua quadrilha — Elliott, Becker, Sesicovitch e Chapman — foram presos e jogados numa prisão estrangeira; e finalmente, e mais devastador, Kitty Flynn, a mulher que ele ajudara a inventar do nada, começou a ter idéias próprias.

9. Turquia

Por dois anos a quadrilha de Worth administrara uma rede altamente rentável de falsificações por toda a Europa. As falsificações, em geral cartas circulares de crédito, eram obra do talentoso porém instável Charles Becker. Worth tinha em alta conta os méritos artísticos de Scratch e uma opinião proporcionalmente desabonadora sobre sua confiabilidade, considerando-o "o maior covarde do mundo". Como Worth comentou certa vez: "Como ele manteve o sangue-frio, sem alcagüetagem por tanto tempo, é um mistério". Porém, apesar de seu temperamento questionável, Becker era um dos pilares da organização de Worth, um falsário tão brilhante que até mesmo Pinkerton admitia que suas reproduções de papel-moeda e papéis bancários podiam suportar o "mais microscópico dos escrutínios".

Passar adiante as falsificações era trabalho principalmente de Little Joe Elliott, um escroque dândi, bem-falante, com "um bigodinho preto [e] cabeleira preta farta", que jamais deixou de convencer os funcionários bancários de sua *bona fide*, apesar de dar a impressão de estar num estado permanentemente crônico de agitação. "Ele tem modos muito agitados e não consegue ficar quieto um momento", observou um contemporâneo. "Seus olhos estão em toda parte — sempre agitando os braços e se mexendo todo." O russo Sesicovitch e o lúgubre Joe Chapman completavam a gangue como vigias e homens de apoio. "Chapman tivera treinamento como funcionário de banco, em Chicago, e sua familiaridade com os hábitos de um banco era essencial a seus colegas."

No final de 1874, Worth teve a idéia de passar algumas cartas de crédito na Turquia, presumindo descuidadamente que as autoridades turcas não reconheceriam as falsificações até que a quadrilha estivesse de volta e a salvo em Londres. Becker produziu algumas réplicas magníficas de cartas de crédito do Coutts & Co., banqueiros em Londres, e Worth despachou a equipe para Esmirna. Worth ficou em Londres com Kitty. Bullard, como sempre, desaparecera temporariamente depois de perder o que lhe restava de dinheiro na mesa de jogo. Como comentou Pinkerton, mais tarde: "Bullard era, como todos os ladrões, muito pródigo com sua riqueza".

O estratagema começou bem e a quadrilha avançou "pelas principais cidades da França e da Alemanha deixando atrás de si um rastro de papéis falsificados até chegar a Esmirna". Cerca de 400 mil dólares haviam sido arrecadados em várias cidades e o grosso do dinheiro enviado de volta a Londres antes que houvesse o desastre. O quarteto foi preso enquanto tentava passar uma carta de crédito especialmente alta. Foram julgados no tribunal consular britânico, condenados por falsificação e sentenciados a sete anos de trabalhos forçados numa prisão de Constantinopla. John Shore, da Scotland Yard, foi notificado das prisões e enviou à polícia turca um dossiê completo de cada homem; os Pinkerton anunciaram que tinham planos de extraditar os criminosos para os Estados Unidos.

De início a gangue ficou sossegada no cativeiro, confiante

de que o ardiloso Worth conseguiria de alguma forma soltá-los. "A cadeia não significava nada para nós, homens experientes", disse Becker. "Era o país e não a prisão que nos mantinha encarcerados. Nós não podíamos sair do país." Aos poucos, contudo, quando as semanas se transformaram em meses e as autoridades turcas simplesmente ignoraram todos os pedidos — de Lydia Chapman, de Worth e até mesmo do cônsul norte-americano, que fora persuadido de que o quarteto não tivera um julgamento justo — é que a seriedade da situação começou a se fazer sentir. Até Carlo Sesicovitch, um homem tão duro quanto o granito, começou a ruir. Ele escreveu a sua amante cigana, descrevendo as condições indizíveis da prisão, perto das quais até mesmo a mais dura prisão norte-americana parecia quase luxuosa: "Minha querida Alima, só como pão a cada 24 horas, não há cama para dormir, exceto o chão nu de madeira, 35 a quarenta homens amontoados numa cela onde mal caberiam vinte. Pode imaginar a quantidade de sujeira e de vermes que devem existir. Na verdade o pão que eu como não bastaria para alimentar os insetos, pulgas e piolhos famintos que mordem constantemente minha carne [...]. Há pouca esperança, tão pouca".

Em Londres, Adam Worth estava fora de si de ansiedade. Sophie Lyons achava que a razão para seu poder de liderança era sua "inabalável lealdade aos amigos. Raymond [Worth] nunca 'dedurou' — nunca abandonou um amigo. Quando um de seus associados era pego pela lei, ele dava liberalmente seu cérebro e seu dinheiro, como se sua própria liberdade estivesse em jogo". Sejam quais forem os mitos criados por seus contemporâneos, parece de fato que Worth sentia uma obrigação moral de proteger e defender os malandros e vagabundos que o cercavam. Os Pinkerton consideravam o fato de ele "nunca ter abandonado um amigo ou um cúmplice" como sua principal característica redentora.

Depois que os homens já tinham sofrido vários meses de tenebrosa prisão, Worth deu o bote. Acompanhado por Lydia Chapman, ele levou o *Shamrock* até Constantinopla "disfarçado de milionário norte-americano fazendo um *grand tour*" e começou a planejar a liberação de seus subordinados. Como plano, não chegava a ser sofisticado, limitando-se a empregar a forma mais antiga porém mais confiável de persuasão criminosa: suborno em ampla escala. Worth nunca admitiu quanto dinheiro entregou aos carcereiros, funcionários e juízes turcos, mas, por fim, disse a Lydia que tinha feito todo o possível e voltaram os dois desolados para Londres. Worth manteve um fluxo constante de dinheiro para vários funcionários turcos venais e finalmente, numa manhã de janeiro, Becker, Elliott e Sesicovitch foram atirados para fora da prisão tão repentina e violentamente quanto haviam entrado e viram-se nas ruas de Constantinopla sem um tostão, imundos e livres. Anos mais tarde, Worth contou a Pinkerton que "foi ele quem levou a Constantinopla o dinheiro que garantiu a libertação de Little Joe Reilly [Elliott], Becker e Sesicovitch da prisão; que ele arranjara todos os detalhes do trabalho".

Chapman, contudo, não teve tanta sorte. Alguns dias antes, o falsário barbudo se desentendera com Elliott, a quem acusou injustamente de estar tentando entrar num acordo com a Scotland Yard. Houve uma briga e, em seguida, Chapman foi isolado numa outra ala da prisão no momento crítico em que as portas do presídio, engraxadas pelo suborno, se abriram. Worth e a cada vez mais histérica Lydia fizeram de tudo para libertar o último integrante da quadrilha. Contrataram um advogado caríssimo, enviaram cartas ao cônsul norte-americano, George Baker, e bombardearam os carcereiros de Chapman com dinheiro bastante para torná-los homens ricos, porém em vão. Chapman acabou por dizer a Lydia para esquecê-lo e voltar para a América, conselho que ela ignorou, definhando em sua casa da rua Neville e fazendo viagens infrutíferas a Constantinopla para implorar a benevolência dos captores do marido.

Enquanto isso, sem vontade de ficar um momento a mais do que o necessário na Turquia, os três outros integrantes da quadrilha tinham partido por terra rumo a Londres, porém foram obrigados a passar por ainda uma outra terrível provação antes de chegarem em casa. Segundo os arquivos Pinkerton, "enquanto atravessavam a Ásia Menor, foram capturados por bandidos gregos que, apesar do fato de os cativos serem fugitivos, pediram um resgate para libertá-los". Os bandidos finalmente permitiram que Little Joe regressasse a Londres, sob a condição de que seus companheiros não seriam soltos até que ele voltasse com mais dinheiro. Entretanto omitiram-se de fornecer as despesas de viagem. "A única coisa que Reilly [Elliott] tinha para penhorar eram seus dentes de ouro", Worth lembrou-se mais tarde. "Eles os penhorou e, com o dinheiro que obteve por eles, comprou uma passagem barata e voltou a Londres." Worth levantou mais 2 mil libras, "dinheiro que 'Little Joe' levou de volta e entregou aos bandidos, efetuando a libertação de seus companheiros".

Se a fuga da Turquia foi um exemplo impressionante de honra entre ladrões, o episódio final mostra um outro lado bem diferente da vida criminosa. Depois de regressar a Londres, o instável Sesicovitch e sua amante cigana, usando os nomes de William e Louise Wallace, foram morar com Lydia Chapman em sua nova casa, no número 46 de Maude Grove, em Chelsea. Pouco depois Sesicovitch começou a exigir dinheiro de Lydia, alegando que o marido dela o havia espoliado de sua parte nos lucros da falsificação original. Ele disse a Lydia que "precisava do dinheiro para cobrir [...] as despesas de uma viagem à Austrália, com o fim de cometer falsificações lá". Pelo visto acreditava, erroneamente, que a mulher de Chapman "possuía dinheiro e jóias em quantidade considerável" e suas exigências foram se tornando cada vez mais ameaçadoras. Por seu lado Lydia Chapman, que respondia então pelo nome de senhora Porter, tentava persuadir

Sesicovitch a voltar uma vez mais a Constantinopla para tentar libertar seu marido.

Alguns meses depois, o corpo de Lydia Chapman, aparentemente envenenado, foi encontrado em sua elegante casa. Talvez ela tenha cometido suicídio, porém a Scotland Yard, e aliás Adam Worth também, ficaram convencidos de que o sinistro Sesicovitch teve uma participação em sua morte. A Scotland Yard até citou Sesicovitch e sua amante como os assassinos, alegando que como Lydia tivesse se recusado a ceder seu dinheiro para a tramóia australiana, "houve o planejamento de um esquema para roubá-la [e] que para poder roubá-la eles a doparam com algum narcótico, do qual resultou sua morte". William Pinkerton foi ainda mais específico, insistindo que "sua morte nas mãos de Carlo Sescovitch [sic] foi ocasionada devido ao fato de ela sofrer do coração e do choque que levou quando Sescovitch tentou lhe dar clorofórmio e roubar suas jóias".

O crime não foi jamais resolvido, mas Worth recusou-se a ter qualquer novo contato com o russo, de quem já desconfiava havia tempos. Sesicovitch voltou aos Estados Unidos e abriu um bar embaixo do Booth's Theater, em Nova York. Dois anos depois, em abril de 1878, usando o nome de Dugan, Sesicovitch foi preso por falsificação em Cincinnati. Foi finalmente identificado por Robert Pinkerton quando este último recebeu a informação de que "o primeiro e o segundo dedos da mão esquerda são cortados na segunda junta e que falta um pequeno pedaço do polegar da mão esquerda", conseqüências de um acidente anterior. "Eu não tenho dúvida de que [Dugan] e Carlo Sesicovitch, aliás 'Charles Gandy', aliás 'William Wallace', aliás 'Howard Adams', aliás 'John Hoare' são a mesma pessoa." O homem que provavelmente matou Lydia Chapman acabou morrendo na prisão, porém isso pouco serviu para confortar seu marido. Foi somente em 1881 que Chapman, ainda de luto pela sua adorável companheira, foi finalmente libertado da prisão turca, "tendo cumprido a sentença inteira, um homem completamente arrebentado, na saúde e no espírito".

A longa saga turca e a morte de Lydia haviam deixado Worth exausto e com as finanças seriamente reduzidas. Para piorar ainda mais as coisas, a parceria original de Little Adam, Piano Charley e a bela Kitty tinha finalmente se desintegrado para sempre. Worth nunca abandonou Charley Bullard nem deixou de fornecer os "empréstimos" que ele exigia cada vez com maior freqüência, porém o pianista perdera grande parte de seu charme nesse meio tempo. Seu temperamento azedara e seu gosto por riscos desnecessários crescera. Para maior aborrecimento ainda de Worth, Bullard continuava amigo de Max Shinburn, o altivo arrombador de cofres, por quem Worth desenvolvera um ódio virulento. Alguns dizem que a animosidade de Worth foi incendiada pelas atenções do Barão a sua amada Kitty. O cerco de Shinburn não dera em nada, porém qualquer um que olhasse para ela, na verdade qualquer coisa que perturbasse o universo regulado de Worth provocava sua ira imediata. Enquanto Worth ainda tentava resolver o caso turco, Bullard saiu numa de suas alcoólicas viagens e acabou, idiotamente, aportando em Nova York. "Sem o cérebro frio e calculista de Raymond para guiá-lo, Bullard tornou-se descuidado e caiu nas mãos da polícia", escreveu Sophie Lyons. Piano Charley foi prontamente identificado, preso, julgado pelo assalto ao Boylston Bank de 1869 e condenado a vinte anos de prisão na penitenciária estadual de Concord, Massachusetts.

Kitty, já separada do marido maroto e bígamo, entediada com a vida londrina e ansiando pela respeitabilidade genuína, rumou prontamente para Nova York, apesar dos pedidos de Worth, levando as duas filhas e, em nome dos velhos tempos, as pinturas, os espelhos, as mesas de mogno e os cristais que outrora haviam servido para adornar o American Bar em Paris. Em Nova York penhorou parte das jóias com que Worth a cobrira, mandou as meninas para escolas caras e abriu uma pensão para cavalheiros da moda, na qual seus talentos sociais e sua extraordinária beleza logo atraíram uma clientela admiradora. Assim como muitas aristocratas de meios reduzidos, ela se ofereceu como dama de companhia de senhoras enquanto esperava uma oportunidade para galgar o próximo degrau da fama e da fortuna.

Worth ficou arrasado com a fuga repentina de Kitty. Até então conseguira manter um controle férreo sobre todos os aspectos de sua vida, porém a coisa que ele mais desejava tinha lhe escapado. Ele continuou obcecado por Kitty, quanto mais não seja porque as duas filhas eram quase que certamente suas. Em suas memórias, a infatigável Sophie Lyons, que obviamente sentia um pouco de ciúmes de Kitty, é categórica quanto a esse ponto, como aliás em quase todas as questões referentes ao estado emocional de Worth. "'Como está Kate?' era sua primeira pergunta sempre que nos encontrávamos em Londres. Ele indagava ansioso sobre sua saúde, sobre seu aspecto e sobre as meninas, que todos sabíamos serem de Raymond." O velho ladrão Eddie Guerin concorda, descrevendo como Worth falava constantemente de "uma antiga namorada por quem permaneceu apaixonado até o fim de seus dias" e cuja perda foi "um cancro roendo-lhe continuamente o coração". Worth implorou a Kitty para que voltasse a Londres e se casasse com ele, mas ela não quis. "Tivesse ela casado com Raymond, estou certa de que todo o curso de sua vida teria mudado e que o mundo teria algo mais de que se lembrar além de uma sólida ficha de atos criminosos", Lyons opina, com a carolice hipócrita típica da época. Isso é provavelmente bobagem, já que Kitty com certeza sabia muito bem dos empreendimentos criminosos de Worth e, embora nunca tivesse tomado parte ativa, parece que não fez nenhum esforço para reformá-lo.

Sobre um aspecto do estranho relacionamento entre Adam Worth e Kitty Flynn, porém, Lyons certamente tem razão: "Ele nunca esqueceu da cativante garçonete que lhe roubara o coração". Ela o amou também, mas aborreceu-se de seu controle, recusando-se a ornar a moldura dourada que ele criara para ela. Tão jovial e irresponsável quanto Worth era intenso e calculista, Kitty fornecera um contraponto vital em sua vida, no entanto saíra dela tão alegremente quanto entrara.

Eles se corresponderam amigavelmente e encontraram-se várias vezes nos anos seguintes. Com o tempo, Kitty retribuiria a ajuda para colocá-la no caminho tortuoso da mobilidade social, porém o estranho caso de amor entre Adam Worth e Kitty Flynn acabara, pelo menos na vida real.

10. Uma grande dama oferece uma recepção

Na primavera de 1876, Worth e todos aqueles que abriram um jornal tomaram conhecimento da crescente comoção que cercava o leilão do célebre retrato de Gainsborough da duquesa de Devonshire.

A tela galvanizara o público inglês, fornecendo uma pequena janela histórica para a alma vitoriana. Gainsborough já estava, então, em plena moda, depois de uma exposição de sua obra na Royal Academy, no começo do ano, que atraíra milhares de visitantes, inclusive Henry James, que elogiou o "refinamento natural" do pintor, o "charme da facilidade" e a "suavidade do estilo". Assim como outrora, no período georgiano, muito se havia falado e escrito sobre a beleza e o caráter de Georgiana, assim também os vitorianos agora não poupavam elogios ao retrato de Gainsborough, que encapsulara de modo tão perfeito essas qualidades, ao mesmo tempo que reviviam os detalhes de sua vida extraordinária. Georgiana fora uma figura de proa em sua época, porém seus charmes, seu comportamento e até mesmo suas falhas podiam ter sido feitos sob medida para os gostos vitorianos. Uma energia considerável foi gasta em discussões sobre se a duquesa fora ou não a mais perfeita das belezas de seu tempo e inúmeros julgamentos valiosos do passado foram citados, de um lado ou de outro.

Exatamente um século antes, em 1776, o *Morning Post* fizera um concurso para encontrar a mulher mais atraente da época: Georgiana recebeu "15/20 por Beleza, 17/20 por Silhueta, 13/20 por Elegância, 11/20 por Humor, 5/20 por Graça, 3/20 por Expressão, 10/20 por Sensatez, 9/20 por Sensibilidade e 16/20 por Princípios". Fanny Burney achava-a "muito bonita"; Horace Walpole elogiou "sua juventude e silhueta, sua afabilidade fluente, sua sensatez e sua modéstia jovial". A atriz e amante real Mary Robinson, sendo especialista no assunto, observou sua "disposição precoce para a coqueteria". A mãe de Georgiana dizia que ela era "uma das moças mais exibidas que eu já vi".

Peter Pindar, um satirista em geral mordaz, tornara-se decididamente pegajoso ao oferecer sua "Petição ao tempo em favor da duquesa de Devonshire", talvez o pior entre os muitos versos ruins dedicados à bela duquesa:

Poupa as formas que todos admiramos —
Oh, nunca salpique de cabelos brancos suas têmporas —
Que sejam sagrados suas faces, seus lábios, seu viço
E jamais, nessa adorável saleta de covinhas,
Coloque uma ruga mortificante.

E isso prossegue por várias e tenebrosas estrofes.

Seu fascínio foi descrito com muito mais vigor por um bêbado irlandês que, após um encontro com o duquesa, comentou, tristonhamente: "Eu poderia acender meu cachimbo nos olhos dela".

Alguns comentaristas vitorianos, porém, concentraram-se

nos aspectos mais escandalosos da reputação de Georgiana, da qual havia provas igualmente amplas já que, assim como sua tetra-sobrinha, Diana, princesa de Gales, a duquesa fora idolatrada como emblema de sua época, um símbolo de moda, beleza e sensualidade.

Assim como aconteceu com a princesa Diana, as escolhas de Georgiana para seu guarda-roupa fizeram escola entre seus pares: chapéus enormes enfeitados com penas de avestruz entraram na moda, por exemplo, e todas as suas características, fossem intencionais ou não, eram imitadas ou criticadas pelo restante da sociedade. Ela mal podia assoar o nariz sem que isso virasse uma declaração de moda. "As escravas da moda, para se assemelharem a ela em alguma coisa, mordiscavam os leques, empurravam o queixo para fora, fingiam-se sem fôlego e imitavam trejeitos pelos quais uma moça no colégio interno teria sido reprovada." Para completar seus talentos, a duquesa escrevia uma ficção razoável, cartas melhores ainda e poesias que eram traduzidas para várias línguas. Ninguém menos que Samuel Taylor Coleridge admirou-lhe os versos, para sua própria grande surpresa:

Oh, Senhora, criada em pompa e prazeres,
Onde foi que aprendestes esta heróica medida?

perguntou-se o poeta.

Mesmo para padrões dúbios da época, a vida social de Georgiana era extremamente debochada. A resistente duquesa, uma inveterada e péssima jogadora, era viciada em faraó (no qual perdeu várias fortunas) e não via nada de mais em beber e farrear com seus companheiros até o amanhecer, noite após noite. O dramaturgo Richard Brinsley Sheridan, que capturara as esquisitices da Casa dos Devonshire em *A escola da maledicência*, lembrou uma noite particularmente azarada na mesa de jogo em que "ele pusera a duquesa em sua carruagem, literalmente aos soluços por suas perdas". Sua "disposição precoce para a coqueteria", enquanto isso, foi desabrochando aos poucos até atingir a reputação, sólida ainda que apenas parcialmente merecida, de imoralidade sexual.

O vago aroma de escândalo emanava de duas fontes. A primeira era a campanha um tanto enérgica demais em favor de seu amigo, o político conservador Charles James Fox, durante as acirrada eleições para Westminster de 1784. Ela imediatamente tornou-se falada por trocar beijos por votos entre o eleitorado londrino, comportamento que deixou indignados seus contemporâneos mais comedidos, para quem beijar açougueiros vulgares era um sintoma muito evidente de ninfomania. "Quando pessoas de posição descem abaixo de si mesmas e misturam-se ao vulgo com propósitos egoístas e sujos, desistem de seu direito ao respeito", sentenciou um crítico. Um outro relato diz que ela estava gastando até seiscentas libras por dia no interesse do conservador e inebriando-se impressionantemente no processo por "beber diariamente, desde que as eleições começaram, dois potes de cerveja quente com gim, uma pinta de genebra e um galão de cerveja preta".

A vida sexual de Georgiana era uma questão de intenso interesse público e de ávida especulação. Ela era a "irresistível rainha da moda" e a "mais brilhante da alegre turma". O duque de Devonshire, no entanto, parece ter sido uma das poucas pessoas que não sucumbiram inteiramente a seus encantos, e seus namoros eram lendários. Sua amante, Lady Elizabeth Foster, acabou indo morar com o duque e a duquesa em Chatsworth, a vasta propriedade ducal em Derbyshire. Numa estranha antecipação dos arranjos domésticos pouco ortodoxos de Adam Worth com Kitty Flynn e Piano Charley, Georgiana e a mulher que partilhava da cama do marido permaneceram sempre ótimas amigas.

O *ménage à trois* dos Devonshire com Lady Elizabeth Foster foi um dos escândalos mais notórios do período. As duas se revezavam para ter os filhos do duque: Georgiana teve três, inclusive um herdeiro, enquanto Lady Elizabeth produziu dois e, após a morte de Georgiana, tornou-se a duquesa de Devonshire seguinte. Talvez para mostrar que o adultério era uma via de mão dupla, porém mais provavelmente por tédio e depressão, Georgiana também arranjou um amante, o empertigado Charles Grey, mais tarde primeiro-ministro. Parece que ela nutriu uma grande paixão por Grey, mas o caso terminou em desastre. Ela engravidou, e o duque, num terrível e hipócrita acesso de raiva, expulsou-a de Chatsworth. Ela deu à luz o filho de Grey na Europa, mais ou menos na mesma época em que o grande retrato que Gainsborough fizera dela desapareceu, para ressurgir décadas depois, sem as pernas, como ela se sentira tantas vezes na vida, acima da lareira da senhora Maginnis.

Até o final de sua vida notável, Georgiana perdera quase todo o cabelo, todo o seu dinheiro, sua silhueta juvenil e uma das vistas, porém seu orgulho continuava intacto. Em uma nota afiada ela avisou à posteridade: "Antes de me condenarem, lembrem-se de que aos dezessete anos eu era uma vedete, uma beleza e uma duquesa". Ela morreu de um abscesso no fígado a 30 de março de 1806, com 48 anos, em Devonshire House, em Piccadilly, cena de seus maiores triunfos sociais e políticos. Quando o príncipe de Gales soube de sua morte, comentou, tristemente: "Então a mulher mais afável e mais bem-criada da Inglaterra se foi". A "imperatriz da moda", que eletrizara todos os ingleses georgianos que tinham sangue correndo nas veias, estava tendo agora um efeito semelhante em seus descendentes vitorianos, graças ao reaparecimento do retrato de Gainsborough, que chegara tão perto de capturar seu elã.

O redescoberto entusiasmo vitoriano por Georgiana era específica, ainda que secretamente, sexual: o coquetismo de embalagem de bombons do retrato de Gainsborough, quando visto em conjunto com sua reputação picante, dava um delicioso choque de testosterona no abotoado homem vitoriano. Embora pudessem parecer reprimidos em questões de sexo, uma função da integridade exterior que estava em voga, os vitorianos não eram nem um pouco frígidos e sabiam reconhecer uma deusa sexual quando a viam. "A beleza do modelo fez furor", como disse um observador, e em várias instâncias a *Duquesa* forneceu oportunidades para elogios mais abertamente tórridos, cuidadosamente disfarçados em crítica de arte. "Sua beleza protéica transforma-se em realidade para nós", escreveu alguém. "Enxergamos o temperamento volátil que na verdade fez dela uma beleza de cem temperamentos." No próximo meio século, a *Duquesa* de Gainsborough se tornaria um ícone da feminilidade, um símbolo sexual, um grito de moda e uma das imagens mais imediatamente reconhecidas do mundo. Reproduzida infinitas vezes em latas baratas de biscoito e em porcelanas caras, em gravuras, figurinhas de maços de cigarro, livros e bustos de mármore, ela podia ser admirada, lida, fumada, mastigada ou simplesmente engolida inteira.

Quando a *Duquesa de Devonshire*, de Gainsborough, foi exibida na Christie's, no começo de maio de 1876, a tela provocou, em medidas quase iguais, uma genuína admiração artística, titilação e polêmica bombástica. Alguns diziam que era falsa. O pintor John Millais insistia que Gainsborough nunca havia posto os olhos nela, que dirá pintá-la. "Artistas e especialistas que tinham direito a opinar impugnaram abertamente sua autenticidade." Alguns argumentavam que "o tratamento parecia ser menos leve e etéreo do que é usual no pintor". Outros achavam que "na voluptuosidade da silhueta e na vermelhidão extrema dos lábios o refinamento característico de Gainsborough deixava a desejar".

Um outro crítico sugeriu que se tratava "originalmente de um desenho de Romney [...] finalizado por um homem a quem Wynn Ellis mantinha para cuidar de suas telas" — possivelmente uma referência velada a Bentley, que era também um restaurador e um artista menor. Uma outra facção insistia que "a cabeça foi pintada por [Sir Thomas] Lawrence e os acessórios do vestido etc. preenchidos por um artista cujo nome foi esquecido". A identidade do modelo foi disputada tão veementemente quanto a autoria da pintura; alguns diziam que se tratava de fato de *uma* duquesa de Devonshire, porém não *da* duquesa de Devonshire. Uma certa senhora Ramsden, "que conhecera ambas as damas pessoalmente, expressou sua opinião muito fortemente [...] de que o retrato não era o de Georgiana, duquesa de Devonshire, e sim de Elizabeth Foster, que depois se tornou duquesa de Devonshire". A duquesa pintada, em outras palavras, era o outro vértice do estranho triângulo amoroso aristocrático.

"Assim, pois, surgiram discussões constantes e animadas diante da tela", informou o *Times.* Quando a casa de leilões pôs o quadro em exibição, nas semanas que antecederam a venda, "para convencer aqueles que estavam predispostos a ser céticos quanto ao nome correto do retrato, foram colocadas na sala duas pequenas gravuras de retratos da mesma personagem, uma das quais ostentando o nome claramente gravado, que fora tirada de um pequeno desenho ou estudo de corpo inteiro, feito por Gainsborough em grisalha, que estivera de posse de Lady Clifden por um longo tempo. Esta correspondia exatamente à tela".

A grisalha em questão, atualmente na National Gallery of Art de Washington, DC, foi convincentemente atribuída a Dupont, genro de Gainsborough. Medindo cerca de sessenta centímetros por menos de quarenta centímetros, o desenho monocromático mostra o retrato de Gainsborough antes de ser cortado e dá uma idéia remota e tentadora do retrato completo e equilibrado, antes que a vândala senhora Maginnis pegasse a tesoura. Essa grisalha pertencia ao primeiro barão de Dover, casado com Lady Georgiana Howard, neta de nossa Georgiana, duquesa de Devonshire. Talvez a prova mais convincente de que se trata, de fato, do retrato de Georgiana é o fato de a família, em cuja posse a tela permaneceu até 1922 (quando foi vendida para o grande colecionador Andrew Mellon), nunca ter tido a menor dúvida de que representava sua famosa ancestral.

Em veia magistral, o *Times* resumiu a disputa: "Tamanho foi o interesse despertado por essa tela notável que talvez nos esforcemos para dizer alguma coisa a respeito das várias opiniões expressadas durante sua exibição. Houve duas opiniões opostas que dividiram os inúmeros admiradores da tela, e com as quais mais de um eminente acadêmico concordou, no sentido de que ou se trata de um trabalho de Gainsborough da mais alta qualidade, e inteiramente autêntico, ou de que não é de sua autoria em hipótese alguma". Os debates sobre a autenticidade da tela continuaram por muitos anos e continuam ainda. Alguns dizem, corretamente, que o rosto nessa tela é muito diferente dos outros retratos de Georgiana, não apenas daqueles feitos por outros artistas como também dos do próprio Gainsborough. Aqueles que não gostavam do quadro diziam que faltava a característica sutileza de expressão no quadro e sustentavam que "a sólida superfície de pele não poderia ter sido pintada pelo mestre". Os defensores do quadro, contudo, responderam que "esse é tão-somente um dos muitos exemplos em que dois retratos de um mesmo indivíduo, pintados pelo mesmo artista após o lapso de uma década, podem parecer, muito inconscientemente, o retrato de duas personagens totalmente distintas. A mudança não se dá tanto no modelo quanto no artista, que pode ter passado por uma revolução em seu estilo ou cujas opiniões podem ter sofrido uma mudança considerável". Certamente é verdade que entre o primeiro retrato de corpo inteiro executado por Gainsborough e o segundo, a reputação da duquesa passara de prestimosa esposa ducal a coquete número um da sociedade. Talvez Gainsborough estivesse simplesmente refletindo isso, ao pintar Georgiana como o símbolo sexual em que se transformara.

Um escritor asseverou: "a resposta é que se trata de um experimento em pintura sólida: porém olhe 1) para as delicadas rachaduras; 2) para os olhos; 3) para as marcas do pincel de zibelina (não de cerda) no final do nariz e na curva do queixo e você verá o tratamento inconfundível de Gainsborough". O *Times*, depois de discutir os prós e os contras, fez sua aposta. "Os doutores, embora discordando sobre a autoria, concordam quanto aos altos méritos da pintura." Esse foi provavelmente o ponto de vista adotado por todos exceto pelos mais inflexíveis; mesmo que o retrato não fosse de Gainsborough, ou que tivesse sido pintado por uma outra mão completamente diferente, ou mesmo que não fosse o retrato da famosa duquesa e sim o de alguém mais, ainda assim era uma tela notável. "A maioria", de toda forma, "fora cativada por sua beleza" e a duquesa "monopolizou as conversas da época".

O leilão começou a parecer um galanteio público e à medida que o dia da venda se aproximava, em meio a intensas especulações, pelo menos três homens muito ricos já tinham decidido que, autêntica ou não, eles queriam a *Duquesa*: eram eles o conde de Dudley, o barão Ferdinand de Rothschild e Sir William Agnew, *marchand* de arte, para quem Georgiana seria a figura ideal para dar vida a sua nova galeria de arte no número 39 da Old Bond Street.

A venda em si, no sábado, 6 de maio de 1876, "criou uma sensação nunca antes experimentada no mundo das artes de Londres", relatou o *Times*. "Durante toda a semana, os quadros atraíram um número considerável de visitantes; contudo, no dia que antecedeu a venda, o interesse chegou ao auge, e multidões lotaram as salas dos senhores Christie, Manson e Woods o dia todo."

Para os padrões da época, o relato jornalístico beira a histeria: "Qualquer um que passasse pelas vizinhanças da praça St. James haveria de supor que alguma grande dama estivesse oferecendo uma recepção e isso, na verdade, era exatamente o que estava acontecendo dentro da galeria da King Street. O mundo todo foi ver a bela duquesa, criada por Gainsborough e, até onde pudemos observar, todos vieram, viram e foram conquistados por sua fascinante beleza". O leilão foi um espetáculo público, o evento social da temporada, ao qual compareceram todos os seguidores da moda, inclusive luminares das classes chilreantes vestidas com réplicas dos trajes da duquesa de Devonshire. "Quando o retrato foi colocado diante da platéia, uma explosão de aplausos mostrou a admiração universal que recebeu o quadro." Como um mestre-de-cerimônias introduzindo uma dama eminente, o leiloeiro, senhor Woods, ofereceu uma pequena história da pintura e a batalha começou.

"Os lances começaram a mil guinéus, imediatamente coberto pelos 3 mil guinéus oferecidos pelo senhor Agnew e, em meio a um silêncio de antecipação arquejante, os lances se sucederam rapidamente, de início por uma progressão ousada de mil guinéus e, depois, como o ritmo fosse muito severo, os lances baixaram para quinhentos, até os 6 mil guinéus, quando de novo o senhor Agnew desferiu mais mil, oferecendo 7 mil guinéus. Ainda assim a luta continuou veloz, de quinhentos em quinhentos, até que houve uma rodada de aplausos com os 10 mil guinéus, em seguida uma pausa considerável para que os combatentes recuperassem o fôlego, momento em que o senhor Agnew foi o primeiro a desafiar 'mais algum lance' com seus 10 100 guinéus, vencendo a batalha nessa extraordinária contenda. A negociação toda foi, dentro de sua classe, uma das mais emocionantes já vistas; o público, densamente prensado em assentos elevados em torno da sala e no 'chão da casa', batia os pés, aplaudia e gritava bravos." As incertezas sobre a autenticidade da tela perdurariam, porém com um preço assim tão alto atrelado ao retrato "os céticos debandaram" por uns tempos.

A coleção Wynn Ellis inteira foi vendida por 56 098 libras, dois xelins e oito pence, porém o preço do Gainsborough sozinho — equivalente a umas 450 mil libras ao preço de hoje — foi o maior jamais pago por uma pintura num leilão, um recorde que só viria a ser quebrado em 1893. O segundo colocado nos lances foi Lorde Dudley, que estava no exterior à época da venda mas que deixara um agente com ordens de oferecer até 10 mil guinéus. Dudley presumira que uma quantia assim grande seria mais que suficiente para espantar os rivais e passou três dias enfurecido quando foi informado do contrário.

Exausto com a própria eloqüência, o articulista do *Times* conclui: "O leilão será lembrado por muito tempo, tanto pelo preço extraordinário do retrato de Gainsborough [...] quanto pelas curiosas questões [de autenticidade] que surgiram em conexão com a tela e que, é de se presumir, ainda fornecerão assunto para discussões por muito tempo ainda". Palavras proféticas. Enquanto William Agnew levava triunfante a pintura para sua galeria, as viagens da *Duquesa* estavam prestes a começar de novo, dessa vez em companhia de um homem que sabia mais sobre falsificações do que qualquer outro em Londres.

11. Um namoro e um rapto

Worth leu a respeito, mas não compareceu ao leilão uma vez que, quando não estava lamentando por toda Londres a partida de sua amada Kitty, tinha as atenções voltadas para uma série de considerações prementes de ordem econômica, familiar e afins. Com um estilo de vida altamente dispendioso para sustentar e uma quadrilha de inquietos vilões dependentes dele, Worth estava esgotando rapidamente seu caixa. Segundo um relato, ele "viveu a um ritmo de 20 mil libras por ano durante muito tempo", mas desde o desastre turco havia muito pouco dinheiro entrando nos cofres e um bocado dele saindo. Para piorar ainda mais as coisas, no começo de 1876 o irmão mais novo de Worth, John, que participara com ele do primeiro assalto fracassado, em Nova York, chegou a Londres sem um centavo. John Worth era um criminoso notoriamente ineficaz, "tolo demais para ser bandido" nas palavras de Worth. Sujeito crédulo, fraco, com uma tendência a se vangloriar e fácil de manipular, John era um grande peso para Worth, que, no entanto, desde a morte dos pais, parecia ter adotado uma atitude quase paternal para com os irmãos. Harriet, a irmã, casara-se na América e Worth já enviara ao cunhado dinheiro suficiente para abrir seu próprio e corrupto escritório de advocacia em Buffalo. John Worth teria que ser incluído na folha de pagamentos.

Charles Becker e Little Joe Elliott também estavam ansiosos para se lançarem em mais uma rodada de falsificações. Depois da fuga da prisão turca, Little Joe voltara aos Estados Unidos e se apaixonara perdidamente por Kate Castleton, uma comediante inglesa em palcos norte-americanos. Em conseqüência disso, tornara-se um seguidor infalível dos espetáculos teatrais e gastara a maior parte de seus ganhos ilícitos a financiar desastrosas produções e turnês. "Ele tem seguido na esteira [da companhia itinerante de Castleton]", a polícia observou, "e sob essa cobertura assaltado alguns bancos e feito algumas trapaças sempre que a oportunidade se oferece." Por que Kate Castleton, "essa inglesa de faces rosadas", conforme a descrição de Pinkerton, haveria de querer alguma coisa com esse reptiliano ladrão é um mistério, porém Elliott a perseguira com espantosa energia e gastos pródigos e ela finalmente concordara em se casar com ele. "Joe cortejou a dama com uma velocidade de raio e casou-se com ela em três dias", segundo Eddie Guerin. Little Joe convencera Kate a abandonar o palco e, por uns tempos, os dois "instalaram-se em apartamentos elegantemente mobiliados" na rua 21, em Nova York. Por volta de 1876, Elliott estava cansado da domesticidade e uniu-se de novo ao grupo de camaradas fora-da-lei em Londres, deixando Kate para trás, em Nova York.

Tudo isso punha Worth numa sinuca: o dinheiro estava curto, mas seu estilo de vida era cada vez mais pródigo; a quadrilha estava pedindo trabalho, porém o inspetor Shore da Scotland Yard estava doido para que ele desse um passo em falso. O policial sabia que ele estava fazendo papel de tolo aos olhos do submundo e sua determinação de pegar e prender Worth tinha se transformado numa vendeta pessoal. Worth queixava-se amargamente de que o inspetor Shore o perseguia como "um tigre humano" — uma queixa bizarra e rabugenta (já que não se poderia esperar outra coisa de Shore), porém Worth estava tão envolvido em seu grandioso mundo inventado que se ofendia pessoalmente quando as forças da lei tentavam impedi-lo de violá-la. Numa ocasião, Worth reparou que estava sendo seguido por Shore em pessoa: de repente perdeu a calma, "virou-se contra ele na rua e denunciou-o".

William Pinkerton também estava de volta a Londres e já avisara Shore, seus colegas da polícia, os bancos e as casas de corretagem para ficarem de sobreaviso para mais uma onda de falsificações. A essa altura as autoridades já estavam bem a par dos métodos de Worth. Depois que uma falsificação era passada adiante, Pinkerton advertira, "para evitar serem descobertos e a conseqüente prisão, após obter o dinheiro com o papel falsificado, os ladrões fogem imediatamente para o continente e trocam o dinheiro numa corretora, banco ou casa de câmbio por notas de outros números, antes que os números das notas roubadas sejam publicados".

Worth deu início a sua nova campanha de falsificações com cautela, dizendo a Becker para forjar somente cheques de montantes pequenos. Porém com o decorrer dos meses, à medida que a gangue ia entrando no ritmo, as falsificações foram aumentando e ficando mais audaciosas. Os cofres de Worth estavam ficando de novo agradavelmente cheios quando, em abril de 1876, Scratch fez um cheque falso de 3500 libras que Little Joe, sempre despreocupado, imediatamente descontou no banco London & Westminster. Agora era necessário levar o dinheiro para a França e trocá-lo o mais depressa possível antes que o banco percebesse a fraude e a polícia enviasse mensagem aos caixas para ficarem de olho em notas de determinados números. Em vez de se fiar num dos sabujos na base de sua pirâmide organizativa, nessa ocasião Worth despachou o irmão para Paris com instruções para trocar o dinheiro numa movimentada casa de câmbio do Grand Boulevard e retornar no barco seguinte a Londres. O inepto John Worth, contudo, mostrou-se inadequado até para uma tarefa assim simples. Em vez de ir ao *bureau de change*, conforme as instruções, por motivos que permanecem obscuros John Worth foi ao escritório em Paris da Meyer & Co., na rue St. Honoré. Meyer já fora vítima de uma das tramóias de Becker e recebera um cabograma de John Shore lhe dizendo para ficar de olho em notas de denominação alta, o que levou um funcionário vigilante a reconhecer uma das notas numeradas. John Worth foi imediatamente preso.

Na Scotland Yard, o inspetor Shore ficou extático quando chegou o telegrama avisando da prisão. Embora o bovino John Worth tivesse uma aparência totalmente diferente da de Little Joe Elliott, que lembrava uma ratazana, o próprio John foi acusado de executar a falsificação. Foi extraditado para a Inglaterra, após uma breve porém feroz rusga jurídica, e alojado na prisão de Newgate. Fosse qual fosse o nome do preso (John pelo menos tivera a presença de espírito de fornecer um nome falso), Shore estava convencido de que a falsificação era obra de Adam Worth, aliás Henry Raymond, ou de seus associados. Worth teve um de seus raros acessos de raiva ao ser informado da prisão do irmão e jurou se vingar, não só de Shore mas também de monsieur Meyer, o diretor da Meyer & Co., que mais cedo ou mais tarde viria a sentir a força da ira colérica de Worth. No entanto, primeiro era preciso tirar John da prisão, preferivelmente sob fiança, e enviá-lo de volta à América, onde não poderia provocar mais nenhum dano. Não era tarefa fácil. Embora Worth tivesse dinheiro suficiente para pagar a fiança, a lei inglesa da época exigia que a pessoa arcando com a fiança tinha que ser proprietária e "homem de boa posição, caráter e posses". A elaborada cortina de fumaça de riquezas, as elegantes propriedades em Londres, as posses caras, os cavalos de corrida e o iate talvez fossem suficientes para convencer qualquer juiz de que Henry Raymond era um cavalheiro de recursos, porém isso só serviria para confirmar as suspeitas da Scotland Yard de que ele estava implicado, ou até mesmo de que fosse o cérebro por trás da operação toda. A polícia estava vigiando de perto e Worth sabia muito bem que "o pedido de fiança seria acirradamente disputado pela promotoria e apoiado pela Associação de Proteção aos Banqueiros, já que aquela era a quarta de uma série de falsificações feitas de maneira idêntica, num valor total de umas 12 mil libras". A fiança para John Worth foi finalmente estabelecida em 3 mil libras.

Worth precisava e muito de alguém que não estivesse ligado de forma alguma a Henry Raymond. Essa pessoa pagaria a fiança de John e depois juraria espanto absoluto quando o criminoso escapasse. Com o julgamento de John marcado para dali a algumas semanas, Worth precisava dessa pessoa e rápido.

Na tarde de 27 de maio de 1876, Worth estava descendo a Old Bond Street com Junka Phillips, o valentão inglês. Junka tinha a reputação, no submundo londrino, de ser extrema e gratuitamente violento, algo que convinha aos propósitos de Worth. Com as atividades que exercia, os inimigos eram suficientes para tornar um guarda-costas parte essencial do séquito, já que sua oposição à violência não incluía autodefesa. O ladrão gigantesco, de bigodes caídos e um tonel por peito, era uma visão verdadeiramente aterradora. Com Junka marchando a seu lado, vestido com os trajes sombrios de um cavalheiro, até mesmo o mais ousado antagonista ou o mais corajoso dos detetives da Scotland Yard pensaria duas vezes antes de abordar Worth. Se os respeitáveis vizinhos de Worth em Piccadilly tivessem chegado a pensar no assunto, talvez parassem um instante para se perguntar por que o rico norte-americano contratara um gorila como criado. Porém mesmo que alguns dos elegantes transeuntes que entravam e saíam das galerias de arte da Bond Street pudessem ficar um tanto espantados com o mastodonte de aspecto feroz caminhando ao lado do garboso cavalheiro, a maioria não olhava duas vezes para o par: Worth era apenas mais um homem rico usufruindo da arte em oferta, acompanhado por um robusto mordomo. Mas além de protetor, Junka era também um útil companheiro: sua quase que total ignorância sobre qualquer assunto significava que, exceto por um ocasional grunhido primevo, era uma pessoa silenciosa, que não interrompia o curso dos pensamentos do chefe.

Havia um grande aglomerado de pessoas em frente à galeria de arte de Agnew, onde o célebre retrato da duquesa de Devonshire, de Gainsborough, vendido duas semanas antes, estava em exposição no piso superior. A *Duquesa*, agora avaliada em cerca de 20 mil libras, era o centro das fofocas londrinas e fonte de incontáveis rumores: segundo um deles, o resultado extraordinário do leilão devia-se a uma rixa tácita entre William Agnew e Lorde Dudley, que "nessa época estava adquirindo muita arte e contratara Agnew como seu comprador". Dudley apaixonara-se pela tela mas "contratara um outro agente para fazer os lances por ele no leilão [...] Agnew, ciente disso, deu um lance de 10 100 guinéus [e] em seguida escreveu ao duque oferecendo-lhe o quadro pelo preço que tinha pago mais uma comissão". Se foi realmente esse o estratagema de Agnew, espicaçado pelo fato de não ter sido convidado a dar os lances em nome de Dudley, não funcionou. Logo após a venda, ninguém menos que o próprio duque de Devonshire instigou novas polêmicas ao dizer, em carta ao *Times*, que o único "retrato da duquesa de Devonshire feito por Gainsborough estava com ele e tinha estado com seu pai e com seu avô e que portanto [o que fora vendido a Agnew] não podia ser o original". Na verdade o duque estava se referindo ao *outro* retrato de Gainsborough de 1783, porém mesmo assim alguns concluíram "que devido a essa carta Dudley recusou a oferta que lhe fora feita por Agnew". Talvez, por outro lado, o conde estivesse simplesmente ensinando uma lição ao *marchand*, pela temeridade de cobrir-lhe o lance.

Duas semanas após o leilão, o *Times* registrou que "o interesse na venda da coleção Wynn Ellis, da qual demos detalhes na semana passada, continua sendo mantido com considerável vigor pela variedade de opiniões diferentes que surgiram em torno do retrato da duquesa de Devonshire". Fosse ou não genuíno, William Agnew já estava recuperando uma parte de seu investimento vendendo entradas para ver o retrato a um xelim e recebera pedidos de gravuras da tela no valor de 3 mil libras em apenas duas semanas. O extravagante lance de Agnew tornar-se-ia lendário e dali em diante ele ganhou a reputação de homem disposto a pagar preços inflados por obras de arte. Em *O retrato de Dorian Gray*, de Oscar Wilde, publicado em 1891, Basil Hallward comenta com Lorde Henry Wotton: "Lembra-se de uma paisagem minha pela qual Agnew me ofereceu um dinheirão, mas que eu não quis vender?".

Worth observou a multidão excitada por alguns momentos, depois virou-se para Junka e lhe disse para comprar duas entradas. Mais tarde ele contou que Junka, cujo apreço por belas-artes era exatamente nenhum, hesitou inicialmente em perder tempo com atividade tão pouco lucrativa, porém Worth insistiu e Junka, soturnamente, abriu caminho até a frente do aglomerado, que cedeu passagem com um certo entusiasmo à aproximação da enorme figura.

Uma vez dentro do prédio, o par acompanhou a fila até a

sala do pavimento superior e, finalmente, viu-se diante da grande tela, protegida por uma corda de grosso veludo da multidão de espectadores. William Pinkerton mais tarde descreveu a reação de Worth, baseado no relato do próprio: "na mesma hora ocorreu-lhe a idéia de que se estivesse de posse do quadro ele poderia, ao manter o quadro consigo, efetuar a libertação do irmão obrigando o dono da tela a pagar a fiança do irmão e depois deixá-lo escapar do país". Era um estratagema brilhante. Com o retrato de "refém", William Agnew, figura de impoluta respeitabilidade que mais tarde seria sagrado cavaleiro por seus serviços à arte, poderia ser forçado a pagar a fiança de John Worth, provavelmente via terceiros. John, por seu lado, escaparia à fiança e ninguém sonharia em suspeitar de Henry Raymond.

De volta ao apartamento, Worth mandou chamar Joe Elliott e delineou a operação. Como contou depois a Pinkerton, "[ele] iria até um conhecido, um advogado de reputação duvidosa, ex-condenado, e o instruiria a chamar o prisioneiro [John Worth] na prisão, para entregar-lhe um pequeno pedaço da tela, cortado da lateral do retrato. Em seguida o advogado iria até a galeria Agnew e diria a eles que tinha um cliente na prisão de Newgate que poderia lhes passar informações valiosas referentes ao retrato de Gainsborough. O prisioneiro deveria dizer a eles que, se fosse posto em liberdade, garantia a devolução do quadro e, como prova de boa-fé e de que estava dizendo a verdade, deveria entregar-lhes um pedaço de tela cortado da lateral do quadro, que eles poderiam encaixar à moldura, para fazer um teste".

William Agnew podia ser um dos pilares da sociedade londrina, porém Worth conhecia o suficiente da natureza humana para saber que ele faria qualquer coisa para reaver bem tão valioso, até mesmo participar de um crime. A moralidade, Worth descobrira, era uma qualidade elástica quando havia dinheiro envolvido. Little Joe concordou rapidamente com o plano. Junka, que preferia explodir cofres e espancar policiais ao delicado negócio de roubo de arte, hesitou, observando que um quadro era "uma coisa desajeitada para se fazer algo com ele", porém foi rapidamente posto de volta na linha.

Embora Worth tivesse visto a *Duquesa* apenas uma vez, o quadro tivera um profundo efeito sobre ele. A perspectiva de roubar um tal objeto apelava não só para sua vaidade e seu gosto por grandes gestos como também simbolizava toda a grandiosidade, a classe e o poderio ingleses, que ele ao mesmo tempo cobiçava e detestava. Haveria melhor maneira de mostrar seu profundo desrespeito pelo inspetor Shore, pela Scotland Yard e pelas leis que ambos representavam? "Toda a Inglaterra estava falando no quadro. Londres inteira estava acorrendo para vê-lo. A tela era a sensação do momento. Isso bastou para Worth. Tomou a decisão de possuí-la."

Worth não era, contudo, o único pretendente à *Duquesa*. O conde Dudley, passado para trás na venda da Christie's e aparentemente pouco inclinado a aceitar a oferta subseqüente do *marchand*, não abandonara a idéia de possuí-la. Naquela tarde mesmo o aristocrata fora à galeria Agnew para olhar reverentemente a tela — Lorde Dudley foi, como depois se saberia, a última pessoa a ver a *Duquesa* antes que ela desaparecesse — mas àquelas alturas o quadro já fora prometido a um outro. Ferdinand de Rothschild fizera uma oferta privada, mas esta fora superada pela de Junius Spencer Morgan, o rico banqueiro norte-americano residente em Londres cujo filho, John Pierpont Morgan, já estava a meio caminho de se tornar um dos homens mais ricos do mundo. Junius Morgan era um ávido conhecedor de arte, com uma impressionante coleção de obras de Reynolds, Romney e Gainsborough. Seu gosto por belas-artes fora herdado pelo filho, cuja coleção acabaria por se transformar na maior coleção privada de todos os tempos. Tendo lido a respeito do extraordinário leilão no *Times*, Morgan decidiu comprar a famosa tela como um "presente principesco" para seu filho, com todas as conotações dinásticas certas. Por volta de 1870, Morgan contratara um genealogista para determinar seus ancestrais e descobrira que sua mãe, Sally Spencer, era uma parente distante dos nobres Spencer de Althorp por um ancestral comum — um ambicioso criador de ovelhas de Northampton, chamado Henry Spencer. Encantado com a descoberta, Morgan mandou imprimir livros e cartas para exibir seu ilustre e recém-descoberto *pedigree*, já que o banqueiro era um alpinista social sem medo de alturas. O parentesco era distante, na verdade quase imperceptível, mas "a conexão foi o bastante para acender aquele tipo peculiar de anglomania misturada com adoração aos ancestrais tão em voga na época". Junius Spencer Morgan era, ele próprio, representativo da raça de ricos (em geral norte-americanos) indivíduos do período, que buscavam demonstrar gosto e refinamento comprando obras de arte (em geral inglesas) valiosas, para melhor provar que haviam atingido a tão necessária condição de cavalheiro. Um Gainsborough conferia status de forma automática, porém o quão mais magnífica não seria essa posse caso se pudesse reivindicar parentesco, por mais remoto que fosse, com o modelo aristocrático.

O interesse de Morgan pai pode ter aumentado mais ainda quando soube que os Rothschild, rivais do crescente poder financeiro dos Morgan, também estavam no mercado para adquirir a *Duquesa*. Pressentindo um golpe de relações públicas em potencial, Junius Morgan foi uma das primeiras pessoas a visitar a galeria Agnew após a venda. Herbert Satterlee, genro e bajulador-mor da família Morgan, conta que "o senhor Junius Morgan deu uma passada para ver a tela, perguntou o preço ao senhor Agnew e comprou-a ali mesmo, dizendo ao *marchand* que era para seu filho Pierpont, que começara a colecionar quadros em

Nova York". Morgan concordou em pagar 50 mil dólares pelo quadro, fornecendo a William Agnew um belo lucro e, sem dúvida, afrontando Ferdinand de Rothschild uma segunda vez. Agnew, entretanto, estava gostando de toda a atenção recebida e fez Morgan concordar com uma condição sua: "ele teria que consentir em deixar o quadro em exposição por mais algumas semanas". Em troca, Morgan insistiu para que tanto a venda do quadro quanto seu preço fossem mantidos em "absoluto segredo" até a entrega.

De modo que, tecnicamente, a *Duquesa* já era propriedade de Junius Morgan quando, por volta da meia-noite de 27 de maio de 1876, Adam Worth vestiu-se com grande apuro para, como diria ele mais tarde, "fugir" com a duquesa. Junka Phillips foi levado junto como acompanhante e Little Joe como vigia principal, para dar aviso caso calhasse de passar por perto algum policial xereta. Num nível a empreitada tinha todas as marcas registradas do trabalho do pequeno escroque: um amálgama característico de ousadia, rebeldia e cobiça, executada com rapidez e eficiência. Contudo, o que começara como um inteligente ato de ladroagem acabaria por adquirir um significado bem mais elaborado.

Enquanto esteve parado diante do quadro aquela noite, na galeria às escuras, Worth poderia ter pensado proveitosamente nas palavras de um prévio ocupante, já que nesse mesmo aposento, a 18 de março de 1768, o escritor Laurence Sterne, outro dos modelos de Thomas Gainsborough e um dos grandes satiristas de língua inglesa, deu seu último suspiro. Em seu livro mais célebre, *Vida e opiniões de Tristram Shandy*, Sterne escreveu com humor característico sobre como uma idéia pode absorver a mente, depois de criar raízes: "É da natureza de uma hipótese, uma vez concebida pelo homem, assimilar tudo para si, como alimento; a partir de sua formação, ela geralmente cresce e se fortalece com tudo que se vê, ouve, lê ou compreende [...]". Roubar o Gainsborough foi, para Worth, o primeiro ato de um estranho e hipotético relacionamento, uma idéia que criaria raízes cada vez mais fortes em sua mente, desenvolvendo-se num conceito, numa convicção, numa obsessão.

Dali em diante as histórias de Adam Worth e da *Duquesa* de Gainsborough seriam uma só.

12. Uma mulher procurada

THE TIMES

SÁBADO, 27 DE MAIO, 1876

O quadro que já ficara famoso por ter sido vendido por 10 100 guinéus (10 605 libras), o preço mais alto jamais pago em leilão por um retrato, tornou-se ainda mais falado agora que foi roubado da galeria onde se encontrava exposto, no número 39-B da Old Bond Street. Houve grande comoção nas imediações depois que se soube, ontem de manhã, logo após as sete horas, desse extraordinário e ousado roubo. As grandes tabuletas nas vitrinas, chamando a atenção para a tela, foram logo rodeadas por pequenas multidões que leram, com imenso espanto, a nota avisando que durante a noite alguém cortara a tela da moldura para roubá-la. Pelas perguntas feitas no local, descobriu-se que a tela foi muito bem cortada do estirador, depois de ser retirada da moldura dourada na qual fora pendurada na parede, perto da janela, no pavimento superior. O estirador foi visto encostado num sofá em frente à moldura agora vazia e mostrou que não houve mão inexperiente operando na tela, já que o retrato em si foi inteiramente removido. Os pregos da moldura dourada foram simplesmente entortados e não extraídos, de modo que o ladrão ou ladrões não perderam tempo com problemas desnecessários. O apartamento no qual o quadro era exibido não mostra praticamente nenhuma marca do que foi feito, além de um ligeiro amassado do cortinado pendurado em frente à tela. A sala não tem mais que um metro quadrado, com apenas uma janela dando para Bond Street. Essa única janela foi encontrada uns sessenta centímetros aberta e, ao se examinar o parapeito do lado de fora, havia nitidamente visível a marca de um sapato com tachões. A janela não tinha veneziana, conseqüentemente, se alguma luz tivesse sido usada durante o trabalho dos ladrões, com toda probabilidade teria sido vista pelos policiais na rua, que estavam cientes de que não havia nenhum residente na casa depois que as portas eram fechadas e o estabelecimento trancado. Todas as portas estavam trancadas, da forma como haviam sido deixadas. A janela, contudo, permitiria que o ladrão jogasse a tela sob a forma de um rolo de tamanho moderado para algum comparsa.

A questão está agora nas mãos do superintendente Williamson da polícia, e dos detetives, e como ficamos sabendo que, a conselho seu, os senhores Agnew ofereceram a polpuda recompensa de mil libras por informações que levem à recuperação da tela roubada, podemos esperar alguma comunicação rápida. Há de estar toleravelmente patente que tal roubo não foi planejado com a intenção de vender o quadro, já que isso seria algo quase impossível e a simples oferta dele muito certamente levaria os ladrões a uma imediata detecção em quase todas as partes do mundo. A descrição dada da tela, por ocasião de sua venda, e a gravura no *Illustrated News* devem tê-la tornado conhecida nos quatro cantos do mundo.

Raríssimas foram as vezes em que se tentou roubar uma tela assim valiosa e mais raras ainda, se é que houve alguma, em que o roubo não tenha sido descoberto no final. No presente caso é de se esperar que um quadro de tão extraordinária notoriedade e interesse seja recuperado sem danos e que o audacioso ladrão ou ladrões sejam levados à justiça.

A afetada confiança do articulista do *Times* não era evidente em outros quadrantes da metrópole. William Agnew estava simplesmente arrasado com a perda de seu valioso investimento, quanto mais não seja porque já concordara em pagar ao grande gravurista Samuel Cousins a enorme quantia de 1500 guinéus, "o dobro de sua quantia costumeira", para fazer uma outra gravura.

Junius Spencer Morgan estava igualmente descontente de ser privado do quadro que acreditava já ser seu. As autoridades, enquanto isso, estavam compreensivelmente constrangidas que um roubo tão ousado pudesse ter ocorrido no coração de Londres, e os *marchands* vizinhos de Agnew não perderam tempo em dar vazão a suas preocupações com a falta de segurança que esse roubo sugeria. Dois deles, os senhores H. e J. Jacobs, escreveram ao *Times* para expressar a consternação geral. "Sendo moradores de Bond Street e tendo propriedades nossas, estamos perplexos, sem saber como roubo assim tão ousado pode ter sido cometido sem o conhecimento da polícia e do vigia que é pago pelos vários comerciantes para proteger sua propriedade", observaram eles, incisivamente. As suspeitas recaíram imediatamente no sonolento vigia que, segundo relato injusto do *Times*, "teria se dado férias na noite do roubo e, é claro, não pôde fornecer nenhum esclarecimento sobre a questão".

Ao inspetor Williamson, da Yard, coube a tarefa pouco invejável de peneirar Londres atrás de um pequeno ladrão, conhecedor das artes de roubar telas sem danificá-las, que podia ou não ter se escondido na galeria depois do horário de fechamento e que provavelmente usava botas com tachões. Circulares e fotografias da tela desaparecida foram enviadas às forças policiais "de todo o mundo conhecido" e anúncios colocados em muitos jornais europeus. De acordo com uma notícia, "o clamor originado em Bond Street espalhou-se por todos os rincões civilizados do globo e todas as nações, todos os povos e todas as línguas estavam falando da perda da obra do falecido mestre". Segundo os Pinkerton, a Scotland Yard estava "aturdida".

Não passou pela cabeça de ninguém suspeitar de Henry J. Raymond, o rico cavalheiro norte-americano morando a umas poucas centenas de metros dali, desfrutando de sua nova aquisição e do frenesi que causara. Porém a polícia e o *Times* estavam certos sobre uma coisa: Worth não tinha a menor intenção de tentar vender a *Duquesa*, agora ainda mais amplamente reconhecível graças aos cartazes da Scotland Yard que ornamentavam toda Londres, oferecendo mil libras pela devolução da tela e por sua prisão. Cartazes semelhantes também foram impressos em alemão e em (tenebroso) francês para distribuição pela Europa.

No entanto, enquanto Worth admirava sua *Duquesa* no antro de Piccadilly e se congratulava por seu próprio brilhantismo criminal, chegaram notícias que removeram por completo a razão de tê-la roubado. John Worth, graças a um dos poucos golpes de sorte que atingiram o incapaz, fora solto de repente da prisão de Newgate, para sua imensa surpresa e de seu irmão. A um custo considerável, Worth contratara um advogado chamado Beasley para ajudar na defesa do irmão e, enquanto o mestre do crime elaborava seu plano para fugir com a *Duquesa*, Beasley trabalhara duro. O advogado mais tarde tornou-se um juiz respeitadíssimo em Londres, e merecidamente, já que conseguiu encontrar uma brecha legal na extradição de John. Em seu entusiasmo para fazer uma prisão, o inspetor Shore pedira a extradição de John Worth como suspeito principal da acusação de falsificação. Beasley, contudo, ressaltou que a descrição do homem que na verdade sacara o cheque forjado (Little Joe) "não correspondia em absoluto à descrição" de John Worth e, uma vez que a polícia não o acusou de passar adiante a falsificação, ele só poderia ter sido legalmente extraditado como "um acessório do fato". Poucas horas antes do Gainsborough ser roubado, Beasley obtivera um *habeas corpus* e, no dia seguinte, para fúria apoplética do inspetor Shore, John Worth foi libertado sob a condição de deixar o país em trinta dias ou ser preso novamente.

Seu irmão mais velho, preocupado com o azar crônico de John e com a ira do inspetor Shore, mexeu-se depressa. Vinte e quatro horas depois de sair da prisão de Newgate, John Worth foi posto a bordo de um vapor que partia para o continente, com instruções para voltar aos Estados Unidos o quanto antes e lá ficar indefinidamente. Ainda que deliciado com ver o irmão livre, Worth agora tinha um novo dilema. Como ele disse, tinha "o quadro e a liberdade do irmão também". Tirar John do caminho do perigo foi questão de alguns momentos, mas dispor do quadro, com lucros mas sem ser pego, obviamente iria ser uma questão bem mais complexa. Até mesmo o mais mal-afamado *marchand* não seria louco de aceitar aquela batata quente e devolver o quadro, em troca da recompensa oferecida por Agnew, seria um curso igualmente perigoso. Ele brincou com a idéia de simplesmente devolver o quadro, porém dar esse prazer a John Shore, depois da sinuca em que o detetive da Scotland Yard o pusera, não estava na natureza de Worth. Além do mais ele já começara a gostar da ilustre presença da famosa duquesa de Devonshire como sua convidada ilícita. A tela estava bem escondida debaixo do colchão de sua cama de dossel, espremida entre as pranchas de madeira; de tempos em tempos ele a tirava de lá e admirava sua conquista. Por enquanto, pelo menos, decidiu ele, não devolveria "a nobre senhora" a seus donos legítimos.

Nesse meio tempo e no decorrer dos dias William Agnew foi ficando cada vez mais agitado, especialmente desde que começaram a circular rumores maldosos de que o próprio *marchand* podia ter algo a ver com o sumiço da tela. Alguns diziam que Agnew descobrira, tarde demais, que a tela era falsa e que, conseqüentemente, queimara o quadro "para salvar sua reputação como especialista". O autor anônimo desse labéu acrescentara, maliciosamente, que "qualquer um que conheça a alta posição do senhor Agnew como negociante deve reconhecer que, além de não ter fundamento, toda essa absurda história é totalmente improvável". Absurdo ou não, assim como todos os boatos este estava adquirindo vida própria, ao passo que outros "mais sábios" diziam que "o artigo roubado era uma imitação e que a tela genuína estava bem guardada".

Longe de levar a alguma informação concreta sobre o roubo, a oferta de uma recompensa de mil libras feita por Agnew provocara uma reação em massa, emocional e totalmente inútil, do público inglês. De todos os cantos do país choviam cartas e telegramas no endereço em Bond Street; vindas dos que queriam ajudar, de criminosos e dos simplesmente malucos.

Um certo senhor Mortimer, da Blomfield Street, no Norte de Londres, escreveu a 28 de maio informando polidamente William Agnew de que "eu tenho uma ótima vidente [...] e com sua cordial permissão eu a levarei até a galeria para ver se ela consegue descobrir o paradeiro da valiosa pintura, que foi tamanha perda para o público. Sei que não poderei obter seus serviços até depois de quinta-feira. [...] Estou marcando para o quanto antes porque quanto menos pessoas tocarem na moldura mais provável será que ela consiga achar o culpado". E acrescentou um pós-escrito carregado de conspiração: "É melhor manter segredo disto ou pode ser que ela não consiga achá-lo".

Outros eram bastante específicos em suas afirmações e acusações. "Sem dúvida o senhor achará estranho que eu lhe escreva assim desta maneira", avisa um outro correspondente, "mas tendo tido um sonho a noite passada de que sua valiosa tela foi levada por um cavalheiro morador de Newton, Yorkshire, um certo senhor Villiers, acho que seria aconselhável que mandasse alguém até lá. Por favor guarde esta carta, assim como vou guardar uma cópia dela de maneira que, se for como eu disse, saberá quem é seu autor. Espero que leve a sério e mande alguém porque eu tenho a certeza de que está certo." Daniel Berman, de Leeds, simplesmente enviou um cartão margeado de preto com a sugestão: "Será que ele não escondeu a tela num tubo de metal e jogou na água?" — o que, deixando a Agnew a tarefa de vasculhar toda a imensa expansão de água do planeta, não ajudou grande coisa.

Os arquivos dos Agnew contêm montes de sugestões como essas, o que prova que a sociedade vitoriana incluía tantos birutas quanto a nossa. Alguns viam, obviamente, uma oportunidade criminosa para o lucro. "Australia" insistiu: "Eu não aceitarei nem um centavo menos que mil libras" em troca do quadro. E sugeriu um encontro na praça Eaton. "Agora, senhor Agnew, o senhor deve vir sozinho e não ter ninguém espiando. Só terá que lidar com uma pessoa e nenhum dano pessoal lhe será infligido — será totalmente culpa sua se não estiver de posse do quadro uma hora e meia após ter me encontrado [...] lembre-se que preciso cuidar de minha liberdade — caso fosse preso teria que sofrer as punições da lei inglesa, que seriam em torno de cinco anos, suponho." Australia avisava ainda que deixara instruções com a mulher para destruir o quadro em caso de prisão e despedia-se com uma frase de filosofia caseira totalmente deslocada: "uma mulher faz qualquer coisa pelo homem que ama". Um outro sugeria que se William Agnew levasse as mil libras, em ouro, até uma esquina do East End, a zona centro-leste londrina, à meia-noite de um determinado dia, receberia seu quadro de volta. Muito sensatamente, Agnew recusou a oferta que com certeza o deixaria caído nalgum beco escuro, assaltado e possivelmente morto. É fácil imaginar esse simplório rufião do East End esperando pacientemente numa esquina pela chegada da vítima. O *marchand*, saturado, limitava-se a passar as cartas para a Scotland Yard. Algumas eram sumariamente investigadas, a maioria ignorada.

Salpicadas entre os malucos e criminosos, havia algumas poucas cartas expressando angústia genuína diante do roubo e refletindo o impacto extraordinário que o quadro e sua venda tiveram no público. Dessas, talvez a mais sentida tenha partido de uma certa Marguerite Antehuester. "Senhor, embora eu seja uma desconhecida, a notícia de sua grande perda me tocou de tal maneira que não posso deixar de pensar que o crime foi cometido por um louco — durante os últimos dias eu vinha sonhando com as delícias de ver o Gainsborough e quando nos chegaram notícias, esta noite, de que fora roubado mal saberia dizer o que ocupou maior espaço em meu coração, se a dor ou a indignação [...] rogo-lhe para que perdoe uma estranha por assim se dirigir ao senhor, porém sinto um intenso interesse, assim como todo o mundo, nesse maravilhoso quadro."

A atormentada senhora Antehuester não estava exagerando, já que o destino misterioso da *Duquesa* havia se transformado, de repente, num jogo de salão em que poucos deixavam de opinar sobre quem teria cometido o roubo. Depois disso e durante anos continuaram chegando regularmente ao escritório londrino de Agnew avisos falsos de que o quadro fora visto, conselhos não solicitados e cartas de comiseração. Até o momento do roubo, a *Duquesa* de Gainsborough fora preocupação dos londrinos cultos, uma fantasia passageira das classes altas; de repente o passado de deboches de Georgiana adquiriu nova vida com o escândalo moderno. "O interesse, para não dizer a ansiedade, sentido pelo público quanto a seu provável destino era tão intenso a ponto de jogar para segundo plano todas as outras coisas. O roubo do quadro eclipsou todos os acontecimentos contemporâneos e tão grande era o desejo de saber como seria a tela que reproduções, mais ou menos acuradas, foram publicadas em almanaques de brinde e muito apreciadas pelos fregueses de mercearias e casas de apostas", comentou um observador. "Nada além do envenenamento de um cavalo favorito ou do desaparecimento de um cão famoso poderia ter despertado igual interesse na mente do britânico", alardeou o *Midland Daily Telegraph.*

A imagem da duquesa estava por toda parte, seu possível paradeiro em discussão por todos, de duques a verdureiros ambulantes. A lasciva reputação de Georgiana era celebrada em baladas de *music-hall* e versalhadas obscenas, enquanto "empresários pagavam às principais beldades do palco de variedades para usarem réplicas do famoso chapéu Gainsborough". Graças a Adam Worth, a fama da duquesa se tornara universal. Como observou com ironia um jornal, quem quer que tivesse roubado o quadro tinha também "conseguido um feito diante do qual os de Ruskin empalideceriam — tornar conhecidos os nomes de Gainsborough e de Georgiana, duquesa de Devonshire, a milhões que, de outra forma, jamais teriam tomado conhecimento deles. De modo que, num certo sentido, ele foi um apóstolo da cultura".

Se, antes do roubo, a duquesa atingira status de ícone, agora as mulheres decididamente queriam *ser* ela. Ela se tornou o último grito da *haute couture*, e o roubo provou ser uma bênção para os chapeleiros de Londres, já que, "na maioria das cerimônias públicas, uma grande proporção das senhoras vestia-se segundo o modelo fornecido pelo quadro". Imensos chapéus com penas de avestruz tornaram-se a coqueluche do momento de ambos os lados do Atlântico e em Nova York "o chapéu Gainsborough [...] estava de tal forma na moda entre as mulheres [que] uma modista conceituada chegou até a chamá-lo de 'estilo Lady Devonshire'". Um chapéu *à la* duquesa de Devonshire dava uma imagem elegante, até mesmo um tanto marota à mulher, e foi usado por personagens literárias para denotar um tipo particular de mulher vistosa. Em "A case of identity" [Um caso de identidade], de Sir Arthur Conan Doyle, Watson descreve Mary Sutherland com "uma enorme pena vermelha recurva num chapéu de abas largas, usado de banda sobre a orelha, no estilo coquete duquesa-de-Devonshire". Esta não seria a última vez que Sir Arthur se veria em dívida, direta ou indiretamente, para com Adam Worth.

Por mais vaidoso que fosse, encantado em ser o alvo anônimo de tanta atenção, Worth estava começando a se sentir um tanto perturbado com todo o alvoroço. Sabia que a lealdade de

Little Joe Elliott e ainda mais de Junka Phillips (meio mentecapto porém excessivamente avarento) dependia de dinheiro vivo. Eles já estavam exigindo que a *Duquesa* se pagasse, porém entrar em negociação com William Agnew para um retorno lucrativo do quadro, em meio a tamanho pandemônio, seria um verdadeiro desastre. De modo que Henry Raymond, homem experiente, encantador e próspero, decidiu que era hora de fazer uma de suas excursões regulares, dessa vez acompanhado de sua nova namorada portátil. Um grande baú Saratoga foi equipado, por um habilidoso e discreto marceneiro, com um painel secreto no fundo, onde a tela podia ser acomodada com conforto e, enquanto Londres ainda fervilhava de rumores, a *Duquesa* e seu novo e orgulhoso consorte saíram sem ser notados de Londres e tomaram um navio rumo a Nova York.

13. Minha bela senhora

Os ex-parceiros de Worth no crime e no amor, Piano Charley Bullard e Kitty Flynn, haviam chegado antes dele aos Estados Unidos: o primeiro achava-se agora na prisão, cumprindo pena pelo assalto ao Boylston Bank, ao passo que a segunda entrara para os negócios, esperando a hora de sua próxima conquista social. Autodenominando-se senhora Kate Flynn, Kitty procurou romper relações com seus antigos parceiros criminosos e, como proprietária e principal atração de uma pensão masculina, transformara-se uma vez mais numa matrona nova-iorquina bonitona, empobrecida e inteiramente respeitável. Ou talvez não. A jovem "viúva" Flynn, segundo um relato, alugava "quartos mobiliados nos pavimentos superiores a 'cavalheiros' solteiros e cedia seus salões para carteados, pequenos bailes, encontros de amantes e jantares privados para homens de negócio". Mundana e charmosa, Kitty logo angariou "renome como traficante de influência e intermediária em transações financeiras". Toda vez que um agente fazia algum negócio sob seu teto, Kitty recebia uma comissão. William Pinkerton considerava Kitty uma "desregrada" e seu estabelecimento como "uma semicasa de encontros situada no norte da cidade". Ela foi, segundo disse mais tarde ao irmão, "numa determinada época considerada amante de um magistrado da polícia de Nova York, acho que o juiz Ottovard". Talvez isso não passe de conversa fiada vã, ainda que maliciosa, porém estaria inteiramente de acordo com a personalidade de Kitty escolher um homem como Ottovard, um dos legisladores mais poderosos da cidade, como amante.

Após desembarcar em Nova York, Worth foi imediatamente visitar Kitty e as duas filhas, como faria repetidamente durante os anos seguintes. "Adam me disse que sempre ia vê-las quando estava aqui e admitiu que as meninas eram filhas suas", William Pinkerton escreveu mais tarde. Worth continuava obviamente apaixonado por Kitty, porém não fez nenhuma tentativa de tirá-la do juiz Ottovard. O elo conspirador entre os dois ex-amantes, que um dia partilharam segredos e ambições, estava rompido. Enquanto esteve sentado, tomando chá educadamente no salão de Kitty, Worth não mencionou a "nobre senhora" que jazia, fiel, no fundo de seu grande baú.

Com certeza encontrava-se num estado de espírito curiosamente eufórico quando, a 10 de junho, registrou-se no Astor House, em Nova York, e na mesma hora escreveu uma carta tagarela aos senhores Agnew, transbordante de auto-satisfação descarada. Essa foi a primeira de dez cartas enviadas por Worth durante os dois anos seguintes, todas elas ainda nos arquivos Agnew. Deve ter sido motivo de tremenda irritação para o pomposo *marchand* receber uma carta do homem que recentemente o privara da tela mais cara do mundo, porém Worth estava obviamente decidido a causar o máximo possível de aborrecimentos.

"Cavalheiros", começou ele, expansivamente, "Saber-se seguro provoca um efeito tão estimulante nos nervos, após a tensão mental por que passei, que não pode deixar de ser apreciado.

Cheguei no *SS Saythia* na terça-feira última, trazendo comigo a duquesa de Devonshire." Esta introdução extremamente familiar era seguida por algumas observações lampeiras sobre o tempo, seu estado geral de saúde e sua satisfação com as facilidades no Astor House.

"Agora aos negócios", ele continuava, como se terminando um mexerico amistoso:

> Este retrato vale, digamos, 50 mil dólares e com a publicidade [vale dizer, o bem divulgado roubo] seu valor foi grandemente aumentado, tanto que metade dessa soma seria uma soma modesta para sua devolução.
>
> Acontece que, em primeiro lugar, encontro-me seguro e a salvo de ser preso. Segundo, esta obra de arte está escondida. Ninguém exceto EU MESMO sabe disso. Ao mesmo tempo está perfeitamente a salvo de danos. Posso conseguir uma bela soma por ela, aqui. Fiquei sabendo de um negociante em San Francisco que me daria 10 mil dólares, se por acaso fosse posta à venda aqui, e outros já expressaram quase o mesmo sentimento.
>
> Sabendo disso, não me sinto inclinado a mesquinhezas e por 25 mil dólares eu a devolverei intacta. Estando pessoalmente a salvo, estou pronto a negociar com qualquer pessoa que possam mandar ou contratar — neste país, é claro.
>
> Foi um grande risco, porém a tela continha as palavras mágicas: "Há dinheiro envolvido".
>
> Não quero saber de trabalhos desleais já que vocês não podem me intimidar e que se trata de um jogo em que eu tenho o trunfo. O quadro está em excelente condição. Claro, eu o enrolei com o lado da tinta para fora, de modo que posso lhes garantir que está em bom estado.

O efeito dessa espantosa missiva em seus destinatários só

pode ser adivinhado, porém em termos de pura diabrura, afronta e humor zombeteiro é uma das obras-primas de Worth.

Além de disfarçar a letra e acrescentar alguns erros convincentes, Worth acrescentou-lhe um novo nome, assinando a carta como "Edward A. Chattrel" e dando um endereço postal para correspondência.

Estaria Worth sendo sincero sobre devolver o quadro ou estaria simplesmente brincando com suas vítimas? William Agnew já contratara o *marchand* de quadros William Schaus, além de Robert Pinkerton, o irmão de William Pinkerton e chefe da filial da agência em Nova York. Logo depois de recebida a carta, detetives reviraram os livros de registro de Astor House, mas naturalmente não demoraram muito para descobrir que o nome Chattrel "não aparece no registro nem nenhum funcionário ou empregado do escritório do hotel o conhece". Nenhuma caixa postal fora registrada em nome de Edward Chattrel, porém ainda assim houve vigilância de 24 horas no Correio. "Nossa impressão, ao ler pela primeira vez a nota do senhor Chattrel", escreveu Schaus, "foi a de que se tratava de uma fraude e essa impressão reforçou-se consideravelmente agora." Desnecessário dizer, Worth já tinha se mudado para um outro hotel e nunca chegou nem perto do Correio. É provável que sua primeira carta tenha sido um ato característico de arrogância, destinado simplesmente a atordoar seus perseguidores, exasperar William Agnew e, ao mesmo tempo, deixar bem claro quem estava com o trunfo nas mãos.

Por enquanto Worth não tinha a menor intenção de se separar da duquesa e nos meses seguintes visitou todos os seus antigos antros, comprando roupas caras, jantando nos melhores restaurantes e fazendo em geral o papel de um cavalheiro inglês em visita. À essa altura é preciso observar que Worth, dissimulador habitual que era, adotara o característico sotaque inglês das classes altas. O imigrante judeu-alemão, naturalizado norte-americano, continuaria sendo decididamente britânico, na elocução e nos modos, pelo resto da vida. Feliz de estar em solo norte-americano pela primeira vez desde o trabalho no Boylston, em 1869, Worth e a *Duquesa* partiram para o que poderia ser melhor descrito como uma turnê triunfal pelo país. A primeira parada foi Boston, cena de sua infância, onde visitou o irmão John, enquanto se hospedava no Adams House, que ele declarou ser "o hotel mais bem administrado dos Estados Unidos". A isso seguiu-se uma visita discreta a Piano Charley Bullard na prisão de Concord, de onde foi para Illinois, onde passou algumas semanas relaxando e dando vazão a seu gosto por esportes de sangue num balneário chamado Klineman's Cabin, no lago Calumet, "muito freqüentado por caçadores". Algumas semanas depois, totalmente descansado, voltou para o Leste, indo para Buffalo, Nova York, onde agora morava sua irmã Harriet, com o marido.

Informantes do submundo já haviam contado aos Pinkerton, havia muito tempo, sobre a participação central de Worth no assalto ao Boylston Bank e ele continuava sendo um homem procurado na América, fato amplamente demonstrado pelos eventos que se seguiram, no estado de Nova York. Uma noite Worth recebia a irmã e o cunhado, um advogado de reputação duvidosa chamado Lefens, em seus apartamentos num dos hotéis de Buffalo. No meio da festa, Worth sentiu necessidade de um pouco de ar fresco, mas, ao atravessar o saguão, percebeu que estava sendo atentamente observado por um homem do outro lado da sala. "Ele teve certeza que era um dos nossos", William Pinkerton mais tarde registrou, depois que Worth recontou o incidente em detalhes. "A irmã estava lá em cima e, não querendo alarmá-la, ele driblou o homem, subiu, disse à irmã que fora subitamente chamado e que ela saísse do quarto." De volta ao saguão, Worth tentou escapar, mas foi localizado e perseguido. Uma vez do lado de fora, Worth apurou o passo, mas depois parou abruptamente ao ver "dois policiais parrudos parados na esquina. O homem fez sinal para eles e um dos policiais estendeu a mão para agarrá-lo, derrubando-lhe o chapéu. Eram ambos homens fortes, tão fortes quanto eu; Worth começou a correr, os dois foram atrás dele, aí um escorregou, caiu, o outro caiu por cima e Worth escapou". O episódio deixou-o bastante abalado; Worth e sua duquesa, que fora sensatamente deixada no depósito de bagagem da estação ferroviária, tomaram o trem seguinte e saíram da cidade. A América continuava sendo obviamente um lugar altamente perigoso de se ficar, com os Pinkerton em seu encalço e um dos quadros mais reconhecidos do mundo escondido em seu baú. Worth também estava ficando sem dinheiro de novo, após um longo período de extravagâncias não lucrativas.

Pela primeira vez, Worth parece ter pensado seriamente na possibilidade de devolver o retrato, e sua carta seguinte a Agnew, enviada dos Estados Unidos e "encontrada na caixa de correio do número 5, Waterloo Place, em 30 de dezembro de 1876", tem o toque inconfundível da urgência. O tom jocoso e zombeteiro sumira, assim como os erros deliberados e o nome falso apressadamente escolhido, substituídos agora por uma lista sucinta e quase legalista de exigências.

> 15 de dezembro, 1876
> Cavalheiros:
>
> Queremos informar-lhes da chegada, em perfeitas condições, de seu quadro à América e enviamos, anexa, uma pequena amostra a fim de provar-lhes que somos os detentores *bona fide* e conseqüentemente as únicas partes com quem terão que negociar. A porção que lhes enviamos foi cortada do canto superior esquerdo, olhando-se para a tela de frente, e os senhores poderão comprovar que se encaixa ao restante da moldura.
>
> De tempos em tempos, à medida que negociarmos com os

senhores, enviaremos anexados pedaços que se encaixarão ao que agora lhes enviamos, de modo que possam ter todo o comprimento da moldura. O quadro está intacto. Não havendo acordo de extradição entre este país e a Inglaterra, podemos negociar com os senhores com imunidade.

Esta comunicação deve ser estritamente confidencial. Caso se decidam pelo retorno do quadro, devem ter confiança em nós; porque, à primeira suspeita que tivermos de qualquer interferência da polícia, destruiremos imediatamente o quadro. Os senhores já devem ter se convencido, a essa altura, da inutilidade da polícia nesta questão.

Estando o quadro deste lado do oceano, praticamente qualquer advogado poderá negociar com os senhores sem ser passível de um processo por não delatar um crime. Gostaríamos de frisar nossa determinação de que SEM DINHEIRO NÃO HÁ QUADRO. Em vez de devolvê-lo ou de assumir grandes riscos para fazê-lo, nós destruiremos o quadro.

Agora quanto aos termos. Precisamos ver a questão como uma transação comercial. Para os senhores, esta representa uma soma em dinheiro no valor de 10 mil libras esterlinas. A extraordinária publicidade certamente aumentou-lhe o valor. Se o quadro fosse de novo exibido em Londres, milhares de pessoas a quem de outra forma nem teria ocorrido a idéia, antes da fuga da duquesa, iriam vê-lo. Se chegarmos a um acordo, os senhores poderão exibi-lo aqui (Nova York), o que com certeza cobriria dois terços do dinheiro gasto em recuperá-lo.

Queremos 3 mil libras, ou 15 mil dólares, em ouro. Nenhuma outra moeda será aceita, exceto soberanos ingleses. Ponham um anúncio no *Times* de Londres se quiserem continuar a negociação nos termos expostos, a saber, "New York, carta recebida etc. etc." ou seja lá o que for que tenham a dizer, já que recebemos o *Times* regularmente. O restante é simplesmente uma questão de detalhes e poderá ser combinado por carta daqui por diante. Está totalmente nas mãos dos senhores obterem ou não o quadro de volta.

Se esta carta for mostrada à polícia, saberemos que os senhores não estão inclinados a negociar conosco e agiremos de acordo. Por motivos óbvios, os senhores terão que ter cuidado ao redigir o anúncio.

Worth assinou a carta NEW YORK e acrescentou que toda e qualquer correspondência posterior seria enviada sob esse nome.

A carta era Worth em seu melhor estilo: metódica, organizada, imperiosa e extraordinariamente impertinente. O tom legal sugere que pode inclusive ter sido minutada por seu cunhado, o advogado Lefens. Agnew teria passado muito bem sem a informação de que o ladrão fora bondoso ao aumentar o valor da tela com o roubo e também não precisavam lhe dizer como redigir uma resposta cuidadosa, mas é fascinante ver Worth, o esnobe de sempre, querendo deixar bem claro que mesmo do outro lado do mundo ele ainda lia o *Times* de Londres, o jornal da elite britânica. Porém essa carta era também, em parte, um blefe. Worth não tinha a menor intenção de destruir o quadro; na verdade o pedaço de tela enviado como prova do roubo fora cuidadosamente cortado da parte abaixo da moldura, para não danificar a obra: Worth não era a senhora Maginnis. Esta carta contém a primeira referência de Worth à "fuga (amorosa) da duquesa" — um comentário jocoso mas também sugestivo de que o retrato passara a significar algo mais além de mera propriedade "comercial" para ele. Ainda que Agnew pudesse ter achado o tom exasperante ao extremo, o fragmento encaixava-se ao que restara no estirador e provava, conclusivamente, que o remetente não era nenhum embusteiro. Ao contrário de sua carta anterior, Worth não dava qualquer indicação de seu paradeiro.

Agnew, depois de se consultar com seus advogados, Lewis &

Lewis, e com a Scotland Yard, colocou imediatamente um anúncio na página de colunas pessoais do *Times*: "New York, Carta recebida. Mediante novas provas estamos dispostos a negociar". William Agnew sabia que estava se arriscando a ser processado por não-delação de crime, apesar das garantias de Worth, mas queria o retrato de volta. Worth prontamente enviou "um pedaço mais longo da parte superior do quadro, para encaixar-se à parte agora em suas mãos", acrescentando que "de tempos em tempos durante nossas negociações desejamos enviar-lhes um pequeno pedaço para evitar qualquer erro ou perda de tempo com falsos possuidores". Era um comentário atencioso, ainda que irônico, porque Agnew continuava sob um dilúvio de embusteiros, detetives amadores, escroques e malucos. A carta terminava recomendando que Agnew colocasse outra nota no *Times*, imediatamente, caso estivesse satisfeito e quisesse prosseguir, já que "é certamente do interesse de ambas as partes concluir a questão o quanto antes". Agnew aquiesceu, de modo que a 6 de março de 1877 Worth enviou ainda uma outra carta, no elegante papel do Grand Hotel, anunciando que "com o objetivo de facilitar a questão" despachara um homem para Londres que "tem nossa confiança" para negociar o retorno do quadro e evitar os atrasos causados pelo sistema postal transatlântico. "O quadro está aqui, conosco. Saberá mais do portador desta carta num dia ou dois", Worth escreveu, anexando mais um fragmento da tela "que como verá encaixa-se ao último pedaço recebido". Porém Agnew não teve notícias do misterioso mensageiro e após três semanas o *marchand* pôs outro anúncio: "New York. Estou esperando notícias suas. Recebi sua carta e espero contato".

Subitamente o ladrão estava perdendo a coragem, talvez temeroso de algum tipo de emboscada da Scotland Yard. Após várias semanas tensas, Worth restabeleceu contato, porém os termos agora tinham mudado. Ele não estava mais disposto a mandar alguém até Londres para barganhar a seu favor, dadas "as penalidades pelo crime de não denunciar um delito na Inglaterra". Se Agnew quisesse o quadro de volta, então alguém teria que ir a Nova York buscá-lo. "Está fora de questão enviar qualquer pessoa até os senhores para negociá-lo, já que isso pode colocar a parte envolvida em perigo." Worth não estava disposto a pôr seus subordinados em riscos desnecessários, porém também não estava disposto, como sempre, a abandonar o controle dos acontecimentos.

"A única forma que eu conheço é mandarem um homem de confiança a NY com uma ordem de pagamento pelo valor total, mediante apresentação do quadro. [...] Por favor, responda como de hábito." O caso estava agora chegando a um impasse. William Agnew recusou-se a ir a Nova York e Worth não estava disposto a se colocar à mercê da Scotland Yard retornando a Londres, embora tenha feito parecer que já o tivesse feito. Em sua carta seguinte ele declarava, sem possibilidades de equívoco: "Tentei em vão pensar numa maneira segura de negociar a devolução da Dama deste lado do Atlântico [ou seja, Inglaterra] segundo seus desejos (embora fosse incorrer em despesas consideráveis para trazê-la de volta). Porém não vejo nenhum modo seguro de fazê-lo sem me colocar à sua mercê, e isso eu não vou fazer".

"Conseqüentemente, devemos regredir à nossa posição original — a saber, que o negócio deve ser feito na América. Caso seja seu desejo recuperar apenas a Dama, nos termos mencionados antes, e não a punição daqueles que a levaram, há de fazer pouquíssima diferença onde as negociações ocorram. Se persistirem com sua determinação de negociar apenas deste lado, serei obrigado a encerrar o assunto."

Agnew foi igualmente inflexível: "NEW YORK, Não há perigo algum para si. Não há necessidade de viagem a qual, na verdade, eu não posso fazer".

De maio a agosto o silêncio foi total. Então, a 8 de agosto

uma carta com carimbo postal de Londres chegou ao escritório de Agnew. "Achando que era impossível, como disse, que fosse à América, as partes arcaram com as despesas de enviar a 'duquesa' de volta a este país [...], já desperdiçamos muito tempo na questão e as partes desejam resolvê-la imediatamente." Worth de fato voltara a Londres com a tela, porém sua atitude diante da questão obviamente mudara. A carta seguinte, de 21 de agosto, foi abrupta a ponto de quase ser rude:

> Realmente não posso sugerir nenhuma forma de devolver a Nobre Senhora e, se o senhor não pode, receio que tenhamos que abandonar a questão por completo [...]. Estivemos tentando pensar em algum plano que pudéssemos executar deste lado do Atlântico, porém não conseguimos chegar a nenhuma forma que seja segura para nós. Como disse antes, se não pode encontrar algum meio de fazê-lo, nós também não vamos nos preocupar mais com isso. Se pretende agir corretamente conosco e quer a duquesa de volta, só precisará sugerir algum método seguro que nós o adotaremos.

Agnew, percebendo que recebera um ultimato, colocou mais um anúncio codificado no *Times* de 23 de agosto, concordando em fazer tudo aquilo que o escorregadio New York quisesse, porém já era tarde demais. Worth mudara de idéia. Nunca mais entrou em contato com o *marchand* e tudo que William Agnew tinha para mostrar, depois de meses de tática de protraimento, eram alguns fragmentos cuidadosamente grampeados de tela e um punhado de cartas peremptórias.

Agnew com toda certeza estivera em contato com o inspetor Shore da Scotland Yard, e Worth pode ter ficado a par do perigo graças a seus espiões na força policial. Um jornal, notando seu tom de incerteza, concluiu mais tarde que ele estivera brincando com Agnew o tempo todo. "Parece óbvio que ele não estava de fato interessado em entregar a obra-prima nem fazer qualquer revelação. Ele pretendia, tão-somente, despertar curiosidade."

Kitty Flynn foi sem dúvida um dos fatores para que Worth mudasse de idéia e decidisse subitamente ficar com o retrato. A antiga garçonete e a falecida duquesa de Devonshire, cuja história picante vinha gozando de um segundo renascimento após o roubo, tinham muitas características em comum: um gosto extraordinário pela vida, um desrespeito saudável pela opinião dos outros e, portanto, uma liberdade de espírito que sempre seria negada ao amargo e complexado Worth. A semelhança física entre as duas mulheres também era igualmente surpreendente. O melhor retrato de Kitty mostra uma expressão de muxoxo provocante que poderia ter sido tomada emprestada diretamente de Georgiana. As melenas douradas da duquesa, seus olhos chispantes, sua figura curvilínea e a vívida determinação de divertir-se, e de divertir os outros, encontravam eco perfeito em Kitty na sua melhor fase; além do mais, a antiga *hostess* do American Bar há muito que se considerava, e com razão, uma aristocrata natural.

Como um Pigmalião criminoso, Worth tentara moldar Kitty à imagem e semelhança de sua mulher ideal irretocável — elegante, dócil e socialmente aceitável — e conseguira. Contudo sempre houve uma parte de Kitty que ele não conseguiu atingir, que era sua própria vitalidade e, assim, sua criação o traiu e abandonou. A "bela dama" de Worth, assim como em todas as versões desse eterno mito, mostrou que não precisava dele. Galatéia fugira. Ele tentara controlar e segurar Kitty e, pela primeira vez na vida, fracassara. A *Duquesa* de Gainsborough, porém, era dócil e manobrável, a perfeita cativa pintada que Kitty se recusara a ser. No mito romano, Pigmalião encontra o amor quando sua bela estátua ganha vida; talvez Worth tenha encontrado algum resquício de amor transferindo suas afeições da carne, do sangue e do espírito para uma tela, tinta a óleo e artifício.

Um dos escritores que especulou os motivos do homem que roubou o Gainsborough perguntou-se se ele não seria "um salafrário *fin de siècle* [...] um louco entusiasta [que] roubara o retrato para adorar sua graça e terna beleza na calada da noite, quando o pálido luar iluminasse as formas arredondadas e revelasse novas profundezas naqueles olhos cintilantes. Loucura e crime com certeza houve — que haja também amor". O texto é puro sentimentalismo vitoriano, o efeito um tanto emético, porém a sugestão inteiramente apta.

Muitos anos depois, Worth comentou que o retrato fora "um elefante branco em suas mãos durante um tempão, do qual não podia se livrar". Essa declaração foi manifestamente falsa. Nos vinte anos seguintes, ele poderia ter reaberto as negociações com Agnew para devolver o retrato, isso a qualquer momento, porém não o fez. Com o tempo, os boatos de que Worth era o ladrão do Gainsborough começaram a ganhar peso no submundo e várias foram as figuras dúbias que se ofereceram para interceder e ajudar na devolução, mediante uma comissão. Ele recusou todas as ofertas, preferindo enfrentar a desgraça, a penúria e a prisão a se separar da *Duquesa*. A tela tornou-se sua companheira permanente e oculta, tão constante e comportada quando Kitty se mostrara irrequieta e independente. Quando ele viajava, ela ia também, em seu baú de fundo falso; em Londres ele dormia com ela, literalmente, a *Duquesa* enfiada debaixo de seu colchão.

Entretanto havia mais nesse estranho relacionamento entre o ladrão-mor e seu velho mestre roubado do que mero símbolo corrupto de um antigo caso amoroso. À medida que a obsessão de Worth cresceu, o quadro que ele controlava passou a controlá-lo, num símbolo e reflexo de sua existência artificial. Na imagem poderosa de Georgiana, ele encontrou a fechadura por onde espiar a sociedade privilegiada a que aspirava, mas da qual jamais poderia fazer realmente parte, tanto quanto Georgiana jamais poderia voltar à vida. Ela era um fetiche, uma representante do ápice de seus sonhos e a prova de sua exclusão. O mais desejável dos objetos que um homem de posses poderia ter, ali estava o prêmio que ele nunca poderia exibir — ao contrário de seus cavalos de corrida, iates e casas luxuosas —, um ícone de seu poder e impotência. Quando Worth comentou que ele não "podia se livrar" do quadro, estava revelando sua própria impotência. Como um criminoso que preserva partes do corpo, ateve-se a esse testamento por excelência de seus crimes, porque o olhar arrogante da *Duquesa* cristalizava toda sua força e fraqueza. Ela era sua bandeira inimiga capturada, a prova tangível de seu ódio à sociedade respeitável e de seu poder de miná-la, um objeto de beleza devastadora para coroar o feio comércio de Worth, um foco de desejo e asco. Porém, quando ele olhava para aquele rosto adorável, desdenhoso, não estaria vendo um deplorável reflexo de seu próprio logro, uma criação espalhafatosa, superficial, ilusória? À medida que foram passando os anos e que o quadro lentamente fundiu-se à própria concepção de si mesmo, talvez Worth tenha chegado a perceber que seu mundo fabricado baseava-se na *Duquesa* e em seu simbolismo. "Refestelando os olhos em segredo no desejado objeto", ele se agarrou ao grande quadro como se sua vida dependesse disso, porque dependia.

O relacionamento de Worth com sua duquesa roubada mudou e aprofundou-se com o tempo — de admiração e orgulho afetuosos para dependência e fixação, mas podemos traçar sua gênese com alguma precisão. Ele elaborara o plano de roubar o quadro enquanto ainda lamentava a partida de Kitty, porém foi no verão de 1877, mais de um ano depois, que rompeu, súbita e permanentemente, todas as negociações para sua devolução — no exato momento em que a vida de Kitty tomava um novo rumo que, para Worth, foi outra vez devastador. Bem quando parecia perto de chegar a um acordo com Agnew, chegaram notícias de que sua amante de outrora, o "cancro" em seu peito e a provável mãe de suas filhas, encontrara um novo pretendente em Nova York e planejava se casar. Essa prova final de rejeição também levou Worth ao matrimônio, porém de um tipo bem diferente: sua "fuga" com a duquesa fora agora transformada num casamento consolidado que duraria um quarto de século.

14. Kitty Flynn, rainha da sociedade

Aquele jornal de deliciosa impudência, o *New York World*, hoje infelizmente defunto, concluiria mais tarde, com um tom maroto, que enquanto desempenhava o papel de anfitriã para um bando de vilões no American Bar, em Paris, Kitty "aperfeiçoara-se nas artes e graças que lhe permitiram dar seu segundo e mais brilhante golpe matrimonial". Ela estava com apenas 28 anos e ainda era excepcionalmente bonita quando, conforme noticiou o jornal, "capturou o prêmio conjugal que muitas das mulheres mais altivas da sociedade nova-iorquina não teriam desdenhado". Com duas filhas para sustentar e a ambição por fama e fortuna mais acesas do que nunca, Kitty estava obviamente à procura de um novo marido. De modo que, quando Juan Pedro Terry entrou elegantemente em sua vida, ela convocou todas as artes e graças de seu portfólio. Juan Terry não poderia ser mais adequado: tinha belos olhos azuis, sangue irlandês, a barba de um lépido conquistador, uma queda para o luxo e um comportamento polido. Além do mais, era podre de rico.

Juan era filho de Thomas Terry, um aventureiro de descendência irlandesa cujos ancestrais, assim como Kitty, abandonaram o úmido solo da Irlanda para fazer fortuna no Novo Mundo. Thomas, ou Tomaso Terry, nasceu na cidade de Caracas, Venezuela, em 24 de fevereiro de 1808, e foi "batizado na igreja local de San Pablo". Jovem cheio de energia e habilidoso, começou sua fortuna trocando jóias baratas por terras e, em 1830, estava instalado na cidade de Cienfuegos, Cuba. Ali conheceu Teresa Dorticós y Gómes de Leys, filha de um plantador de cana-de-açúcar de Havana, apaixonou-se por ela e pediu sua mão em casamento. O riquíssimo pai da moça, dom Andrés Dorticós y Casson, governador de Cienfuegos, deu uma olhada para a figura fascinante porém pouco confiável de Tom Terry e explodiu. Não só recusou seu consentimento como mandou que seus capatazes dessem uma boa sova no impertinente e o pusessem para fora. Magoado com esse tratamento, Terry prontamente fugiu com Teresa e, para a fúria do pai, os dois casaram-se a 31 de outubro de 1837. Thomaso simplesmente ignorou o alvoroço que se seguiu e "quando ouviu dizer que o sogro se referia a ele desdenhosamente, comentou, calmo e sincero: 'Hei de ser mais rico que ele um dia'".

E, de fato, foi. "Todas as transações em que se metia o venezuelano eram imensamente lucrativas. Suas plantações de cana-de-açúcar davam safras abundantes. As terras que trocara por berloques tornaram-se plantações valiosas." Por permanecer leal à Espanha durante a insurreição cubana, Terry foi recompensado com vastas porções de terras confiscadas, a preços irrisórios, que "mostraram ser verdadeiras minas de ouro" e em cinco anos ele já se tornara o maior plantador de cana de Cienfuegos, muito mais rico do que seu agora amistoso sogro. Parte de sua fortuna pode ter sido feita de modo menos romântico porque, segundo um dos relatos, ele complementava as rendas provenientes do açúcar com a atividade paralela de negociar escravos. Seja como for, Thomas Terry trocou seu passaporte venezuelano pela cidadania norte-americana e como "um dos homens mais ricos das Américas" ele e Teresa viajaram o mundo, colecionando propriedades, procriando e juntando, aos poucos, mais ou menos uma dúzia de cada. "Os Terry tinham casas em Nova York e uma mansão em Paris, na rue de la Boétie, no melhor do território de expatriados em torno do Faubourg Saint-Honoré, além de morarem em vários castelos do vale do Loire, inclusive, por uns tempos, no magnífico Château de Chenonceau."

Tom Terry era um pai prodigiosamente generoso e entregava boladas regulares de dinheiro à multidão de filhos. Juan Pedro, o caçula, foi para Nova York em 1875 com um presente do pai de 900 mil dólares em dinheiro, "com os quais entrou em Wall Street e quando terminou com uma certa transação em ouro, estava meio milhão mais rico". Especulador competente, Juan "distinguia-se por suas habilidades nos negócios, porém gostava da vida de luxos e prazeres". Ambos aspectos que granjearam prontamente a estima de Kitty Flynn. Kitty pode muito bem ter escondido de seu pretendente os detalhes menos respeitáveis de sua história, que só vazaram muitos anos depois, mas se Juan sabia que o objeto de sua adoração já fora outrora uma garçonete, casada com um ladrão bígamo, que durante muitos anos partilhara suas afeições com o amigo e parceiro do marido, não parece ter dado a mínima importância. A história de sua própria família era tão romântica quanto a de Kitty e, com milhões no banco, a sociedade podia tagarelar quanto quisesse. Na verdade, o passado estimulante da viúva Flynn pode ter aumentado seu fascínio aos olhos do rico *flâneur* e especulador amante da boa vida. Por mais rico que fosse, porém, Juan era também um homem vacilante e dócil, cuja vontade, na melhor das hipóteses fraca, não era páreo para a energia da irlandesa. Kitty tinha atrevimento mais do que suficiente para ambos.

Segundo Sophie Lyons, os dois encontraram-se numa galeria de arte na rua 23, em Manhattan, onde Kitty, eternamente sem dinheiro, tinha ido para vender o último dos quadros do American Bar. "O jovem Terry encantou-se com a beleza majestosa de Kate e montou um cerco tão ardente em torno de seu coração" que ela concordou em se casar com ele imediatamente. A memória romântica de Sophie sendo o que é, parece bem mais provável que, como noticiaram os jornais, tenham se encontrado na pensão da viúva Flynn uma noite em que Juan, sob a inspiração do momento, convidou-a a ir com ele a um baile de caridade. "Ela era bonita e fascinante e cativou a imaginação do cubano", os jornais noticiaram.

O único empecilho no caso amoroso em rápido desabrochar era o fato de Kitty ainda ser legalmente casada com Charley Bullard, por sua vez casado ilegalmente com uma outra. O vigarista e músico não tivera muita sorte com o decorrer dos anos. A 13 de setembro de 1878 conseguira escapar da prisão em Concord, onde fora colocado por sua parte no assalto ao Boylston Bank. "Sua conduta como prisioneiro foi uniformemente dócil e boa durante vários meses, até que um dia surpreendeu seus carcereiros com um surto aparentemente inexplicável de insolência e perturbação violenta. Por essa quebra de disciplina foi confinado durante a noite com cinco outros insubordinados nas celas destinadas a presos refratários. Na manhã seguinte descobriu-se que os pássaros haviam fugido da gaiola. Bullard conseguira as chaves para as fechaduras das celas, libertara os comparsas e dera um jeito de fugir."

Livre em Nova York, e numa veia de euforia embriagada, enviara um "ofensivo cartão-postal" ao general Chamberlain, diretor do presídio em Concord, "dizendo que o assalto ao Banco Manhattan fora planejado por ele". Depois de vagabundear uns tempos em Nova York, Bullard foi para Toronto, onde voltou a cometer crimes de pequena monta, todavia os "ganhos ilegítimos logo derretiam em suas mãos". O longo período na prisão seguido por bebedeiras contínuas haviam minado suas outrora lendárias habilidades de ladrão e pianista. O homem que já tivera "dedos tão sensíveis que podia abrir uma combinação de cofre só com as mãos" agora tremia tanto que mal podia abrir uma garrafa, que dirá tocar piano com sua antiga destreza.

O ladrão do Merchant Express e do Boylston Bank estava reduzido a furtos insignificantes e finalmente acabou se dando mal "enquanto roubava uma corrente de relógio numa joalheria", delito pelo qual foi "preso e enviado à Penitenciária Canadense", em Kingston, por cinco anos. Dessa vez viu-se de fato encarcerado e foi ali, no inverno de 1880, que Bullard finalmente recebeu a notícia de que Kitty havia se divorciado dele.

Na primavera seguinte Kitty e Juan Terry casaram-se perante o juiz Morgan, numa cerimônia civil em Jefferson Market, em Nova York, "para grande consternação da família", que andara fazendo suas próprias investigações sobre o passado de Kitty. De todos os níveis de hipocrisia desta história, a fúria dos Terry quando confrontados com uma garçonete irlandesa como parente é um dos mais impressionantes. Diga-se a seu favor, assim como de seu pai, antes dele, que Juan Terry simplesmente ignorou os berros de seus parentes novos-ricos e transferiu a mulher para os luxuosos apartamentos de Stuyvesant House, Nova York. A viúva Flynn pode ter se deixado atrair, inicialmente, pela fortuna de Terry, mas na verdade eram feitos um para o outro e o resultado foi que, como relata Sophie Lyons, tiveram "um casamento extremamente feliz". As duas filhas de Kitty, "que haviam crescido e se tornado belas moças", foram informalmente adotadas pelo novo padrasto e Juan Terry "permitiu às filhas de Kate usarem seu nome e providenciou para que recebessem educação adequada com aulas particulares de artes e estadas em escolas de

Nova York e do continente, à altura de sua existência de ricos ciganos". A sociedade nova-iorquina pode até ter franzido o nariz quando os boatos das origens humildes de Kitty vazaram, mas o tamanho da fortuna de Terry foi suficiente para garantir que tais reservas fossem de curta duração. Em poucos anos a senhora Terry se tornaria uma figura notada na sociedade de Nova York e uma convidada disputada para as funções sociais.

Sua beleza, sua fortuna e seu passado emocionante eram suficientes para angariar a inveja e a atenção das massas, porém um outro aspecto do caráter de Kitty garantiu-lhe rapidamente presença regular nas páginas dos jornais mais grosseiros de Nova York: seu recém-descoberto e obsessivo gosto pelo litígio. A mulher que fechara alegremente os olhos diante dos feitos ilegais de Worth e Bullard agora recrutava a lei a seu favor. Ela processava, processava com freqüência e em troca também era processada. Se por um lado, e por motivos óbvios, Worth fez todo o possível para não pisar num tribunal, por outro Kitty sentiu-se curiosamente arrastada para as contendas legais, talvez por um desejo de mostrar-se do lado certo da lei, tendo passado boa parte da juventude, se não ativamente pelo menos por associação, do lado errado dela. Kitty não era nenhuma criminosa, não era sequer uma hipócrita natural. Era uma atriz e os tribunais eram seu palco. Ainda que seus vários imbróglios nem sempre a tenham refletido sob a melhor das luzes, a publicidade subseqüente e os detalhes reveladores aumentavam seu cachê em sociedade — uma técnica para o progresso social muito usada nos tempos modernos.

Sua primeira experiência nos tribunais de Nova York envolveu uma certa senhorita Alcevinia ou "Vinnie" Atwood, uma jovem de reputação dúbia que parecia ter um relacionamento inusitadamente íntimo com o novo marido de Kitty. Há divergência quanto aos fatos, como acontece com todos os arrufos domésticos do tipo, porém o *New York Times* relatou da seguinte forma o incidente: "Ao voltar de uma tarde de compras, em 10 de novembro de 1881, a senhora Kate Louise Terry encontrou em seu quarto, em Stuyvesant House, uma carta endereçada a seu marido, o senhor Juan P. Terry. Como estivesse endereçada com letra feminina, ela abriu a carta e descobriu que continha um pedido de dinheiro que permitiria à senhorita Vinnie Atwood fazer uma viagem a um lugar chamado Burlington, onde ela desejava conversar com o pai e a mãe de algum homem que lhe tinha feito mal". O *New York World* noticiou que Kitty tinha na verdade tirado a carta do bolso do marido, "carta cujo tom indicava um grau de intimidade que não agradou à esposa".

A formidável Kitty, que não pensava duas vezes antes de abrir as cartas do marido e que também não era nenhuma estranha aos emaranhados do amor dividido, escolheu a guerra. "Ela escreveu uma resposta, assinada com o nome do marido, tomou um táxi e foi até as vizinhanças do apartamento da senhorita Atwood. Ela entregou a missiva e, não tendo recebido resposta, entrou em pessoa." Kitty prestou depoimento dizendo que encontrara Atwood e algumas outras mulheres "sentadas, fumando e bebendo", e que quando ela exigiu uma explicação para a carta, foi agredida. O relato da senhorita Atwood foi provavelmente mais exato, tendo-se em vista o que conhecemos da personalidade incendiária de Kitty: "A senhora Terry, assim que entrou em seus aposentos, começou a xingar e atirar objetos em cima dela e companheiras". Seguiu-se uma breve mas feroz luta, "no decurso da qual houve quebra de louça e o rosto da senhora Terry ficou machucado".

Kitty saiu direto para a 29ª delegacia, e a senhorita Atwood foi presa sob a acusação de agressão, à qual foi acrescentada uma outra acusação de roubo quando Kitty asseverou que a rival lhe roubara a soma de mil dólares. O juiz Smith ficou claramente desnorteado com a balbúrdia e, para fúria de Kitty, a acusação de roubo foi desqualificada. A senhorita Atwood permaneceu detida por um curto período, sob a acusação de agressão, e depois de absolvida entrou imediatamente com um processo contra Kitty, "queixando-se de que a senhora Terry agira com malícia e ferira sua reputação e posição sociais, motivo pelo qual pedia 25 mil dólares de indenização". Quando a disputa chegou aos tribunais, um ano depois, Nova York estava ansiosa. Kitty insistia que a senhorita Atwood era uma vagabunda, "uma pessoa de mau caráter e que, portanto, não podia ter sido ferida em sua reputação" já que ela não tinha nenhuma posição social a ser prejudicada. Por seu lado, os advogados da senhorita Atwood sujeitaram Kitty a "um interrogatório semelhante, cujo objetivo era mostrar que ela devia ser uma mulher mentirosa, porque já fora mulher de Charlie Bullard, vulgo 'Piano Charley', um dos assaltantes do Boylston Bank e, portanto, associada de seus amigos. Perguntaram-lhe se ela conhecia certos criminosos notórios e ela disse que não".

Kitty fez uma defesa apaixonada em favor de sua juventude inadequada. "Seu casamento com Bullard, vulgo Wells, ela disse, ocorrera quando tinha apenas dezessete anos de idade. Ele se apresentou como um milionário e ela se casou com ele três semanas depois." Os jurados decidiram-se em favor da senhorita Atwood, mas, talvez comovidos pelo relato de Kitty sobre sua vida ao lado de um malvado assaltante de bancos, ordenaram que pagasse apenas oitocentos dólares de indenização, uma ninharia tendo-se em vista o tamanho da conta bancária de Terry, além de ser bem menos que os 25 mil dólares exigidos. O que Juan Pedro teria achado desse entrevero legal entre sua nova mulher e uma outra que só podemos presumir fosse sua amante não foi registrado porque o milionário cubano, demonstrando excelente bom senso, tinha saído de férias. Kitty, entretanto, parece ter considerado o veredicto uma vitória moral. "A experiência em tribunal parece ter despertado o apetite da ex-garçonete por disputas legais", o *New York World* mais tarde noticiaria, "e desde então ela tem figurado com freqüência nos tribunais de Nova York."

Em 1888 ela voltou ao banco dos réus, acusada de agredir sua criada, Mary Anne Coogan, e travou uma prolongada batalha jurídica contra as acusações. Em 1891 envolveu-se em mais um caso, quando se recusou a pagar o aluguel devido à dona de uma pensão da Quinta Avenida, uma certa madame Lavalette. Kitty, ao que consta, alugara os quartos dessa mulher alguns anos antes mas "depois mudou-se para o Sul [...] deixando seus aposentos na casa de madame Lavalette trancados. A senhora Terry foi informada, anonimamente, de que madame Lavalette não só estava usando seus apartamentos como também suas roupas". Kitty, furiosa, recusou-se a pagar a senhoria e depois processou-a, ganhando a causa. Incidentes como esses refletem um aspecto vital e constante do caráter de Kitty. Ela agora tinha belas roupas, apartamentos grandiosos, carruagens douradas, porém continuava sendo a mesma pessoa, uma mulher fogosa, agressiva, que nunca procurou se colocar num pedestal moral nem nunca fingiu ser o que não era. Para Kitty Flynn não havia existência dupla e se isso significava mostrar ao mundo que ainda estava disposta a resolver a parada com criadas ou com a amante do marido, que fosse.

Enquanto isso, Juan Pedro e Kitty viviam a vida extravagante de um jovem casal rico, dando jantares e festas, comparecendo à ópera e exibindo-se a seus pares. Apesar de sua breve e lucrativa estada na Bolsa de Valores, Juan Pedro nunca se sentiu tentado a repetir o experimento e nunca mais fez nada na vida. Quando não estava em tribunal, Kitty viajava pelo mundo em altíssimo estilo com o marido e as filhas, assim como fizera com

Worth e Bullard, só que dessa vez sem nenhum subterfúgio. Kitty Flynn, a moça pobre dos cortiços de Dublin, atingira finalmente o status com que sempre sonhara: era agora uma duquesa da sociedade por direito próprio.

15. Desonra entre ladrões

Worth orgulhava-se de ser leal a seus subordinados, um princípio soberbo que eles pagavam com flagrante traição. Little Joe Elliott e Junka Phillips jamais teriam concordado em ajudar no roubo do Gainsborough se tivessem previsto que não seriam ricamente compensados por seu trabalho, e a decisão, inexplicável e unilateral, de Worth de guardar a tela para si confundiu e irritou seus parceiros de crime. Para mantê-los calados, Worth entregou-lhes uma bolada de dinheiro, ciente porém de que essa seria apenas uma solução de curto prazo. De posse da *Duquesa*, ele seria um alvo óbvio para chantagens e, fossem quais fossem seus princípios, Worth era realista o bastante para saber que seus inquietos amigos o entregariam sem hesitar, caso isso lhes servisse aos propósitos. Poucas semanas após o roubo, Little Joe estava de volta exigindo mais dinheiro, explicando que precisava ir imediatamente para a América. Uma vez mais, o amor era o pensamento dominante: Joe queria voltar para a mulher e queria que Worth lhe pagasse a passagem. Sabendo que precisava conservar Elliott manso e concluindo que estaria mais seguro com o cúmplice do outro lado do Atlântico, Worth consentiu.

Surpreendentemente, Kate Castleton ainda tinha lugar para o marido no coração e os dois se uniram de novo. Porém se Kate ainda se lembrava ternamente de Elliott, o Departamento de Polícia de Nova York também e, em abril de 1877, ele foi preso. A caminho da Tombs, notória cadeia nova-iorquina, Elliott escapou brevemente mas foi recapturado em Poughkeepsie. Com o testemunho dos Pinkerton, foi acusado de "ser o perpetrador de uma falsificação no valor total de 64 mil dólares contra a companhia Union Trust, em Nova York, tendo falsificado um cheque da companhia Life Insurance". Os Pinkerton também o acusaram de ter roubado um joalheiro de Boston em 4 mil dólares, sob a forma de gemas não lapidadas, vários anos antes. Little Joe foi rapidamente julgado, considerado culpado e sentenciado a sete anos de prisão em Sing Sing. Com comovente lealdade, Kate Castleton continuou visitando o marido na prisão; com deslealdade igualmente profunda, Elliott decidiu que esse era o momento para capitalizar sua parte no roubo do Gainsborough denunciando Adam Worth.

Segundo os arquivos Pinkerton, "Enquanto estava na prisão ele pediu para ver o senhor Robt. A. Pinkerton e tentou chegar a um acordo para sua libertação, oferecendo-se para devolver o retrato de Gainsborough, contando ao senhor Pinkerton a história do roubo e os nomes das partes envolvidas. Esses fatos foram comunicados ao senhor John Shore, superintendente do Departamento de Investigação Criminal, da New Scotland Yard, Londres, Inglaterra, e apenas confirmaram o que o senhor Shore e o Departamento de Polícia de Londres suspeitavam quanto à autoria do crime".

A traição de Elliott não lhe adiantou muita coisa, já que não fazia idéia do paradeiro do quadro e "não podia controlá-lo ou devolvê-lo, como dizia, [portanto] o assunto foi abandonado". A Scotland Yard tinha respeito por Worth e não iria imaginar que ele mantinha o quadro consigo, de modo que mesmo que o testemunho de Elliott tenha sido uma confirmação útil das suspeitas, ainda assim era insuficiente para pegar o ladrão. Não está claro exatamente em que ponto os Pinkerton e o superintendente Shore, da Yard, convenceram-se de que Adam Worth, vulgo Henry Raymond, era o responsável pelo roubo, porque ao que parece Elliott não foi a única pessoa a passar informações às autoridades. "Aos poucos vazaram certos fatos relacionados com o roubo", os Pinkerton registraram, "que puseram a polícia londrina de posse de informações quanto a quem seriam os perpetradores do roubo, porém só havia rumores e nenhuma prova concreta. Os detetives da Scotland Yard usaram todo o engenho possível para encontrar o esconderijo do quadro e atribuir o crime aos ladrões, porém todas as tentativas falharam."

Com Worth "de volta a seu velho posto" em Piccadilly, como Shore escreveu a Pinkerton, o detetive da Scotland Yard foi ficando cada vez mais frustrado com sua incapacidade de pegar o ladrão. "Ele se tornou tamanho 'bicho-papão' para a polícia inglesa que no fim eles tentaram expulsá-lo pondo um policial diante de sua porta, observando e relatando todo mundo que entrava em sua casa", mas não adiantou. As medidas extremadas do inspetor Shore chegaram perto de um assédio policial, ou pelo menos foi assim que Worth resolveu interpretar os esforços feitos para interferir com a boa gerência de sua rede criminosa. Worth acreditava que ainda devia a Shore uma vingança, por ter prendido seu irmão, e que esse tipo de perseguição era intolerável. Chegara a hora de "ir à forra"; o inspetor Shore teria que ser removido. Um homem mais brutal e menos sofisticado que Worth poderia simplesmente ter arranjado para que o detetive da Scotland Yard levasse uma paulada na cabeça e fosse jogado no Tâmisa, numa noite escura, mas esse não era o estilo de Worth. Ele planejou um destino muito mais engraçado e humilhante para o detetive irritante.

O superintendente Shore pode ter sido um dos homens mais eminentes e poderosos da Scotland Yard e também um policial dedicado, ainda que um tanto lerdo. Mas era também, como a maioria das figuras desta história, um homem de padrões morais duplos. Ele representava a face moral rígida da polícia inglesa, mas era também um notório freqüentador dos prostíbulos londrinos. Shore dizia que só ia a tais lugares para pegar informações, contudo Worth e até mesmo William Pinkerton sabiam que não era bem assim. Como disse, delicadamente, o detetive norte-americano: "Shore tinha o hábito de, como diríamos neste país, 'caçar levianas'; vale dizer, de correr atrás de moças vulgares". O bordel predileto de Shore era dirigido por Nellie Coffey, a viúva perneta de um assaltante e punguista chamado Big Jack Casey, que fora assassinado alguns anos antes. Nellie perdera a perna durante os distúrbios de Nova York e agora ganhava a vida, nas palavras de Pinkerton, "mantendo um bordel ou casa de encontros em Borough, um bairro vulgar de Londres". De quebra, ela passava, mediante comissão, informações úteis a John Shore, um de seus clientes mais regulares. Encontravam-se regularmente num bar "chamado Rising Sun, no começo da Fleet Street, em Londres, onde tinham salões de jantar privados [...]. Esta mulher era um poço de informações e muito útil a ele", Pinkerton registrou. "Ela nos contava tudo que estava acontecendo em volta do bar de Bill Richardson, um antro dos ladrões, e todas as fofocas dos vigaristas de Londres." Worth considerava os informantes do submundo e os detetives da Scotland Yard como espécies semelhantes de praga, de modo que agora planejava pôr um fim na carreira de Shore e silenciar a tagarela Nellie com um único golpe.

Mais tarde Worth contou a Pinkerton, em detalhes, o plano que tinha para afastar Shore. "Ele disse que haviam arranjado um grã-fino falido e colocado o homem num lugar vizinho, pagando-lhe as contas de hotel, e que ficaram com ele ali durante semanas, à espera da oportunidade de pegar Shore. Esse homem foi instruído a fazer uma queixa de que uma mulher lhe roubara uma jóia, que lhe fora fornecida para esse propósito, e algum dinheiro. Essa mulher seria da casa de Coffey e um policial iria até lá para prendê-la e a encontraria com Shore. O fato seria em seguida divulgado." Shore cairia em desgraça, o estabelecimento de Coffey seria fechado e Worth continuaria a praticar seus negócios nefandos sem impedimentos.

O "velho grã-fino" era um golpista idoso e bem-nascido, conhecido de Worth há anos, que estava passando por momentos difíceis e recorrera à garrafa. Durante semanas Worth treinou o velho ladrão em seu papel de cavalheiro vulgar vítima de uma prostituta de dedos ágeis. Ele privou o velho de álcool e levou-o a dar longos passeios pelos parques londrinos, para clarear a mente embaralhada. Enquanto os detetives de Shore vigiavam os movimentos de Worth, os espiões de Worth seguiam o superintendente, com instruções para dar o aviso assim que Shore fosse visto no bordel de Coffey com uma prostituta.

Quando chegou finalmente o aviso de que o detetive estava a caminho, Worth apressou-se até o hotel onde estava hospedado o cúmplice, mas lá descobriu que o velho tinha abandonado o posto e estava num bar das vizinhanças, gloriosa e incoerentemente embriagado. Longe de poder contar uma história convincente à polícia, o grã-fino ancião não conseguia nem parar em pé. Como explicou Worth mais tarde, com admirável isenção, "ele cansou de esperar em seu posto, saiu e se embebedou".

Em vez de irritar-se, Worth parece ter achado o episódio todo hilariante. Pagou o velho, que depois de sóbrio pediu muitas desculpas, e disse-lhe inclusive que poderia ficar com o dispendioso terno que comprara para ele. Shore nunca soube o quão perto chegou da desgraça, e embora Worth não tenha feito mais nenhuma tentativa de prejudicar o adversário, a animosidade continuou acesa entre os dois. A batalha entre Worth e Shore redobrou a determinação de Worth em conservar o Gainsborough, e mais tarde ele diria não muito convincentemente, mas como ainda outra prova do elo entre o grande roubo e seu ódio pela lei, que "se o superintendente Shore o tivesse tratado de maneira um pouco mais decente, o quadro há muito teria sido devolvido". William Pinkerton perguntou a Worth, depois, por que ele gastara tanta energia tentando pegar o detetive que estava, afinal de contas, fazendo seu trabalho. "Eu lhe disse que achava que estava exagerando com Shore", Pinkerton contou, mas a resposta de Worth foi inflexível: Shore era um asno, um maníaco sexual beberrão, que "nunca teria dado em nada" sem os Pinkerton para ajudá-lo. Os nobres princípios de Worth em questões sexuais, apesar de sua própria história pouco convencional, foram um dos aspectos mais peculiares de seu universo moral. Sua capacidade para vendetas foi outro.

Quando um de seus subordinados estava em apuros, como ficou provado com o caso de Constantinopla, Worth movia céus e terra para ajudá-lo. Sua generosidade era prodigiosa e não foram poucos os vigaristas do submundo que não morreram de fome graças à benevolência de Worth. Entretanto quando se sentia injustiçado, ou traído, era implacável na vingança, considerando a retribuição quase como direito seu. Worth, que passou a vida fugindo da justiça, não perdoava quando se achava alvo de alguma injustiça. Um dos que aprenderam isso à própria custa foi o banqueiro francês Meyer, que causara a prisão de John Worth em 1876. Meyer apenas defendera seus interesses, porém Worth ressentiu-se profundamente, mais ainda quando um outro comparsa seu foi preso em conseqüência da vigilância de Meyer. Durante uma viagem a Paris, muitos anos depois, Worth estava caminhando pela rue Saint-Honoré e aconteceu de passar na frente de um dos escritórios da Meyer & Co. Lembrando-se dos problemas que Meyer lhe causara, Worth fez algumas investigações e ficou sabendo que o cofre do banqueiro era facílimo de abrir e que, além do mais, estava cheio. Aquela noite foram roubados 250 mil francos dos cofres de Meyer. "Esse roubo foi cometido à noite, o cofre tendo sido aberto com pés-de-cabra", os Pinkerton relataram. "De Adam Worth foi o planejamento, satisfazendo assim seu desejo de vingança, já que deixou M. Meyer praticamente arruinado."

Como se já não bastassem as ávidas atenções da Scotland Yard e sua rixa continuada com John Shore, Worth começou a enfrentar um outro problema, ainda mais próximo: Junka Phillips exigia saber o que acontecera com o Gainsborough e insistia que se Worth não o vendesse, ele o venderia. "De tempos em tempos [ele] tomava dinheiro emprestado de Worth, por sua parte no roubo", porém agora o volumoso assaltante achacava Worth regularmente e sua atitude antes submissa estava começando a se tornar decididamente intimidante. Por fim Worth disse-lhe que vendera o quadro de Gainsborough "por uma bagatela", entregou-lhe cinqüenta libras como sendo sua parte e lhe disse que não haveria mais. Junka, porém, que compensava em perseverança o que lhe faltava em inteligência, não iria se deixar dissuadir assim tão facilmente. Com base no roubo do Gainsborough, Junka passou a se considerar um mestre do crime e tentou convencer Worth a financiar "um trabalho" de sua própria criação. Worth, segundo ele, deveria fornecer dinheiro a um par de funcionários corruptos de uma corretora de títulos de Londres que pagariam de volta o investimento roubando títulos resgatáveis "não dos cofres e sim de outros funcionários". A ameaça do que ocorreria a seu ex-patrão se ele não subvencionasse o esquema estava implícita. Para um operador do calibre de Worth, esses "roubos sorrateiros" eram coisa miúda e extremamente arriscados, tendo-se em vista que ele não conhecia nenhum dos funcionários e só podia se fiar na palavra de Junka em relação à competência deles. Portanto "recusou-se a se envolver". Junka ficou lívido e disse a Worth que não acreditava que o Gainsborough tivesse sido vendido. "Phillips exigiu que o quadro fosse apresentado e disse que ele pagaria seu débito e compraria a parte de Worth." Uma vez mais, Worth recusou-se, mas, para acalmar o enfurecido valentão, concordou em se encontrar com ele de novo, alguns dias depois, no bar Criterion, em Piccadilly, quando então poderiam conversar calmamente sobre a situação. Chegado o dia do encontro, Worth, "suspeitando traição, colocou-se a postos secretamente, observou os movimentos de Phillips e descobriu que ele estava acompanhado de dois conhecidos detetives da Scotland Yard. Nas circunstâncias, nem Worth nem o quadro apareceram". Através da traição de Joe Elliott, John Shore já estava ciente do papel de Junka no roubo e, sob promessas de leniência e uma recompensa monetária, o detetive da Scotland Yard convencera Junka a ajudá-lo a pegar Worth.

Irritado com a duplicidade de Junka, Worth planejou sua vingança com carinho. Enviou um recado à casa do ladrão inglês, dizendo-lhe que tivera um imprevisto inevitável e combinando um encontro para o dia seguinte. Quando Junka chegou ao Criterion, estava acompanhado de "um pugilista" de aspecto muito beligerante. Um pouco mais além, no balcão, Worth viu o inspetor Greenham, da Scotland Yard, um dos substitutos mais confiáveis de Shore, usando um disfarce e ostentando aquela inconfundível expressão de um homem que parece estar bebendo sozinho, mas que tem todos os músculos retesados para escutar o que está sendo dito. Obviamente Junka pensou que poderia levar seu ex-patrão a fazer uma admissão diante de uma testemunha. Enquanto o lutador permanecia ameaçadoramente a uma certa distância, Junka começou a acusar Worth de envolvê-lo no roubo do Gainsborough. Worth ouvia educadamente enquanto

Junka tentava provocá-lo a falar sobre o roubo, sem dizer palavra. Como a sutileza não fizesse parte da composição mental de Junka, o encrenqueiro finalmente fez o que lhe era mais natural e, como lembrou-se Worth mais tarde, "começou a xingar e a bater".

Worth desprezava a violência de todo tipo, sustentando sempre que se tratava de um instrumento para uso exclusivo dos tolos, porém agora, pela primeira e única vez na vida, violou sua própria regra cardeal. "Ele saltou, atingiu Junka direto no olho, Junka escorregou e caiu e, enquanto este estava no chão, Worth chutou-o na cabeça quatro ou cinco vezes." Em qualquer outra circunstância, Worth teria simplesmente saído discretamente e acertado as contas com Junka mais tarde, porém aquilo estava longe de ser uma troca comercial normal. Havia um filisteu selvagem tentando privá-lo de sua amada duquesa e, num surto repentino e peculiar de bravura, ele saltou em defesa dela. Até o mais pacífico dos homens se sentiria justificado em recorrer à violência quando a honra de uma mulher está em jogo. Ninguém poderia acusar Worth de covardia. Com seu metro e sessenta e seus 68 quilos, Worth provavelmente nunca batera em ninguém na vida, compreensivelmente porque com toda certeza sairia derrotado. Junka, por outro lado, com seu metro e noventa, era um ex-lutador inclinado à extrema violência, capaz de abrir um cofre com as mãos. Ver aquele homenzinho garboso esmurrando um colosso obviamente assustou o acompanhante, que permaneceu inativo, sem oferecer qualquer resistência a seu oponente, e foi só quando o inspetor Greenham interveio, puxando Worth de cima de seu ex-mordomo e guarda-costas, agora inconsciente, é que a peleja terminou. Percebendo que fora desmascarado, o inspetor Greenham desistiu de qualquer pretensão ao disfarce e "denunciou-o por bater num velho como Junka". Worth retrucou prontamente que "parecia-lhe que Junka estava com Greenham ali com o objetivo de metê-lo em confusão". Com isso, Worth espanou o paletó e saiu altivamente do bar.

O vilão de princípios ficou obviamente constrangido por ter violado seu próprio código de não-violência porque apenas uma vez discutiu o incidente, e assim mesmo com relutância. Por outro lado, Junka, um pugilista profissional que se especializara em martelar suas vítimas até a inconsciência com objetos pesados, não era adversário que se desprezasse e, além do mais, atacara primeiro, depois de tentar fazer Worth cair na armadilha. Talvez a violência fosse a única coisa capaz de penetrar no crânio de granito de Junka porque, com certeza, parece ter recebido o recado após recobrar a consciência e ser escoltado, lacrimejando, para fora do bar Criterion por seu companheiro. Nunca mais perturbou Worth e "eles nunca mais se encontraram, até o dia da morte de Worth".

16. Diamantes brutos

Adam Worth, ou mais precisamente Henry Judson Raymond, *Esquire*, digno cavalheiro de Piccadilly, não era tipo de gostar de ser visto metido em briga de bar. Além do mais, com a Scotland Yard grudada em seus calcanhares e antigos sócios o traindo a torto e a direito, Londres estava se tornando um lugar nitidamente desconfortável e boa ajuda criminosa difícil de encontrar. Joe Chapman continuava preso em Constantinopla; Carlo Sesicovitch e Little Joe Elliott tinham sumido. Charles "The Scratch" Becker continuava em Londres mas estava se transformando rapidamente num estorvo. Becker podia ser um falsário soberbo, mas era também, como Worth concluiu, um covarde desfibrado, capaz de correr para a polícia ao primeiro sinal de problemas. O Banco da Inglaterra começara a empregar, recentemente, uma nova tecnologia, "uma combinação de arte, impressão e química", que tornava a falsificação de cheques praticamente impossível. As falsificações de Becker haviam sido muito bem-sucedidas no passado, porém seus talentos estavam caindo de moda, ao passo que suas tendências neuróticas o transformavam num parceiro cada vez mais perigoso. Johnny Carr, um ladrão experimentado, advertiu Worth para "ficar de sobreaviso ao lidar com um patife daqueles e não deixá-lo levar a melhor nunca".

"Devido a sua tendência de dar com a língua nos dentes", Worth decidiu que "não queria mais nada com ele".

Com sua *Duquesa* enfiada debaixo do colchão, à noite, Worth parece ter se distanciado das amizades e das companhias humanas. Seus conhecimentos sociais aumentaram ainda mais, porém o círculo de colegas próximos e de confiança foi encolhendo, desbastado pelo destino, pelas traições e por seu próprio recolhimento. Worth não era parte genuína da alta sociedade que ele imitava nem da baixa sociedade que realmente representava, e sim um ser suspenso entre as duas, preso em sua própria ambivalência moral, da qual o Gainsborough era um lembrete sempre constante e tangível.

A sensação de isolamento de Worth aumentou ainda mais com as últimas notícias sobre Piano Charley Bullard. Seu antigo parceiro fora finalmente libertado da prisão canadense; no entanto, em vez de voltar para Worth, preferira estabelecer parceria com Max Shinburn, que também passara por alguns altos e baixos desde os tempos do American Bar. O Barão fizera uma nova fortuna assaltando cofres pela Europa e com os lucros formalizara sua posição aristocrática comprando um castelo na Holanda, para combinar com seu suposto título de barão Schindle. Porém Shinburn era um jogador inveterado e os efeitos combinados de Monte Carlo e investimentos imprudentes na Bourse de Paris haviam reduzido consideravelmente suas finanças. "Ele poderia ter vivido muito bem pelo resto da vida, porém não conseguia conter sua paixão pelo jogo", comentou um relatório policial, e Worth lembrou-se, com satisfação, de como numa ocasião ele "chegou a Londres [...] com uma nota de vinte libras e disse: 'Eis ao que estou reduzido'". Através dos canais de comunicação do submundo, Worth ficou sabendo que Shinburn emergira de seu retiro, fizera parceria com o recém-libertado Piano Charley e planejava reviver sua carreira criminosa. A prisão embotara as poucas faculdades mentais de Bullard que ainda não estavam curtidas em álcool. Worth concluiu, corretamente, que Shinburn tapeava seu ex-sócio e que simplesmente o abandonaria se as circunstâncias assim o exigissem. Depois que Shinburn se juntou a Bullard, a animosidade de Worth em relação ao Barão transformou-se em ódio profundo, sentimento recíproco em igual intensidade.

Com a velha quadrilha em farrapos, chegara a hora de buscar novos colegas e investigar pastagens criminosas alternativas. Na primavera de 1878, Worth tinha como cúmplices um certo capitão George (seu nome de batismo permanece desconhecido) e um jovem ladrão chamado William Megotti. Juntos, eles assaltaram o vagão de dinheiro do expresso Calais—Paris, roubando títulos espanhóis e egípcios no valor de 700 mil francos. Do ponto de vista de Worth o trabalho foi um sucesso, porém o capitão George, demonstrando traços semelhantes aos do idiota John Worth, conseguiu ser preso em Paris. Apelou a Worth por fundos, para pagar um advogado de defesa, e logo em seguida fez uma confissão completa à polícia francesa, citando Worth como principal organizador. Worth foi condenado a vinte anos de prisão, *in absentia.* Os lucros do roubo ao trem foram sem dúvida úteis, porém também a França era agora território proibido. Ao mesmo tempo os Pinkerton davam conta de que Worth era suspeito de estar envolvido numa "série de explosões a dinamite que ocorreram na Europa, na época", em geral envolvendo barcos que eram afundados para receber o seguro. Na verdade, como as autoridades admitiram mais tarde, "ele era inteiramente inocente desses crimes". As explosões, conforme se verificou depois, haviam sido executadas por ninguém menos que Max Shinburn. Porém a fama de Worth chegara a tal ponto, e a determinação da

Scotland Yard de pegá-lo era tão intensa, que praticamente qualquer grande crime cometido era imputado a ele.

Diante das circunstâncias, chegara a hora de Worth e sua duquesa tirarem umas férias. Com uma delicadeza indicativa do quão antropomórfico se tornara o quadro, comprou um belíssimo paletó de caça ("o melhor de todos") no qual embrulhar seu troféu, que foi então metido em segurança no compartimento secreto do fundo do baú. Por uma combinação de motivos supersticiosos, românticos e cautelosos, Worth queria o quadro sempre por perto. Segundo Sophie Lyons, "ele temia deixá-lo guardado num armazém, no caso de alguém reconhecê-lo. De modo que levava o rolo de tela consigo mundo afora".

Há uma semelhança notável, no comportamento de Worth, com o do capitão Nemo de *Vinte mil léguas submarinas*, de Júlio Verne, porém não saberemos jamais se esse escroque sedento de cultura leu ou não o livro, publicado dez anos antes. O capitão Nemo é o arquétipo do esteta criminoso, cuja galeria continha "trinta e poucas telas de mestres famosos [...], um verdadeiro museu, no qual mão pródiga e inteligente juntara todos os tesouros da natureza e da arte". Nemo, capitão sem-nome, também se afasta da sociedade, ao mesmo tempo que jura vingar-se dela, organizando um mundo paralelo no submarino *Nautilus*, um senhor Hyde subaquático. "Eu não sou o que você chamaria de um homem civilizado. Rompi com toda a sociedade por motivos que só eu posso apreciar. Portanto não obedeço a suas regras", diz o capitão Nemo, palavras que poderiam facilmente ter sido ditas por Worth. O anti-herói de Verne é um homem civilizado que rejeita a civilização e não resta dúvida de que Worth se via sob a mesma óptica. Se o vilão de Verne tinha o *Nautilus* e uma suntuosa galeria para provar sua superioridade e rebeldia, Worth possuía um baú de fundo falso; se Nemo possuía trinta mestres antigos, Worth tinha um.

Em 1880, logo depois do casamento de Kitty, Worth e sua *Duquesa* embarcaram para a Cidade do Cabo, África do Sul, onde o ar era limpo, a paisagem bela e onde Shore e seus colegas, na verdade a lei sob qualquer forma, estavam sedutoramente ausentes. Worth disse, mais tarde, que fora à África do Sul "em parte a negócios, em parte por prazer". Tendo examinado a paisagem criminosa, concluíra que diamantes brutos representavam uma forma excelente, portátil e facilmente cambiável de dinheiro. Como cúmplice, levou um certo Charley King, descrito nos arquivos Pinkerton como "um notório vigarista inglês". Além de seus talentos criminosos, King tinha a vantagem adicional de não saber coisa alguma sobre o roubo do Gainsborough e permaneceu em total ignorância sobre a improvável companheira de viagem guardada no baú Saratoga. Worth não estava mais para chantagens.

Esse foi o auge do *boom* das penas de avestruz, graças em parte à voga de imensos chapéus com penas de avestruz, do tipo introduzido pela duquesa de Devonshire e ainda em plena moda, após o famoso roubo do retrato de Gainsborough. Casais de avestruz podiam alcançar até duzentas libras e foi assim que Worth e seu parceiro estabeleceram-se como prósperos mercadores, ansiosos em partilhar desse lucrativo novo mercado. Segundo a *Standard Encyclopedia of South Africa*: "Como não havia restrições à imigração, [Worth] entrou no país sem dificuldades e montou um negócio". Worth e King registraram-se no melhor hotel de Port Elizabeth e, como já acontecera vários anos antes, em Boston, começaram a construir seu disfarce: "Ele abriu um escritório, contratou um funcionário, comprou um carregamento de penas e enviou-as a um armazém em Londres". Sob a máscara de um respeitável homem de negócios, Worth podia agora viajar pelo país sem levantar suspeitas, aparentemente buscando "agentes no interior" para seu comércio de penas, enquanto na verdade planejava um dos mais ambiciosos roubos que já realizara.

"Enquanto reconhecia o terreno", segundo os Pinkerton, "Worth estudou a maneira pela qual os diamantes brutos eram levados da De Beers e de outras minas da África do Sul" até a costa, antes de serem transportados para a Inglaterra. Os donos das minas não eram tolos e já havia precauções elaboradas para evitar roubos como esse que Worth pretendia fazer. De Kimberley, os diamantes eram transportados em comboio de carruagens puxadas por cavalos, acompanhadas por bôeres fortemente armados. Os horários eram cronometrados, garantindo que o carregamento chegasse bem na hora em que o vapor para a Inglaterra estivesse zarpando, evitando assim a necessidade de guardar os diamantes em algum lugar onde pudessem se transformar numa tentação para os criminosos. Worth "examinou a situação cuidadosamente e concluiu que a melhor maneira de se apoderar do carregamento das minas seria através de um assalto à mão armada". Eles recrutaram então um terceiro cúmplice na Cidade do Cabo, "um capitão da marinha mercante norte-americana, foragido e procurado pela polícia na América por afundar seu navio em troca do seguro".

Numa bela tarde os três partiram cheios de confiança equivocada e, no caso de dois deles, uísque barato. Eles interceptariam a carruagem à noite, num trecho deserto da estrada, estirando uma corda para que os cavalos tropeçassem. Em seguida "capturariam o cocheiro, subjugariam a guarda" e pegariam os diamantes. O plano era simples, porém não levava em conta os homens armados que vigiavam o comboio. Sem dúvida, como relataram os Pinkerton, "os cavalos tropeçaram e a carruagem tombou, mas antes que pudessem executar o plano, o grande guarda bôer encarregado da vigilância, armado com um rifle Winchester de repetição, começou a atirar em todas as direções, afugentando os ladrões".

O banditismo, evidentemente, não era o forte de Worth, no entanto ele parece ter tido uma queda por esse tipo especialmente pouco sofisticado de roubo. Essa não foi a última vez em que tentou executar um assalto de estrada, para arrependimento seu.

A operação foi um fracasso total. A tentativa de assalto "provocou sensação" quando a carruagem estropiada chegou a salvo no litoral e convenceu os donos das minas de diamante da necessidade de destacar mais guardas para os comboios. O capitão norte-americano, que escapara por um triz de receber uma bala na cabeça, mostrou não ser o "topa-tudo" que Worth imaginara. Ele anunciou que não era nenhum Dick Turpin e voltou para a Cidade do Cabo. Também Charley King, como Worth disse mais tarde, "enfraquecera e ficara assustado". Worth, contudo, "decidiu continuar e tentar de novo, para ver o que conseguia fazer".

King foi instruído a voltar para casa mas ficar de olho nos jornais londrinos. Caso algum roubo de diamantes na África do Sul fosse noticiado, ele deveria enviar "duzentas libras imediatamente a Brindisi", aos cuidados de Worth. Se Worth conseguisse executar o assalto, com certeza o fato seria noticiado em Londres, e ele estava planejando fugir através desse porto italiano na costa adriática. Lembrando-se da época em que Little Joe Elliott tivera que penhorar seus dentes de ouro para voltar para casa, Worth não queria se ver sem dinheiro para as despesas de viagem. "Sua intenção", como explicou mais tarde a Pinkerton, "era seguir a rota mais longa de volta, fazendo um giro completo, o que levaria mais ou menos uns sessenta dias." Durante os meses seguintes, ainda se fazendo passar por um comprador de penas, Worth permaneceu em Port Elizabeth, estudando a situação. Através de fontes variadas, soube que, apesar das precauções tomadas pelos donos de minas, os comboios eram periodicamente retardados pelo mau tempo, enchentes e outros obstáculos imprevisíveis. Como os comboios estavam programados para chegar a Port Elizabeth pouco antes que os vapores partissem para a Inglaterra, um atraso de poucas horas significava que os diamantes tinham que ficar guardados num cofre do Correio da cidade até que o próximo barco estivesse pronto para partir. Se Worth conseguisse atrasar um carregamento tempo suficiente para garantir que os diamantes fossem guardados no Correio e, simultaneamente, descobrisse um meio de arrombar o cofre, poderia compensar seu irritante fracasso anterior.

O assistente do Correio era "um cavalheiro idoso, de hábitos muito sociais, e Worth cultivou esse relacionamento" pagando-lhe bebidas e permitindo que ganhasse no xadrez, noite após noite. Alguns meses depois, o agente do Correio e o negociante de penas já eram grandes amigos. Numa de suas viagens ao interior, teoricamente em busca de penas de avestruz, Worth "levou três pacotes consigo, enviou-os, registrados, para si mesmo e voltou a Port Elizabeth no mesmo trem em que iam os pacotes". Aí então esperou até que seu novo amigo estivesse prestes a fechar o Correio e a agência estivesse vazia e "alegou ser da maior importância receber os pacotes, que já estavam trancados até o dia seguinte. O agente concordou em pegá-los, saiu para apanhar os livros e, enquanto estava de costas, Worth deu um jeito de tirar impressões em cera das chaves do cofre destinado a pacotes registrados, recebeu os que enviara a si mesmo e foi cuidar dos negócios".

Com uma parte do plano encaminhada, tudo que restava a fazer era garantir que o carregamento de diamantes fosse retardado. Não muito longe de Port Elizabeth "havia um regato fundo, onde as carroças tinham que atravessar por balsa, operada por cabo de aço: nas vizinhanças havia uma pequena taverna e Worth esperou até a hora de as carroças chegarem, o que ocorria à noitinha, em seguida cortou o cabo, o que permitiu que a balsa fosse corrente abaixo". O comboio atrasou-se oito horas, já que a balsa teve que ser trabalhosamente puxada corrente acima

Adam Worth em 1892. Observe o arranjo do lenço no bolso do paletó, o cabelo penteado e o colarinho abotoado do dândi encarcerado, depois de semanas de intenso interrogatório policial, durante as quais ele diz ter sido torturado.

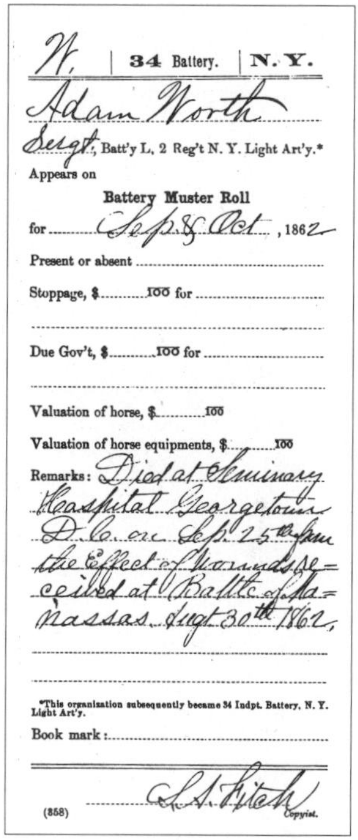

W. | 34 Battery. | N. Y.

Adam Worth

Sergt., Batt'y L, 2 Reg't N. Y. Light Art'y.*

Appears on

Battery Muster Roll

for Sep & Oct, 1862

Present or absent

Stoppage, $ 100 for

Due Gov't, $ 100 for

Valuation of horse, $ 100

Valuation of horse equipments, $ 100

Remarks: Died at Seminary Hospital Georgetown D.C. on Sep 25th from the Effect of Wounds received at Battle of Manassas Augt 30th 1862.

*This organization subsequently became 34 Indpt. Battery, N. Y. Light Art'y.

Book mark:

(858) S.A. Fitch Copyist.

Acima, à direita: *Documento da Guerra Civil norte-americana registrando o "falecimento" de Adam Worth em 25 de setembro de 1862, de "ferimentos recebidos na Batalha de Manassas", também conhecida como a Segunda Batalha de Bull Run.*

À direita: *"Piano" Charles Bullard, parceiro e companheiro de Worth, "um dos operadores mais ousados no manejo de um pé-de-cabra" e virtuose do piano, com "dedos tão sensíveis que era capaz de descobrir a combinação de um cofre apenas com as mãos".*

Georgiana, duquesa de Devonshire, pintada por Gainsborough "na flor da idade", por volta de 1787. "Eu poderia acender meu cachimbo nos olhos dela", comentou um dos muitos admiradores da popular e sempre escandalosa duquesa.

Kitty Flynn, aos 23 anos, em foto do fotógrafo francês Félix Nadar. Esta "moça inusitadamente bonita" tornou-se amante de Worth e foi a hostess de seu covil ilegal de jogo em Paris.

Fredericka "Marm" Mandelbaum, receptadora profissional, que fazia papel de mãe e salonniste para o submundo de Nova York. Este desenho, com toques obviamente anti-semitas, ilustra as "feições pesadas, o físico portentoso e os olhos penetrantes" de Marm.

Sophie Lyons, "rainha do submundo" e "notória vigarista", cujas memórias acompanharam a carreira de Worth, amigo de toda a vida.

Um jantar na casa de Marm Mandelbaum, com a anfitriã na extrema direita. "Ela recebia prodigamente, com danças e jantares aos quais compareciam alguns dos mais célebres criminosos da América e, freqüentemente, funcionários da polícia e políticos que estavam sob a influência de Mandelbaum."

William Pinkerton, sentado e ladeado por detetives da agência, nos tempos "em que caçava bandidos", por volta de 1870. "Quando Bill Pinkerton saía em busca de um homem, ele não descansava até pegá-lo."

Lydia Chapman, a fiel esposa de Joe Chapman e uma das célebres beldades do submundo, que morreu envenenada em sua casa londrina, em 1876.

Kate Castleton, a bonita atriz dos palcos cômicos norte-americanos, inglesa de nascimento, que teve a especial má sorte de se casar com Joe Elliott duas vezes.

Capitão Jacob Roemer, o comandante de Worth na Segunda Batalha de Bull Run.

Joe Chapman, o antigo e lúgubre bancário que "só tinha um vício: a falsificação; e uma paixão: Lydia Chapman".

Ladrão eficiente e chantagista de grande esperteza, "Little" Joe Elliott se fazia notar por seu amor às mulheres em geral e às atrizes em particular.

Maximillian Shinburn, vulgo "Barão", falso aristocrata, arrombador de cofres e a perdição de Worth.

FORM 55-12-'95-1M. N. AS. Ny **3671**

P. N. D. A. Agency.

Name Chas Becker No.

Alias Bader; Blost; The Dutchman

Residence Brooklyn N.Y.

Nativity German Color White

Occupation

Criminal Occupation Professional forger

Age 52 Height 5 ft 6½

Weight 170 Build Chunky

Complexion Dark

Color of Hair Gray

Eyes Black Nose Reg

Style of Beard Mustache

Color of same Gray

Date of Arrest May 13. 1895

Where Arrested Newark N. J.

Crime Charged Forgery

Peculiarities of Build Short legs Chunky built

Features, Scars, Marks, Baldness, Etc.

Short-thick neck right shoulder higher than left Speaks with German accent

541 F

FORM 55-4-'03-10M-AE.

P. N. D. A. No. **3403**

Name Alonzo Henne

Alias "Dutch Alonzo"

Residence

Nativity U. S. Color White

Occupation Book-keeper

Criminal Occupation Bank Sneak

Age 47 (1904) Height 5 7½

Weight 185 Build Stout

Complexion Fair

Color of Hair Light

Eyes Blue Nose Regular

Style of Beard Mustache

Color of Same Light

Date of Arrest Oct. 27, 1903

Where Arrested Paris France

Crime Charged Robbery

Peculiarities of Build

Features, Scars, Marks, Baldness, Etc.

Rec'd from N. Y. A. Hare N. Y.

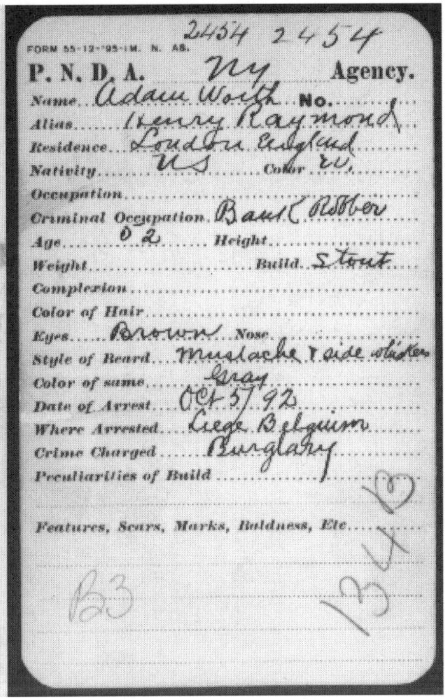

FORM 55-12-'95-1M. N. AB. 2454 2454

P. N. D. A. Ny Agency.

Name Adam Worth No.

Alias Henry Raymond

Residence London England

Nativity US Color W.

Occupation

Criminal Occupation Bank Robber

Age [illegible] Height

Weight Build Stout

Complexion

Color of Hair

Eyes Brown Nose

Style of Beard Mustache & side whiskers

Color of same Gray

Date of Arrest Oct 5/92

Where Arrested Liege Belgium

Crime Charged Burglary

Peculiarities of Build

Features, Scars, Marks, Baldness, Etc.

B3

Adam Worth, vulgo Henry Judson Raymond. Foto tirada pela polícia belga depois de sua prisão em Liège, em 1892.

Na página anterior, acima: *Charles "The Scratch" Becker, o falsário-mor da quadrilha de Worth, visto aqui numa foto da "Galeria de Procurados" da Agência Nacional de Detetives Pinkerton.*

Na página anterior, abaixo: *Alonzo Henne, vulgo "Dutch" Alonzo, assaltante menor de bancos, com "uma grande fama de ser um sujeito valente", recrutado por Worth em meados de 1880. "Dutch", apesar do aspecto vilão, revelou-se, na opinião de Worth, "o maior covarde que já existiu quando se tratava de fazer algo ousado".*

O West ou Western Lodge, quartel-general de Worth em Londres, "uma mansão espaçosa, recuada em jardins próprios, fora da vista dos muito curiosos, na esquina oeste do bosque Clapham".

O Shamrock, *iate de 110 pés que Worth batizou em homenagem a Kitty Flynn, sua amante irlandesa.*

Jack "Junka" Phillips, o gigantesco criminoso inglês contratado por Worth como mordomo, guarda-costas e arrombador manual de cofres. Esta foto, mostrando "Junka" amarrado a um poste, foi etiquetada "uma foto a contragosto" pelos detetives da Pinkerton.

Detalhe: *Para os propósitos de identificação, na "Galeria de Procurados", um artista policial pintou os olhos de Junka, que estão total e desafiadoramente fechados na foto original.*

A viúva Kitty Flynn, por volta da época em que estava sendo cortejada pelo milionário usineiro cubano, Juan Pedro Terry. O casamento a transformaria numa das mulheres mais ricas e mais litigantes da alta sociedade de Nova York.

"Piano" Charley Bullard, à época de sua prisão, em 1884, depois de anos de dissipação.

Patrick Sheedy, um jogador de caráter dúbio e "apostador conhecido no mundo todo", que agiu como intermediário nas negociações entre Worth e os Pinkerton para a devolução do Gainsborough roubado.

Robert Pinkerton, irmão caçula de William e chefe do escritório em Nova York da Agência de Detetives Pinkerton.

William Pinkerton em 1876, o ano do roubo do Gainsborough.

J. Pierpoint Morgan, financista e colecionador de arte norte-americano, fabulosamente rico, que jurou obter a Duquesa de Devonshire *de Gainsborough e o fez.*

"Uma briga pessoal entre os dois homens terminou [...] com a queda de ambos, entrelaçados nos braços um do outro [...] o mais perigoso dos criminosos e o mais eminente defensor da lei de sua geração." Ilustração de Sidney Paget para a Strand Magazine, *dezembro de 1893.*

O professor James Moriarty, conforme ilustrado por Sidney Paget para a Strand Magazine, *dezembro de 1893. "Ele é extremamente alto e magro, com uma testa saliente que forma uma abóbada muito branca e olhos muito fundos [...] o rosto projeta-se para a frente, sempre oscilando lentamente de um lado para o outro, de forma curiosamente reptiliana."*

e atrelada a um outro cabo. Claro que, quando o comboio chegou a Port Elizabeth, o vapor já havia zarpado e os pacotes de gemas brutas, como de costume, foram guardados no cofre do Correio, por precaução. "Na noite seguinte, ele entrou no Correio e tirou os diamantes e outros valores do cofre, num total de 500 mil dólares."

"Os despojos", como contou mais tarde a Pinkerton, "consistiam em grande parte de pacotes de diamantes, dinheiro e títulos do governo, todos valiosos."

As suspeitas recaíram imediatamente sobre o agente do Correio, que foi detido. Não havia provas de que ele tivesse tomado parte nem mesmo indireta no roubo, porém a polícia encontrou provas de que "ele vinha desviando cartas com dinheiro que passavam por sua agência". Foi julgado e condenado a cinco anos de cadeia, porém mesmo que "especialistas da Inglaterra tivessem sido mandados para investigar o caso", do ladrão verdadeiro não havia nem traço — o que não era de surpreender, uma vez que Worth saíra de Port Elizabeth várias horas antes de o roubo ser descoberto. "Sabendo que qualquer pessoa que tentasse deixar o país estaria sob suspeita, Worth dirigiu-se calmamente da Cidade do Cabo para o Norte do país, fingindo estar à procura de investimentos e comprando penas de avestruz."

Depois de um mês, dessa vez com um grande pacote de diamantes, além da *Duquesa*, Worth zarpou para Suez e dali para Brindisi. Apesar de possuir uma grande quantidade de gemas brutas e um quadro imensamente valioso, àquelas alturas estava quase sem dinheiro e rezando ardentemente para que Charley King tivesse, conforme o acordo, enviado o dinheiro à Itália para sua passagem de volta. O velho ladrão, contudo, sentindo o cheiro de dinheiro, tinha se adiantado e "vendo a coisa nos jornais, em vez de telegrafar a ordem de pagamento para Brindisi pôs-se ele próprio a caminho de lá". Os dois escroques não conseguiram se encontrar no porto fervilhante e, depois de esperar mais de uma semana, Worth penhorou "algum artigo que tinha e tomou a outra rota de volta". Quando Charley King, muito contrito, chegou de volta a Londres, Worth foi magnânimo. Apesar de não ter desempenhado nenhum papel no roubo final, e de ter desobedecido às ordens de Worth, não lhe enviando o dinheiro, ainda assim recebeu 1600 libras, "mais com o fim de comprar-lhe o silêncio do que qualquer outra coisa".

Ao regressar a seu apartamento em Piccadilly, o próximo passo de Worth foi igualmente uma mistura de generosidade e interesse próprio. Seu irmão, John Worth, o incompetente criminoso que já causara tantos aborrecimentos, estava em maré de azar, ameaçando voltar à Inglaterra e louco para participar de um novo empreendimento criminoso — perspectiva que, tendo-se em vista a estonteante inaptidão de John, perturbou visivelmente seu irmão. Quase metade dos lucros com o roubo sul-africano foram entregues a John Worth, sob a condição de que abandonasse a vida de crimes e criasse raízes na América. John concordou, mudou-se para o Brooklyn e, para grande surpresa e alívio de Worth, nunca mais tentou violar a lei. Alguns anos mais tarde Pinkerton registrou o que Worth tinha dito sobre o irmão caçula e o que tinha feito por ele: "Ele disse que John era tolo demais para ser bandido e que ele o fizera parar havia muito tempo; que ele fora usado por Becker e por outros e que dera a John uma quantia considerável de dinheiro por volta da época do roubo do Correio, na Cidade do Cabo [sic] e que, com isso, mantivera John limpo e longe da polícia, e que esperava que ele nunca mais se metesse em nenhuma transação ilícita". Worth obviamente sentia uma profunda responsabilidade fraterna para com o irmão, porém foi menos em nome da alma imortal de John que ele o persuadiu a andar na linha e mais porque, dada a credulidade e a incompetência geral do irmão, ele era mais uma responsabilidade que um cúmplice.

A generosidade de Worth reflete também seu extraordinário bom humor ao voltar para Londres. Entre outras coisas, ele achara um meio excelente e altamente lucrativo de se livrar dos diamantes. O método tradicional era devolver os bens roubados aos mercados através de uma série de receptadores. Esse era não só um jeito arriscado, já que qualquer dos elos da cadeia podia se tornar informante, como também significava que os diamantes alcançavam apenas uma fração de seu valor real. Num passo surpreendentemente audaz, Worth decidiu eliminar os caros atravessadores e vender os diamantes ele mesmo.

Da América, Worth recrutou um certo Ned Wynert, vulgo Johnny Smith, descrito pelos Pinkerton como "um sujeito inteligente, educado, completamente desconhecido da polícia de Londres". Wynert era um trapaceiro astuto e confiável, porém um mulherengo inveterado. Segundo Shinburn, que não perdia jamais uma oportunidade de difamar os rivais, Wynert era "casado com uma senhora de família muito respeitável. Ele a trata vergonhosamente, gastando todos seus lucros com outras mulheres". Para os propósitos de Worth, ele era o capanga ideal, tão discreto nas questões criminosas quanto era destemperado nas emocionais. Worth estabeleceu seu novo sócio como comerciante de diamantes, sob o nome de Wynert & Co., em Hatton Garden, no coração do comércio de jóias de Londres. "Ao pôr sua mercadoria um ou dois xelins abaixo do preço-padrão da libra-peso, não tiveram a menor dificuldade em vender toda a mercadoria a comerciantes que iam de Amsterdã a Londres para comprar." Para grande prazer de Worth, algumas pedras foram vendidas aos mesmos comerciantes que já as haviam comprado antes, em consignação, antes que ele as roubasse. O valor total das vendas foi calculado em 90 mil libras. Como comentou Sir Robert Anderson, da Scotland Yard, com ironia, qualquer outro tipo de homem ficaria contente de se aposentar prematuramente, depois de um golpe desses. "Se eu algum dia eu viesse a ter 90 mil libras, o governo teria que encontrar alguém mais para cuidar dos larápios", o detetive comentou uma vez. "Porém Raymond amava o trabalho pelo trabalho" e já estava tramando novos esquemas.

O Gainsborough era seu talismã, raramente fora de suas mãos e de seu olhar sedento, e era portanto com um rico prazer irônico que lia sobre a saga da *Duquesa de Devonshire*, que reaparecia, milagrosamente, de tempos em tempos em Londres, Viena e Nova York, reacendendo as esperanças dos senhores Agnew & Sons e levando a Scotland Yard a uma série de trilhas infrutíferas: "O quadro foi 'descoberto' quase uma dúzia de vezes", comentou zombeteiramente o *Times*.

"Acredito ter encontrado o retrato perdido da duquesa de Devonshire no mercado peripatético de arte Ambrose, que esteve aqui no dia 3 de maio", escreveu um informante. Numa outra ocasião relatou-se, com toda a confiança, que "enquanto um bando de homens ocupava-se em desmantelar algumas instalações em New Bond Street [...] [um objeto] foi descoberto no canto de um porão em desuso e este, sob exame, mostrou ser o retrato da duquesa de Devonshire, que foi cortado de sua moldura em maio de 1876 e desapareceu sob circunstâncias misteriosas". Alguns exames mais e, é claro, não era nada disso e sim uma das muitas réplicas à venda por uns poucos xelins. Um outro correspondente acreditava ter "visto o ladrão roubando na roleta" num clube de Londres, um argumento perfeitamente possível porém sem nenhuma prova de apoio. Um certo J. Meiklejohn, antigo detetive da Scotland Yard, disse ter chegado a um acordo com os "depositários desse artigo" e insistiu que "em nenhuma circunstância eles iriam se desfazer dele por menos de 1500 [...] preferem queimá-lo a aceitar qualquer coisa menos". Desnecessário dizer, as negociações não deram em nada e o corrupto Meiklejohn acabou sendo preso por uma variedade de fraudes de turfe.

Numa tentativa de reanimar as negociações para a devolução da tela e presumindo que o retrato ainda estivesse na América, Agnew despachou um especialista, David P. Sellar, para Nova York, onde foram colocados vários anúncios nos jornais, na expectativa de restabelecer contato com o ladrão. "Negociações poderão ser reabertas para a restituição da 'Nobre Senhora', desaparecida misteriosamente de Old Bond Street em 1876, Correspondência para L. S. D.", dizia um anúncio no *New York Herald*. (LSD referia-se, como ficou mais tarde explicado, a "libras, xelins e centavos".) Um outro *marchand* solícito sugeriu que o recado era um tanto hermético, de modo que Sellar tentou uma abordagem mais direta: "New York — Se o atual dono do célebre quadro de Gainsborough 'A Duquesa de Devonshire' que foi levado de Old Bond Street em 1876 entrar em contato com o escritório LSD *Herald*, as negociações para sua devolução poderão ser reiniciadas". Se Worth não teve conhecimento desses dois anúncios, o que é improvável, não poderia ter deixado de ver os artigos sobre a "secreta" visita de Sellar que começaram a aparecer na imprensa. "Quais são suas instruções precisas, que preço está disposto a pagar e que progressos estaria fazendo rumo à recuperação do quadro, o senhor Sellar naturalmente mantém em segredo [...], ele está confiante de que a influência todo-poderosa do dinheiro garantirá o sucesso de sua visita."

Mas não garantiu, porque Worth não estava disposto a se deixar seduzir e não tinha a menor intenção de entregar sua "nobre senhora". A cada novo alarme falso, fielmente retransmitido por seus espiões na Scotland Yard, e a cada nova tentativa das autoridades de reaver o quadro, sua afeição pelo retrato crescia e redobrava sua determinação de mantê-lo para seu próprio prazer.

17. Luvas de seda

Os anos 1880 foram um período de consolidação e prosperidade para Worth. Ele encorpou e seu bigode evoluiu, adquirindo formas cada vez mais suntuosas e rococós, posto que se transformara no que Pinkerton chamava de "um homem de luvas de seda", um escroque distinto, amante dos esportes, cavalheiro de rendas, deleitando-se com suas pilhagens, indiscutivelmente bem acima dos vagabundos e patifes com quem outrora se associara. De Hatton Garden, Ned Wynert, agora seu braço direito, dirigia o dia-a-dia dos negócios criminosos, enquanto Worth usufruía de seu iate e de seus cavalos, viajando sempre que lhe dava na telha, jogando e recebendo os amigos, alguns deles criminosos mas a maioria de impecável respeitabilidade. À crescente fileira de puros-sangues, acrescentara "dois dos melhores cavalos do país, havendo adquirido o par", como lembrou Harold Lloyd, um dos muitos advogados que Worth tinha na folha de pagamentos, "num leilão público, dando um lance maior que os do falecido Lord Rothschild e barão Hirsch". Além disso, "escondidos em New Forest, tinha uns quatrocentos acres de terras para caçadas, com um belo pavilhão onde recebia em grande estilo". O dinheiro fluía em ritmo constante e saía quase tão depressa quanto entrava, mas "mesmo suas pesadas perdas em Monte Carlo não conseguiam afetar seriamente uma fortuna que era regularmente incrementada por todo tipo de empreitada ilegal". Como mais uma prova de sua posição social, comprou "uma excelente casa de frente para o mar, em Brighton, onde recebia prodigamente".

Worth ultrapassara a mera respeitabilidade burguesa e vivia agora a vida de um verdadeiro aristocrata inglês. Ainda que os costumes vitorianos enfatizassem o trabalho sério, a confiabilidade e os valores cristãos da família, pelo menos uma parte da elite distinguia-se por não exercer trabalho algum e viver numa busca interminável de prazeres. Os vitorianos falavam de dever e de moral, e talvez não haja melhor exemplo disso que a própria rainha Vitória, porém o que distinguia verdadeiramente os integrantes mais ilustres da classe dirigente era uma perfeita e sólida dedicação ao prazer. O filho da rainha Vitória, mais tarde Eduardo VII, era o expoente mais visível desse estilo estonteante de vida, do qual Worth fazia parte integrante, como se para isso tivesse nascido. O príncipe de Gales e a turma de Marlborough House (não muito distantes, em hábitos e personalidades, da turma de Devonshire House, da duquesa Georgiana, no século anterior) elevaram o consumo manifesto a uma ocupação em tempo quase integral: caçadas, festas, passeios de barco, viagens a Paris e a balneários na Alemanha, jogatinas, noites na ópera ou, mais freqüentemente, nos *vaudevilles*, e carteados tardios regados a champanhe. Embora berço e educação fossem passaportes úteis para esse mundo exclusivo, o único critério essencial era uma vasta fortuna e a determinação de gastá-la em divertimentos. Um historiador comentou que "como cavalheiro número um da terra, os gostos e hábitos de Eduardo, inclusive sua predileção por *nouveaux-riches*, davam o tom nos altos círculos aristocráticos". A fortuna de Worth dificilmente poderia ser mais nova, mas seu gosto por luxo era patente até para o mais casual dos observadores e ele passou pelas barreiras de classe com extrema facilidade, totalmente disfarçado por seu dinheiro roubado. O círculo dos que podiam se dar ao luxo desses prazeres era necessariamente pequeno, e embora seja bem possível que o futuro rei e o monarca do submundo tenham se encontrado, não há provas disso. Porém também não resta dúvida de que a maior eminência da terra teria encontrado, no mais vil deles, um espírito irmão.

Em novembro de 1881, logo depois de ter vendido os diamantes sul-africanos, Worth assaltou o correio de Hatton Garden e levou mais um punhado de gemas. "Por volta das cinco horas da tarde de 16 de novembro, dois sacos registrados contendo diamantes destinados a vários negociantes em Amsterdã e outras partes do continente foram selados e pendurados em ganchos de ferro, atrás do balcão do Correio em questão, prontos para serem despachados." Enquanto Worth, disfarçado, perambulava pelo balcão, um cúmplice, provavelmente Wynert, esgueirou-se "escada abaixo, até o porão, e fechou o registro de gás", fazendo assim com que "o escritório mergulhasse em total escuridão. Sim, porque nessa época do ano, além de o dia já ter escurecido, lá fora o *fog* era tão espesso que podia ser 'cortado com uma faca'". Até que os funcionários do Correio pusessem as luzes para funcionar outra vez, era tarde demais, uma vez que "Worth, no momento em que o gás acabou, ultrapassou o balcão com um salto ligeiro, apanhou os sacos, pôs um em cada ombro, saiu e entrou no cupê a sua espera". Os diamantes brutos, rapidamente partidos e engastados para que não fossem rastreados, foram então vendidos a alguns metros da cena do crime pela Wynert & Co., por um total estimado em 30 mil libras. O público logo tomou consciência, indiretamente, do assalto de Worth, porque o roubo "levou as autoridades do departamento postal a colocarem em praticamente todas as agências do Correio a grade de proteção nos balcões com as quais estamos todos familiarizados e cujas inconveniências todos nós sofremos".

Em ocasiões assim especiais, Worth estava disposto a participar da ação, porém em geral contentava-se em financiar, coordenar e ser o principal beneficiário dos esquemas, deixando que outros executassem as várias falsificações, roubos e assaltos que engordavam sua conta bancária e inflavam seu ego. "Eu ganhei uma média de 63 mil libras por ano durante três anos", vangloriou-se ele, mais tarde, a um conhecido, falando desse período lucrativo. Eddie Guerin, um criminoso inveterado, nascido na Inglaterra e recém-libertado das colônias penais francesas, visitou Worth em Londres, em 1887, ano do jubileu da rainha, e ficou espantado de encontrar o amigo e companheiro de crimes transformado num rico representante da alta classe britânica. "Se alguma vez um homem pôde ser apontado como exceção à regra segundo a qual nenhum vigarista consegue fazer dinheiro, esse homem foi Adam Worth", Guerin escreveu depois. "Ele possuía um caro apartamento em Piccadilly e recebia algumas das melhores pessoas de Londres, que o tomavam apenas como um homem aparentemente rico de natureza boêmia."

Sir Robert Anderson, chefe da investigação criminal da Scotland Yard, concluiu corretamente que o profissionalismo de Worth refletia um ódio ao sistema que jazia logo abaixo de seu respeitável verniz: "ele adorava [...] opor sua habilidade e destreza aos recursos da sociedade organizada; e isso independentemente, em algumas circunstâncias, dos benefícios pecuniários dali advindos". Até Shinburn, num raro momento de admiração, admitiu que "Raymond amava o trabalho pelo trabalho: e embora vivesse com luxo e estilo, aplicou suas energias até o fim em organizar crimes".

Os assaltos a banco continuaram sendo sua fonte principal de rendas e Worth não fazia segredo de que o banco onde ele não pudesse entrar e o cofre que ele não pudesse arrombar ainda estavam para ser inventados. "Ano após ano os fabricantes produziam cofres mais fortes e mais seguros, a que eles davam o nome de cofres à prova de ladrões", observou Max Shinburn, sardonicamente. "Os ladrões faziam o mesmo, inventando ferramentas adequadas para abri-los. [...] Os banqueiros daquele período competiam entre si para instalar equipamentos à prova de ladrões em seus bancos, instrumentos esses que estavam sempre dispostos a mostrar, orgulhosos, a seus clientes ou a qualquer escroque que passasse." Sob o pretexto de colocar seus valores sob a proteção da mais moderna tecnologia, Worth podia inventariar as últimas criações e passar a informação a seus subordinados, fazendo assim com que "o ladrão se mantivesse à altura do fabricante de cofres e pudesse arrombar qualquer coisa que este último produzisse".

É fácil imaginar Worth no centro dessa rede criminosa, "um dos maquinadores mais inteligentes do mundo", nas palavras de um contemporâneo. Rico, cauteloso e satisfeito, enviando os subordinados para roubar em seu nome, ele se sentava numa poltrona de couro, a calcular os lucros, com o famoso retrato roubado sempre ao alcance, seu ícone de impostura. Nunca se separava do retrato, mesmo quando em viagem de um lado a outro do Atlântico e, embora a polícia londrina procurasse rastrear todos os seus movimentos, ele às vezes desaparecia completamente por longos períodos. Oscar Wilde certa vez observou: "É muito curioso, mas todo mundo que desaparece acaba sendo visto em São Francisco". E, de fato, no começo de 1886 o chefe da polícia de São Francisco registrou que Worth liderara "um bando de vigaristas inveterados" até a costa oeste para uma nova onda de crimes. Sabendo-se que Worth não tolerava traições de nenhuma espécie, está claro que ainda não tomara ciência da perfídia de Little Joe Elliott, que fora libertado da prisão um ano antes. Elliott voltou a trabalhar com ele, juntamente com Dave Lynch e Dick Bradley, uma dupla de ladrões experientes que já tinham tido a oportunidade de provar seu valor, e um certo Charlie Gleason, um condenado australiano já de idade. O bando marcou um encontro no bar de Mulholland, em Nova York, antes de rumar para oeste. A 9 de janeiro, essa equipe de "especialistas do Leste" estourou o cofre de um banco de Sacramento e roubou 4 mil dólares. "Foi um trabalho limpo, sem provas para condenação", queixou-se a William Pinkerton o capitão I. W. Lees, do Departamento de Polícia de São Francisco. "Raymond parecia ser o homem do dinheiro e comprou as passagens para todos os cinco. Joe [Elliott] também exibia, às vezes, uma quantia considerável."

Depois de dividir os lucros, o bando dispersou: Little Joe foi para Oakland, para visitar os pais de Kate Castleton, por quem ele continuava totalmente apaixonado, na esperança de uma reconciliação com a ex-mulher. "Ele continua apaixonado por Castleton e aparece onde ela estiver", observa Eddie Guerin. "Castleton não quer saber dele, mas Joe diz que ela vai amolecer no final." E ela o fez. Eles tornaram a se casar, porém começaram a brigar de novo — porque o ciúme de Joe "estava pior do que nunca". Isso levou a diversos incidentes constrangedores, inclusive um em que Joe "espancou um dos admiradores da mulher, três vezes maior do que ele". Finalmente separaram-se de vez e Joe tornou-se "absolutamente imprudente". Em 1889, Elliott foi preso por um outro caso de falsificação e condenado a quinze anos de prisão. Como observou um filósofo criminoso, a respeito do bizarro romance entre o escroque e a atriz: "Foi sem dúvida uma ironia do destino que, ao chegar ao presídio de Auburn, para começar a pena, sua bela mulher estivesse se apresentando no teatro local. Saber disso arrebentou o coração de Joe; ele não saiu vivo da prisão".

Após uma tensa e perigosa "disputa com o homem das bagagens" em São Francisco, que tentou, em vão, fazer com que Worth abrisse o baú que continha a *Duquesa*, Worth voltara para o Leste e atravessara novamente o Atlântico. Ele não viajou diretamente para Londres, no entanto, desembarcando em Ostende onde, conforme previamente combinado, se encontrou com um grupo de homens, inclusive Gleason e o velho John Carr. Duas semanas depois, o bando atacou de novo, dessa vez ficando à espreita de um vagão que transportava jóias e dinheiro de Bruxelas para Ostende. Quando o trem parou por uns momentos num desvio, o bando de Worth "desenroscou a fechadura do vagão do Correio, entrou e pegou os fundos, que somavam algo em torno de 2 milhões de francos". A polícia belga moveu-se com rapidez surpreendente e Worth ficou atônito e irado ao se ver entre dúzias de suspeitos em potencial detidos para interrogatório. Uma vez mais, foram as bazófias que o salvaram: por que motivo, ele perguntou aos inquiridores, haveria ele de se envolver num crime daqueles quando, na condição de cavalheiro de posses, estava ganhando uma fortuna na mesa de jogo? Ele mostrou as provas de seus ganhos mais recentes e a polícia, com alguma relutância mas convencida, permitiu que Worth tomasse o barco seguinte para a Inglaterra — onde o dinheiro roubado já estava à espera.

Naquele mesmo ano, Kitty, grávida, suspendeu os litígios em Nova York e também voltou à Europa, para se instalar com Juan Pedro em Paris, antigo território seu. Os seis anos de casamento haviam sido felizes e altamente indulgentes, pontilhados de viagens caras ao exterior cujo único propósito era evidenciar e desbaratar o dinheiro que tinham. Não havia nada que Worth ou até mesmo o príncipe de Gales pudessem ensinar a Kitty sobre os prazeres da extravagância. Logo depois de instalados num amplo apartamento no centro de Paris, os Terry receberam a notícia da morte do velho Tomaso Terry. O aventureiro irlandês-venezuelano transformado em magnata cubano-americano finalmente sucumbira à gota, deixando uma fortuna calculada em cerca de 50 milhões de dólares. Com sua parte da herança acrescentada a sua já considerável fortuna, Juan Pedro valia agora cerca de 6 milhões de dólares. Infelizmente ele não viveu para gastá-la nem para ver sua filha, porque a 17 de outubro de 1886 o afável Juan Pedro Terry, que amara Kitty por sua personalidade arrojada e sua língua ferina, morreu súbita e inexplicavelmente durante uma viagem a Menton. Agora viúva, Kitty ficou naturalmente perturbada, grávida de sete meses e de repente imensamente rica. Em seu testamento, Juan Pedro deixou a Kitty um quinto de sua fortuna, ao passo que o restante deveria ser investido em papéis, preferivelmente em títulos do governo norte-americano, sendo que Kitty receberia os dividendos até que o filho, ainda por nascer, completasse a maioridade e entrasse de posse da herança. Uma menina, Juanita Teresa, nasceu em Paris dois meses após a morte de Juan Pedro. Assim que a criança pôde viajar, Kitty pegou seu dinheiro e voltou a Nova York, com a intenção manifesta de gastá-lo todo. Worth sem dúvida tomara conhecimento da viuvez de Kitty e de sua herança, porque continuava controlando todos os seus movimentos, porém com uma fortuna própria, uma filha pequena e pretendentes fazendo fila, deve ter percebido que ela estava mais fora de seu alcance do que nunca.

É uma verdade universalmente reconhecida que um criminoso de sucesso, de posse de uma grande fortuna, precisa de uma mulher. Worth estava começando a se cansar da vida de solteirão e ansiava pela respeitabilidade de um sólido casamento vitoriano. Um dos beneficiários da lendária generosidade de Worth era uma viúva pobre porém de boa família que morava com as duas filhas em Bayswater, onde Worth alugara acomodações por uns tempos. "Com o tempo ele se tornou muito ligado à mulher e às crianças, dispensando-lhes todos os luxos possíveis, inclusive educação para as meninas nas melhores escolas francesas. Durante anos a família jamais suspeitou que seu benfeitor fosse um criminoso, tomavam-no por um próspero importador de diamantes" — o que de certa maneira ele era.

Completada a educação da filha mais velha, Worth pediu sua mão em casamento e foi aceito com alegria. Sophie Lyons, que era periodicamente contratada por Worth para executar pequenos roubos e outros trabalhos criminosos, não apreciou muito a escolha. "Ela era uma mulher bonita, mas uma criatura fraca, dependente — muito diferente da voluntariosa Kitty. Embora gostasse apaixonadamente dela, a atitude de Raymond foi sempre a de um pai dedicado e não a de um marido enamorado." Lyons, que obviamente tinha uma queda por Worth, ateve-se à crença de que Worth nunca amou verdadeiramente ninguém, a não ser Kitty Flynn, e sem dúvida estava certa. Ele queria bem e protegia sua jovem e um tanto frágil mulher, e decidiu que ela não deveria saber jamais de suas verdadeiras inclinações, porém após perder Kitty e, quem sabe com mais força ainda, após a aquisição de Georgiana, Worth parecia ter perdido a capacidade para grandes laços emocionais, para não dizer amor de verdade. Raramente falava sobre a mulher, mesmo em seus momentos mais confessionais. Com Pinkerton, referiu-se a ela em termos protetores, como "uma das meninas que moravam na casa onde eu fiquei quando cheguei a Londres". De fato, grande parte dos detalhes referentes à senhora Henry Raymond, inclusive seu nome, permanecem misteriosos, porém com o tempo ela deu dois filhos a Worth, um menino e uma menina, em 1888 e 1891, em abençoada ignorância da desonestidade do marido. Não era uma grande paixão como a que vivera com Kitty, porém Worth "tinha-lhe verdadeiro afeto e esbanjava com ela de todas as formas possíveis". Worth continuava acreditando que o dinheiro podia aplacar todos os desejos, e esse casamento foi mais uma crua expressão de seus curiosos e fraudulentos princípios: até mesmo para a mulher ele manteve a máscara impenetrável da respeitabilidade, acreditando que, ao fazê-lo, estava se comportando de forma moral e protegendo-a dos perigos. Quando ela finalmente descobriu a verdade, os efeitos foram, inevitavelmente, trágicos.

Worth deixou seu apartamento de solteiro em Piccadilly e passou a viver em tempo integral em West Lodge, ao lado do bosque de Clapham, um lar mais apropriado para um rico homem de família, uma casa "situada em meio a belos jardins e ostentando um grande porém misterioso número de convidados e um séquito de criados. Cada um deles era um comparsa já experimentado; e ninguém, a não ser eles, jamais teve acesso ao local".

O casamento parece ter alterado de maneira sutil a atitude de Worth em relação ao quadro roubado. Até então o retrato nunca estivera longe de seu alcance: em Londres ele às vezes o enfiava "sob o telhado de um pavilhão de verão, em sua casa do parque Clapham"; quando viajava, a tela ia com ele no baú de fundo falso e quando estava a bordo do *Shamrock* "ele a escondia no gabinete dos mapas, entre os diários de bordo". A idéia de devolver o quadro nunca lhe passou pela cabeça, mas obviamente sentia-se desconfortável de mantê-lo no lar conjugal, de modo que no final de 1886 embarcou com a *Duquesa* no fundo do baú para encontrar novas e seguras acomodações para ela na América. Parece improvável que a nova senhora Raymond tenha algum dia posto os olhos no curioso mimo roubado do marido.

Levando consigo "o produto do grande roubo de Ostende", fazendo-se passar por um corretor de títulos londrino e viajando no estilo mais grandioso possível, Worth tomou o navio da linha Allen para o Canadá, junto com a *Duquesa*, uma partida de diamantes e mais dinheiro adicional guardados no fundo do baú. A viagem quase acabou em desastre porque, sem que Worth soubesse, um outro criminoso, um ladrão sueco chamado Adolph Sprungley, também estava no barco. No meio do Atlântico, Sprungley começou a invadir a cabina dos passageiros, surripiando deles vários valores enquanto jantavam, o que provocou consternação a bordo. Worth não queria que Sprungley, nem as autoridades canadenses descobrissem o que havia no fundo do baú, de modo que decidiu desembarcar em Rimouski e fazer o resto do percurso de trem. A polícia, contudo, examinara cuidadosamente a lista de passageiros à procura de algum que tivesse mudado repentinamente de planos, de modo que estava a sua espera em Montreal, quando o trem chegou. Vendo a polícia montada a postos, Worth agiu rápido e ergueu uma das tábuas do assoalho de seu compartimento. Ele já tinha depositado grande parte porém não todos os diamantes e o dinheiro no vão quando o trem parou finalmente. O senhor Raymond, protestando veementemente, foi escoltado da plataforma até a sala de espera. Curiosamente, a polícia canadense não descobriu o Gainsborough, porém encontrou umas poucas gemas que haviam ficado em seus bolsos, prendeu-o imediatamente como sendo o ladrão do vapor e confiscou os diamantes.

Worth mais tarde contou que "blefou muito, exigiu um advogado e telegrafou para uma firma de advocacia em Londres pedindo referências". Por fim, com grande relutância, a polícia franco-canadense deixou-o partir, não tanto porque, como disse Worth, "ele metera medo nos policiais", e sim porque os diamantes de Worth não tinham nada a ver com as pedras roubadas no navio. As gemas foram confiscadas e Worth pagou satisfeito a multa por não tê-los declarado. Encantado em ter obtido sua liberdade tão barato, e generoso como sempre, Worth chegou mesmo a dar um pequeno anel de brilhante a um dos detetives da Pinkerton, George Skeffington, que o havia interrogado, mas que, amavelmente, não o reconhecera na prisão canadense. Worth teria lhe dado mais, mas "receou demonstrar que era um vigarista caso desse demais", ele diria mais tarde.

A polícia desculpou-se de má vontade ao agora distinto senhor Raymond e lhe disse com firmeza para deixar o país imediatamente. Worth porém não iria partir para o Sul sem o restante de seus valores. Segundo os Pinkerton, "após ser libertado, Worth conseguiu rastrear o vagão em que tinha deixado as jóias, tendo anotado seu número, e quando o vagão foi para o pátio, para passar a noite, ele entrou e recuperou os diamantes, que depois contrabandeou para os Estados Unidos". A enrascada custou-lhe alguns diamantes avaliados em "vários milhares de dólares", um preço pequeno a pagar por sua liberdade. "Pela pequena soma de alguns milhares eu pude salvar meu principal", ou seja, o grosso da pilhagem, mais tarde ele se jactaria.

Seguro em Nova York, Worth embrulhou o Gainsborough em algumas peças de roupa e deixou-o, mais o baú Saratoga, num armazém do Brooklyn, não muito distante de onde o irmão John se casara e se instalara para criar uma família. O retrato roubado já estava, ao que parece, profundamente arraigado em sua mente e personalidade; ele não precisava mais vê-lo diariamente, bastava-lhe saber que era seu. Worth voltou aos Estados Unidos várias vezes, nos seis anos seguintes, e em todas as ocasiões recuperava a *Duquesa* e a via com novos olhos, antes de devolver a "nobre senhora" ao baú de fundo falso e mudá-la para um outro armazém. Foi desse modo que a *Duquesa* de Gainsborough mudou-se do Brooklyn para Manhattan, depois de novo para o Brooklyn e finalmente para um armazém em Boston onde ficaria, sem ser vista, durante uma década.

De volta a Londres no início de 1887, Worth era um homem rico, respeitável, casado e cada vez mais poderoso. Absolutamente certo de ser um escroque mais apto que qualquer outro, executava periodicamente algum roubo para se manter em forma e demonstrar sua destreza, ainda que apenas para si mesmo — sendo essa a única opinião crítica que levava realmente em conta. Numa ocasião "ele saiu de um banco londrino com 35 mil libras em jóias que pertenciam a uma conhecida atriz, tendo obtido a posse delas pelo simples expediente de apresentar uma ordem falsificada de entrega", porém com mais freqüência sentia-se inclinado a delegar o trabalho a outros que continuavam ansiosos em participar de seus planos bem elaborados. Sinal da posição que ocupava entre seus companheiros de crime, Worth assumia inclusive o papel de mediador da paz quando havia qualquer disputa entre seus subordinados, como aconteceu na célebre rusga entre Eddie Guerin e Sophie Lyons. Guerin desenvolvera uma virulenta aversão por Lyons, acreditando que ela o vendera à polícia francesa, evento que levou a seu encarceramento imediato na ilha do Diabo. "Sophie Lyons era uma cafetina", Guerin declarou depois, "ela se regalava com os escroques, sugava-lhes o sangue e depois barganhava a liberdade deles com a polícia." Worth fez questão de tentar reconciliar os velhos amigos. Como contou Guerin, "eu estava andando pela Oxford Street, Londres, um dia, [...] em companhia de Harry Raymond [quando] cruzamos com o sujeito com quem Sophie Lyons se casara recentemente, ninguém menos que meu velho amigo Billy Burke" — uma criatura conhecida de William Pinkerton como sendo um "notório assaltante de banco".

"Fomos tomar um trago juntos, e Harry, sempre um bom sujeito, nos disse: 'Pois bem, rapazes, vocês não vão começar a brigar agora. Apertem-se as mãos e sejam bons amigos. Vamos jantar hoje à noite e ver se podemos fazer algum negócio juntos'." Worth planejava convidar Sophie também, "pensando, sem dúvida, que seria uma boa coisa pôr fim a nossa briga". Guerin, ainda furioso com o que entendia ser a traição de Lyons, não apareceu porque o "jantar poderia terminar como um velório irlandês se eu tivesse encontrado Sophie lá". Quando Billy Burke encontrou-se com Guerin, alguns anos depois, e perguntou-lhe por que não tinha aparecido à festa de reconciliação de Worth, a resposta de Guerin foi direto ao ponto. "Eu não disse nada — apenas esmurrei-o." Apesar dos modos civilizados e da oposição à violência, Worth circulava num mundo de homens durões, entre os quais era, em que pesem todos seus escrúpulos, talvez o mais duro, ainda que o menos belicoso.

Mediador da paz (nesse caso sem sucesso), fornecedor de empregos e interceptador, lá pelo fim da década de 1880 Worth já se tornara uma espécie de *pater familias* criminal, oferecendo conselhos e crimes sob contrato. "Os ladrões iam procurar sua ajuda", segundo um outro relato contemporâneo. "Havia algum funcionário de banco a ser subornado ou um esqueleto de chave a ser feito? Adam Worth resolvia o problema. Algum trabalho particular exigia os serviços de um especialista em furtos ou falsificações? Adam Worth tinha um amplo suprimento à mão. Ele sabia onde encontrar o homem certo para cada trabalho e em troca de seus serviços recebia uma boa porcentagem dos lucros." Porém sua fama estava rapidamente se ampliando para além da fraternidade criminosa.

Em 1888 o célebre e corrupto chefe do bureau de detetives de Nova York, Thomas Byrnes, por quem Worth tinha tão pouco respeito quanto por John Shore, publicou um artigo no *New York World* chamando Adam Worth de "O mais famoso de todos os criminosos", ilustrado com uma imagem de um sujeito de aparência sinistra e cartola. "Adam Worth", escreveu Byrnes, "o mais notório dos criminosos norte-americanos vivendo no exterior, reside em Londres. Ele é um fugitivo da justiça dos Estados Unidos, tendo estado envolvido no assalto ao Boylston Bank de Boston. Esse assalto ocorreu há cerca de dezoito anos, porém a acusação contra Worth pelo roubo ainda está de pé e é essa acusação que o mantém longe dos Estados Unidos. Ele tinha parceria com Marsh e Bullard, foi para Londres e com o dinheiro tirado do Boylston comprou uma residência lá, onde agora vive em grande estilo. Worth é dono de um belo iate a vapor e toda temporada recebe os amigos a bordo, passeando pelo Mediterrâneo. Não pratica nenhum assalto pessoalmente mas arranja trabalho para praticamente qualquer ladrão norte-americano de alguma notoriedade que vá para o outro lado do Atlântico, e aqueles que saem daqui sem conhecê-lo com certeza levam uma carta de referência para ele. O trabalho que Worth organiza é em geral executado no continente; ele teme a polícia inglesa e não ousa trabalhar em Londres, uma vez que deseja fazer dela sua cidade natal. Recebe uma porcentagem de todos os assaltos bem-sucedidos que planeja e tem também primeira opção nas mercadorias, uma vez que é um interceptador em grande escala bem como 'arranjador de trabalhos'."

Byrnes sabia, tanto quando a Scotland Yard, que o fugitivo Adam Worth e o próspero Henry Raymond de Clapham Common eram uma única pessoa. O artigo tinha a intenção de servir como advertência, era uma ameaça implícita para mostrar que dos dois lados do Atlântico a polícia estava atrás dele. Porém o que o artigo demonstrou de fato foi a total incapacidade de pegá-lo. As pastas sobre Worth estavam estourando de cheias, mas a polícia não conseguia enquadrá-lo. Em vez de entrar em pânico, conforme o pretendido, Worth ficou encantado com o retrato no geral acurado de sua vida suntuosa e, longe de se sentir acovardado, tornou-se ainda mais atrevido. Na verdade, para mostrar quão pouco temia a polícia inglesa, ele passou a informação para Charlie Gleason, o australiano, de que estava em perigo iminente de ser preso assim que seus espiões na Scotland Yard lhe transmitiram o aviso. Gleason, muito sensatamente, foi para o continente e Worth deu um jeito para que Shore soubesse quem estava por trás da dica. Como comentou Pinkerton, a animosidade entre Shore e seu arquiinimigo estava chegando ao auge.

Uma história contada por Sir Robert Anderson, da Scotland Yard, ilustra apenas um dos muito métodos pelos quais Worth sempre dava um jeito de estabelecer um álibi para cada ocasião. Como contou Sir Robert: "Um amigo meu, que tem um grande consultório médico num bairro londrino, me contou certa vez de um extraordinário paciente seu. O homem vivia suntuosamente, contudo era extremamente hipocondríaco. A toda hora um pedido urgente levava o médico até sua casa, onde encontrava o paciente na cama, embora não houvesse nada de errado com ele. Porém o homem insistia numa receita, que era imediatamente enviada à farmácia. [...] Eu poderia ter aliviado a curiosidade do médico explicando-lhe que o excêntrico paciente era um príncipe entre os criminosos. Raymond sabia que seus movimentos eram do interesse da polícia e, caso tivesse algum motivo para acreditar que fora visto em companhia perigosa, voava para casa e 'fingia-se de doente'. E o testemunho do médico, confirmado pelos registros da farmácia, provaria que ele estava de cama até muito depois da hora em que a polícia supunha tê-lo visto a quilômetros de distância".

Espicaçado a mais não poder, Shore aumentou a vigilância em torno da mansão de Worth em Clapham Common. Numa carta a William Pinkerton, o detetive inglês observou que Worth recrutara um homem chamado Sunter, "conhecido meu há anos como um hábil ferramenteiro". O grande ladrão e seu subordinado "equiparam o local com bigorna, forja etc. suficientes para fabricarem qualquer implemento de que necessitassem. A casa está sob vigilância permanente da polícia, na verdade há um policial postado do lado de fora a qualquer hora do dia ou da noite", Shore acrescentou, de dentes cerrados.

Em 22 de maio de 1888, o detetive finalmente perdeu a paciência e a polícia deu busca na casa. No porão encontraram a oficina e um conjunto completo de ferramentas de assalto ordenadamente penduradas nas paredes. Shore esperava encontrar mais provas — o Gainsborough ou outras mercadorias roubadas, papéis falsos ou pelo menos o próprio Worth em conluio com algum criminoso conhecido —, porém a casa estava deserta. O investimento em subornos rendera dividendos outra vez e Worth, tendo sido avisado por seus espiões na polícia e depois de enviar a mulher, grávida, para a casa da mãe, tirara umas férias apressadas. Ao voltar, descobriu que Shore, por puro despeito, confiscara todas suas ferramentas de assalto, ainda que não tivesse nada para provar em tribunal. Num ato magnífico de descaramento, Worth processou Shore por invasão de seu "escritório" e exigiu a devolução de suas valiosas ferramentas domésticas. O caso, naturalmente, foi derrubado, mas Worth satisfez-se meramente com ter forçado Shore a aparecer em tribunal.

O inspetor Shore pode não ter sido um policial muito brilhante (até Pinkerton o considerava um tolo), porém era persistente. Seu último confronto com Worth terminara em empate, mas Shore agora esperava e observava, firme na convicção de que Worth, cuja temeridade aumentava a cada dia, acabaria cometendo um erro. Uma vez na vida, ele estava certo.

18. Gatunos descalços

"Adam Worth está inquieto com o azar que estão tendo muitos de seus protegidos norte-americanos", Shore escreveu a Pinkerton, em 4 de agosto de 1888.

Worth conseguira até então escapar às garras da lei, mas não se poderia dizer o mesmo da maioria dos colegas, graças, em grande medida, ao trabalho de William e Robert Pinkerton, que praticamente monopolizaram o mercado de prevenção a assaltos a banco. O número de estabelecimentos bancários cresceu rapidamente na América, passando de 754 em 1883 a 3579 em 1893. É verdade que a nitroglicerina tornara mais fácil explodir uma caixa-forte, porém as autoridades, habilmente apoiadas pelos Pinkerton e por melhores desenhos de cofres, estavam se tornando mais eficientes na defesa de sua propriedade. Como comentou Max Shinburn: "Era um páreo duro entre os fabricantes de cofres e os vigaristas, para saber quem levava a melhor". Com o tempo os Pinkerton fundariam a Associação Protetora dos Banqueiros Americanos, através da qual os bancos pagavam para ter proteção especial. Foi um investimento valioso porque Billy Pinkerton, conhecido como "Great Man" [o grande homem] ou "The Eye" [o olho] — uma referência ao mote dos Pinkerton "O olho que nunca dorme" —, transformara-se em figura de proa entre os detetives, tão hábil em defender a lei quanto Worth o era em violá-la.

Como relatou o assaltante Josiah Flynt: "Os homens deixavam o território do Great Man quieto, sempre que possível. Se houvesse dois bancos vizinhos, e um deles fosse membro da associação de banqueiros e o outro não, os homens atacavam o outro primeiro. O Great Man protege os bancos da Associação de Banqueiros". Para Eddie Guerin, "os Pinkerton fizeram mais que todo o conjunto das forças mundiais de detetives para acabar com os grandes assaltantes de banco".

O mundo do crime diminuíra consideravelmente e era mais imprevisível do que nos tempos em que Worth fora aprendiz em Nova York. Um comentarista observou, em 1888, que "o governo canadense depende inteiramente da Agência e há uma correspondência constante entre Robt. A. Pinkerton, no escritório de Nova York, e as autoridades policiais de Londres, Paris, Berlim e outras grandes cidades européias". A galeria de procurados transformara-se numa característica comum das delegacias dos Estados Unidos e da Europa, as informações internacionais fluíam com maior facilidade e um livro muito vendido e auto-elogioso, de autoria do inspetor Byrnes, *Criminals of America* [Criminosos da América], tornara a vida daqueles nele nomeados e retratados nitidamente desconfortável.

A invenção do método Bertillion de identificação criminal também constituiu novo avanço. Em 1883, Alphonse Bertillion concluiu que certas partes do corpo humano não mudam durante toda a idade adulta e não podiam ser ocultadas nem pelo mais elaborado disfarce. O método Bertillion, introduzido em toda a Europa, envolvia a medição cuidadosa das estatísticas vitais de um criminoso que eram então distribuídas para ajudar na identificação. Antes da invenção das impressões digitais, o método Bertillion foi tido como uma contribuição crucial no combate ao crime, até que por volta de 1903 a "ciência" foi seriamente abalada com a descoberta de dois prisioneiros em Leavenworth que tinham não só o mesmo nome, William West, como também medidas idênticas. Por essa época a Scotland Yard já introduzira impressões digitais, e os Pinkerton, juntamente com as demais autoridades policiais européias, fizeram o mesmo. O próprio Worth já decidira que a América, embora fosse um lugar esplêndido para visitar e esconder uma grande tela inglesa, não era mais local para negócios. Como explicou subseqüentemente a Pinkerton, "ele tinha andado por este país, olhado os trabalhos de banco sendo feitos e parecia-lhe impossível".

Com avanços tecnológicos tais como o telefone que, como Guerin observou, "aniquilava com as chances de fuga" e a crescente sofisticação das técnicas de combate ao crime, não é de surpreender que as fileiras da fraternidade criminosa de Worth estivessem rareando e depressa. Por volta de 1890, ladrões notáveis como Langdon Moore, "Banjo" Pete Emerson, George Bliss (que uma vez tirara mais de 2 milhões de dólares do banco Ocean National), Joe Killoran e "Western" George Leslie, o "Rei dos Assaltantes de Banco" de Nova York, estavam ou mortos ou na prisão. Do círculo íntimo de Worth, Ned Wynert, um libertino até o fim, sofrera o destino tradicional dos adúlteros, morto a tiros em flagrante delito por um marido enfurecido; Joe Chapman, que saíra por fim da prisão turca, estava meio louco; Becker estava se escondendo em algum lugar no Meio-Oeste; o capitão George estiolava numa prisão parisiense e o irrequieto Joe Elliott e Carlo Sesicovitch haviam morrido em prisões norte-americanas. Até mesmo o velho Junka Phillips estava fora de circulação, tendo sido preso em 1886 em Quebec "por soltar notas espúrias do Banco da Escócia" e condenado a dez anos de cadeia. Não era um rol muito animador.

Porém foi o triste destino do pobre e sofrido Charley Bullard o motivo maior da inquietação de Worth diante da falta de sorte de seus comparsas norte-americanos. A parceria entre Piano Charley e Max Shinburn, da qual Worth se ressentira desde o começo, mostrou-se grandemente malsucedida, apesar de uma série de incursões criminosas na Bélgica e Holanda. Bullard continuava bebendo muito, e Shinburn, decidido a recuperar seu estilo de vida grandioso, tinha a tendência de dissipar tudo o que conseguiam roubar. "A necessidade de especular fez dele uma espécie de viciado na Bourse" e o pouco que sobrou das especulações do Barão se perdeu através do "jogo e da extorsão de um chantagista que ameaçava revelar sua identidade". Pinkerton topou com Shinburn na Bélgica, durante a década de 1880, e encontrou-o "com os recursos tristemente esgotados". Segundo um outro sócio, "Max e Charlie [sic] depois de terem feito e dispersado fortunas em alguns dos maiores assaltos nos dois continentes, estavam quebrados".

O Barão estava apostando tudo num outro grande roubo para ficar à altura de Worth e voltar à vida de luxos que adorava. O *crime de résistance* de Shinburn acabou sendo uma catástrofe humilhante, hilária e dispendiosa, não apenas para ele como também para o pobre e embriagado Charley Bullard. Muitos anos depois sugeriu-se que o próprio Worth pode ter tido algo a ver com a queda do Barão. Segundo um relato, não corroborado, ele "se cansou de financiar seus antigos camaradas [e] decidiu se livrar dos parasitas indesejáveis", levando-os a cometer um grande crime e depois traindo a todos. Embora Worth possa ter tido conhecimento dos planos, já que permanecia em contato amistoso com Bullard, não há provas de traição de sua parte. Na verdade ele parece ter ficado bastante abalado com os acontecimentos que se seguiram.

O alvo escolhido pelo Barão foi o banco provincial em Verviers, Bélgica, um estabelecimento rural dotado de um antigo cofre que Shinburn acreditava poder arrombar sem a menor dificuldade. Piano Charley foi facilmente convencido a ir como cúmplice, com a promessa de 6 mil dólares se o roubo desse certo. Shinburn admitiu depois que "esperava obter no mínimo 100 mil dólares para si". O banco situava-se dentro de um pátio, no coração da cidade, protegido por um grande portão de ferro forjado. A porta do banco era de carvalho, com uns trinta centímetros de espessura e fechada por uma fechadura mais tarde descrita pela imprensa belga como sendo "imensa". Armados de revólveres, os dois partiram à meia-noite para vistoriar as instalações. "Eles planejavam roubar o banco na noite seguinte", de acordo com o promotor belga, "depois de fazer uma inspeção minuciosa do interior". Shinburn abriu a fechadura do portão externo e em seguida se pôs a trabalhar na da porta interna, desparafusando a chapa do buraco da fechadura e colocando os quatro parafusos no bolso do colete. Uma vez aberta a porta, os ladrões tiraram as botas e deixaram-nas na soleira, de maneira que pudessem andar pelo banco sem deixar nenhum rastro. Por azar, enquanto Shinburn e Bullard estavam lá dentro, examinando o cofre, um vigia noturno passou pelo portão externo e, vendo que estava entreaberto, resolveu iluminar o local com sua lanterna. As botas dos ladrões estavam claramente visíveis na entrada. O vigia, percebendo o que estava acontecendo, recolheu os calçados e foi chamar a polícia. Momentos depois os ladrões reapareceram, tendo visto tudo que havia para ver; Shinburn já tinha quase acabado de parafusar de volta a placa do buraco da fechadura quando Bullard reparou que as botas tinham sumido. Shinburn, entretanto, não conseguia encontrar o quarto parafuso, apesar de ter esvaziado freneticamente todos os bolsos. "Para economizar tempo, em vez de tentar dar busca no escuro, Shinburn pegou um pouco da cera que tinha no bolso, encheu o buraco e enterrou a unha na substância, para lhe dar o aspecto da cabeça de um parafuso." O par então se dispôs a fugir, de meias, bem no momento em que a polícia belga chegava. O Barão "disparou um tiro contra um dos gendarmes, mas errou e foi imediatamente dominado". Bullard ainda conseguiu se livrar e saiu galopando bravamente na escuridão, disparando o revólver para o alto numa tentativa vã de espantar seus perseguidores. Foi alcançado e algemado antes de chegar ao fim da rua.

Embora a impressão fosse a de que os criminosos norte-americanos tinham sido pegos com a boca na botija, a polícia belga estava atordoada. Tendo revistado os suspeitos, não encontraram nenhuma mercadoria roubada, apenas uma minúscula bola de cera no bolso do colete de Shinburn. Embora tivessem uma forte (e correta) suspeita de que esta fora usada para obter uma impressão da fechadura interna, não podiam provar nada.

Com a despreocupação que lhe era típica, Shinburn insistiu que o portão do pátio estava aberto e que ele e o amigo estavam com os pés doendo, após um longo dia de visita à cidade, e que tinham simplesmente tirado as botas para poder sentar e descansar um pouco nos degraus do banco. O senhor Bullard, explicou ele, começara a atirar nos policiais porque acreditava estar sendo assaltado, não falava francês e, além do mais, era sujeito a alucinações alcoólicas. Uma espiada na coloração avermelhada de Piano Charley confirmou que pelo menos essa última parte da história era totalmente crível.

Shinburn era um mentiroso inveterado, e a polícia, por falta de provas, estava a ponto de libertar os dois quando um dos oficiais sugeriu que chamassem o que agora seriam peritos para um exame final do interior do banco. Como noticiaram os jornais belgas, "um dos especialistas pediu para ver a bola de cera de Shinburn. Para sua surpresa, havia um pequeno parafuso enterrado profundamente na cera. Um serralheiro testou a porta e notou que um dos buracos de parafuso estava cheio de cera e que faltava o parafuso".

O parafuso que faltava era do mesmo tipo do encontrado no bolso de Shinburn e, sob exame minucioso, a placa do buraco da fechadura mostrou marcas e arranhões. O inspetor Byrnes de Nova York, enquanto isso, recebera fotografias do par e imediatamente "identificou-os como notórios assaltantes e fugitivos da prisão, que a polícia deste país está procurando". Depois de um rápido julgamento no tribunal de Liège, foram sentenciados em 21 de fevereiro de 1884: Charley pegou doze anos de trabalhos forçados e Shinburn, como chefe da quadrilha, dezesseis e meio.

Worth estava ocupado, arrumando seus próprios assuntos criminosos, à época desses acontecimentos, porém acompanhou-os horrorizado, de Londres. Ele já tinha motivos de sobra para não gostar de Shinburn, porém o papel do Barão na derrocada final de seu ex-parceiro parece ter provocado uma angústia especial no escroque. Ficou zangado com a estupidez de Shinburn e consternado com a sorte de Charley, porém não tinha poderes para intervir.

À medida que os anos de encarceramento de Charley se arrastavam, privado de seu duplo suporte de álcool e música, o velho pianista começou a declinar visivelmente. Assim como Worth, jamais se esquecera de Kitty Flynn e parece ter tido ilusões vãs de que ela pudesse ir em seu auxílio, armada de sua recém-obtida fortuna. Os Pinkerton registraram que ele chegou até a jurar que "voltaria a viver com a rica viúva Terry" e observaram que "ela é imensamente rica, porém se vai consentir ou não em se reunir com o marido condenado, nem aqueles que a conhecem bem sabem dizer". A última foto de Piano Charley mostra uma figura deplorável, com uma barba hirsuta e olhos parados, uma imagem soturna do farrista outrora tão charmoso. Worth forneceu ao antigo parceiro o pouco socorro que podia, subornando os guardas da prisão que levavam pequenos pacotes com comida e mensagens de apoio para ele. Porém em 1891, quando Bullard começou a servir o sétimo ano da sentença, o velho ladrão já estava obviamente à morte.

Worth queria ver o amigo outra vez e, quem sabe, até mesmo pedir, se não em pessoa ao menos com dinheiro, sua libertação. Bullard tinha o hábito de ser preso, mas não era nenhum preguiçoso na hora de fugir, como demonstrara em 1868 e, de novo, em 1878. Worth pode ter pensado que poderia tirar Charley da prisão em Liège; quase tão agradável seria deixar Shinburn para trás. Um dia, em 1892, Worth de repente anunciou à mulher que iria fazer uma curta viagem de negócios, despediu-se dos filhos pequenos e rumou para o continente. Como sempre, os motivos de Worth eram uma mistura do altruístico e do criminoso: ele pretendia ver e talvez tentar libertar Charley Bullard, porém ao mesmo tempo também acalentava um novo plano para aliviar os bancos belgas de parte de seu dinheiro.

A primeira parte do plano não deu em nada porque à altura em que Worth chegou a Liège, Charley Bullard já estava morto e presumivelmente tocando piano para Hades; a segunda parte seria a ruína de Worth.

19. A Waterloo de Worth

Talvez tenha sido o trauma emocional provocado pela morte de Bullard que o levou a executar um crime que não teria contemplado em momentos mais racionais. Worth já demonstrara uma estranha queda para salteador na África do Sul e talvez tenha imaginado que um ligeiro furto ajudaria a distraí-lo; ou quem sabe tivesse se tornado tão vaidoso que se considerava imune ao azar. Até os Pinkerton acharam bizarro que um homem da inteligência de Worth, que já roubara o suficiente para viver confortavelmente pelo resto da vida, fosse se rebaixar executando crimes menores outra vez. "Worth estava vivendo 'na crista da onda' na Inglaterra, era um homem rico", William Pinkerton refletiu. "Seria de se imaginar que com essa quantia Worth tivesse se aposentado, porém a propensão de jogar era muito forte e o desejo de experimentar novos campos o levou a novos crimes."

Após deixar Londres, no início de setembro de 1892, Worth foi para a Suíça, onde teve um encontro com um escroque e antigo freqüentador do American Bar chamado Oscar Klein, antes de rumar para Liège, via Colônia e Aix, onde combinara de apanhar com um ferreiro algumas ferramentas de assalto feitas sob medida. Uma semana após sair de Londres, chegou a Liège e instalou-se num dos hotéis mais caros da cidade. O plano elaborado por Worth enquanto perambulava pela cidade, ruminando a morte de Charley, era simples porém extremamente imprudente. Worth ficou sabendo que grande parte do dinheiro entregue à cidade belga de Liège era levado por via férrea e depois transportado aos vários bancos por um furgão guardado por um condutor armado, acompanhado de um rapazote. O condutor era responsável pela entrega dos cofres enquanto o guri fazia entregas menores. Depois de alguns dias de observação, Worth concluiu que o condutor e o rapaz às vezes saíam simultaneamente, deixando o furgão alguns momentos sem guarda. Como explicou depois a Pinkerton, se ele enviasse um pacote endereçado a um ponto próximo de um dos maiores bancos, era certo que "o rapaz se encarregaria de entregá-lo enquanto o condutor iria até o banco, deixando o furgão vazio".

Pela primeira vez em vários anos e por motivos que só ele poderia saber, Worth decidiu efetuar esse roubo pessoalmente, mas iria precisar de cúmplices. Para esse fim recrutou dois conhecidos ladrões, o norte-americano Johnny Curtin, um assaltante de banco fugitivo que ele contratou na Inglaterra, e "Dutch" Alonzo Henne, um larápio local com uma sólida reputação no submundo. Curtin era um patife razoável mas totalmente inconsistente, bem-apessoado, sombrio, de longas suíças castanhas, cujo charme só era equiparável a sua avareza. Com 42 anos, cumprira pena por vários crimes em Chicago, Sing Sing, na penitenciária da Pensilvânia e adquirira a reputação de "um dos assaltantes e ladrões de loja mais notórios da América", antes de cruzar o Atlântico em 1886 com dois outros criminosos para, como observou a polícia, "fazer uma excursão pelo continente, já que tinham um volume considerável de trabalho planejado para eles por Adam Worth, um interceptador famoso de bens roubados a quem todos os ladrões norte-americanos procuram, ao chegar a Londres, em busca de pontos". Curtin ganhara a admiração e aprovação de Worth alguns meses antes quando, ao ser preso enquanto tentava passar um cheque falsificado, engolira a prova a caminho da delegacia.

Dutch Alonzo, que exibia uma das caras mais malvadas da Europa, entrou como apoio. Ele podia ter um aspecto aterrador mas, como refletiria Worth mais tarde, com amargura, "Alonzo, apesar de ter a reputação de ser um sujeito resistente e tudo o mais, era o maior covarde que já existiu quando se tratava de fazer algo ousado".

Durante vários dias Worth treinou os parceiros em seus respectivos papéis: Curtin seria o assistente, pronto para sair com a sacola que Worth encheria com o produto da caixa-forte do furgão, ao passo que Alonzo deveria agir como espia. Um dia antes do roubo, Worth comprou um cadeado idêntico ao usado na caixa-forte do furgão e um novo sobretudo, no caso de precisar de um rápido disfarce. Na manhã de 5 de outubro de 1892, o trio pôs mãos à obra e os primeiros estágios correram segundo os planos: às nove e meia o condutor apeou do furgão para entregar um cofre-forte a um certo monsieur Comblen, no bulevar Frère Orban, número 31, enquanto o rapaz desapareceu numa rua adjacente para fazer a entrega forjada. Worth, como contou mais tarde, "pulou no assento e arrancou o cadeado" da caixa-forte do furgão e "e em menos tempo do que levou para escrever isto", como diria depois um jornal, esvaziou o conteúdo numa pequena sacola.

"Alonzo deveria vigiar para dar o sinal de um lado e Curtin do outro, mas quando olhei em volta vi os dois se afastando." Ou os reflexos de Worth o abandonaram ou então a cobiça levou a melhor, porque em vez de dar no pé imediatamente, ele "saiu do furgão com tantos pacotes quanto pôde carregar nos braços e começou a subir a rua". O motivo para o desaparecimento de Curtin e Alonzo ficou imediatamente evidente. Bem na hora em que o roubo acontecia, um certo "monsieur Decorty, funcionário da ferrovia, ia passando e notou o evento". Os dois cúmplices de Worth viram Decorty olhando boquiaberto para o furgão e fugiram. O ferroviário recobrou-se da surpresa e "vendo o malfeitor correndo, começou a persegui-lo gritando 'Pare! Ladrão!'".

Naquele exato momento o condutor também retornou ao veículo e "também ele se pôs atrás do ladrão". Para um homem de meia-idade, até que Worth conseguia imprimir uma boa velocidade quando a ocasião assim exigia, como essa, por exemplo. "O fugitivo já estava a uma distância considerável de seus perseguidores", um jornal noticiou depois, "e esta ia gradualmente aumentando." Enquanto isso o policial Charbonnier também ouvira os gritos e juntara-se à perseguição. A idade de Worth, os inúmeros jantares caros e o peso dos despojos logo tornaram a corrida desigual. Dando-se conta de que os perseguidores haviam avançado terreno, Worth "mais que depressa livrou-se dos objetos que acabara de roubar, jogando-os na calçada e indo em linha reta para a rue Saint-Veronique", onde tinha esperança de poder se esconder na multidão. Como explicou pesarosamente a Pinkerton, anos mais tarde, estava "a dois quarteirões da cena do crime" quando foi abordado por trás por um policial bem mais jovem e em boa forma que, ajudado por dois outros cidadãos e ofegante da perseguição, algemou-o.

Arrogante até o fim, Worth tentou safar-se pela impudência. Seu nome era Edward Grey (que a polícia transcreveu como sendo Edouard Grau), disse ele, de Londres, Inglaterra, e exigia a soltura imediata. Sua escolha espontânea de alcunha pode ter sido uma referência secreta a Charles Grey, outrora amante da duquesa de Devonshire. Porém a polícia belga foi mais esperta que seus parceiros franco-canadenses, alguns anos antes, e não se deixou iludir tão facilmente já que, como disse o juiz de instrução, eles o tinham *en flagrante délit de vol*, com a boca na botija.

Em sua edição do dia seguinte, *La Gazette de Liège* descreveu a tentativa de roubo como "um golpe audacioso, brilhantemente planejado" e permitiu um ligeiro racismo em sua reportagem. "Grau é um sujeito forte, com um ar vigoroso e inteligente. Seu rosto, caracteristicamente semítico, tem um bigode escuro que, a exemplo do cabelo, está começando a ficar grisalho. Parece quase certo que ele esteja mentindo em suas declarações e que tenha dado um nome falso. Ele já deu respostas contraditórias a outras perguntas." *Le Soir* observou que "ele estava vestido como um cavalheiro e levava consigo uma quantidade considerável de dinheiro belga", ao passo que *La Meuse* salientou seu "traje convencional" e comentou que "todos seus pertences trazem a marca de fabricantes britânicos".

Quando seu quarto de hotel foi revistado e foram encontrados cartões de visita gravados com o nome Henry Raymond e seu endereço em Londres, ele admitiu que vivera sob esse nome por 25 anos. Em seguida a polícia apresentou a ferramenta da cena do crime, "o extremamente sólido *pince monseigneur* [pé-de-cabra], embrulhado num invólucro de couro, que fora usado para o roubo". Worth então contou uma história extraordinária à atônita polícia belga: ele era, conforme disse, um mecânico de 52 anos, originalmente de Munique, que chegara à Bélgica via "Colônia, Mulhouse, Estrasburgo e outras cidades alemãs e suíças". A ferramenta ele comprara de um ferreiro em Aix, na semana anterior. Na esperança de despistar seus interrogadores, contou-lhes uma lorota, dizendo que não trabalhava há dois anos e que tinha vivido esse tempo com as rendas de alguns roubos menores. Antes disso, segundo ele, trabalhara honestamente como vendedor de diamante para a firma Wynert & Co., em Londres.

Uma hora ele admitia ter executado o roubo do furgão, na outra negava. Privado de sono, começou a se contradizer.

"Há evidências que indicam estarmos na presença de um ousado bandido, com fortes motivos para permanecer completamente mudo", *La Gazette* noticiou, enquanto o inquérito prosseguia, acrescentando: "Grau é um judeu, porém se alemão, inglês ou norte-americano não se sabe".

Durante dois dias a polícia continuou a martelar Worth com as mesmas perguntas. "Quem é você? De onde vem? Onde trabalhou pela última vez?" Exausto, Worth finalmente zangou-se e disse ao superintendente da polícia belga que preferia morrer a dizer-lhe qualquer coisa mais. "Se soubesse da verdade, eu seria trancafiado na prisão por toda a eternidade", grunhiu ele, com um rompante do ego que não conseguia suprimir. Percebendo que já falara demais, a partir desse momento Worth fechou-se completamente e, apesar da alternância de ameaças e incentivos por parte da polícia, negou-se a dizer palavra. "Ele se recusa a revelar sua identidade por motivos familiares", a polícia relatou. Ao menos nisso Worth estava sendo perfeitamente sincero, porque sua principal preocupação parece ter sido a de evitar que a família soubesse de seu destino. Apesar da traição evidente dos cúmplices, Worth insistia que fizera tudo sozinho. "Com a lealdade pela qual ficou famoso, Raymond [Worth] negou-se consistentemente a revelar a identidade dos comparsas a cuja idiotice devia sua prisão, e Curtin fugiu para a Inglaterra", a deslumbrada Sophie Lyons escreveria mais tarde. Na verdade, parece que a recusa de Worth em apontar seus cúmplices estava diretamente ligada a sua intenção de proteger a família, já que pedira a Curtin para cuidar da mulher e dos filhos no caso de ser preso.

Tudo isso deixava as autoridades num dilema. Investigações realizadas na estação ferroviária Guillermins revelaram que "esse indivíduo fora visto várias vezes, nas semanas anteriores, perambulando pelas áreas comerciais. Um subcondutor chegou inclusive a vê-lo na semana anterior, seguindo de perto um furgão de entrega no quai de Fragnée". O homem detido era obviamente um criminoso, mas exatamente *que* tipo de criminoso era impossível dizer; Worth esperava sair com "1 milhão de francos ou 200 mil dólares" do roubo, mas na verdade os pacotes que roubara também continham "valiosos papéis de Estado", o que levantou a possibilidade de que pudesse ser um espião estrangeiro. "O valor oficial dos papéis é de 60 mil francos, porém o valor real é muito maior", declarou um jornal, enquanto outros calculavam que o conteúdo do cofre valesse pelo menos meio milhão de francos, dada sua importância. Cinco dias depois da prisão de Worth, ele "continuava mantendo um silêncio quase completo [e] quanto à questão de ter executado esse ousado roubo com a ajuda de cúmplices ou se ele o executou sozinho, isso também não se sabe [...], o ladrão continua a fingir que seu nome é Edouard Grau". Por fim o juiz de instrução, Theodore de Corswarem, do tribunal de Liège, tomou a iniciativa de fazer circular, entre as forças policiais européias e norte-americanas, uma descrição do suspeito, completa com medições Bertillion e uma foto, juntamente com um pedido de informações.

"O sujeito fala e escreve um inglês muito bom", Corswarem avisava, "bem como alemão e francês com sotaque inglês. Ele é robusto, forte e de temperamento explosivo, cabelo curto, suíças, bigode no estilo russo, as suíças totalmente grisalhas, o bigode menos, olhos castanhos, testa alta, nariz proeminente." Embora Worth tivesse gastado fortunas em cavalos de corrida e festas regadas a champanhe, claramente negligenciara a parte dentária. "Dentes irregulares e descoloridos", escreveu o magistrado belga. "Do lado direito do maxilar superior há um dente faltando e outro cariado, do lado esquerdo do maxilar superior os dois pequenos molares estão faltando e o grande molar está muito cariado" e assim por diante. Uma vez que Worth continuava se recusando resolutamente a abrir a boca por qualquer outro motivo, seus dentes eram quase que a única prova sólida que a polícia belga possuía para continuar. A circular concluía com um apelo do juiz Corswarem a seus "colegas e a todos os policiais para que fizessem o possível a fim de estabelecer a identidade do homem, descobrir seus antecedentes e qualquer outra coisa referente a sua pessoa, e comunicá-los o quanto antes".

As autoridades estavam começando a entrar em pânico porque, como observou um contemporâneo, "nem a polícia nem os detetives o conheciam. As provas contra ele não eram muito convincentes. Ele tinha uma boa chance de ser absolvido". Uma semana após sua prisão, quando começou a ficar ainda mais óbvio que as autoridades continuavam no escuro, Worth recobrou o espírito e a voz, soltando fanfarronices e provocando seus captores, na aparente suposição de que não seria processado e que podia se divertir um pouco. "Interrogado a respeito de sua nacionalidade, ele disse que se quisessem realmente saber só precisavam rever a história de um importante e célebre roubo cometido, algum tempo atrás, na ferrovia de Ostende de Malines." Esse não era o momento para se exibir e os jornalistas belgas seguiram a pista. "Investigações foram realizadas nesse terreno", registrou *La Meuse.* "Se ele é um dos que perpetraram o roubo, do qual nos lembramos, então temos todos os motivos para crer que esse ousado bandido é um inglês. Ele manteve seu sangue-frio o tempo todo e está se divertindo à grande com o problema que sua anonimidade vem causando aos magistrados encarregados da investigação."

Enquanto a polícia belga esperava ansiosamente por notícias de seus colegas na Europa e nos Estados Unidos, chegou-lhes a notícia de que um criminoso norte-americano, chamado Max Shinburn, atualmente encarcerado na prisão local, estava mais do que disposto a identificar o malfeitor. O Barão, ao que parece, "obtivera o jornal que fazia o relato da prisão [e] pela descrição suspeitou que o prisioneiro fosse seu inimigo íntimo, Adam Worth. [...] Não perdeu tempo, comunicou-se com as autoridades [e] fez com elas uma barganha que era sem dúvida vantajosa para si, na medida em que garantia sua própria libertação, e condenava o homem que odiava".

Shinburn expôs a extraordinária história criminosa de Worth com abundância de detalhes, relatando praticamente todos os roubos que ele executara ou planejara desde a Guerra Civil. O documento resultante, que permanece nos arquivos Pinkerton, foi uma obra-prima em traição, hipocrisia e vingança. Com o decorrer dos anos Shinburn soubera, através de Charley Bullard, dos detalhes completos da carreira do rival e agora fornecia à espantada polícia belga a versão completa do assalto ao Boylston Bank, a história do American Bar, o roubo sul-africano e até mesmo o furto do retrato de Gainsborough, que "jamais saiu das mãos de Worth e que está até hoje com ele". Shinburn observou, com apenas uma ligeira distorção geográfica, que Worth "vive em estilo extravagante numa casa em Piccadilly, acima da loja Fordham [sic] & Mason" e admitiu que "Adam Worth é sem dúvida o ladrão mais bem-sucedido dos tempos atuais [...], ninguém nunca levou a melhor com ele; por outro lado, tem fama de ter tirado o melhor de todos aqueles, em sua linha de trabalho, com quem teve oportunidade de transacionar".

Entusiasmado com a traição, Shinburn passava, em seguida, a uma verdadeira demolição de caráter. "Sua tática é lidar com homens fracos em sua linha de trabalho, [com] quem possa fazer o que quiser, sem perguntas; isso fica evidente olhando-se os homens com quem se relacionou. Ele não reconhece o princípio da honestidade entre ladrões e nunca participou de um trabalho onde não tenha tirado vantagens mesquinhas dos companheiros. Isso ele pode ter tido o direito de fazer porque sempre foi o cabeça ou a alma de todo trabalho de que participou, porém, se era esse o caso, deveria ter sido explicitado antes de feito o trabalho." Entre as alegações contra Worth estavam a de substituir diamantes bons por diamantes de pouca qualidade ao dividir os proventos de um roubo, ficar com a melhor parte e no geral enganar os cúmplices e não lhes dar a parte devida. Essas eram calúnias infames porque se havia um princípio que Worth *reconhecia* era o da lealdade entre ladrões, ao passo que sua generosidade para com os companheiros era lendária.

Salientando que "conhecia Worth, vulgo Raymond, desde os tempos de juventude", o Barão achou por bem temperar sua perfídia com alguns comentários mais pessoais: a aparência de Worth é "bem judaica", escreveu ele, de nariz torcido, "e gosta muito de usar jóias espalhafatosas porém valiosas, principalmente vários anéis de brilhante, rubi e esmeralda nos dedos [...], as pernas são o que se denomina arqueadas". Sem saber que Ned Wynert estava morto e William Megotti na cadeia, Shinburn incluiu os antigos sócios de Worth em sua diatribe, que termina com uma hipocrisia brilhante: "Pode-se dizer, em verdade, que este trio de ladrões é o mais sem princípios que há hoje em dia em relação a sua própria gente e é de se esperar que recebam logo o merecido castigo das leis tantas vezes ultrajadas".

Mais que ultrajados, os representantes das leis belgas estavam atônitos com a inesperada sorte mas, enquanto ponderavam sobre acreditar ou não nas declarações de Shinburn, foram chegando comprovações de outros quadrantes. Thomas Byrnes, da Polícia de Nova York, sugeriu educadamente que a descrição correspondia à de Adam Worth, assaltante do Boylston Bank e, em suas palavras, "o mais famoso criminoso de todos". Logo em seguida chegou uma carta extasiada do superintendente John Shore da Scotland Yard que selou o destino de Worth. Shore teria preferido pegar Worth ele mesmo, porém a alternativa era ótima e ele imediatamente ofereceu-se para informar as autoridades belgas de tudo que sabia sobre a vida e os crimes de Worth, inclusive sobre o roubo do Gainsborough — o resultado ficou mais próximo de uma denúncia pessoal do que de um pacote objetivo de provas e, como disse o próprio Worth, um tanto pesaroso, "Shore bombardeou-me do começo ao fim e me fez tão mau quanto possível" aos olhos das autoridades belgas.

Porém os que mais sabiam sobre Adam Worth, os Pinkerton, mantiveram silêncio completo sobre o assunto e não fizeram qualquer tentativa de fornecer a Corswarem os volumes de informações que possuíam sobre suas atividades, omissão pela qual Worth seria eterna e visivelmente grato. Como disse mais tarde a William Pinkerton, e Pinkerton disse ao irmão, "ele esperava a qualquer momento um relatório nosso sobre ele e sabia que devia ser por minha influência que o relatório não saía. Eu não disse nem que sim nem que não a respeito disso, mas deixei-o pensando que sim". Na verdade, como William insistiu, "nós não fomos convocados". Isso é obviamente mentira, porque as autoridades belgas contataram imediatamente as maiores agências de detetives dos Estados Unidos e, na verdade, existe até hoje uma cópia da circular de Corswarem nos arquivos Pinkerton. A 3 de novembro de 1892, William Pinkerton escreveu a John Shore agradecendo-lhe o envio de uma fotografia de Worth. "Para lhe ser sincero, ele mudou tanto que eu mal teria sido capaz de reconhecê-lo. [...] Ele está ficando muito velho e não parece mais o sujeito garboso que eu conheci em Londres, há dezoito ou dezenove anos. Caso o juiz de instrução peça algum particular, não tenho dúvida de que Robert, em minha ausência, poderá fornecer-lhe o que for preciso." Shore também fez questão de escrever a Robert Pinkerton, que respondeu prontamente afirmando: "Eu vou escrever ao juiz de instrução em Liège, Bélgica, dizendo-lhe o que sei a respeito de Adam Worth". Porém não o fez, e nem William.

Portanto parece provável que Worth estivesse correto ao supor que os Pinkerton haviam decidido não fornecer sua ficha aos belgas. William Pinkerton e Worth haviam se encontrado pelo menos duas vezes, no American Bar em Paris e no bar Criterion, em Londres, e haviam desenvolvido uma profunda admiração mútua. Hoje em dia isso seria considerado um escândalo, porém na época a lei era administrada em bases menos rígidas. William Pinkerton obedecia à lei, porém de forma altamente personalizada e não hesitava em violar as regras se as circunstâncias, ou os indivíduos, assim o exigissem. Em areias assim movediças é que se erguia o rochedo da moral vitoriana. Pinkerton não delatou Worth pelo simples motivo de que gostava dele, respeitava seus talentos e sabia que ele já estava em péssima situação.

"Eu sei o que sua instituição fez", Worth disse a Pinkerton, muitos anos depois, "e sei que vocês tiveram a oportunidade de me derrubar na época em que estava na Bélgica, durante meu problema em Liège." Essa era, nas palavras de Worth, "uma dívida de gratidão que jamais poderia ser paga". Porém Worth acabaria por pagá-la, inteira, fornecendo a Pinkerton a solução do caso mais célebre de sua carreira de detetive.

20. O julgamento

Mesmo sem o auxílio dos Pinkerton, as autoridades belgas tinham agora informações suficientes sobre Worth para se sentirem confiantes, e a data do julgamento foi marcada para a primavera seguinte. A imprensa da Bélgica anunciava, em alvoroço, a próxima atração: "Sessões de 20 e 21 de março — o caso do roubo do furgão do Correio pelo inglês Adam Wirth, vulgo 'Príncipe dos Arrombadores de Cofres'. Advogado de defesa: Jules Janson".

Os boatos de que Henry Raymond, um eminente cavalheiro londrino, fora desmascarado como sendo Adam Worth, criminoso internacional, espalharam-se rapidamente pela imprensa inglesa e norte-americana. "Henry Raymond, um conhecido apostador, foi preso numa estação ferroviária em Liège, Bélgica [...] enquanto roubava títulos no valor de 4 mil libras", o *New York World* noticiou. "Ele vivia em alto estilo em Londres, usufruindo dos proventos de muitos roubos [...] e pertence a um círculo de ladrões norte-americanos muito conhecidos dos detetives de Paris e Nova York. Ele figura no livro do inspetor Byrnes sobre criminosos como 'Adam Worth'." Enquanto isso o *Daily Te-*

legraph observava que "Wirth [...] era membro de um notório bando de ladrões norte-americanos, dois dos quais foram julgados em Liège, em 1884, por assaltarem o banco Modera em Verviers. Wirth, envolvido em alguns dos assaltos a banco mais ousados dos últimos anos, tinha várias alcunhas e era conhecido da polícia norte-americana, durante sua estada nos Estados Unidos, como 'Príncipe dos Arrombadores'. Ele passou um tempo considerável em Londres, onde vivia em grande estilo e atuava como interceptador de uma agência internacional de ladrões". A imprensa ainda não tinha estabelecido nenhuma conexão entre Adam Worth e o roubo do Gainsborough, porém o inspetor Shore não perdeu tempo e foi dizer a William Agnew que a busca da *Duquesa* podia estar no fim. O detetive da Scotland Yard combinou um encontro com o *marchand* e expôs-lhe todos os fatos conhecidos.

E foi assim que Worth, sentado numa fétida cela de prisão, aguardando desanimado o julgamento, recebeu aviso de que ninguém menos do que o cônsul norte-americano chegara para visitá-lo. O funcionário "disse representar um eminente policial da América e ofereceu-se para pagar-lhe 3 mil dólares e efetuar sua libertação em troca de informações que levassem à recuperação do retrato de Gainsborough". A história oficial dos Agnew, o que talvez não surpreenda ninguém, não faz qualquer menção a essa oferta, porém não há dúvida de que o *marchand* estava por trás dela. Worth, entretanto, "recusou-se a se envolver na questão, dizendo que não sabia nada sobre a tela e que todas as histórias em contrário eram falsas". Logo em seguida chegou uma oferta mais digna de confiança. O próprio advogado de Worth disse-lhe que fora chamado pelas "autoridades inglesas" e que trazia "a palavra do ministro do Interior da Bélgica de que sua libertação seria efetuada após a devolução do quadro". Uma vez mais Worth se recusou não só a fazer o trato como também a "admitir a seu próprio advogado que sabia qualquer coisa a respeito dele". O advogado insistiu, porém Worth permaneceu inflexível.

Talvez, como Pinkerton imaginava, Worth temesse que a oferta não passasse de uma artimanha e, realmente, é difícil imaginar como um *marchand* londrino (por mais bem relacionado que fosse) poderia evitar que as autoridades belgas levassem a julgamento um homem com uma vasta ficha criminal que fora apanhado cometendo um grande roubo, fossem quais fossem as exigências da arte. Worth estava, claramente, na mais desesperada posição de toda a sua carreira, contudo sua recusa em cooperar, fosse com "as autoridades inglesas", fosse com o anônimo "policial eminente", ainda que estes representassem sua única esperança de clemência, sugere tanto cautela quanto uma obstinação voluntariosa. O quadro estava agora escondido e seguro num armazém de Boston, porém durante os dezessete anos em que Worth viajou pelo mundo com a *Duquesa* em seu baú, em seu iate e em sua cama, um elo extraordinário se formara entre eles, elo que significava muito mais que dinheiro, mais até do que sua própria liberdade.

Durante a vida, Georgiana fascinara toda uma geração. Muito depois de sua morte, através de imagens como a de Gainsborough, o estranho poder de sua personalidade continuou a cativar a imaginação do público. Com o roubo do quadro, Worth tornara-se o guardião daquele mito — atrelado, até mesmo algemado à *Duquesa* de Gainsborough por um pacto psicológico que ele não queria e talvez não pudesse romper. A vida dupla e fictícia de Worth desmoronara a sua volta, mas ele ainda tinha o quadro, o último símbolo de sua revolta, do grande logro que ele maquinara tão bem. Com a duquesa pelo braço, por assim dizer, ele desfilara incólume pelos salões dourados; ela fora seu passaporte para a alta sociedade, e o obstáculo que o afastava dela. A lei e o mundo podiam conhecê-lo agora como Adam Worth, patife, impostor, vilão e mentiroso — mas enquanto controlasse a *Duquesa* ele continuaria a ser, pelo menos sob sua própria óptica, Henry J. Raymond, digno cavalheiro e poderoso ladrão. Uma fotografia tirada pelas autoridades presidiárias nessa época diz um bocado sobre o estado de espírito de Worth. Sem gravata porém de terno, um lenço aparecendo no bolso do paletó, ele olha diretamente para a câmera, num retrato de máximo desafio, controlado e profundamente ameaçador.

Sem dúvida para imensa frustração de William Agnew, Worth negou vigorosamente qualquer conhecimento sobre o paradeiro da tela. A *Duquesa* era seu distintivo de superioridade e invencibilidade, prova de que ele continuava como sempre um passo à frente. Worth começou a escrever numerosas cartas, num código elaborado, a aliados, advogados e amigos, pedindo ajuda. Muitos responderam, também usando códigos e nomes falsos, fornecendo dinheiro, apoio moral e as últimas fofocas do submundo. Todas as cartas foram interceptadas e examinadas pelas aturdidas autoridades do presídio belga. De sua mulher e do protetor nomeado, Johnny Curtin, houve um silêncio sinistro e total, porém o socorro veio de um outro e comovente quadrante. Kitty Flynn, a viúva Terry, escrevia agora regularmente a seu antigo amante, enviando grandes quantias em dinheiro com mensagens alegres assinadas "Turquoise". Já experiente em questões jurídicas, ela também ajudou a organizar a defesa de Worth. De alguma forma as autoridades descobriram a verdadeira identidade de Turquoise e, talvez através de Shinburn, ficaram sabendo da curiosa história que envolvia Worth, Bullard e ela. A polícia interrogou Worth a respeito de seu relacionamento com Kitty, mas o ladrão, sempre galante, negou peremptoriamente que tivessem sido amantes e ficou enfurecido quando se sugeriu o contrário. Bravo, recusou-se a discutir novamente a questão. Um cavalheiro inglês, mesmo quando desmascarado como fraudador, não discute seus assuntos amorosos.

Com a aproximação da data do julgamento, o advogado de Worth, Jules Janson, fez uma visita a seu notório cliente e expôs-lhe as perspectivas extremamente sombrias que havia: a polícia, conforme Janson salientou, tinha agora uma pequena montanha de provas indicando que Edouard Grau, vulgo Adam Worth, vulgo Henry Raymond era um criminoso de carreira de rara distinção; quanto ao roubo em questão, a promotoria reunira várias testemunhas confiáveis, para não mencionar um registro dos comentários pouco cautelosos que Worth fizera enquanto detido. O conselho do advogado foi duro: admitir o roubo ao furgão do Correio, negar tudo o mais, enfaticamente, e colocar-se nas mãos do tribunal. Quanto às admissões já feitas, Worth deveria dizer que haviam sido extraídas sob pressão. Acima de tudo, Janson recomendou, tente reduzir ao mínimo toda a história de "Príncipe dos Arrombadores". Um tanto abrandado, Worth concordou.

Na manhã de 20 de março de 1892, o tribunal criminal de Liège estava repleto de advogados e membros do público "ansiosos para ver o réu que fora sujeito a uma publicidade tão extraordinária". Monsieur Beltjens, o volumoso promotor público, entrou no tribunal com ar de suprema confiança. Worth entrou em seguida, algemado mas fazendo o possível para manter as aparências. Entretanto, os seis meses de prisão haviam causado estragos e, quando estava no banco dos réus, notou-se que "perdera boa parte de seu porte cavalheiresco". A conselho de Janson, Worth relutantemente raspara seu vasto bigode e, "privado das magníficas suíças que lhe ornamentavam o rosto, o acusado perdera sua aparência garbosa". Como observou o jornal *La Meuse*: "Este não é mais o cavalheiro de outubro último: porém se o rosto perdeu parte da distinção anterior, o homem reteve assim mesmo seus modos educados e corretos". Monsieur Beltjens tinha se preparado muito bem, mas Worth também estava afiado para a contenda e decidido a não ficar para trás em questões de cortesia jurídica.

A inquirição subseqüente foi curta, confusa e muitas vezes hilariante, com Worth tergiversando e tentando derrubar Beltjens com uma mistura de charme, equívocos, auto-incriminação calculada e puro perjúrio.

PROMOTOR BELTJENS: "Quando foi para a América?"

WORTH: "Quando tinha cinco ou seis anos."

PROMOTOR: "Mas tinha apenas três anos quando seu pai emigrou?"

WORTH: "É bem possível."

PROMOTOR: "Quanto tempo ficou lá?"

WORTH: "Até 1870. Depois viajei para a Inglaterra, mas não fiquei lá muito tempo. Depois fui para o Cabo, para as minas de diamante."

PROMOTOR: "Disse que saiu de Londres em 27 de setembro de 1892?"

WORTH: "Sim."

PROMOTOR: "Não foi convidado a ir à Suíça por um homem chamado Oscar Klein?"

WORTH: "Encontrei-me com ele em Bâle, onde um contato em Genebra disse que eu o encontraria. Fiquei em Bâle até o dia em que parti para Liège, parando algumas horas em Colônia e em Aix, no caminho. Cheguei aqui a 4 de outubro, no trem expresso, às oito e meia da manhã."

PROMOTOR: "O que notou, ao chegar?"

WORTH: "Eu vi a carruagem de entregas do Correio. Uma vez que todos os pacotes estavam carimbados, pensei comigo mesmo que deviam conter algo de valor."

PROMOTOR: "Foi aí que lhe ocorreu a idéia do roubo?"

WORTH: "Sim."

PROMOTOR: "Como passou o dia 4 de outubro?"

WORTH: "Caminhei pela cidade, comprei um cadeado para ver se a chave serviria no cadeado da caixa-forte do furgão e um sobretudo porque chovera e eu não tinha trazido um."

PROMOTOR: "Não comprou o sobretudo para poder ter um disfarce depois do roubo, para encobrir sua pista?"

WORTH: "Não."

PROMOTOR: "Foi isso que o senhor disse ao juiz de instrução."

WORTH: "É bem possível, mas não é verdade."

PROMOTOR: "Onde passou a noite?"

WORTH: "Com uma mulher."

Isso, por sinal, não era verdade, porém teve o efeito desejado. Assim que o público parou de comentar e de se escandalizar, monsieur Beltjens retomou a inquirição.

PROMOTOR: "Como executou o roubo?"

WORTH: "Vi o condutor deixar o furgão e ir até uma casa. Subi até seu assento e forcei a fechadura com uma ferramenta. Eu tinha seguido o furgão desde a estação."

PROMOTOR: "Quando foi preso, o senhor se recusou a dizer quem era e de onde viera. Chegou mesmo a dizer ao superintendente da polícia que preferia morrer a admitir onde tinha trabalhado pela última vez, acrescentando: 'Se vocês soubessem eu seria trancafiado na prisão pelo resto da vida'."

WORTH: "Eu não disse nada disso."

PROMOTOR: "O senhor diz que nunca foi condenado antes?"

WORTH: "Nunca fui condenado, e nem preso, aliás."

PROMOTOR: "Está nos dizendo que esse foi o primeiro roubo que cometeu na vida?"

WORTH: "Claro que sim."

PROMOTOR: "O senhor não disse ao superintendente da polícia que é mecânico por formação mas que esteve vivendo estes dois últimos anos dos rendimentos de roubos?"

WORTH: "Eu nunca disse nada do tipo, mas eu fiquei acorrentado durante 22 horas, de modo que disse uma porção de coisas, mas não isso. O que eu disse, para fazê-los parar de me torturar, foi que eu diria o que eles quisessem."

PROMOTOR: "Nós não temos o hábito de torturar gente, aqui."

E aí, por uns instantes, monsieur Beltjens fez uma pausa de efeito, reforçando assim o poderio e a civilidade do reino belga. Worth admitira o roubo, porém dera a impressão de ter sido uma decisão de momento, um comportamento inusitado de um estrangeiro em terras desconhecidas. Beltjens passou então à segunda fase do ataque: tentar provar que Worth era um criminoso rico e perigoso com uma longa ficha de atos ilícitos e inúmeros associados altamente indesejáveis. Lançou uma nova tática.

PROMOTOR: "Em 1886, quando foi implicado no roubo de Ostende, na época o senhor disse, não disse, que não tinha necessidade de roubar nada porque estava ganhando 1500 francos por semana jogando bacará no inverno e apostando em cavalos no verão?"

WORTH: "Correto. Achei um pouco mais lucrativo que trabalhar como mecânico."

As risadas com a insolência de Worth não detiveram o impassível Beltjens, que entrou então no emaranhado das várias alcunhas de Worth, uma área extremamente confusa que Worth fez o possível para deixar ainda mais impenetrável.

PROMOTOR: "O senhor deu vários nomes falsos quando foi preso. Por quê?"

WORTH: "Primeiro de tudo eu disse que era Edouard Grau. Foi o primeiro nome que me veio à cabeça, porque eu não queria que soubessem meu nome verdadeiro."

PROMOTOR: "O senhor admite que se comportou de forma extremamente irregular?"

WORTH: "Sim, eu estava fazendo troça, mas não fiz nada ilegal."

PROMOTOR: "Por que o senhor calhou de escolher os nomes de Grau e de Henry Raymond, nomes de criminosos infames na América?"

WORTH: "Durante a guerra entre França e Alemanha, em 1870, eu queria ir a Paris mas, por causa de minhas origens alemãs, não recebi passaporte, de modo que tomei o nome de Raymond e fui para a França, onde continuei sendo conhecido como Raymond, como no Cabo."

PROMOTOR: "O senhor conhece esse sujeito, Raymond?"

WORTH: "Sim, era amigo meu."

PROMOTOR: "O senhor sabia que ele era um ladrão?"

WORTH: "Tinha ouvido dizer, mas nunca o vi roubar nada."

PROMOTOR: "O senhor não sabia que esse sujeito, Raymond, também tinha um outro nome: Adam Worth?"

WORTH: "Na época era eu que usava o nome Adam Worth."

PROMOTOR: "O senhor não ouviu dizer que na América esse Adam Worth também tinha a reputação de ser um ladrão cruel?"

WORTH: "Não."

O juiz, o júri, os espectadores e até o próprio monsieur Beltjens estavam agora absolutamente incertos quanto à identidade do homem ali no banco dos réus. Beltjens, totalmente desconcertado mas teimoso, continuou.

PROMOTOR: "Quando estava na América, conheceu Bullard e Shinburn, que foram julgados aqui, em 1884?"

WORTH: "Sim."

PROMOTOR: "Ambos eram ladrões profissionais, não eram?"

WORTH: "Eu sei que Bullard era, mas não Shinburn."

Worth ainda não soubera da traição de Shinburn e continuava tentando protegê-lo, apesar de sua antipatia pelo homem. Também pode ser que tivesse esperanças de que Shinburn retribuísse a lealdade fornecendo-lhe uma referência semelhante de caráter. Não havia por que tentar defender o bom nome de Bullard, mesmo supondo-se que tal coisa tivesse existido um dia.

PROMOTOR: "Oscar Klein, que o senhor disse ser amigo seu, também é criminoso profissional?"

WORTH: "Sim, eu sabia que ele vivia de roubos e falcatruas."

PROMOTOR: "Que intimidade o senhor tem com ladrões profissionais! Bullard era seu amigo especial, não era?"

WORTH: "Sim, eu fui visitá-lo em Paris, onde ele tinha um bar na rue Scribe."

PROMOTOR: "Ele não foi sentenciado em Paris por manter um salão ilegal de jogos nesse mesmo bar?"

WORTH: "Foi."

PROMOTOR: "Enquanto ele estava preso, não foi o senhor que dirigiu o bar?"

WORTH: "Eu o comprei dele. Bullard era extremamente rico. Ele tinha 10 mil libras no banco. Eu tinha 12 mil libras. Tinha acabado de voltar do Cabo."

PROMOTOR: "O senhor sabia como Bullard ganhava seu dinheiro?"

WORTH: "Não."

PROMOTOR: "Ou seja, esta é mais uma associação com um vigarista! Quanto foi que pagou pelo bar?"

WORTH: "100 mil francos."

PROMOTOR: "O senhor tem não só um círculo muito peculiar de

amigos e conhecidos como também jeitos bizarros de se corresponder com eles. O senhor recebeu cartas na prisão assinadas 'Turquoise', 'Comediant' e 'Edouard Grau', o mesmo nome que o senhor mesmo adotou."

WORTH: "São nomes de atores cômicos de Londres. Eu quis ter certeza de que os senhores não descobririam coisa alguma sobre meus conhecidos ou meus negócios."

Monsieur Beltjens estava esgotando seus argumentos. Sugeriu que Worth comprara o novo cadeado para substituir a fechadura arrombada da caixa-forte, o que lhe daria tempo de escapar. Não, disse Worth, não fora isso. Beltjens salientou, muito sarcástico, a "notável semelhança" entre o roubo de Ostende e o crime em questão, insistindo que Worth já estava em Liège no mínimo um mês antes de 5 de outubro, planejando o roubo. Não, disse Worth, não estava. Exasperado com a série de negativas curtas, Beltjens foi obrigado a concluir seu caso com um anticlímax.

PROMOTOR: "Mas o senhor admite que arrombou a caixa-forte?"

WORTH: "Sim."

Depois foi a vez de Theodore de Corswarem, o juiz de instrução, prestar depoimento. Corswarem delineou brevemente "uma série de crimes que a polícia inglesa atribuía a Adam Worth, sem fornecer nenhuma prova" — pelo simples motivo de que se Shore, da Yard, tivesse alguma, Worth estaria sob algemas inglesas e não belgas.

Worth protestou imediatamente diante da admissão de meros rumores e declarou com veemência ser inocente. Recebeu ordens pouco cerimoniosas de calar a boca e sentar-se. Corswarem ofereceu então alguns exemplos do rico mundo de Henry Raymond: “Ele vivia, na época, em Piccadilly, onde levava uma vida de grande luxo. Mantinha uma tripulação num barco ribeirinho no Tâmisa e um iate em Southampton”.

“Quando interrogado sobre a origem de sua riqueza”, testemunhou o magistrado, “ele respondeu que apostava e ganhava 1500 francos por semana. Ele não parece estar mal de finanças. Ele recebe muitas cartas da Inglaterra e de Nova York, porém escritas de tal forma que é impossível para nós saber o que significam. Uma das cartas estava assinada ‘Turquoise’, que é o nome de uma mulher em Nova York que lhe mandou recentemente cinqüenta dólares.”

O advogado de Worth escolheu esse momento para fazer uma intervenção, a primeira até o momento, sem a qual Worth teria ficado bem mais feliz: “Essa é a senhora Bullard”, ele esganiçou, prestando um desserviço. O magistrado concordou que Turquoise e a ex-senhora Bullard eram uma única pessoa e observou que o acusado “dissera conhecê-la, mas negou que tivessem sido amantes”.

Apesar da crescente irritação de Worth com essas especulações desautorizadas sobre sua vida amorosa, manteve a compostura. Enquanto isso, o magistrado continuava discorrendo sobre seu estilo de vida pródigo. “Ele tinha algumas mobílias excelentes em Londres. A polícia londrina diz que ele foi condenado na América. Eu pedi confirmação mas até agora não recebi resposta” — e jamais receberia, graças à reticência de Pinkerton. Nesse ponto Corswarem terminou abruptamente seu testemunho com uma declaração ousada: “Ele me disse que vem roubando há dois anos”.

Duas outras testemunhas contaram então como tinham ajudado a prender o ladrão, seguidas de Janssens, um funcionário da ferrovia, que dizia ter visto Worth seguindo o furgão do

Correio um mês antes do roubo. Pressentindo o que vinha, Worth tentou de novo negar, mas seus protestos estavam se debilitando com a repetição.

Beltjens fez então um sumário da questão, pedindo aos jurados que dessem a máxima pena possível a "esse ousado e perigoso" malfeitor.

E finalmente foi a vez de Jules Janson apresentar a defesa. Talvez estivesse desarmado pela ocasião, ou desconcertado com a fartura de depoimentos contra seu cliente, ou talvez fosse simplesmente um mau advogado porque, quaisquer que tenham sido os motivos, sua atuação foi nitidamente opaca.

"A importância do réu e suas circunstâncias foram totalmente exageradas", Janson começou. "O senhor Worth fez certas admissões porém sua situação deve ser levada em consideração. Ele deve ser visto como o perpetrador de um único crime." Como noticiou o *La Meuse*, "O senhor Janson disse que a informação fornecida pela polícia inglesa era pura calúnia, que jamais deveria ter sido aceita em tribunal e que cruzara o mar apenas para desacreditar um homem que nunca fora condenado pelo que quer que fosse". Bem no momento em que parecia estar se animando, Janson estacou repentinamente. "Worth nunca foi condenado!", ele balbuciou, antes de terminar com algo muito próximo a uma completa abdicação: "Os jurados devem ser lenientes em nome da mulher e dos filhos do réu". Depois do que, sentou-se novamente.

Os jurados haviam escutado cinco horas de testemunhos intrigantes, ainda que um tanto confusos, contudo levaram apenas alguns minutos para chegar ao veredicto. Worth foi considerado culpado de roubo, conforme a acusação, e condenado a sete anos de solitária e trabalhos forçados. Às cinco horas o tribunal encerrou a sessão, e Worth, tentando exibir o pouco que lhe restava de dignidade, foi levado para cumprir sua pena no infame presídio de Louvain.

21. Cavalheiro acorrentado

A vida no presídio foi inevitavelmente árdua para Worth, que amolecera com os anos londrinos de luxo, porém tornou-se ainda mais difícil porque, se Charley Bullard não podia mais lhe fazer companhia, Max Shinburn estava ali presente. As autoridades haviam concordado em reduzir a pena do Barão em troca da delação, mas ele tinha um ano ainda a cumprir no presídio de Louvain. Como condenado já com oito anos de cadeia, Shinburn gozava de um poder considerável na prisão de Liège e fez de tudo para transformar a vida de Worth num verdadeiro inferno, com aquela crueldade desumana que alguns presos reservam para seus companheiros. Segundo os Pinkerton, Shinburn "conseguira cair nas graças dos funcionários do presídio, detinha um certo controle sobre outros presos, era arrogante e tirânico, fez de tudo a seu alcance para infligir castigos a seu antigo amigo e foi a causa de numerosas punições impostas a Worth". Não demorou muito para que Worth ficasse sabendo da traição do Barão. Ele nunca gostara de Shinburn, mas agora, como principal vítima de sua crueldade psicótica, seu ódio atingira o ápice.

“Ele foi um delator constante de todos os presidiários”, diria Worth mais tarde. “Ele era informante dos carcereiros.” Tamanha era a influência de Shinburn que até mesmo os guardas tinham receio dele, porque costumava “meter os carcereiros em apuros” relatando suas atividades ao chefe da guarda. Nos últimos anos Worth espumava à simples menção do nome de Shinburn. “De todos os patifes desprezíveis, imundos, que já adotaram a profissão de ladrão, Max foi o pior de todos. Ele foi o mais absoluto e completo patife que eu já conheci na vida; ele não tinha nem os rudimentos da hombridade”, Worth disse a Pinkerton, sendo a hombridade, ou melhor, o cavalheirismo, a qualidade que mais prezava. “Não havia nada, de assassinato para baixo, que Shinburn não fizesse [...], ele foi o mais desprezível e vil dos patifes que já viveram.” Em geral um homem pacífico, Worth terminou essa diatribe dizendo que jamais se conformaria com o que o antigo sócio fizera com ele e que isso o acabaria levando a “matar Shinburn se algum dia tivesse a oportunidade”.

Com Shinburn para atormentá-lo e apenas o fantasma sombrio do falecido Charley a seu lado, Worth caiu na mais profunda das depressões, que se agravou ainda mais quando lhe chegaram notícias da Inglaterra sobre o destino de sua família. Johnny Curtin, provando ser o canalha descrito por Sophie Lyons, pagou a lealdade de Worth e sua recusa em divulgar-lhe o nome com a mais chocante traição. A senhora Raymond soubera, através dos jornais, que o marido, o respeitável Henry Raymond, era na verdade Adam Worth, um homem que cometera praticamente todos os tipos de crimes imagináveis, agora cumprindo sete anos de trabalhos forçados num presídio belga. Com duas crianças pequenas e repentinamente abandonada pela sociedade respeitável, a senhora Raymond ficou bem mais que infeliz, ficou histérica. A única pessoa disposta a ajudá-la, ao que parecia, era Johnny Curtin, o vistoso “parceiro comercial” do marido que, em cumprimento ao trato que fizera com Worth, correra para ela. Durante vários meses Curtin confortou a frágil e perturbada mulher, enchendo-a de bebida e de láudano, para depois assumir a administração da mansão em Clapham e, finalmente, seduzi-la.

Sophie Lyons foi provavelmente a fonte através da qual "os rumores chegaram até Worth da intimidade indevida entre sua mulher e Curtin. Ele investigou e soube-os verdadeiros", uma descoberta que o deixou "furioso e indignado com a fraqueza da mulher e a traição do amigo". Desmascarado, preso e agora cornudo, Worth achava-se impotente para evitar o sórdido curso de eventos que ocorriam em Londres. Curtin usurpara o lugar de Worth no leito conjugal e agora estava prestes a transferir o restante dos bens. A senhora Raymond, ao que parece, foi incapaz de defender tanto sua virtude quando seu dinheiro, porque não fez nenhuma objeção quando Curtin embolsou toda a renda da venda dos cavalos, da casa de Brighton, da mansão em Clapham e, finalmente, do *Shamrock*, que foi comprado pelo aristocrático Lorde Lonsdale, que "recebeu o cáiser na mesma cabina onde o quadro roubado havia sido escondido outrora". Depois, tão repentinamente quanto surgira em sua vida, Curtin desapareceu, levando consigo cada centavo que Worth possuía.

A pressão foi demais para a senhora Raymond, a essas alturas já uma alcoólatra em estágio avançado e semicoerente. Sem um centavo, sem teto e abandonada pela segunda vez num ano, sua "mente cedeu sob o peso do remorso" e foi levada, balbuciante, para um asilo de loucos de onde não sairia mais. As duas crianças, um menino de seis e uma menina de três anos, para todos os efeitos órfãos, foram morar com John Worth e sua mulher, no Brooklyn, onde, segundo Lyons, "cresceram até a idade adulta em completa ignorância da verdade sobre o pai".

Quando recebeu a notícia da tragédia, Worth explodiu em desespero e raiva impotente. Anos depois ele continuava "muito amargurado" com o papel que Curtin desempenhara em sua vida e rezava para que "nunca mais ele tivesse um dia de sorte" na vida. Ruminando sobre seu infortúnio e atormentado por Shinburn, Worth afundou ainda mais no desespero. Privado da capacidade de controlar os acontecimentos, saúde e mente começaram a se desintegrar. "O tratamento presidiário na Bélgica era brutal", ele disse mais tarde a Pinkerton. Ele vivia acometido de uma dor provocada pelo catarro, de modo que o ignorante médico do hospital executou uma rústica operação na qual o nariz foi "operado por dentro", o que piorou consideravelmente as coisas, deixando Worth sujeito a violentas sangraduras do nariz e a dores de cabeça insuportáveis. "Quando eu caí em prostração nervosa, cheguei a ficar três meses no hospital. Eles tentaram me tirar do hospital, não conseguiram e marcaram minhas costas com ferros quentes", contou Worth. Seu colapso nervoso o deixou no hospital do presídio por outros quatro meses.

Uma ligeira folga de pelo menos um dos horrores da vida presidiária veio quando o sádico Shinburn, seu principal torturador, foi finalmente libertado. O "documento fornecido por Max Shinburn ao governo belga [...] garantiu a prisão de Worth e a libertação de seu autor" e o principal dedo-duro da prisão cumpriu apenas nove anos, "consideravelmente menos do que sua sentença completa". As autoridades belgas arrependeram-se da decisão de libertar Shinburn quase que imediatamente. Poucos meses depois, um juiz de instrução, receando, e com razão, que Shinburn voltasse imediatamente à vida de crimes, enviou uma circular pedindo a "todos os oficiais da polícia que, por favor, tomem conhecimento de todos os detalhes referentes a rastros de Shoenbein [Shinburn] de modo que ele possa ser perseguido e que se possa, em definitivo, estabelecer se esse conhecido bandido esteve recentemente na Bélgica".

Foi fornecida uma descrição indicativa de que, enquanto

Worth deteriorava rapidamente na prisão de Liège, o Barão, graças a sua duplicidade, sobrevivera à experiência presidiária sem qualquer dano óbvio a sua imagem cuidada: "Sempre bem vestido. Tem uma aparência distinta devido aos modos educados. Fala com cortesia. Sempre fica nos melhores hotéis". Shinburn, na verdade, saíra da Bélgica logo após a libertação e, depois de uma operação para remover uma covinha característica no queixo e na esperança de "obliterar sua identidade mediante a hábil divulgação de notícias de sua morte na Bélgica", instalara-se de novo em Nova York.

Shinburn não gozou de sua liberdade por muito tempo e não havia cirurgia capaz de disfarçar seus modos característicos. Reunido à fraternidade criminosa de Nova York, ele começou a "trabalhar em pequenos bancos e agências do Correio, a fim de obter o capital necessário para executar planos maiores de roubo". Dois meses depois de roubada a soma de 20 mil dólares do cofre do First National Bank em Middleburg, Nova York, os detetives da Pinkerton finalmente localizaram Shinburn e começaram a segui-lo, porém coube a William Pinkerton a tarefa de realizar a prisão, debaixo de grandes fanfarras. "Em sua residência foram encontrados um conjunto completo de ferramentas de assalto, modelos de chaves, instrumentos de arrombar fechadura e brocas de todos os tipos; uma garrafa de nitroglicerina e uma seringa para introduzi-la em frestas de portas de cofres; pistolas, calçados de solado macio de borracha e outros artigos usados por assaltantes", os detetives relataram. "Shinburn sem dúvida andava fazendo planos para um grande assalto."

"A prisão de Shinburne [sic] é sem dúvida alguma o começo do fim de sua carreira", sentenciou Pinkerton. A velha ferida na perna do Barão supurara (na verdade era "obrigado a usar um tubo de prata a fim de deixar escoar o pus que sai da ferida aberta", relata Pinkerton, vampiricamente), porém aos 62 anos de idade o Barão não perdera nada de seu elã, conservando-se "um homem de maneiras calmas, de roupas finas, boa aparência, gentil, que passaria por um estrangeiro rico [...] e um conversador fluente quando deseja falar sobre qualquer assunto". Porém as conversas não poderiam mais ajudá-lo. O Barão foi julgado em Middleburg e condenado a mais quatro anos de cadeia. Perseguido por sua própria ficha de sucessos criminosos, foi libertado ao final da sentença e preso imediatamente em seguida por um outro crime anterior. Shinburn viveu para se arrepender de sua saída antecipada da prisão de Louvain, visto que passaria os próximos treze anos em vários presídios norte-americanos, protestando vigorosamente sua inocência.

Worth, que não era imune a *Schadenfreude*, ficou encantado ao saber da prisão, do processo e da condenação de Shinburn. Lembrou-se, depois, que estava em sua cela, "acamado de nervoso" quando um dos guardas, que também sofrera com as tendências vingativas de Shinburn, entrou para lhe dar "a notícia gloriosa [...] de que Pinkerton capturara o grande Shoenbein, vulgo Shinburn". Como Worth disse mais tarde a Pinkerton: "A notícia lhe fez mais bem que todos os médicos e todos os remédios que pudesse tomar".

O pérfido Curtin também recebeu o que merecia, e não demorou muito. Tendo tomado o dinheiro de Worth e seduzido sua mulher, Curtin estava instalado, sob disfarce e com um nome falso, em Woburn Place, Londres, onde em maio foi preso por dois detetives da Scotland Yard por uma série de crimes não resolvidos. "Um conhecido criminoso, chamado John Curtin, que parecia estar usando peruca, foi acusado por não ter se apresentado sob a Lei de Prevenção ao Crime", noticiou o *Daily Telegraph*. "Na gaveta da sala do prisioneiro foi encontrado um revólver carregado e algumas jóias" — presumivelmente despojos da pobre, louca e abandonada senhora Raymond. Worth acabou sabendo da bem-merecida sorte de Curtin, porém qualquer melhora de humor que possa ter sentido foi de curta duração. No espaço de um ano mais um cruel golpe psicológico se abateria sobre ele, com as notícias de que as duas musas que haviam inspirado sua vida negra mas poética haviam morrido.

Durantes anos a monumental Marm Mandelbaum, que ensinara a Worth os princípios essenciais do que se poderia chamar de crime do colarinho-virado, continuara a prosperar prodigiosamente como a matriarca suprema dos ladrões de Nova York. Boa parte dos bens que foram pilhados durante o grande incêndio de Chicago haviam entrado e depois saído de seus armazéns com ótima lucratividade. Porém nem mesmo os inescrupulosos advogados Howe e Hummel foram capazes de ajudá-la quando o promotor público Peter B. Olney, um dos poucos funcionários honestos do Legislativo de Nova York, decidiu que seu reino tinha que acabar. Com a ajuda dos Pinkerton, em 1884 Olney armou uma arapuca com umas sedas que Marm havia marcado para serem roubadas por seu bando. Ao dar busca em seus "escritórios", os Pinkerton encontraram não só a seda roubada como também provas suficientes para trancafiá-la pelo resto da vida. "Parecia impossível haver tantas riquezas num único local", relatou um jornalista. "Havia roupas suficientes para abastecer um exército. Havia baús cheios de pedras preciosas e pratarias. Mobílias antigas amontoadas numa parede e barras de ouro, feitas com o engaste de jóias roubadas, empilhadas debaixo de jornais. Havia balanças de todos os tipos para pesar diamantes."

Em poucas horas o promotor público "obteve uma série de acusações por roubos e interceptação" e o julgamento de Marm Mandelbaum foi marcado para dezembro daquele ano. Libertada sob uma fiança de 21 mil dólares, Marm instruiu Bill Howe a distribuir subornos para tirá-la da enrascada, mas, pela primeira vez, o advogado estava pessimista. Elementos reformadores e surpreendentemente honestos haviam assumido o controle do governo de Nova York e as coisas pareciam nitidamente sombrias, explicou ele. De modo que Marm Mandelbaum fez as malas, com mais de 1 milhão de dólares em dinheiro vivo, segundo se diz, e fugiu para o Canadá. Não foi difícil aos Pinkerton achá-la em Toronto, porém sob as leis de extradição então existentes a grande dama era intocável. Sua situação melhorou ainda mais quando "conseguiu transferir de volta propriedades dadas como garantia da fiança por meio de documentos pré-datados".

No começo de 1894, após dez anos de esplêndido e opulento exílio, a poderosa Marm Mandelbaum, pesando agora heróicos 158 quilos, foi-se desta para melhor, aos 76 anos. O gigantesco caixão de Fredericka foi carregado, com dificuldades consideráveis, de volta a Nova York, onde foi enterrada com toda a pompa que cabia a uma mulher de tamanhos talentos criminosos. No enterro, segundo se disse, vários presentes tiveram a carteira furtada.

Marm Mandelbaum fora a primeira inspiração e o modelo de Worth, e sua morte afetou-o profundamente. Ainda mais esmagadora foi a notícia de que Kitty Flynn, sua Turquoise, a quem não via fazia já vários anos, mas de quem, a se acreditar em Lyons, nos Pinkerton e em todos os seus associados no crime, acalentava ternas lembranças, morrera de nefrite em Nova York, a 13 de março de 1894, aos 41 anos de idade. Fora uma vida verdadeiramente notável e os jornais nova-iorquinos tiveram um dia e tanto com seu necrológio: "ELA JÁ FOI GARÇONETE", berrava o *New York World*. "Kate Louise Lynn Bullard Terry morre, deixando milhões para suas três filhas. DUAS SÃO FILHAS DE UM LADRÃO. A história da vida aventureira de uma moça bonita e de seu último casamento com um rico usineiro."

Kitty ficou de cama durante várias semanas e por fim morreu pacificamente em sua casa, no número 102 da rua 74 Oeste. Suas filhas, que estavam em Paris com os tios, Emilio e Francisco Terry, foram chamadas pelo médico, o dr. Clark Wrigth, porém "estavam no oceano" quando Kitty deu o último suspiro. Juanita Teresa, de oito anos, filha de Juan Pedro, era agora a herdeira de algo como 5 milhões de dólares, ao passo que "as duas mais velhas, filhas do assaltante bígamo [...] herdarão algo em torno de 1 milhão de dólares", calculou o *World*.

Quando o testamento de Kitty foi examinado, contudo, a questão se mostrou um tanto diversa. Juanita, como Kitty observou postumamente em seu testamento, "já estava bem provida", porém todos os bens que deveriam ser repartidos entre as duas filhas mais velhas, depois de pagas as dívidas, somavam ao todo apenas 5 mil dólares. Kitty conseguira gastar mais de um milhão de dólares em menos de oito anos e morreu quase tão pobre quanto começara. Seu gosto por litígios prolongados com certeza é parte da explicação. Segundo uma fonte, o resto de sua fortuna foi "esbanjado [...] em luxos e caprichos". Dilapidar o legado de Juan Pedro Terry foi um ato de dissipação magnífico e totalmente típico de uma grande dama que se fez sozinha, um ato que tanto o falecido marido quanto o antigo amante aprovariam por inteiro. Apesar de terem ficado quase sem nada, suas filhas mais velhas não passaram fome. Lucy Adeline, então com 21 anos, foi nomeada guardiã de Juanita pelo tribunal e, com o tempo, tanto ela quanto Katherine Louise fariam excelentes casamentos, tornando-se as mulheres de sociedade que a mãe sempre quisera ser.

A determinação de Kitty de inventar-se e reinventar-se foi o que primeiro chamou a atenção de Worth, numa comunhão de espíritos que jazia no centro do único caso de amor humano que ele teve na vida. Juntos, eles saíram do nada e tornaram-se pessoas de peso; Kitty, assim como Worth, esculpira um lugar para si no mundo com o dinheiro de outrem. Kitty adquirira o seu com o casamento; Worth o roubara; porém sob vários aspectos eram farinha do mesmo saco, co-conspiradores na grande fraude da moralidade e das aparências vitorianas.

Entretanto, havia uma integridade em Kitty que Worth, ao lado de tantos outros vitorianos, nitidamente não possuía. Worth conseguira convencer a todos, inclusive a si próprio, que seu dinheiro o tornava uma pessoa melhor, um ser moralmente superior, ainda que os meios que usasse para esse fim fossem decididamente desonestos. Kitty fora igualmente inflexível em sua determinação de chegar ao topo usando seus talentos manifestos, no entanto mesmo que isso a tenha posto em companhias duvidosas, ela nunca roubou, mentiu ou enganou para chegar lá. Kitty, assim como Georgiana, duquesa de Devonshire, permaneceu fiel a seu caráter turbulento e nunca deu a mínima importância se o mundo sabia ou não disso. Essa honestidade pessoal estava além da compreensão de Worth, e por esse motivo, talvez, ele a tenha amado e invejado até a morte.

Kitty Flynn, a garota dos cortiços de Dublin, foi enterrada no mausoléu da família Terry, no cemitério Green-Wood, Brooklyn, o mais exclusivo cemitério de Nova York, com uma vista magnífica do porto e dos arranha-céus de Manhattan. "É a ambição de todo nova-iorquino morar na Quinta Avenida, tomar a fresca no parque e dormir com seus ancestrais em Green-Wood", comentou certa vez o *New York Times*. Kitty teria ficado encantada com sua última morada; ela nunca disfarçou seu desejo de ser uma pessoa distinta nem sua disposição sardônica de fazer o que fosse preciso para chegar lá. Ela se divertira com marujos em Liverpool, dançara com rábulas e escroques em Paris, flertara com solteirões ricos em Manhattan e terminara a vida como uma encantadora e litigante rainha da sociedade, rica entre os mais ricos, colega de príncipes e magnatas, porém no fundo sempre a mesma mulher. E agora estava em Green-Wood, a moça irlandesa de olhos felizes, rindo deles todos. Seus últimos vizinhos eram ilustres: não muito longe jaz Lola Montez, outro nome famoso cujos amantes incluíram Franz Liszt, o rei Ludwig da Baviera e

Alexandre Dumas, ao passo que um de seus companheiros mais próximos no vasto cemitério é Henry J. Raymond, fundador do *New York Times* e pilar do sistema, cujo bom nome fora roubado por seu mau amante para toda a eternidade.

"Ela viveu história o bastante para envelhecer a maioria das mulheres antes da juventude", pronunciou o *New York Herald*, contudo permanecera jovem.

Muitos anos antes de ela morrer, Adam Worth já perdera seu amor e sua parceira espiritual de outrora naquela estranha dança de ambos, mas, embora rejeitado, talvez tenha retido algo no fascinante retrato de Gainsborough, portador do mesmo olhar voluntarioso e artificial. Agora, com sua morte, o último elo diáfano se partira. Sua mulher estava louca, sua amante e seus amigos mortos, seus filhos do outro lado do oceano. Os cavalos, iates, livros, mobílias, caçadas e conhecidos respeitáveis também haviam sumido, juntamente com sua saúde e sua força. Tudo que Worth tinha para mostrar, ou não mostrar, era uma maravilhosa tela juntando poeira num armazém distante, tão completamente encarcerada quanto ele próprio.

Posteriormente Worth atingiria a imortalidade literária como o professor Moriarty, nas histórias de Sherlock Holmes, porém sua parceira também obteve seu próprio nicho na cultura popular. A história de como Kitty Flynn chegou postumamente a Hollywood é quase tão peculiar quanto a própria história picaresca de sua vida. O ano de 1945, meio século depois que Katherine Louise Flynn Bullard Terry descansou, viu a publicação de *Kitty*, o último romance romântico de Rosamund de Zeer Marshall, autora de traquinagens sexualmente explícitas como *The general's wench*, *Rogue cavalier* e *Laird's choice*.

Kitty é um livro muito estranho. Rosamund Marshall parece ter absorvido uma série de elementos da história do roubo da *Duquesa de Devonshire* de Gainsborough, deixado que lhe rodopiassem pela cabeça e, por fim, surgido com uma história fictícia de sua própria autoria — um híbrido, ou quem sabe uma espécie de vira-lata da verdade. A *Kitty* de Marshall é uma espécie de cruzamento do século XVIII de *Pigmalião*, *Entre o amor e o pecado* e *Pretty woman*, escrito na primeira pessoa, completo com seios arfantes, sedas rasgadas, corpetes apertados, chuvas de beijos e, em obediência a alguma regra imutável da escrita romântica, conjunções carnais carregadas de eufemismos no mínimo a cada quinze páginas.

"Essa sua pele acetinada repousa sobre uma estrutura de aço temperado, essa sua carne que derrete é tão forte quanto a de um jovem buldogue", diz um alegre e bondoso Thomas Gainsborough, que encontra a epônima Kitty, uma jovem prostituta da zona leste londrina em Pall Mall por volta de 1785. Porém em vez de tirar partido, como espera a bela Kitty, Gainsborough faz seu retrato. Através do pintor ela conhece "o belo e diabólico Hugh Marcy", um cafajeste que, não tendo a delicadeza de Gainsborough, leva-a imediatamente para a cama e continua a fazê-lo, a intervalos, durante as duzentas páginas seguintes. Sir Hugh (pois que se trata de um baronete) jura transformar essa menina de rua numa duquesa.

Kitty pergunta a uma das companheiras prostitutas: "Que que é isso, duquesa?".

"Essas donas que andam em carruagem e usam pena na cabeça", explica a outra.

"Quando é que eu vou usar pena na cabeça e andar de carruagem?"

E, de fato, sob a direção de Sir Hugh, ela aprende a se comportar como uma dama enquanto, nas palavras de Kitty, "a feminilidade floriu em meus seios cheios, em minha pele delicada e clara". Nem mesmo Sir Hugh consegue resistir à beleza que criou e se apaixona: "Mas que droga, Kitty", ele confessa, "você me faz sair ofegante atrás de você feito um colegial, atordoado com seu primeiro amor".

Kitty casa-se inicialmente com um rico ferrageiro que, convenientemente, morre e em seguida com o idoso Roy Fitz-Alen, dono de terras e mais terras, marquês de Ruthyn, conde de Lonmore, barão de Harden e, mais importante de tudo, 23º duque de Malminster — que convenientemente morre também, fazendo de Kitty uma esplendorosamente rica duquesa de Malminster e rainha da sociedade aristocrática. O casamento com um duque não impede suas atividades com Sir Hugh, em parte porque o velho duque não dá mais no couro, porém, em grande medida, porque ela gosta, assim como Rosamund Marshall, evidentemente: "A carícia aveludada de seu beijo era como 1 milhão de lábios em meu corpo nu [...] ele abriu meus recôncavos mais profundos, olhou para mim e, devagar, passou um dedo do seio ao umbigo [...]". E por aí afora.

Kitty envolve-se em política, como reformista conservadora, e é pintada por Thomas "me chame de Tom" Gainsborough de novo, dessa vez como uma duquesa, "uma ninfa numa clareira da floresta". O próprio Gainsborough está atônito com sua transformação: "Você é de longe o mais magnífico de meus modelos", ele lhe diz. Londres inteira está ansiosa para ver a bela duquesa e seu retrato, mas ainda assim os boatos pululam e "mentiras odiosas espalham-se feito rastilho de pólvora de boca em boca".

"Que escalada para Kitty", zomba o ciumento Sir Hugh, "da sarjeta para a antecâmara real. Quem sabe? O jovem Georgie Porgie, que um dia será rei, tem bom olho para a beleza feminina." Só para o caso de não termos ainda entendido o ponto, a autora põe na voz da costureira francesa de Kitty a seguinte frase, com sotaque e tudo: "Só tem uma outra beleza comparável à da senhorita Gordon [a alcunha de solteira de Kitty] [...] é a duquesa de Devonshire".

Por fim Kitty apaixona-se por um certo Brett, Lorde Mountford, que quando jovem, segundo somos informados, posou para a tela de Gainsborough *O menino azul*. Sir Hugh consegue chantageá-la, vai para Constantinopla e Kitty casa-se com Brett que, desnecessário dizer, é "homem por inteiro".

"Despi o roupão", nos diz Kitty, "e coloquei o *négligé* verde-claro para a noite nupcial."

E, felizmente, esse é o fim.

Publicado nos últimos meses da guerra, *Kitty* ajudou a manter as lareiras (e presumivelmente as virilhas) acesas e foi impresso oito vezes. Esse romance é, com certeza, uma das piores obras de ficção escritas seja em que língua for, porém o fumegante esforço de Rosamund Marshall deu origem a um filme do mesmo nome que permanece até hoje sendo um clássico. *Kitty, a Flor do Lodo*, feito pela Paramount e dirigido por Mitchell Leisen, levou a carreira de Paulette Goddard, no papel título, às alturas. Como escreve o biógrafo de Goddard, "foi preciso muito esforço para converter Paulette da menina de rua *cockney* numa duquesa", e a atriz norte-americana tinha que "falar somente com sotaque *cockney*, do café da manhã à hora de deitar". Nas mãos dos roteiristas Darrell Ware e Karl Tunberg, o livro de Rosamund Marshall tornou-se mais limpo, mais engraçado e bem mais sutil. Ray Milland faz o papel do atraente e desprezível Sir Hugh e Cecil Kellaway, como Gainsborough, está consideravelmente menos doloroso do que seria de se esperar. O filme foi um bem-sucedido rival de *Entre o amor e o pecado*, da Twentieth Century Fox, e arrecadou 3,5 milhões de dólares de bilheteria quando estreou no Rivoli, em 31 de março de 1946. Os críticos foram magnânimos: "Paulette Goddard desenvolveu um temperamento incendiário para acompanhar sua beleza estonteante no papel título [...], ela dá ao trabalho o toque correto de romantismo sardônico". Para os *still* de publicidade, Paulette Goddard posou com um vasto chapéu de penas, segurando uma rosa em cada mão, numa paródia direta da *Duquesa* original de Gainsborough, provando uma vez mais a curiosa durabilidade dessa imagem.

A história de Kitty, precursora de *My Fair Lady* e de uma série de lendas de Pigmalião, é agora muito familiar. Seja o que for que Hollywood e a fervente imaginação de Rosamund Marshall tenham feito no processo, a história da moça pobre que se torna uma grande dama graças a seu amado malvado, que a molda e convence, seria reconhecida e apreciada pela Kitty original.

22. Le Brigand International

Em 24 de julho de 1893, a *Pall Mall Gazette* anunciou, em manchete de primeira página, a solução para "um mistério de dezessete anos".

"Estamos em condições, hoje, de lançar alguma luz sobre o mistério do século e de anunciar novas referentes ao célebre retrato feito por Gainsborough de Georgiana, duquesa de Devonshire, a bela e inspirada duquesa que foi também cabo eleitoral e a cujo fascínio Walpole e outros escritores contemporâneos prestaram tantos e tão pródigos tributos", começava o artigo, antes de passar ao relato da venda, roubo e desaparecimento sensacionais da tela.

"Isso foi há muitos anos", continuava o autor, em veia prolixa, "e o destino do quadro de Gainsborough ameaçava permanecer para sempre uma questão tão especulativa quanto a autoria das 'Cartas de Junius' e do *Man in the iron mask* [O homem da máscara de ferro]. Entretanto um homem com máscara de saco revelou-nos algumas coisas sobre o retrato da bela Georgiana. Um condenado da prisão de Louvain, usando a máscara que é o emblema penal dos presídios belgas, foi entrevistado por um emissário da *Pall Mall Gazette*, a quem o prisioneiro confessou ter sido ele quem invadiu a galeria Agnew naquela noite memorável e roubou o quadro [...], o nome do patife era Adam Wirth [sic]. A pessoa em questão é ninguém menos que o célebre ladrão que obteve para si o soberbo título de 'Le Brigand International'."

Houve uma dose considerável de licença jornalística aqui, da parte da *Gazette*. Worth não confessou exatamente; ele foi encurralado. Em maio daquele ano "um homem chamado Marsend foi até o presídio de Louvain armado com um passe oficial autorizando-o a ver Wirth. As autoridades do presídio tomaram-no por um detetive". Worth, por seu lado, presumiu que Marsend fosse um advogado que poderia ajudá-lo a resgatar parte de sua fortuna das mãos de Curtin, o traidor, e acreditou tratar-se de "um homem de negócios que fora cuidar de algumas questões aborrecidas entre o condenado e sua mulher, que vive na Inglaterra". Na verdade, parece que Marsend era um jornalista free lance extremamente questionável que, sabedor do passado de Worth, esperava encurralá-lo para que admitisse sua parte no roubo do Gainsborough. Marsend foi pelo menos em parte bem-sucedido. Worth, faminto por companhia, parece ter sido inusitadamente liberal com suas reminiscências sobre o roubo do Gainsborough e outros detalhes de sua vida. Ainda assim, era bem menos que um *mea culpa* completo, e a *Gazette* foi obrigada a reconhecer, quando da publicação da história de Marsend, que Worth "confessou com uma certa especificidade [...] e não estamos ainda em posição de testar sua confissão".

Como contou mais tarde o deputado Sigismund Cust, editor da *Pall Mall Gazette*, Marsend e um outro homem o procuraram dizendo "ter um indício do paradeiro do quadro" e que estavam dispostos a vendê-lo. Alegaram, falsamente, que estavam trabalhando "em associação" com Agnew e que haviam obtido a entrevista com Worth "através do Ministério do Exterior". Cust dera "algum dinheiro aos dois, em adiantamento, e prometeu-lhes mais quando entregassem o retrato", conforme eles garantiram que fariam. O editor tomou então da pena e pôs mãos à obra, transformando a informação fornecida por Marsend e seu cúmplice em material publicável. Como Cust disse depois a Agnew, "seu principal objetivo ao entrar nisso foi obter o que chamou de 'matéria' para seu jornal. Mas, é claro, também teria ficado muito contente se seus esforços tivessem resultado na devolução do quadro".

O artigo terminava com um clássico trecho de exagero jornalístico: "Worth prometeu, contudo, complementar as informações já fornecidas com novos fatos, que talvez nos permitam, numa data não muito distante, dizer com alguma confiança se essa confissão é ou não genuína".

Worth, é claro, não prometera coisa alguma e quando o artigo foi publicado percebeu, tarde demais, que caíra numa cilada. A prisão e o desmascaramento de Worth haviam causado uma pequena comoção, um ano antes, porém a revelação de que o homem que se fizera passar por Henry Raymond era também o homem que roubara o Gainsborough reacendeu de novo o fogo da história. Cust, da *Pall Mall Gazette*, estava bem a par do assunto e embora sua prosa fosse um tanto empolada, suas informações eram bem acuradas e descreviam em detalhes a maioria dos crimes perpetrados por Worth nos vinte anos anteriores, sua prisão em Liège e sua atual e desconfortável posição.

"Ele entrou no mundo do crime com a ousadia de um Alexandre cuja intenção era governar os reinos da roubalheira e conquistar todas as esferas criminosas [...], embarcou num mar de extravagâncias e alegrias, escondendo o retrato de Gainsborough como um homem que trancafia suas ações não cotadas. Instalando-se numa dispendiosa casa em Piccadilly e mobiliando-a com o gosto que adquirira através de suas freqüentes visitas às mansões dos ricos, na prática de sua profissão de larápio, ele mantinha uma carruagem e uma parelha, recebia bastante e organizava pequenas festas em seu iate com piqueniques ribeirinhos, sua diversão predileta."

Por quê, pergunta-se o autor, Worth não quis abrir mão do valioso Gainsborough? E conclui que Worth simplesmente não quis assumir o risco. "Um quadro desse tipo, ao contrário dos despojos que o cadinho pode tornar instantaneamente inidentificáveis, não poderia ser levado à venda sem o risco de uma imediata descoberta. O ladrão viu-se, portanto, possuidor de uma fortuna que não podia materializar, de uma lâmpada de Aladim que ele não sabia como usar, de um armazém de riquezas ao qual ele não podia aplicar o 'Abre-te Sésamo!'. "

Sem suspeitar jamais que Worth pudesse ter outros motivos para guardar o retrato e sabendo que seria improvável que o desmentissem, o autor solta as rédeas da imaginação: "De quando em quando, o quadro, enterrado sob algum monte de lixo, ergue-se em sua memória e lhe causa sérios arrependimentos, já que possuí-lo representa uma constante ameaça a sua segurança [...], ele tentou esquecer que a tela existia, quis negligenciá-la, porém sempre relutante em destruir algo tão potencialmente valioso".

Naturalmente, o artigo da *Pall Mall Gazette* provocou um frenesi e foi reproduzido em jornais e revistas de todo o país. Alguns tiveram suas dúvidas: "Nada se diz, no relato, sobre o paradeiro atual do quadro", observou o *Daily Telegraph*; "até que apareça essa informação, haverá céticos". O *Bath Herald* concordou: "Os senhores Agnew, sem dúvida, acreditarão na veracidade dessa história quando receberem o quadro de volta".

No *New York Sun*, um outro autor, retorcendo sua prosa a níveis quase eróticos, fantasiou que Worth roubara o retrato "para adorar" a sensual duquesa em segredo. Esse escritor anônimo não estava assim tão longe da verdade, porém, percebendo que corria o risco de exagerar, sua prosa de repente desintumesce e ele conclui, sem a menor base em qualquer informação, que Worth "usara a pusilânime faca por mero amor à pilhagem. Um galardão de refugos, e não o deleite da paixão artística, ainda que espúria, será sua recompensa".

O *Manchester Courier* sugeriu que "a história pode ser verdadeira ou não, porém não é improvável" e perguntou, caso Worth fosse de fato o ladrão, se ele não seria também um romântico "visitado durante noites insones na cadeia por visões da adorável *Duquesa* roubada", que agora tinha a oportunidade de "desoprimir sua mente" e aliviar a consciência concordando em devolvê-la: "Como o criminoso tem sido uma espécie de artista em seu próprio ramo, talvez tenha algum respeito pelos feitos artísticos de homens mais nobres".

Worth *estava* oprimido e sendo visitado pela *Duquesa*; ele *era* um artista, de certa forma, porém não tinha a menor intenção de devolver o quadro. Encurralado, cada vez mais difamado e tremendamente irritado por ter sido tão incauto ao lidar com Marsend, Worth concedeu apenas uma entrevista, na esteira do furor provocado pela *Pall Mall Gazette*, para um jornal local, o *Indépendence Belge*, no qual dizia que a coisa toda não passara de uma brincadeira sua. Worth insistiu que "no decorrer da entrevista, Marsend começou a falar do famoso quadro que fora roubado dezessete anos antes [e que] vendo o interesse do visitante na questão achou interessante 'passar-lhe a perna' e disse a Marsend que conhecia os interceptadores do quadro; e que ele próprio possuía na Inglaterra uma cópia reduzida da tela". Worth fingiu ter achado muito divertido que Marsend e a *Pall Mall Gazette* tivessem acreditado em sua história. De fato, ele deu "várias gargalhadas" diante do entrevistador belga e "sua risada foi aparentemente sincera". Foi um blefe elaborado e o jornalista do *Indépendence*

Belge caiu direitinho: "Parece certo", registrou o jornal, "que a história publicada pela *Pall Mall* é resultado de uma farsa, pura e simples; que o segredo do famoso quadro não está em Louvain; e que o mundo deve renunciar a essa recém-despertada esperança de ver uma vez mais uma das obras-primas da pintura inglesa".

Porém nem todo mundo estava assim tão convencido. "Continuo acreditando que Worth tem controle sobre o Gainsborough", Robert Pinkerton escreveu ao irmão.

A *Gazette*, seguindo a tradição de Fleet Street, defendeu sua história na edição seguinte. "Alguns jornais, embora beneficiando-se em suas colunas noticiosas de nosso artigo sobre Adam Wirth, [...] ainda assim descobriram, em nosso artigo, indícios de que a confissão não é confiável." C. Morland Agnew, filho de Sir William, foi entrevistado e admitiu que o condenado Worth era, de fato, o principal suspeito. "A firma teve negociações recentes com pessoas agindo em nome de Wirth, com vistas à devolução do quadro", dizia a *Gazette*, "e essas negociações continuam." Torcendo um tanto a verdade, o jovem Agnew declarou: "Nós já poderíamos ter recuperado a tela várias vezes, desde a época em que foi roubada", não fosse a nobre recusa em receber o quadro de volta sem o ladrão. "As negociações para a devolução do quadro jamais incluíram a entrega do ladrão. Não poderíamos contemplar, é claro, a continuação de negociações dessa espécie", protesta Morland, com falsidade.

O próprio William Agnew fingiu despreocupação quando lhe perguntaram sobre o artigo da *Pall Mall Gazette*, porém todo o episódio Gainsborough ainda o fazia sofrer, em parte porque continuava a lhe custar dinheiro. Poucos anos antes, em 1887, fora obrigado a saldar sua dívida de 1500 guinéus com o gravador Samuel Cousins, quando este último morreu, ainda que o Gainsborough "não tivesse chegado a ser gravado, depois que foi roubado".

"Pode ser que haja alguma verdade nos boatos [...] mas pessoalmente eu não sei de nada sobre o assunto", ele disse ao *New York Sun*, segundo o qual "o senhor Agnew expressa uma coluna com um sacudir de ombros". Depois de tantos alarmes falsos, o *marchand* "ouviu as notícias com a calma indiferença de um homem que vê um velho amigo trajado com um terno de verão". Porém os senhores Agnew não estavam nem calmos nem indiferentes. Na verdade, a notícia na *Gazette* e sua repercussão levaram a uma nova onda de atividades em Bond Street e na Scotland Yard, à medida que uma série de personagens mais ou menos sinistras saíram a campo, algumas delas ex-comparsas de Worth, dizendo-se capazes de intermediar um trato com o condenado. Nas palavras de William Agnew: "Homens misteriosos vieram até mim e disseram: 'Nós achamos que podemos obter o quadro', mas invariavelmente acabavam pedindo vinte ou cinqüenta libras 'só para cobrir as despesas iniciais'". Marsend inclusive tentou capitalizar o furo e uma vez mais "pediu às autoridades da Bélgica permissão para entrevistar o condenado Wirth, porém as autoridades negaram-se a dar permissão a não ser que o senhor Marsden [sic] lhes mostrasse uma autorização do senhor Agnew de que tal entrevista era de seu interesse". Um outro homem, chamado McLeod, também se ofereceu para intermediar, mediante uma comissão. Esse McLeod, conforme relatou Morland Agnew, dizia "ser um associado de Wirth [...], sabe tudo sobre o quadro e está agora agitando a fim de conseguir dinheiro para ajudar Wirth".

Durante 1893 foram muitas as cartas que circularam entre a Scotland Yard, a firma dos Agnew e várias figuras do submundo com faro para fraudes. Não deram em nada, contudo; Worth se recusou categoricamente a discutir o assunto. Firme na história de que tudo não passara de uma brincadeira de sua parte que fora mal interpretada, recusou-se a ser entrevistado por Marsend, McLeod, pelas autoridades belgas, por Sir George Lewis, advogado da Agnew, "ou por quem quer que fosse" — uma posição que manteve resolutamente até o fim da pena. "Não havia nada que se pudesse fazer", queixou-se um funcionário da Agnew.

No final do verão daquele ano o superintendente Shore fez uma visita sombria a Morland Agnew, em sua galeria em Piccadilly. "Sem dúvida que o quadro poderia ser recuperado", ele disse ao *marchand*, mas não sem a cooperação do próprio Worth. "Ele disse que as autoridades já sabiam havia algum tempo que Worth, agora na prisão, era o ladrão", escreveu Agnew, "mas que era totalmente impossível para a polícia arranjar qualquer prova concreta, e que também a polícia não poderia processar ninguém que estivesse de posse do quadro como estando de posse de bens roubados. O roubo ocorrera dezessete anos atrás e seria impossível processar alguém."

Worth não podia ser forçado a devolver o quadro, apenas persuadido, Shore explicou. "Não havia nada a fazer."

23. Vulgo Moriarty

Em dezembro de 1893, apenas cinco meses depois de divulgados os crimes de Worth, o professor James Moriarty, um dos anti-heróis mais memoráveis da literatura, veio ao mundo.

O público leitor inglês achou aterrador e ao mesmo tempo irresistível o relato feito pela *Pall Mall Gazette* dos crimes praticados por Worth. Ali estava um patife habilidoso o suficiente para se mover na alta sociedade sem ser detectado, para viajar o mundo como um homem de peso enquanto coordenava seu império de crimes, mas que no entanto sempre dava um jeito de escorregar "por entre os dedos da polícia". Essa noção tinha um sabor extra numa época em que a dualidade da natureza humana, graças a Darwin, era questão de debates intensos. Assim como havia o criminoso espreitando sob o manto da respeitabilidade, existia também o lado deliciosamente pecaminoso e bestial da natureza humana coexistindo com os instintos mais refinados e civilizados do homem. Adam Worth, "Le Brigand International", era uma criatura saída diretamente da ficção vitoriana e, de fato, era para lá que estava indo. A *Pall Mall Gazette* tornara Worth famoso; Sir Arthur Conan Doyle faria eterna essa notoriedade.

Não resta dúvida de que Conan Doyle baseou-se principalmente na carreira de Adam Worth para fazer seu professor Moriarty, gênio do mal e grande inimigo de Sherlock Holmes, embora alguns aspectos de sua personalidade possam ter sido tirados de outras fontes: a habilidade matemática aparentemente é uma referência a um dos amigos de Conan Doyle, o general Drayson; alguns dizem que "pensador abstrato" é uma referência a Friedrich Nietzsche, baseado na interpretação errônea do filósofo como arquiteto do totalitarismo racista e, assim, raiz de todo o mal. A escolha do nome para seu arquicriminoso talvez seja uma referência a George Moriarty, um escroque que figurou brevemente nos jornais londrinos de 1874; o próprio autor comparou especificamente Moriarty a Jonathan Wilde, um malfeitor do século XVIII.

Porém a principal inspiração de Conan Doyle, segundo o próprio autor, foi Adam Worth. "O original de Moriarty foi Adam Worth, que roubou o famoso Gainsborough em 1876 e escondeu-o por mais de um quarto de século, porém até o grande criminoso poderia ter tido algumas lições com o Moriarty de Holmes e Watson, figura de recursos e malevolência colossais", escreveu Vincent Starrett, um dos primeiros e mais confiáveis estudiosos de Sherlock Holmes. Em nota de rodapé, Starrett acrescenta: "Isto foi revelado por Sir Arthur em conversa com o doutor Gray Chandler Briggs [amigo íntimo do autor] alguns anos atrás".

O retrato que Holmes faz de Moriarty descreve exatamente a posição de Worth quando no auge de sua maestria em Londres, por volta de 1880: "O homem permeia toda Londres e ninguém nunca ouviu falar dele", diz o detetive a seu inseparável e sofrido companheiro. "Ele é o Napoleão do crime, Watson. É ele quem organiza metade de tudo quanto é nocivo e quase todos os crimes não detectados desta grande cidade. Ele é um gênio, um filósofo, um pensador abstrato."

Quando perguntaram a Sir Robert Anderson, chefe do Departamento de Investigação Criminal da Scotland Yard, "quem, em sua opinião, era o criminoso mais esperto e mais cheio de recursos que já conhecera", ele empregou quase as mesmas palavras: "Adam Worth!", ele retrucou, sem um momento de hesitação. "Ele foi o Napoleão do mundo criminoso. Ninguém mais lhe chegou aos pés."

Impossível saber se Conan Doyle estava fazendo eco a Anderson, se foi o inverso ou se foram opiniões independentes: todo mundo que atingia uma certa notoriedade, na época vitoriana, transformava-se, por clichê, no Napoleão de alguma coisa. Certamente Conan Doyle conheceu Sir Robert Anderson, inclusive deve ter se fiado nele para uma parte de seu material, e a admiração deste último pelos talentos criminosos de Worth está bem documentada: "Imagine a longa e constante emoção de se planejar e executar crimes como os de Raymond", ele certa vez comentou. "Em comparação a um esporte desses, caçar animais selvagens é para bárbaros; pescar salmão ou atirar em galos silvestres é para doidos e idiotas."

O Moriarty descrito por Conan Doyle é fisicamente muito diferente do homem em quem foi modelado: "Ele é extremamente alto e magro, com uma testa saliente que forma uma abóbada muito branca e olhos muito fundos. Não usa barba, é pálido, tem um ar asséptico e retém algo do professor na fisionomia. Os ombros são arredondados de tantos estudos, o rosto projeta-se para a frente, sempre oscilando lentamente de um lado a outro, de forma curiosamente reptiliana" — muito distante do minúsculo e bigodudo Worth. Moriarty é responsável por "casos das mais variadas espécies — falsificações, assaltos, assassinatos". Worth, como sabemos, foi um praticante magistral das duas primeiras categorias, mas fugia da violência e, à exceção de Shinburn, nunca lhe passou pela cabeça tirar a vida de um ser humano.

Conan Doyle escreveu novamente sobre o malévolo professor em *O vale do medo*, romance que foi publicado em capítulos pela *Strand Magazine* a partir de setembro de 1914. Como a essa altura a rede criminosa de Worth e seu envolvimento no roubo do Gainsborough já haviam sido amplamente esclarecidos e divulgados à saciedade, fica ainda mais evidente que o retrato de Moriarty baseia-se em Worth porque o autor nos dá uma série de pistas. Assim como qualquer outro vitoriano culto, ele seguira a história do roubo da *Duquesa* de Gainsborough no decorrer dos anos. Em 1891 ele se referiu ao estilo duquesa de Devonshire em "A case of identity", ao passo que "The red-headed league", publicado no mesmo ano, descreve um assalto extraordinariamente semelhante ao célebre assalto ao Boylston Bank de Boston, quinze anos antes. Porém em *O vale do terror* (1914) temos, por assim dizer, provas físicas ligando Worth a Moriarty. No início da história, Holmes interroga o inspetor McDonald, da Scotland Yard, que entrevistara o professor Moriarty e, apesar das advertências de Holmes, o achara "um homem muito respeitável, culto e talentoso". Para provar o quão errônea é essa impressão, Holmes pergunta ao policial se, durante sua conversa com Moriarty, ele não teria reparado num quadro pendurado no gabinete do professor.

"Sim, eu vi o quadro — uma jovem com a cabeça nas mãos, olhando de soslaio."

Holmes, em veia didática, explica que o quadro é de Jean-Baptiste Greuze, um pintor francês do século XVIII, acrescentando "que no ano de 1865 um quadro de Greuze, intitulado *La jeune fille à l'agneau*, alcançou nada mais nada menos que 4 mil libras no leilão Portalis".

Ainda assim McDonald não entende, de modo que Holmes elabora:

"Isso mostra que ele [Moriarty] é um homem muito rico.

Como foi que adquiriu sua riqueza? Ele é solteiro. [...] Sua cátedra vale setecentas libras ao ano. E ele possui um Greuze? [...] Evidentemente que a inferência é óbvia."

"Quer dizer que ele tem uma renda bem maior e que deve ganhá-la de modo ilegal?"

"Exatamente."

A outra possibilidade lógica, que fica no ar, é a de que Moriarty, um conhecedor de arte bem como um vilão, tenha simplesmente roubado o Greuze.

No manuscrito original, Conan Doyle relata que *La jeune fille à l'agneau* de Greuze foi vendido por "1,2 milhão de francos — mais de 40 mil libras", e devia estar pensando no famoso recorde de venda da *Duquesa de Devonshire* quando aludiu à figura tão astronômica. Porém há mais uma dica irresistível: o título da pintura imaginária. *La jeune fille à l'agneau* significa "moça com cordeiro", porém o que o leitor está recebendo é na verdade um dos trocadilhos mais deliciosos de Conan Doyle. Será que McDonald, em que pese toda sua "boa formação em Aberdeen", conhecia o significado da palavra *agneau*? Provavelmente não. Ele pode, portanto, ter traduzido o título para *The young woman from Agneau* e a jovem de Agnew era, é claro, a célebre *Duquesa de Devonshire*, roubada da galeria de arte Agnew em 1876. Conan Doyle adorava um jogo de palavras e com certeza esperava que pelo menos alguns de seus leitores captassem essa elaborada piada.

O trocadilho Agnew/Agneau era corrente na época e a origem do título do quadro, *La jeune fille à l'agneau*, bem como a escolha de Greuze, e não de Gainsborough, parece estar num artigo satírico que apareceu no jornal *World* em abril de 1877, menos de um ano após o roubo original. "Consta que os senhores Agneau [Agnew], os grandes *marchands* de arte de Paris, compraram no hotel Drouot um magnífico retrato de Greuze pela prodigiosa soma de 10 500 libras", escreveu o satirista anônimo, antes de passar ao relato de uma suposta briga entre o chefe da casa Agneau (Sir William Agnew) e o marquês de Studeley (Lorde Dudley). O quadro foi devidamente roubado, porém será em breve "milagrosamente descoberto na América" pelos senhores Agneau, prevê o autor, num artigo verdadeiramente pavoroso que poderia ser resumido em três palavras: Agnew roubou-o.

Existe um outro elo, mais convincente ainda, ligando a pessoa de Adam Worth à do fictício professor Moriarty: William Pinkerton. O grande detetive norte-americano encontrou-se com o célebre autor inglês apenas uma vez, durante uma travessia do Atlântico e, naturalmente, os dois perceberam que tinham muita coisa em comum. A data precisa do encontro é desconhecida, embora uma fonte cite, sem corroboração, que tenha acontecido "pouco depois da virada do século". Durante a viagem, o sociável norte-americano regalou o companheiro com relatos das aventuras dos Pinkerton.

Sabemos, com certeza, que Conan Doyle inspirou-se em Pinkerton para a extraordinária história dos Molly Maguire, a organização terrorista subterrânea que surgiu nas minas de carvão da Pensilvânia, por volta de 1870, e que foi infiltrada e levada à justiça pelo agente da Pinkerton, James McParland. Seria assim tão impossível que, durante a viagem, William Pinkerton tivesse discorrido também sobre a personalidade de Adam Worth, a quem ele conhecia melhor do que ninguém e sobre quem Conan Doyle já havia escrito, como sendo o professor Moriarty, em "O problema final"?

Aquela conversa em alto-mar com Pinkerton colocou Conan Doyle numa nova trilha e quando escreveu *O vale do terror*, em 1914, fiou-se bastante, e sem dar os créditos, num relato das aventuras de McParland escrito por Allan Pinkerton. *The Molly Maguires and the detectives* foi publicado pela primeira vez em 1877 e depois relançado, numa versão aumentada, em 1886. A segunda metade de *O vale do medo* é, nas palavras de um estudioso, "quase uma paráfrase da história verdadeira" contada por Allan Pinkerton em prosa e por William Pinkerton em conversas. Mas a primeira parte do romance, na qual o professor Moriarty é reintroduzido, parece ter brotado de fonte semelhante. Aqui, uma vez mais, Conan Doyle não precisou confiar apenas em sua memória da conversa transatlântica com Pinkerton. Isso porque em janeiro de 1904 os Pinkerton publicaram um folheto, "Adam Worth — vulgo 'Little Adam'", escrito principalmente por William Pinkerton, que contava em detalhes a história do criminoso amante das artes.

Não resta dúvida de que Conan Doyle apropriou-se da história de James McParland e, em parte, da de Adam Worth para propósitos literários próprios. Foi uma tática perigosa, que o deixou à mercê de acusações de plágio. Uma pessoa em particular não teve dúvidas sobre a questão. William Pinkerton "subiu nas paredes quando viu o livro", segundo seu gerente-geral, Ralph Dudley. "De início ele falou em processar Doyle, mas depois abandonou a idéia. O que o deixou irritado foi o fato de, mesmo sendo uma história fictícia, Doyle não ter tido a gentileza de lhe pedir permissão para usar conversas confidenciais em sua obra. Até então tinham sido bons amigos, mas daquele dia em diante o relacionamento esfriou. O senhor Doyle enviou vários bilhetes tentando acalmar as coisas, mas, mesmo que WAP tivesse mandado respostas corteses de volta, nunca mais considerou o senhor Doyle com o mesmo calor."

Pinkerton foi excessivo em suas reações. Conan Doyle não baseou sua história apenas nas "conversas confidenciais" e usou outras fontes, também publicadas. Como todo escritor de ficção, Conan Doyle usou personagens reais, no caso McParland e Worth, porém também dotou-as de um sabor ficcional próprio, único. É bem mais provável que Pinkerton estivesse simplesmente ressentido com o fracasso de seu próprio esforço literário, e de seu pai, quando comparado ao sucesso de vendas de Conan Doyle. Pinkerton passou a vida lidando com escroques e ladrões, porém o arrufo em torno das fontes para *O vale do medo* deve tê-lo feito tomar consciência de uma outra verdade eterna: se não há honra entre ladrões, também há muito pouco dela entre os autores.

Por volta de 1924, Conan Doyle ainda parecia ponderar sobre a vida e os crimes de Adam Worth. "The Adventure of the Illustrious Client", publicado pela *Collier's Weekly* em 1924 e na *Strand* na primavera seguinte, descreve um outro mestre do crime *à la* Worth. Dessa vez ele tem um novo pseudônimo: Adelbert Gruner, barão austríaco e vilão criminoso. Num argumento mais engenhoso do que convincente, sugeriu-se que os nomes estão ligados. "O sobrenome Worth, em sua terra natal, era soletrado W-I-R-T-H [...] e pronunciado VIRT. Era simplesmente uma questão de Watson mudar o germano-americano ADAM VIRT para o austríaco Adelbert. Watson também observou que o WHIRT alemão é pronunciado quase da mesma maneira que o francês VERT, que significa verde. De modo que Watson foi atrás do sobrenome Gruner, que também significa verde, não em francês e sim em alemão." Talvez isto seja um exemplo do que acontece quando se passa muito tempo diante de uma página de Conan Doyle, porém a história de Adelbert Gruner realmente tem algumas semelhanças marcantes com a saga de Worth: a referência de Holmes a "Charlie Peace", um "grande criminoso" e um "virtuose do violino", traz Piano Charley Bullard à lembrança. O "vilão perigosíssimo" que se transforma em informante, Shinwell Johnson, que fornece a Holmes informações sobre Gruner, pode muito bem ser uma fusão dos nomes de Max Shinburn e dos irmãos Bidwell, antigos freqüentadores do American Bar em Paris e, com certeza, a descrição de Shinwell Johnson como um vira-casaca e "agente do imenso submundo do crime" nos traz à mente o tratamento que Shinburn dispensou a Worth no presídio de Louvain. Kitty Winter, antiga amante de Gruner que conspira com Holmes para expor o malvado sedutor, pode também ser ainda uma outra versão romanceada de Kitty Flynn, "uma mulher esbelta e chamejante, com um rosto pálido, intenso, jovem e no entanto tão vincado de pecados e dores que era possível ler nele os anos terríveis que lhe deixaram suas marcas leprosas".

Adelbert Gruner, o dândi, é inusitadamente semelhante a Adam Worth, inclusive "na cartola brilhante, na casaca escura, na verdade em todos os detalhes, desde o alfinete de pérola na gravata de cetim preto até as polainas lavanda sobre os sapatos de verniz". Gruner é, possivelmente, "mais perigoso que o falecido professor Moriarty", Holmes avisa, com seus talentos sedutores e seu verniz de cultura. "Ele tem gostos caros. É apreciador de cavalos. [...] Coleciona livros e quadros. É um homem que tem um lado artístico considerável em sua natureza."

De novo isso nos faz lembrar de Worth, ao passo que a descrição que Holmes faz de Gruner como um homem "que coleciona mulheres e se orgulha dessa coleção, assim como alguns homens colecionam mariposas ou borboletas" vem a ser ainda mais evocativa do homem que, literalmente, "colecionou" pelo menos uma mulher para deleite próprio. Refletindo a dualidade que os vitorianos viam em todos os grandes criminosos, Gruner é um "homem-besta", um cavalheiro na superfície, um monstro por baixo e, como Worth, "um verdadeiro aristocrata do crime".

Worth ansiava pela respeitabilidade vitoriana e pela grandeza criminosa, porém Conan Doyle lhe deu algo mais durável: uma personalidade literária que produziu inúmeras imitações, um nome que é sinônimo de esperteza criminosa e um jogo onde crianças, de olhos vendados, dão cacetadas umas nas outras com jornal enrolado, tendo antes tentado localizar a cabeça do oponente gritando: "Você está aí, Moriarty?".

O impacto de Adam Worth na cultura popular não termina

por aí. Em 1939, T. S. Eliot publicou seu delicioso *Old possum's book of practical cats*, dos quais um dos mais memoráveis é "Macavity: o gato misterioso". Compare-se a descrição do velhaco felino com a descrição que Conan Doyle faz de Moriarty e fica evidente onde o poeta foi buscar sua inspiração.

Ali estão as características precisas de Moriarty, desde a cabeça "abobadada" até os "olhos profundos", passando pelos movimentos "reptilianos" de cabeça. Na verdade é o próprio Adam Worth metamorfoseado em felino. Conan Doyle inspirou-se na vida de Worth, T. S. Eliot inspirou-se em Conan Doyle e, para completar o ciclo, o compositor Sir Andrew Lloyd Webber baseou *Cats*, um dos musicais mais populares de todos os tempos, em *Practical cats* de T. S. Eliot. Kitty acabou, postumamente, em Hollywood, e Adam Worth, através de dois outros pseudônimos, foi parar na Broadway.

> Macavity, Macavity, não há ninguém como Macavity,
> Nunca houve um Gato tão mentiroso e agradável.
> Sempre de posse de um álibi, e um ou dois de quebra:
> A qualquer hora que tenha ocorrido o fato — MACAVITY NÃO ESTAVA LÁ!
>
> Dizem que todos os Gatos cuja vilania é notória
> (eu podia mencionar Mungojerrie, eu podia mencionar Griddlebone)
> Não são mais que agentes para o Gato que a toda hora
> Apenas controla suas operações: o Napoleão do Crime!*

* No original: "Macavity, Macavity, there's no one like Macavity,/ There never was a Cat of such deceitfulness and suavity./ He always has an alibi, and one or two to spare:/ At whatever time the deed took place — MACAVITY WASN'T THERE!
And they say that all the Cats whose wicked deeds are widely known/ (I might mention Mungojerrie, I might mention Griddlebone)/ Are nothing more than agents for the Cat who all the time/ Just controls their operations: the Napoleon of Crime!"

24. Expiação

As autoridades presidiárias da Bélgica libertaram Worth em 1897, dois anos antes do final da pena, por "bom comportamento", o que vinha a ser uma outra maneira de dizer que ele suportara, sem rebeldia evidente, cinco longos anos de espancamentos e de tratamentos médicos bárbaros, de provocações e depressão, em meio ao estupidificante tédio da prisão. Worth tornara-se um prisioneiro dócil, cada vez mais maleável à medida que seu corpo enfraquecia e seu espírito derretia-se. Não havia ninguém nos portões do presídio de Louvain para receber o vilão, agora com 53 anos de idade — Bullard e Kitty estavam mortos, sua mulher quase tão morta quanto eles, totalmente louca num manicômio inglês; os filhos pouco ou nada sabiam de sua situação. Até mesmo os jornalistas que o encheram de perguntas sobre o retrato de Gainsborough haviam temporariamente abandonado a perseguição em busca de novas paragens. O nome do professor Moriarty era conhecido de todos, mas seu próprio nome, ou nomes, estavam praticamente esquecidos. Mesmo que tivesse havido uma festa para recebê-lo quando cambaleou rumo à liberdade, é de se duvidar que muitos reconhecessem, naquele velho emaciado e alquebrado de olhos lacrimejantes e bigodes caídos, o arrogante e tempestuoso escroque de 1892. As atenções do canhestro médico do presídio deixaram-no com as membranas nasais danificadas, sujeitas a sangraduras profusas e imprevisíveis. À noite ele acordava em meio a fortes suores febris, tossindo sangue furiosamente dos pulmões à medida que os primeiros sintomas da tuberculose iam se instalando. As crises de "prostração nervosa" que lhe advinham nos primeiros anos de prisão haviam aos poucos se transformado em resignação depressiva, já que uma parte vital de Worth morrera na cela da prisão belga. Pinkerton mais tarde o descreveu como "de saúde alquebrada e financeiramente arruinado", porém algo mais vital que seu corpo, sua riqueza ou sua reputação autopromovida, fora destruído. Na prisão, Worth descobrira o remorso: não por seus crimes, pelos quais nunca sentiu nada exceto vestígios de orgulho, mas sim por aquelas vidas que ele prejudicara ou destruíra. Sua jovem esposa estava além de qualquer ajuda. As duas filhas de Kitty Flynn, que ele acreditava serem suas, eram agora ricas moças de sociedade que não precisavam e com certeza não teriam recebido bem as atenções de um criminoso envelhecido. Porém seus dois filhos menores, um menino de nove e uma menina de seis anos de idade, agora vivendo com John Worth no Brooklyn, eram uma outra história. John Worth tinha se mostrado um péssimo patife e não melhorou como homem honesto; a família vivia na mais esmagadora pobreza, em meio à desarmonia doméstica. Apesar da generosidade de Worth no decorrer dos anos, ou talvez por causa dela, a mulher de John, tremendamente religiosa e dominadora, tinha pouco mais que desprezo por seu cunhado fora-da-lei e apenas desprezo por seu insensato marido. Em seus anos atrás das grades, Worth tomara uma decisão: ele pediria os filhos de volta e os sustentaria, por bem ou por mal.

Como *era* um escroque, e não conhecia nenhuma outra forma, decidiu adotar a via do mal.

De volta a Londres, alugou um pequeno quarto no número 63 da Piccadilly, muito distante de sua antiga residência grandiosa na mesma rua, e começou a reparar os danos. Seu primeiro ato foi uma triste peregrinação para visitar a mulher cuja vida e mente ele ajudara a arruinar. Sua mulher, segundo Pinkerton, era agora "uma ruína mental e física" e o encontro foi tão doloroso que aparentemente levou Worth a violar o hábito de uma vida toda de sobriedade. "Esta foi uma das causas que levaram Raymond [Worth] a beber tanto", Pinkerton concluiu. Assim como Bullard antes dele, Worth arrastava-se para dentro de uma garrafa e lá ficava durante cerca de um mês. Saía dessas bebedeiras terríveis mais magro e mais doente que nunca, porém o demônio autodestrutivo dentro dele parecia saciado, pelo menos por uns tempos. A necessidade de ver e sustentar os filhos era agora quase patológica, e como estivesse consumindo rapidamente o pouco dinheiro que tinha — e o irmão e a cunhada parecessem pouco inclinados a lhe mandar o necessário para a passagem transatlântica —, pôs-se a planejar uma nova onda de crimes que o devolveriam, ou mais acertadamente devolveriam sua prole, ao caminho da prosperidade.

Não foi preciso procurar muito longe por um alvo. Quando a casa Smith, os maiores comerciantes de diamantes de Londres, foi roubada, no final de 1897, o assalto tinha todas as marcas registradas de Worth. "Os ladrões entraram no local cortando os ferrolhos de aço que trancavam o portão para abri-lo", um jornal noticiou, depois que cerca de 15 mil libras em diamantes foram roubados da Smith. "A loja era tida como um dos estabelecimentos mais cuidadosamente guardados e seguros de Londres e era praticamente envolta em aço", acrescentou o *London News*. "Os homens — porque evidentemente havia dois e talvez três deles envolvidos no trabalho — tinham, pelo que tudo indica, planejado com o maior cuidado a execução [...] a maneira como entraram no local, bem como a seleção dos itens mais valiosos para embolsar, leva a polícia a acreditar que o roubo tenha sido obra de um grupo de assaltantes muito experientes." As instalações da companhia Smith, é bom que se diga, ficavam no número 68 da Piccadilly, quase em frente ao local onde Worth se instalara.

Pinkerton fora notificado por um informante do submundo chamado Charley Fisher de que Worth estava de novo recrutando homens para trabalhos criminosos na Europa, bem como de seu novo endereço. "Fisher não disse positivamente que Adam Worth cometeu esse roubo, mas deu a entender que talvez tivesse cometido", segundo um memorando confidencial dos arquivos da Pinkerton. Curiosamente, Pinkerton decidiu não passar essa informação para a Scotland Yard.

Apesar da condenação *in absentia* que ainda pesava contra ele na França, Worth escolheu Paris para seu roubo seguinte. Como observou um contemporâneo, "ele perdera um pouco da mão e do cérebro, mas ainda era terrível". Depois de cálculos cuidadosos, ele descobriu a hora exata em que os veículos do serviço de segurança entravam e saíam da Gare du Nord, e no ano seguinte, com dois cúmplices, assaltou um deles e escapou com mais de 1 milhão de francos em papéis e jóias. O roubo causou sensação em Paris, mas como Worth explicou melancolicamente algum tempo depois, os proventos foram menos impressionantes do que pareciam. "Os franceses tinham começado a se tornar espertos", queixou-se ele, em retrospecto. "Quando eles usavam o antigo carimbo de tinta [nos papéis], tudo que fazíamos era limpar a tinta do cupom para colocá-lo de volta no mercado, não havia nenhum problema, mas agora é diferente [...], recentemente eles começaram a cortar um pedaço do cupom, mostrando assim já ter passado pelas mãos de um banqueiro e não ser negociável."

Worth estava com pressa de chegar ao Brooklyn e disposto a vender tudo de volta a seus donos, através de intermediários e segundo a veneranda tradição, por uma fração de seu valor total. "A coisa", mais tarde ele contou a Pinkerton, "foi negociada de volta por 12 mil libras, ou 60 mil francos, cerca de 25% do valor real da propriedade." Depois de dividida com seus cúmplices, a parte de Worth foi de cerca de 4 mil libras, bem menos do que ele esperava, porém suficiente, quando combinadas aos proventos da Smith, para levá-lo aos Estados Unidos e instituir um fundo para os filhos. Quando descobriram que Worth estava na ativa de novo, o irmão e a cunhada começaram imediatamente a pedir-lhe dinheiro, ameaçando abandonar seus dois filhos pequenos a menos que Worth enviasse os fundos. Haviam sido precisos mais de dois anos para que Worth roubasse o que ele considerava uma soma suficiente de dinheiro.

Ao chegar a Nova York, foi correndo à casa do irmão, entregou uma vasta bolada para seus parentes e abraçou os dois filhos que não via havia sete anos e que agora mal se lembravam dele. Foi um encontro rápido, porque Worth tinha mais um negócio para concluir antes de reivindicar de volta sua prole. Ele passou apenas alguns dias no Brooklyn, sob o olhar esperto e reprovador da cunhada, antes de anunciar que tinha um encontro com uma velha amiga e com um contato de negócios no Meio-Oeste. A senhora era a *Duquesa de Devonshire* e o contato de negócios era William Pinkerton. Despediu-se dos filhos uma vez mais, anunciando-lhes que quando voltasse todos seriam ricos de novo. Para seus cobiçosos parentes, Worth disse que tinha mais um negócio em mente, depois do qual ele se tornaria finalmente um pai para seus filhos. Nesse meio tempo, mandaria dinheiro suficiente para a manutenção deles e mais ainda. Relutantemente, a senhora John Worth concordou, mas levaria ainda dois anos até que Worth cumprisse a promessa feita a si próprio e aos filhos.

A *Duquesa de Devonshire*, que ele recuperou então da armazenagem, fora a companheira psicológica de Worth por quase duas décadas e uma fonte de socorro e apoio durante as horas mais desesperadoras de seu encarceramento. Contudo o quadro também fora uma obrigação pesada. Durante anos mantivera Worth afastado, talvez até privado, da necessidade de afeto humano. Caso tivesse se prontificado a entregar o objeto, e com ele sua própria auto-imagem, poderia ter obtido a liberdade e a vida familiar que tanto queria anos antes. O quadro já fora o representante oblíquo de sua vida, uma quimera corrupta de amor; agora a *Duquesa* era como uma amante envelhecida, outrora bela, cada vez mais exigente, que o mantinha preso e rodeado de culpa. A profunda ambivalência de seus sentimentos reflete-se no longo tempo que levou para cortar os laços que tinha com a pintura. Livrar-se finalmente da tela poderia lhe permitir ter os filhos de volta, porém apenas à custa de uma rejeição total de tudo que ambicionara antes. A *Duquesa* emoldurara sua vida, fora a corporificação de seus crimes contra a sociedade. Agora seria o veículo de sua salvação, sua oportunidade de redimir-se e a chance, quem sabe, de ocupar um lugar, por mais humilde que fosse, num mundo genuinamente humano.

Vários meses antes Worth começara a sondar William Pinkerton, impelido em parte por um profundo respeito misturado à gratidão pelo que considerava ter sido a compaixão do detetive norte-americano à época de sua prisão em Liège. Como intermediário escolheu um antigo associado, um certo Patrick Sheedy, "um apostador conhecido no mundo inteiro". Sheedy era um aventureiro esperto e um jogador inveterado, que "ganhava a vida por meio de expedientes, um vasto conhecimento da natureza humana e uma experiência colossal" e que, se não era um escroque ativo, também estava longe de se sobrecarregar com escrúpulos morais. Tinha a vantagem adicional de ser conhecido tanto de Worth quanto de Pinkerton, para quem agira muitas vezes como ponte para o submundo do crime.

Worth conhecera Sheedy em Paris, enquanto se preparava para o roubo da Gare du Nord, e este último parece ter fornecido "assistência financeira" de algum tipo — possivelmente até o capital para seu primeiro roubo após sair da prisão. No decorrer de uma conversa, uma noite num café de Paris, Sheedy lembrou-se de um diálogo que tinha tido com William Pinkerton, anos antes, durante o qual o detetive ventilou a suspeita de que Worth "controlava o retrato de Gainsborough e lhe perguntara se poderia ajudar na questão, se gostaria de elaborar um plano para a restituição do quadro". Sheedy obviamente não tinha certeza de nada e Worth sabia disso, porém ele parece ter confiado no jogador irlandês e decidiu usá-lo como mensageiro.

No verão de 1898 Sheedy foi até o quartel-general dos Pinkerton, em Chicago, e delineou uma proposta: Worth tinha de fato o quadro, Sheedy explicou, e estaria disposto a devolvê-lo a Agnew, mas apenas se o próprio Pinkerton agisse como intermediário — o detetive norte-americano era "o único homem a quem ele o confiaria", Sheedy explicou, acrescentando que "ele achava que uma grande recompensa [...] seria paga pela devolução do quadro", a ser dividida entre as várias partes.

Pinkerton, fingindo-se ultrajado com a simples sugestão, disse a Sheedy que jamais teria qualquer coisa a ver com negócio tão clandestino e que "em hipótese alguma tentaríamos lidar com algo do tipo; que não poderíamos fazê-lo, seja para fazer justiça a nós mesmos, seja para sermos leais a nossos relacionamentos com o Departamento de Polícia de Londres; que seria ruim para qualquer um tentar negociar e que nós não podemos e não o faremos". Sheedy continuou a bajular. Transmitiu a alta conta em que Worth tinha Pinkerton, insistindo, como escreveu mais tarde o detetive, "que eu era um bom sujeito, uma porção de palavras lisonjeiras do tipo".

"Ele tinha certeza de que havia alguma forma de nós podermos assumir o controle disso", William escreveu a Robert, "mas eu lhe disse que não havia nenhuma."

Claro que isso era um blefe da parte de Pinkerton, para quem não haveria nada mais agradável do que a oportunidade de desempenhar um papel na solução de um dos maiores roubos da época. Dizê-lo às claras, porém, seria simplesmente um convite para que Sheedy e Worth aumentassem suas exigências e Pinkerton não iria abrir o jogo em estágio tão precoce das negociações. Sheedy, o jogador, estava igualmente ciente das regras. Todo animado, fez o relatório a Worth: Pinkerton, embora proclamando o contrário, mordera a isca e as negociações poderiam agora começar para valer.

A 10 de janeiro de 1899, William Pinkerton saiu de casa, nos arredores de Chicago, e pôs-se a caminho do escritório da Pinkerton, como de hábito. Lá encontrou um telegrama com a críptica mensagem: "Carta aguardando em sua casa; mande buscá-la". A missiva estava assinada com o nome de "Roy".

"Como eu não conhecia ninguém chamado Roy, a coisa toda me pareceu um mistério", lembrou-se Pinkerton, mais tarde. Ele telefonou para sua casa e foi informado, pela filha, de que, momentos depois que saiu de casa, "um estranho apareceu e deixou uma carta, dizendo que era importante e pedindo para que fosse entregue ao senhor Pinkerton pessoalmente e para ninguém mais". Pinkerton mandou buscar a carta.

> Caro Senhor,
> Abusando de nossa amizade em Londres, vim vê-lo a respeito de um assunto que talvez seja de benefício mútuo, caso venha a considerar a proposta. Tenho conhecimento suficiente de seu caráter e confiança nele para saber que, se eu tiver sua palavra, nenhuma

vantagem será tirada de minha posição e nenhum uso será feito de qualquer informação que o senhor possa adquirir em relação ao assunto sobre o qual desejo consultá-lo. Posso me fiar nela em segurança. Sou obrigado a pedir-lhe que me dê tal garantia devido a complicações peculiares que possam existir (e que ocorrem) num negócio como o seu, quando há interesses tão diretamente opostos quanto os que existem entre sua firma e uma pessoa em minha posição.

Porei da seguinte forma: caso não haja nada em seus interesses de negócio que conflitem e impeçam o senhor de me dar a garantia que estou pedindo, por obséquio coloque no *Daily News* de Chicago, na coluna de anúncios pessoais, o seguinte anúncio: "GARANTIA DADA — WAP" e eu marcarei um encontro para vê-lo tão logo seja possível após ver o anúncio. Caso ele não apareça, digamos, dentro de dois dias, fica entendido que há algum obstáculo, que o senhor tem razões suficientes, em termos de negócios, que o impedem de dar sua palavra, e o assunto estará encerrado e eu serei obrigado a sair daqui sem vê-lo, o que, eu lhe garanto, farei com grande pesar.

Vou deixar esta em sua casa para evitar acidentes, já que poderia ser aberta em sua ausência por um representante seu no escritório. Claro que antes de deixar esta nota irei me certificar de que o senhor encontra-se na cidade.

Na esperança de uma resposta favorável, despeço-me

Atenciosamente

H. Raymond

(ex) Londres

"Reconheci imediatamente que a carta era de Adam Worth, vulgo Henry J. Raymond, e que sem dúvida fora escrita em relação à proposta feita por Priestone [o pseudônimo que Pinkerton dera a Sheedy] no último verão."

Pinkerton não perdeu tempo e colocou imediatamente um anúncio no jornal vespertino de Chicago. "No dia 12 recebi um telefonema pessoal dizendo que Robert Ray queria me ver", Pinkerton relata. "Eu não conhecia ninguém com aquele nome, porém ao telefone alguém com um sotaque inglês muito pronunciado perguntou se eu era William Pinkerton. Eu disse que sim. 'Senhor William Pinkerton', ele repetiu. Eu disse que sim. Ele então disse: 'Aqui é o cavalheiro de Londres'. Respondi-lhe que sabia de quem se tratava [...] perguntei-lhe onde estava, e ele disse que quase em frente a meu escritório. Perguntei-lhe então por que não aparecia e pedia para falar comigo pessoalmente, já que ninguém prestaria muita atenção porque ninguém o conhecia. Ele disse que faria isso."

Se a aproximação de Worth era cautelosa ao extremo, Pinkerton também não estava deixando nada ao acaso. Imediatamente despachou detetives para postos de "onde eles poderiam ver o homem quando entrasse e quando saísse".

"Eu queria que fosse visto por tantas pessoas quantas fosse possível no escritório, para o caso de, no futuro, poderem reconhecê-lo. Em poucos minutos, Robert Ray foi anunciado [...]."

Eles conheciam os negócios um do outro intimamente, porém William Pinkerton não via Adam Worth havia quase duas décadas. Os dois velhos adversários cumprimentaram-se com um lento aperto de mãos enquanto, com um olho experiente, o detetive avaliava mentalmente a notável figura que tinha diante de si.

"Exceto por estar grisalho e consideravelmente envelhecido, vi pouca diferença nele após um período de mais de vinte anos. Ele me pareceu mais baixo, com tendência a ficar corcunda, e o cabelo e o bigode, que eram pretos quando o conheci, estavam cinza-escuro. Calculo que pesasse uns 59, 60 quilos [...], muito esmerado no vestir; cerca de um metro e 64 centímetros de altura; ossatura pequena; falava com um sotaque inglês muito pronunciado [...] praticamente o último homem que seria apanhado como o perigoso escroque profissional que ele era." O detetive também notou que Worth "tinha as características de um homem que bebe grandes quantidades de álcool [...], algo que ele não fazia quando o conheci".

A se julgar pelas anotações de Pinkerton, Worth ataviou-se todo para o importante encontro, invocando o que restara de seu antigo brio: "Eu o examinei cuidadosamente, com o objetivo de fazer uma descrição acurada [...], as sobrancelhas são bem pesadas e evidentemente escurecidas; rosto magro; olhos castanhos, nariz proeminente; orelhas grandes; braços e pernas um tanto longos; distinto; bem vestido, roupas escuras; casaca, usa uma modesta corrente de ouro, chamada na Inglaterra de *albert chain*, com um talismã; pequena pérola na gravata, em forma de pêra, e senta-se ereto".

Worth cumprimentou seu velho inimigo calorosamente e em troca Pinkerton convidou-o a sentar-se e "bater um papo".

"O que o traz aqui?", Pinkerton perguntou, na falta de algo melhor para dizer.

"Bem, eu vim vê-lo", Worth respondeu. "Eu lhe disse, muitos anos atrás, que se eu viesse à América, viria procurá-lo; já vim várias vezes e nunca o procurei, mas dessa vez eu o procurei por vontade própria; queria vê-lo; penso muito no senhor ultimamente; sei o que sua instituição tem feito e sei que teve a oportunidade de me derrubar na época em que eu estava na Bélgica, anos atrás, durante meu problema em Liège, pelo qual fiquei no colégio durante cinco anos, em outras palavras, na prisão. [...] Agora estou me pondo inteiramente em suas mãos; nunca fiz isso com nenhum ser humano antes, porém tenho uma confiança implícita em sua palavra de que nem o senhor nem os seus tirarão vantagem do que eu disser."

O que Worth tinha a dizer era mais extraordinário do que Pinkerton poderia ter antecipado.

25. Moriarty confessa a Holmes

Worth fora a Chicago com o único propósito de abrir negociações para a devolução do Gainsborough, que se achava então escondido e a salvo dentro do baú Saratoga no hotel McCoy's. Contudo, enquanto os dois homens conversavam, aparentemente surgiu um elo confessional entre o corpulento detetive e o visivelmente envelhecido ladrão. Como o próprio Worth admitiu, candidamente, nunca se colocara "nas mãos" de um outro ser humano, já que dedicara a vida toda a controlar os outros. Entretanto, agora o fazia por completo, para um homem que deveria tê-lo prendido imediatamente. O instinto os aproximava, posto que circulavam pelo mesmo universo havia muito tempo, embora viajando em direções opostas. O escroque que era um homem de honra, o homem de princípios que agora estirava a lei ao máximo. Foi um estranho encontro de mentes.

O "papo" durou o resto do dia e uma boa parte da noite. Encontraram-se de novo no escritório de Pinkerton no dia seguinte e no próximo. Em vez de ir direto ao assunto, Worth pegou-se confessando o passado, em parte por vaidade, mas, em parte, ao que parece, em virtude de uma necessidade de explicar e justificar os caminhos estranhos e tortuosos que sua vida tomara. Ele invocou a extraordinária galeria de vilões que haviam sido seus conhecidos nos quarenta anos anteriores: Kitty Flynn, Piano Charley Bullard, Scratch, Old Junka e o odiado Shinburn, expondo diante de Pinkerton, "com disposição bisbilhoteira", um retrato picaresco do submundo internacional do crime e seu papel de destaque nele. Worth falou dos tempos da Guerra Civil, de sua experiência em Sing Sing, de seus roubos em Nova York, Boston, Londres e Paris, do assalto ao comboio de diamantes na África do Sul e, mais crucialmente, do roubo da *Duquesa de Devonshire* de Gainsborough, que ele guardara ciumentamente por mais de duas décadas, mas que agora devia ser devolvido, ele disse, para encerrar o capítulo. Ele estava doente, explicou, talvez até morrendo. Suas palavras faziam eco à patética reverência ao objeto pelo qual penhorara sua vida e liberdade: "A dama deve voltar para casa".

Ao final da entrevista de três dias, Pinkerton estava exausto, satisfeito e atônito com a mera amplitude das façanhas de Worth e com a estranha mistura de orgulho e melancolia com as quais ele as relatara. "Considero este homem o criminoso mais notável de sua época", Pinkerton escreveu depois que Worth partiu finalmente. "Este foi um encontro extraordinário [...]. Falamos livremente sobre assuntos ocorridos na Europa durante os últimos vinte anos e, sem hesitar, ele falou de numerosos roubos em que esteve envolvido [...] ele falou de maneira geral sobre quase todos os grandes roubos acontecidos na Europa e sua conversa foi muito interessante de fato." Além de seu grande coração, Pinkerton era abençoado também com uma memória prodigiosa. Quando Worth saiu de seu escritório e desapareceu uma vez mais, Pinkerton sentou-se e pôs tudo no papel, dezesseis páginas ao todo, toda a bizarra entrevista que acabara de acontecer.

Worth começou sua confissão com algumas lembranças elogiosas, segundo Pinkerton, dizendo "que sempre gostara de mim e que me achava um homem de opiniões próprias e que sempre sentira um sentimento amistoso em relação a mim. O quanto de bajulação houve aí, eu não saberia dizer". Havia alguma, com certeza, mas também admiração genuína. Worth lembrou-se de como tentara dar uma série de presentes ao detetive, mas que estes haviam sido sempre recusados. Lembrava-se, em particular, "de uma bela caixinha de rapé, uma coisa única" que ele quisera enviar ao detetive "como lembrança dos velhos tempos", mas que finalmente pensara melhor, já que era "algo tão exclusivo que poderia chamar a atenção". Com toda certeza fora roubada. Pinkerton manteve-se incorruptível. "Eu lhe disse que me sentia contente por não ter me mandado nada; que eu não queria que ele me mandasse nenhum presente."

"Por medo que eu estivesse tentando suborná-lo?", Worth perguntou, rindo.

À medida que relaxou, Worth se pôs a descrever, sem nenhuma ordem especial, seus muitos crimes. O assalto ao Boylston Bank, ele achou, fora há tanto tempo que provavelmente não teria mais problema nenhum. "Claro que não se pode saber ao certo", acrescentou, afetadamente. "Eu não gostaria de ser julgado por ele, se bem que já se passaram trinta anos." Contou como tirara os membros de sua quadrilha da prisão na Turquia, como ele e Bullard haviam montado o American Bar, apenas para vê-lo invadido e fechado por instigação de Pinkerton. Depois sacudiu os ombros e acrescentou, como quem não guardou nenhum rancor: "Eu estava começando a admitir que o American Bar não seria o sucesso que eu queria".

Dali Worth passou a uma descrição minuciosa do assalto ao comboio de diamantes, depois ao assalto ao trem de Ostende, sua escapada por um triz da polícia de Montreal e de sua derrocada em Liège. Suas lembranças vinham temperadas com mordacidade, à medida que lembrava da traição de Junka Phillips e de Little Joe Elliott, da crueldade de Shinburn e do que, a seu ver, vinha a ser uma verdadeira caçada, como se ele fosse "um tigre humano", por parte de John Shore da Scotland Yard. A ferocidade que havia em Worth irrompeu quando lembrou-se das vezes em que havia sido traído e de sua crença solitária em suas próprias virtudes. "Ele dá uma boa sova, à sua maneira, em quase todo mundo", Pinkerton observou.

Quando a conversa chegou na família, Worth tornou-se lúgubre. De novo acusou os outros, e o destino, contando como seu antigo cúmplice, Johnny Curtin, seduzira a mulher, iniciando-a na bebida e nas drogas para, finalmente, roubar cada centavo que ela possuía. "Perguntei-lhe onde estava ela agora", Pinkerton escreveu, "e ele disse com lágrimas nos olhos que a pobre alma estava num manicômio, louca, e que nunca mais sairia de lá [...], ele estava amargurado." Falando sobre a família, a pose de Worth parece ter se atenuado. O tratamento brutal na Bélgica o transformara numa ruína física, conforme explicou. Todos os dias sofria de "hemorragias na cabeça" e estava perdendo peso rapidamente.

"Ele disse que irá a um especialista assim que puder a fim de parar as hemorragias; que se ele não tem uma hemorragia todo dia, sente dores de cabeça tremendas; põe a culpa no tratamento presidiário que recebeu na Bélgica. Disse que tinha sangrado quase um quarto de litro de sangue no sábado de manhã", Pinkerton escreveu ao irmão.

Com um rápido cálculo mental, Pinkerton chegou à conclusão de que, pelas suas contas, o sujeito melancólico diante dele roubara mais de 4 milhões de dólares nos trinta anos anteriores. Onde fora parar todo esse dinheiro? "Ele disse que tinha vivido imprudentemente, que especulara, jogara, dissipara e que tinha dado cabo de tudo, mas comentou comigo que se algum dia pusesse as mãos nuns 200 mil dólares de novo, ninguém nunca mais tiraria isso dele: que ele voltaria, compraria uma casa e se acomodaria com os filhos."

Com pena de si mesmo, Worth soltou um suspiro. "Percebo que estou ficando velho, porém há uma ou duas coisas que ainda preciso fazer que vão me dar dinheiro suficiente para cuidar de minha família. Isso é o que ainda tenho a fazer. Depois largo tudo."

Finalmente, depois de várias horas de nostalgia, fascinantes para Pinkerton e terapêuticas para si próprio, Worth chegara ao ponto crucial: a questão do Gainsborough. Sim, ele admitia, o quadro fora roubado por ele e estivera guardado todos aqueles anos. Fora uma decisão espontânea, cujo objetivo era tirar o irmão da cadeia, porém no fim mudara sua vida. Worth já não estava mais rememorando e sim barganhando de fato.

"Claro que eu quero obter algum dinheiro disso e quero que obtenha também", prosseguiu. "Sei que é um homem honrado e que não fará de nenhuma outra forma exceto a legítima, porém creio que será legítimo ganhar algum dinheiro na devolução do quadro a seu dono", declarou ele, recostando-se na cadeira em seguida, para observar os efeitos que o discurso tivera no detetive.

Porém Pinkerton não estava disposto a entrar assim de modo tão fácil numa negociação. "Eu lhe disse [...] que em hipótese alguma poderíamos assumir qualquer coisa do tipo; que seria contrário a tudo que já fizemos e contrário a todos os princípios sobre os quais nossos negócios são conduzidos."

Worth tentou novamente, com um pouco de lisonja oblíqua. "O grande superintendente Byrnes teria dado as unhas dos dedos para ter a oportunidade de fazer o que estou lhe oferecendo, mas quem é que pode confiar naquele porco; ninguém."

Aqui Pinkerton cedeu terreno, ligeiramente. "Talvez haja outras pessoas em nosso ramo que ficariam muito satisfeitas de fazer algo do tipo", admitiu ele.

Durante uns momentos discutiram vários possíveis intermediários. Worth disse que a irmã se casara com um advogado chamado Lefens, "uma espécie de advogado de escritório [que] redige escrituras, documentos e coisas do tipo", acrescentando porém que duvidava que o cunhado "tivesse peso suficiente para fazê-lo". Quem Pinkerton recomendaria?, ele perguntou, espertamente.

"Eu lhe disse que havia muitas pessoas com peso suficiente para fazê-lo [...], que eu não aconselharia Howe nem Hummel, ou pessoas do tipo, que provavelmente ficariam com todos os rendimentos ou até, quem sabe, o denunciariam à polícia."

De repente Worth mudou de tática e fingiu abandonar completamente a idéia de devolver o Gainsborough. "Ele me disse que sentia muito que não pudéssemos descobrir uma forma de assumir a coisa, mas que achava que eu estava correto nas premissas: que isso poderia causar comoção e nos colocar em má situação com a polícia londrina." Agora era a vez de Pinkerton fazer um movimento no delicado minueto. "Em que condições está o quadro?", ele perguntou, de modo tão casual quanto conseguiu. Worth respondeu, com despreocupação igual, que "o quadro estava intacto". E o que tinha a dizer, continuou o detetive, das histórias que "ouvira recentemente de um quadro que fora descoberto em algum quarto, todo mofado e roído de traças, e que supostamente era o retrato da duquesa de Devonshire"? Worth retrucou que também lera tais relatos, que não podia explicá-los e que só podia dizer que "alguém falsificara a tela e estava tentando fazê-la passar pelo quadro genuíno".

Desviando-se deliberadamente do assunto, Worth de repente começou a falar de um sistema de alarmes para ladrão em que ele estava trabalhando no momento. "Disse-me que um dia desses me daria o resultado de algo que ele está estudando, uma proteção contra ladrões por meios elétricos: é uma coisa única, da qual ninguém ouviu falar", Pinkerton relatou. Se o detetive achou estranho estar discutindo os últimos dispositivos para prevenção de roubos com um dos vilões mais procurados do mundo, suas anotações não deixam transparecer.

Uma vez mais Pinkerton levou Worth de volta, indiretamente, à questão do Gainsborough, oferecendo-se para lhe emprestar algum dinheiro. "Perguntei-lhe como estava de finanças e se precisava de dinheiro. Ele disse que de jeito nenhum. Eu lhe disse para não ser tímido; que se precisasse de algum dinheiro eu estaria disposto a adiantá-lo. Ele me disse que era muita bondade de fato; que eu era o primeiro policial que se oferecera para fazer algo do gênero, mas que ele não precisava de dinheiro." Para reforçar o ponto, ele puxou da carteira e pediu a Pinkerton que lhe trocasse uma nota de cem, certificando-se enquanto isso de que o detetive vira outras sete ou oito notas iguais que tinha na carteira.

Depois de mais algumas pilhérias, Worth tocou de novo no assunto do Gainsborough. "Ele disse que ia pensar em quais advogados chamar e que provavelmente adotaria minha sugestão de devolver o quadro da duquesa de Devonshire aos Agnew." Falsamente, Worth acrescentou que "de coração ele o devolveria sem nenhum custo, mas que havia outras pessoas interessadas a quem ele adiantara dinheiro de tempos em tempos com o objetivo de mantê-las caladas. Ele não disse quem eram, no entanto levou-me a inferir que eram ingleses".

Foi um diálogo sutilíssimo entre dois veteranos jogadores de pôquer. Pinkerton estava decidido a mostrar que não se deixaria manipular, mas também deixou claro que se Worth pudesse encontrar algum intermediário confiável ou negociar a troca de tal forma que a reputação da agência não fosse prejudicada, então tinham as bases para um trato. Nas palavras do próprio Pinkerton, "em hipótese alguma faríamos qualquer coisa com a qual as autoridades da Scotland Yard não concordassem". Porém, se a polícia inglesa estivesse de acordo, a questão mudava de figura. Worth, por seu lado, deixara muito claro que ele, e apenas ele, tinha o controle do quadro genuíno; que qualquer traição da parte de Pinkerton significaria o cancelamento do trato e que, com a carteira cheia de dinheiro, não estava disposto a aceitar descontos na transação. Os dois se entenderam perfeitamente. Restava apenas apor um selo simbólico nesse trato, que veio, curiosamente, na forma de um pequeno cão.

"Comecei a falar sobre cães", conta Pinkerton, um ávido amante desses animais, "e ele me disse que estava querendo arranjar um filhote de fox-terrier para seus filhos. Eu lhe disse que lhe daria um dentro de algumas semanas, que poderia me deixar o endereço que eu o enviaria."

Com esse penhor das boas intenções de Pinkerton e a promessa de manter contato, fosse em pessoa ou através de Sheedy, Worth finalmente levantou-se para sair.

"Antes de ir embora eu lhe pedi um endereço para onde mandar o filhote e ele me disse que me escreveria dizendo. Ao me despedir dele, disse-me que se algum dia pudesse me prestar qualquer favor, fora se tornar um policial, era só pedir. Falou que eu fora muito gentil de fato e que apreciara minha bondade."

Os dois homens, agora amigos e logo mais parceiros numa improvável e obscura transação, apertaram-se as mãos, e Adam Worth desapareceu na noite de Chicago. Disse que estaria pegando o trem das nove e vinte para Nova York, porém Pinkerton nem se deu ao trabalho de mandar segui-lo. "Ele parecia de boa-fé em tudo que estava fazendo e se achasse que eu tinha faltado com minha palavra, podia se assustar e fugir."

Havia um acordo, ainda que não tivesse sido enunciado. William escreveu imediatamente ao irmão, delineando a conversa extraordinária que tivera com Worth. "Eu não sei se teremos mais algum negócio com este homem no futuro ou não [...], mas peço que ele não seja entregue a ninguém e que ninguém saiba que ele está no país. Não quero vê-lo cair nas mãos da polícia ou de quem quer que seja depois de ele ter agido da forma como agiu, por nada neste mundo, e quero que todos que leiam esta carta sejam especialmente instruídos para que nada seja dito a respeito deste homem e para que não se dê busca." Outrora seu caçador, Pinkerton tornara-se o protetor de Worth.

"Eu acredito de fato que posso lidar com este homem", Pinkerton disse ao irmão — farejando, talvez, as imensas possibilidades em termos de relações públicas que adviriam se ele conseguisse uma façanha como o retorno do grande Gainsborough. "Acredito que posso torná-lo útil para nós algum dia."

No dia seguinte chegou um telegrama no escritório de Pinkerton, com as saudações de Henry J. Raymond enviadas de um endereço no Brooklyn. Quinze dias depois, duas pequenas crianças ficaram atônitas e contentíssimas ao encontrarem um filhote de fox-terrier, enviado por um benfeitor anônimo, na soleira da porta da casa do tio, no Brooklyn.

26. O fardo do mensageiro

Com tantos intermediários envolvidos, as negociações de 1899 para a devolução do Gainsborough foram necessariamente demoradas. Os Pinkerton entraram imediatamente em contato com o superintendente Donald Swanson, do Departamento de Investigação Criminal da Scotland Yard, que transmitiu a informação ao inspetor de detetives, Frank C. Froest — John Shore tinha deixado a corporação para "caçar levianas" durante a aposentadoria, no bordel da manquitola Nelly Coffey. Como observou Pinkerton, "a Scotland Yard trabalhava havia anos no caso [e] obtivera praticamente as mesmas informações que nós tínhamos, porém sem provas ou meios de efetuar a prisão dos ladrões".

Cumprindo a palavra, Pinkerton deixou de fora qualquer menção a Worth ou Sheedy em suas comunicações com a polícia inglesa, embora a Scotland Yard tivesse ciência de quem eram as pessoas com quem a agência estava lidando, mesmo que a uma elaborada distância. O inspetor Froest contatou o advogado da Agnew, Sir George Lewis, e expôs-lhe a versão que Pinkerton decidira relatar dos fatos. Um indivíduo confiável comunicara-se com Pinkerton, explicou o policial inglês. Esse homem fora contatado por um "rico norte-americano", fatalmente doente, que sabia onde estava o quadro roubado e queria devolvê-lo antes de morrer. O intermediário "sugere que a questão seja colocada nas mãos dos senhores Pinkerton [...], embora ele não deseje receber a recompensa, dá a entender que se acredita que a recompensa deva ser paga a alguém", Froest relatou.

O intermediário, desnecessário dizer, era Patrick Sheedy, agindo em nome de Worth e a informação parcial fornecida à Scotland Yard tinha vários objetivos simultâneos: sugerir que o ladrão estava morto; permitir que Pinkerton negociasse com a Agnew a devolução do quadro sem comprometer seus princípios; insistir para que as negociações ocorressem na América; e, acima de tudo, garantir que ninguém fosse processado. Tanto Sheedy quanto Worth, compreensivelmente, foram inflexíveis nesse ponto. O primeiro enquadrou a questão como sendo de princípio artístico, afirmando que "não deve haver ninguém punido ou ferido [...] para que o tesouro artístico seja restituído".

Nas palavras de Pinkerton, "Sheedy adotou como postura que a devolução do quadro ao mundo das artes era de grande importância, que só poderia ser feita da maneira sugerida e que, se fosse para punir alguém, no que lhe dizia respeito a tela jamais seria devolvida". Isso provavelmente foi um reflexo das idéias de Worth. Poucos meses após o roubo, ele se congratulara por "promover" a pintura a um público mais amplo; somente alguém tão autocentrado quanto Worth podia acreditar estar prestando um favor ao mundo devolvendo uma obra-prima que apenas ele apreciara por mais de vinte anos.

Em carta datada de 26 de junho de 1899, Sir George Lewis transmitia a Sir William Agnew, que recebera um baronato três anos antes, a opinião da Scotland Yard sobre a oferta. "O inspetor Froest acredita que haja realmente substância na comunicação que recebeu [...], ele sugere que os senhores Pinkerton sejam procurados antes de incorrer em qualquer despesa. Naturalmente, coloco a questão ao senhor." Porém com tantos subterfúgios e tendo sido enganado tantas vezes antes, o *marchand* estava compreensivelmente cauteloso. Os pruridos sobre compactuar com um crime preocupavam-no bem menos do que a suspeita de que talvez estivesse prestes a pagar caro, pela segunda vez, por algo que tecnicamente já era seu. As dúvidas financeiras de Agnew eram claramente mais pronunciadas que as morais.

Como observou depois alguém, sarcasticamente: "Um homem que pusesse à venda um casaco roubado não seria preso pelo primeiro policial a tomar conhecimento do assunto? Eles fazem as coisas de modo diferente quando se trata de um quadro valendo uma pequena fortuna".

"Por enquanto a coisa está demorando a tomar impulso", segundo Pinkerton, "devido à quantia envolvida para a devolução do quadro e das asseverações dos advogados (Lewis & Lewis) de que se trata de uma artimanha da parte de algum norte-americano esperto para tirar partido dos Agnew." O próprio detetive norte-americano também estava cauteloso. "Temos que ter uma noção clara de até onde os senhores desejam chegar antes de empreender qualquer coisa", avisou ele a Agnew que, por seu lado, nutria dúvidas sobre a honestidade do "honesto" Pat Sheedy, apesar das garantias de Pinkerton de que "ele não é em nenhum sentido da palavra um 'patife' e sim um apostador inveterado que sem dúvida conhece muitos grandes criminosos. Acredito que ele é sincero no que diz".

Os dois lados estavam se rodeando: Worth e Sheedy de um dos lados da metafórica mesa de negociações, Agnew e a Scotland Yard do outro, e os Pinkerton em algum lugar no meio. Worth foi o primeiro a tentar romper o impasse. Através de Sheedy, ele se ofereceu para devolver o quadro por nada se, em troca, Agnew "lhe permitisse o privilégio de exibir o quadro durante quatro meses". Sheedy ficaria com os lucros e, secretamente, passaria a Worth a parte do leão. Essa era uma sugestão ridícula — que dá bem a medida do atrevimento de Worth em pensar que podia roubar um quadro valioso e depois exibi-lo — sumariamente rejeitada por Agnew. Um mês depois Worth e Sheedy estavam de volta com outra idéia igualmente bizarra: "Se os Agnew permitissem que Sheedy fizesse uma gravura do quadro e o deixasse no controle da matriz, [...] o quadro seria devolvido". Como mostrou a história, a *Duquesa* era uma ferramenta de mercado extraordinariamente lucrativa, e quem controlasse sua imagem estaria de posse de um investimento muito valioso. De novo Agnew rejeitou a oferta, porém a proposta pelo menos convenceu o *marchand* de que ele estava em contato com alguém que realmente controlava a famosa tela.

Para matar o tempo enquanto as negociações arrastavam-se, Worth dedicou-se a "elaborar" um pequeno trabalho para alguns colegas. No começo de 1900, providenciou para que três notórios vilões norte-americanos — "Kid" Macmanus, Brooklyn Johnny e "Fairy" McGuire — "cruzassem o oceano" até Londres, levando com eles as mais recentes técnicas de arrombamento. "Talvez sejam eles os homens que estão usando nitroglicerina e dinamite, conforme publicado num jornal de Nova York há pouco tempo, em conexão com um assalto", relatou um dos detetives da Pinkerton, porém como sempre nada podia ser diretamente atribuído a Worth.

Um pouco mais tarde, naquele mesmo ano, Worth empacotou a tela e foi ele mesmo para Londres, num último lance para acelerar as negociações. Depois de mais uma leva de cutucadas sutis por parte de Pinkerton em Chicago e de Worth em Londres, o detetive finalmente acreditava ter mediado um acordo com as autoridades inglesas. Então, "a 16 de janeiro de 1901", como conta Pinkerton, exatamente dois anos depois do dia em que Worth fez sua primeira abordagem, "os Pinkerton receberam um cabograma do superintendente Swanson, Scotland Yard, instruindo-os a assumir as negociações para a devolução do quadro roubado; os termos pedidos por Worth seriam aceitos, desde que fosse o quadro genuíno, e uma testemunha de identificação partiria imediatamente da Inglaterra". Não se sabe, precisamente, quais foram os "termos" de Worth, já que todas as partes tiveram o cuidado de não pôr no papel os detalhes desse trato legalmente duvidoso. A troca ocorreria na América. Houve claramente acordo para o pagamento de uma quantia inicial em dinheiro, a ser seguida pelo restante após a entrega, bem como para a imunidade de todas as partes envolvidas. Um contemporâneo disse que Worth "insistiu em receber no mínimo 5 mil libras [...] e Pat Sheedy deveria obter por seus esforços como negociador em torno de 2 mil libras". Segundo Sheedy, Worth recebeu 25 mil dólares em dinheiro. Agnew simplesmente decidiu aceitar a conveniente ficção de que o ladrão estava morto.

Após meses de inatividade e barganhas infrutíferas, as coisas de repente começaram a se movimentar com grande velocidade. "Pinkerton imediatamente comunicou-se com Sheedy para localizar Worth e fazê-lo voltar para a América." Sheedy enviou prontamente a mensagem para "um ou dois pontos" em Londres, onde ele sabia que Worth poderia ser encontrado. "Ao receber a carta, Worth telegrafou a Sheedy dizendo que voltaria no primeiro vapor", usando um nome falso e levando, é claro, o baú de fundo falso e sua preciosa carga. "Quando se soube que ele tinha zarpado, os Pinkerton telegrafaram a Londres para que a testemunha de identificação fosse aos Estados Unidos."

O homem escolhido para a crucial tarefa de identificar o retrato há tanto tempo perdido foi ninguém menos que C. Morland Agnew, filho de Sir William Agnew, que tomou o *Etruria* em

Liverpool, com destino a Nova York, em 16 de março de 1901, sob o mais secreto sigilo. "Era um segredo conhecido apenas pelos três sócios da firma": Morland, seu irmão George e seu primo, W. Lockett Agnew. Até o próprio Sir William, que comprara a tela em 1876 e que felizmente fazia um cruzeiro pelas ilhas gregas em seu iate, não foi informado do plano, "de medo que, em sua comoção, ele se denunciasse".

"Tenho notícias que me obrigam a ir a Nova York", Morland registrou, de viés, em seu diário. Levou a mulher consigo mas mesmo ela parece ter sido mantida na ignorância dos verdadeiros motivos da viagem até que esta já estivesse em andamento. A viagem não foi agradável. Um dia depois de zarpar, o *Etruria* foi pego por uma tempestade que inundou o salão nobre, danificou muitos botes salva-vidas e aterrorizou os passageiros de tal forma que um deles cometeu suicídio e um outro endoidou e teve que ser contido à força. O estado da senhora Agnew, conforme registrado pelo marido, dá uma imagem precisa da viagem: "Mamãe está bastante nervosa" (primeiro dia); "Mamãe não devia ter vindo" (terceiro dia); "Acho que mamãe não está gostando. Ela começa a desejar que estivéssemos em casa de novo" (quinto dia); "Mamãe, infelizmente, está muito nervosa" (sexto dia). Na verdade ela teve enjôos fenomenais durante toda a viagem, o que não parece ter impedido a estóica criatura de ingerir todas as refeições antes de dispensá-las prontamente pela amurada do navio. "Eis aqui um fato. O que fazer com mamãe", Morland se pergunta em seu diário. Como todo marido britânico sensato, ele não fez nada, limitando-se a reclamar que não podia se exercitar o bastante e que esquecera a bolsa de tabaco. Morland passou o tempo anotando comentários esnobes a respeito dos hábitos alimentares de seus companheiros de viagem: "Esses ianques comem feito porcos — no almoço de hoje havia uma mulher comendo uma espécie de torta de creme com picles de cebola! Não admira que tenha estado doente grande parte da viagem". Porém até mesmo Morland mais tarde admitiu: "Passei momentos de grande ansiedade".

Após nove dias tremendos e enfarruscados, chegaram a Nova York e foram recebidos por Robert Pinkerton, que informou aos Agnew que a entrega do quadro, caso fosse confirmada sua autenticidade, ocorreria em Chicago. Apesar desse "banho de água fria em todas as esperanças acalentadas quando a bordo do *Etruria*", o casal tirou máximo proveito da ocasião, passando a noite no hotel Waldorf e tomando o Lake Shore Express no dia seguinte para chegar finalmente a Chicago na tarde de 27 de março. William Pinkerton, rosado, bem vestido e completamente alvoroçado, foi encontrá-los na estação e esse "homem excelente e bem-apessoado", conforme a descrição de Agnew, acompanhou o exausto e acinzentado casal ao hotel Auditorium. Tudo estava andando segundo os planos, garantiu ele, e a troca ocorreria no dia seguinte. "Vocês terão a duquesa pela manhã", Pinkerton anunciou em meio a um lauto almoço, antes de se oferecer para lhes mostrar a cidade em sua carruagem. Agnew, contudo, já tinha o suficiente para digerir com o que estava por acontecer. "Pessoalmente, eu estava ansioso demais sobre a manhã seguinte para pensar em visitar Chicago", ele disse mais tarde.

Às nove e meia da manhã do dia 28 de março, Morland pôs-se a caminho do escritório de Pinkerton e dali os dois foram até o First National Bank de Chicago para descontar o importante cheque de 3 mil dólares, presumivelmente a primeira parcela do resgate. "Isso é muito dinheiro para carregar por aí em Chicago", opinou o impertinente funcionário a quem Morland entregou o cheque. Morland apontou para o pesado detetive de pé atrás dele, uma das pessoas mais imediatamente reconhecíveis na cidade. Qualquer ladrão teria que ser realmente louco, ou cego, para roubar alguém sob a proteção pessoal do Olho. "Ah, suponho que esteja tudo em ordem, então", disse o caixa.

Às dez horas o dinheiro, em notas usadas, já fora depositado no cofre de Pinkerton, sob a condição de que não seria entregue até que Morland Agnew estivesse de posse do quadro. Os dois voltaram então ao hotel Auditorium, juntaram-se à senhora Agnew, cujo enjôo marítimo fora agora substituído por enjôo nervoso, e esperaram.

Morland descreveu a tensão. "À medida que se aproximava a hora marcada para a devolução do quadro, percebi que o senhor Pinkerton foi ficando mais nervoso, até mesmo mais do que eu." A reputação de Pinkerton estava em jogo. E se Worth mudasse de idéia? Seria esse um novo complô para humilhar os detetives? Estaria o engenhoso escroque, naquele mesmo momento, persuadindo o pessoal no escritório a entregar-lhe o dinheiro, antes de desaparecer de novo com o quadro?

"Cerca de um quarto de hora antes do prazo marcado", Agnew registrou em seu diário, "o senhor Pinkerton, eu e a senhora Agnew nos retiramos para um quarto no andar superior, onde o quadro seria entregue. Os poucos minutos que passamos atrás daquela porta fechada foram um tanto ansiosos, posso lhe garantir. Eu fumei um charuto para ajudar a passar o tempo." A conversa morreu. Pinkerton não tirava os olhos do relógio. Morland soltava baforadas para disfarçar sua agitação. A senhora Agnew tinha ânsias de vômito, silenciosamente.

"Enfim bateram na porta", lembrou-se Agnew mais tarde. "'Entre', disse o senhor Pinkerton, e a porta abriu-se no mesmo instante. Um mensageiro adulto estava de pé, na soleira, com um rolo embrulhado em papel pardo debaixo do braço. 'Senhor Agnew?', ele perguntou. 'Sim', eu respondi, e estendi a mão. O mensageiro entregou-me o rolo em silêncio e, como se tivesse sido encarregado de entregar a mais comum das mensagens, virou imediatamente nos calcanhares e saiu da sala, fechando a porta silenciosamente atrás de si."

O "mensageiro adulto" era com toda certeza Adam Worth em pessoa, altamente disfarçado e ousado ao máximo, desempenhando seu último grande papel. Se Pinkerton o reconheceu, e não há provas de que o tenha feito, conseguiu disfarçar muito bem sua surpresa. Worth voltou a seus aposentos no hotel Briggs House.

"Depois que ele se foi", escreveu Morland, "peguei meu canivete, cortei o barbante com o qual o papel estava preso e ali, ligeiramente envolto em algodão, estava o Gainsborough perdido. Dois minutos foram suficientes para me convencer de que se tratava da duquesa."

As viagens não haviam empanado a fulgurância da *Duquesa*, embora Morland notasse a beirada recortada da tela, de onde Worth tirara alguns pedaços para provar seu roubo, muitos anos antes. "O rosto, que é de uma beleza maravilhosa, não foi danificado e, mesmo mutilado, o retrato continua de imenso valor e do maior interesse."

Pinkerton "observou a fisionomia dele atentamente e viu quando seus olhos se encheram de lágrimas por uns breves momentos".

"Ergui os olhos para o detetive Pinkerton e lhe disse que o quadro era autêntico. Instantaneamente ele pegou minha mão e cumprimentou-me emocionado. Até aquele momento ele não tinha certeza se o quadro que, conforme as negociações, me seria devolvido em sua presença era idêntico ao que fora roubado de nossa galeria um quarto de século atrás."

"A senhora Agnew sentiu-se igualmente grata", Pinkerton registrou, delicadamente, porém ainda assim instigou o especialista a "não cometer nenhum erro", dizendo-lhe que "devia fazer todos os testes possíveis, medidas etc. no quadro antes de decidir sobre o assunto [...] ele então aplicou os diferentes testes usados para determinar se um quadro é genuíno ou não", antes de se dirigir novamente ao prático policial.

"Tenho certeza de que este é o quadro original que foi roubado da galeria de meu pai", ele disse.

"Bem, fico satisfeito que esteja em ordem", respondeu o detetive. "Eu já tinha decidido que se fosse uma falsificação eu iria queimar a coisa e lavar minhas mãos do negócio todo."

Depois desse momento curiosamente comovente, os dois homens voltaram de repente à agitação. "Agnew despachou na mesma hora um cabograma a seus sócios, anunciando enviesadamente: 'Obtive Um Gainsborough', para que eles pudessem assegurar o quadro." O uso do artigo indefinido foi intencional. O método pelo qual o retrato fora recuperado era irregular, para dizer o mínimo, e Morland não tinha nenhuma intenção de informar as autoridades do que se passara até que o Gainsborough estivesse de volta e a salvo em Old Bond Street.

"Em seguida fomos até uma loja perto do hotel, onde o senhor Pinkerton comprou papel impermeável e duas pranchetas de madeira. Com isso eu fiz um pacote chato e entreguei-o ao grande detetive."

Aliviado e contente, Pinkerton levou os Agnew para a prometida excursão pela cidade, antes de embarcá-los, e a tela embrulhada, no expresso das cinco e meia com destino a Nova York, após mais uma troca de agradecimentos e congratulações. "Preciso sair do país o mais depressa possível", Morland escreveu em seu diário.

O *marchand*, segundo ele mesmo admitiu, não tomou "nenhuma precaução especial para guardar a tela".

"Pendurei-a num gancho, no compartimento, e, ao deixá-lo para ir jantar no carro-restaurante, simplesmente disse ao atendente negro que ficasse de olho em nossas coisas", escreveu ele. Embora o quadro estivesse agora em boas mãos, Pinkerton tinha plena consciência de que as mãos que o haviam roubado continuavam à solta e não ia correr nenhum risco. O atendente estava sendo pago pelos detetives, com instruções de vigiar a porta do compartimento dos Agnew com a própria vida. Um detetive da Pinkerton, enquanto isso, montava guarda no outro extremo do vagão, só para o caso de Worth mudar de idéia e decidir roubar a tela de volta.

"Ao chegar a Nova York fomos recebidos por dois homens da Pinkerton, a quem entreguei o precioso embrulho, tendo sido informado de que eles dormiriam no mesmo quarto que o pacote e o levariam a bordo do *Etruria* na manhã seguinte. Nós nos hospedamos no Holland House aquela noite e no dia seguinte subimos a bordo do *Etruria*, pouco antes da hora marcada para a partida. Em minha cabina, recebi o Gainsborough dos homens da Pinkerton. Havia um armário na cabina, que eu forrei com travesseiros, para fazer um lugar macio de descanso para o Gainsborough. Esse armário foi meu único cofre durante a viagem."

Explodindo com a notícia mas comprometido com o silêncio, Agnew escreveu à filha, do vapor, em 31 de março, contando-lhe toda a estranha história. "Há cerca de 25 anos, um quadro muito bonito, de Gainsborough — um retrato da duquesa de Devonshire —, foi vendido em Londres e comprado pelo meu pai, por um preço muito alto. O quadro foi roubado e a justiça está atrás dele mais ou menos desde então. Nós não esperávamos obter o quadro de volta, mas quando sua recuperação for de conhecimento público irá criar, é claro, uma grande sensação e vamos ter o mundo inteiro querendo vê-lo. Não ousamos sequer contar ao vovô [Sir William] o que eu vim buscar, porque ele podia deixar o segredo escapar e estragar tudo. Como ele vai ficar alvoroçado quando souber!" Pinkerton mantivera a palavra de não revelar a existência de Worth. "Os ladrões estão mortos", Morland escreveu, "e não há a menor chance de conseguir punir alguém agora."

Ele também escreveu a Pinkerton, expressando "nosso grato reconhecimento pelos esplêndidos serviços prestados ao mundo em geral e a nós em particular pela recuperação de uma obra de arte há tanto tempo perdida". Pinkerton mais tarde pediria 593,35 dólares por seu trabalho.

Após alguns dias de viagem, Morland não foi mais capaz de guardar o segredo. "Contei ao comissário o que eu tinha e mais tarde revelei o segredo ao capitão. Eles e um conhecido prelado católico eram as únicas pessoas a bordo do *Etruria* que sabiam o que eu tinha comigo. Todos eles deram uma olhada no quadro." Um dos motivos para o elaborado segredo era o receio ainda existente de "que o quadro pudesse ser roubado" de novo, porém Morland tinha motivos adicionais para manter a história longe dos jornais, por enquanto: "Se os funcionários da alfândega quisessem ser desagradáveis, poderiam exigir o pagamento de impostos sobre o quadro e, ainda que provavelmente não tivessem forçado o recolhimento, isso poderia ter causado um bocado de problemas e atrasos desnecessários". No espaço de uma semana, a *Duquesa de Devonshire* de Gainsborough fora secretamente contrabandeada para a América e de volta à Inglaterra outra vez. Seria sua última viagem transatlântica por muitos anos.

A viagem de volta dos Agnew foi mais calma, porém os nervos da senhora Agnew não estavam totalmente recuperados da ida. "Mamãe e algumas outras senhoras estão cantando hinos", Agnew registrou, enquanto continuava apontando as deficiências sociais de alguns companheiros de viagem. "Não há muita gente boa a bordo, apenas muitos ianques de um tipo muito vulgar. O jeito como falam é horrível, principalmente as moças, e eles não têm idéia de como se comportar."

Talvez tivesse empanado ligeiramente o humor de Morland Agnew, quando se sentava satisfeito consigo mesmo à mesa do capitão, descobrir que havia uma outra pessoa a bordo do *Etruria*, além de sua mulher, do comissário, do capitão e do "conhecido prelado católico", que sabia exatamente o que o *marchand* levava escondido em seu armário acolchoado. Outros passageiros mais tarde descreveriam esse homem como "um milionário decadente que cruzou no mesmo barco", um cavalheiro inglês pequeno, polido, que bebia muito, dava gorjetas pródigas e tossia horrivelmente. Caso tivesse usado, por exemplo, a roupa de mensageiro do hotel Auditorium de Chicago, provavelmente teria provocado um ataque cardíaco na febril senhora Agnew, porém o homenzinho de casaca, corrente de ouro e alfinete de gravata de pérola simplesmente mesclou-se à multidão e destacou-se apenas, quem sabe, pela curiosa intensidade com que observava o *marchand* e sua mulher.

Pinkerton mais tarde garantiu a Agnew que "através de nosso escritório em Nova York mandara que a lista dos passageiros no navio em que embarcou fosse verificada para garantir que não haveria nenhum ladrão profissional entre eles" e, por puro orgulho ofendido, garantiu que eram "decididamente mentirosos" os muitos relatos subseqüentes afirmando que Adam Worth tomara o *Etruria* para voltar à Inglaterra na companhia do retrato que acabara de devolver. Porém com toda certeza foi isso que ocorreu. O quadro retratava não apenas uma grande duquesa como também a grande peça de Worth, seu arrogante sucesso e seu fracasso abjeto. Agora, apenas uma sombra esmaecida, ele a seguia de volta.

27. Pierpont Morgan, o Napoleão de Wall Strett

Enquanto Adam Worth acompanhava o Gainsborough de volta pela última vez, "regressando à Inglaterra tão silenciosamente quanto chegara", um outro entusiástico pretendente perseguia ardentemente a adorável *Duquesa*, um homem que tinha mais em comum com Worth do que gostaria de admitir.

J. Pierpont Morgan, o Golias das finanças norte-americanas e talvez o homem mais poderoso dos Estados Unidos, estava de olho na *Duquesa de Devonshire* havia muito tempo. Um quarto de século antes, seu pai, Junius Spencer Morgan, fora impedido de comprar a tela para o filho quando Worth "fugiu" com ela. Pierpont Morgan estava decidido a evitar que a *Duquesa* escapasse das mãos da família uma segunda vez.

Nesse meio tempo, a riqueza dos Morgan crescera de enorme para imensurável. Segundo uma estimativa, a fortuna combinada do império Morgan e das companhias associadas logo valeria mais "do que o valor de lançamento de todas as propriedades nos 22 estados e territórios a oeste do Mississippi". Em 1895 Morgan organizara uma associação para apoiar as reservas de ouro dos Estados Unidos, estabilizando assim toda a economia norte-americana; ele forjara as ferrovias do país numa rede de 53 mil quilômetros de costa a costa; dirigia uma companhia com 341 diretorias em 112 corporações. No mesmo ano em que a *Duquesa* foi recuperada, ele fundara a Steel Corporation, o maior conglomerado financeiro do mundo. Não havia nada que o dinheiro dos Morgan não pudesse fazer e nada que o dinheiro dos Morgan não pudesse comprar. Assim como um príncipe da Renascença, Morgan coroara sua estupenda fortuna com uma coleção de arte além de qualquer comparação. De Paris, Londres e Luxor, ele colecionava obras de arte como um Ozymandias, comprando tudo que lhe dava na veneta sem pensar um minuto sequer nas despesas. Os especialistas mais pretensiosos sussurravam que a coleção era indiscriminada, obra de um bárbaro com uma conta bancária inesgotável, porém o resultado eventualmente se tornaria mais magnífico e eclético que qualquer outra coisa no mundo.

Antes de partir de Nova York com a *Duquesa* a bordo do *Etruria*, Morland Agnew enviara um recado à mansão dos Morgan perguntando se o milionário estaria interessado na tela que o pai já tentara comprar, porém o magnata estava em viagem de negócios. O amigo de Morgan, o bispo William Lawrence, de Massachusetts, descreveu a reação do magnata ao voltar a Nova York e ficar sabendo que a *Duquesa* estava outra vez no mercado.

> O mordomo lhe disse que um representante dos senhores Agnew passara pela mansão e que eles estavam de novo com a *Duquesa de Devonshire.*
>
> "Onde está ele?", perguntou o senhor Morgan. "Quero vê-lo."
>
> "Ele estava de partida e se foi", o mordomo respondeu.
>
> Morgan não era do tipo de deixar o Atlântico atrapalhar seus desejos.

"Eu estava decidido a ter essa tela e peguei o navio seguinte para a Inglaterra", Morgan lembrou-se mais tarde.

Enquanto ele se apressava para embarcar em Nova York, um jovem e petulante repórter reconheceu o financista no cais e perguntou: "Indo para Londres, senhor Morgan, ensinar aos ingleses como investir dinheiro?".

"Meu rapaz", ele respondeu, "os ingleses sabem muito bem como investir o dinheiro deles. É bem provável que fiquem com um pouco do meu, antes que eu volte para casa." Morgan resolvera coroar sua coleção com a *Duquesa de Devonshire* de Gainsborough, fosse qual fosse o preço. Obtê-lo seria um golpe de publicidade de proporções gigantescas e, ao mesmo tempo, totalmente satisfatório a seu orgulho dinástico.

"O Napoleão de Wall Street", como Morgan foi apelidado pela *Economist*, era um contraste físico direto com o "Napoleão do crime". Se Worth era pequeno e suave, Morgan era imenso e corpulento, o grande capitalista *par excellence*, com os olhos de um tubarão e um nariz, acometido de acne rosácea, que crescera até atingir o tamanho e a textura de uma enorme framboesa. Nenhum órgão em tempos modernos inspirou zombarias mais cruéis que o nariz de Morgan, com seus sulcos cambiantes. O nariz era um sinal, aos comuns mortais, de que não obstante toda sua fortuna, Morgan era falível. O magnata, homem sensível e vaidoso, tinha por hábito mandar retocar o nariz, até proporções mais discretas, de todas as fotos em que conseguia pôr as mãos.

Porém, sob outros aspectos, Morgan e Worth eram farinha do mesmo saco vitoriano. Ambos, durante algum tempo, estiveram no centro de uma vasta rede de homens e de recursos: uma puramente criminosa, a outra financeira, e ambas longe de escrupulosas na forma de obter dinheiro — a riqueza sendo, para cada um deles, um fim em si mesmo e um poderoso narcótico.

Nunca se encontraram, porém suas vidas foram ecos sinistros uma da outra, uma vivida ousadamente no palco das finanças internacionais, a outra conduzida nos recessos ocultos do submundo. Assim como Worth, Morgan vira na Guerra Civil norte-americana uma oportunidade não de glória e sim de ganhos financeiros. O escroque forjara a própria morte na Batalha de Bull Run, aparentemente por substituição, e, extraordinariamente, Morgan executara manobra semelhante. Quando foi convocado, após a Batalha de Gettysburg, assim como tantos outros de sua classe, Morgan simplesmente pagou a um substituto trezentos dólares para tomar seu lugar, a quem mais tarde se referia como "o outro Pierpont Morgan". O outro Adam Worth provavelmente está enterrado em algum cemitério de Washington. Se Worth fez dinheiro na guerra caçando gratificações, Morgan fez o mesmo, subscrevendo uma negociação altamente duvidosa para comprar cerca de 5 mil rifles Hall, a 3,50 dólares cada, que foram finalmente revendidos ao governo por seis vezes o preço original. Até mesmo o biógrafo mais objetivo do banqueiro admite que Morgan, assim como Worth, "viu na Guerra Civil uma oportunidade de lucros, não de serviço".

O negócio das carabinas Hall não foi de jeito nenhum a última vez em que sua ética nos negócios seria questionada, mas, na era dos grandes tubarões, Morgan não foi o único a alardear um conjunto de princípios morais e seguir outro. Como escreveu um historiador: "Essa era uma época de corrupção em grande escala. Era uma época em que os Drew, Vanderbilt e Gould podiam usar uma ferrovia como brinquedo e roubá-la [...] quando os membros do Congresso e os legisladores podiam ser comprados não uma mas várias vezes".

Morgan e Worth refletiram seu tempo, em arenas diferentes porém com filosofias semelhantes, já que foram ambos piratas no velho estilo. De fato, embora Morgan possa ter sido um descendente dos aristocráticos Spencer, também reivindicou o sanguinolento pirata elisabetano Henry Morgan como um de seus ancestrais. Nada mais apropriado do que batizar sua sucessão de imensos iates de *Corsair*, corsário, já que era precisamente isso que ele era.

Ambos eram anglófilos, generosos ao extremo, com uma filosofia de negócios parecida: aumente os lucros centralizando, racionalizando e eliminando a competição desnecessária e debilitante. Morgan e Worth partilhavam de um outro traço peculiar à época — uma firme e bem fundada crença de que as grandes fortunas poderiam comprar a veneração de seus semelhantes. Ambos compraram o respeito com "o dinheiro dos outros", para usar uma frase de Adam Smith. Ambos compraram casas enormes com todos os luxos e navios de cruzeiro tão imensos e caros que Morgan podia inclusive observar, pomposamente, que "se alguém tiver que pensar nas despesas, é melhor não comprar". Mesmo nos tempos áureos, o estilo de vida de Worth jamais poderia equiparar-se à opulência do estilo de Morgan, entretanto seus instintos eram os mesmos: ofuscar de tal forma o olho do espectador com riquezas que a alma do homem passava inconteste.

Um dos biógrafos de Morgan captou à perfeição as aspirações de Worth quando descreve, em relação a seu biografado, o que impulsionava o multimilionário médio vitoriano: "O homem que tivesse acumulado grandes riquezas buscava tanto estabelecer-se ou assegurar seu lugar entre os eleitos, entregando-se àquelas formas de 'desperdício conspícuo' que gozavam de estima entre os privilegiados, quanto enriquecer a própria vida segundo os gostos que possuísse ou viesse a adquirir. Na civilização ocidental, inclinava-se a ter suas mulheres admiravelmente vestidas e ataviadas; a uma bela casa cheia de petrechos luxuosos e coisas raras e belas; a oferecer festas magníficas [...], podia inclusive acrescentar um iate, o símbolo mesmo do luxo. [...] Se tivesse gosto pelos esportes, participava então daquelas formas que, tradicionalmente, exigem o maior número de criados, como a caça ao galo silvestre, ou que fossem dispendiosamente especulativas, como o era a manutenção de um haras. Porém nenhuma dessas práticas de riqueza chegava a satisfazer suas sensibilidades, se tivesse alguma; não haveria na vida qualidades melhores que essas? Havia as artes. [...] Ele colecionava a arte já consagrada do passado europeu de tal sorte que, simultaneamente, exercitasse o talento para aquisição que o tornara rico e estimulasse e satisfazesse seu apetite pela beleza [...] o que apaziguava seu próprio senso de prudência financeira [...] e, caso fosse um norte-americano, ainda lhe dava a satisfação interior adicional de estar trazendo para plagas norte-americanas uma arca de tesouros".

Morgan não tinha nenhum pseudônimo atrás do qual esconder-se, contudo o contraste entre seus pronunciamentos e suas ações era notável. Assim como havia dois Worth, "havia dois Pierpont", nas palavras de um historiador, "o banqueiro correto e o sensualista — jungidos sob extrema pressão".

Ambos eram dados a acessos de santimônia e, assim como Worth, Morgan considerava-se uma criatura de altos princípios, o único homem honrado em meio a uma ralé de ladrões. De fato, uma vez mais à semelhança de Worth, era ganancioso, vaidoso, ligeiramente megalomaníaco e abençoadamente inconsciente ou pelo menos avesso a enfrentar essas verdades. Seu pai uma vez deu-lhe o seguinte conselho: "Nunca, em circunstância nenhuma, cometa um ato que possa vir a ser questionado caso seja do conhecimento público". O mote de Morgan, assim como o de Worth, estava mais perto de: "Faça o que quiser porque, desde que mantida uma fachada consistente, o mundo permanecerá na ignorância".

Além de ter a atenção de reis e potentados pelo mundo afora, Pierpont Morgan presumia-se em comunicação direta com

Deus. Seu testamento começa com uma passagem de senhoril autolouvor, mais como uma ordem direta ao Todo-Poderoso para que lhe consiga admissão imediata: "Entrego minha alma às mãos de meu Salvador, em plena confiança de que a tendo redimido e lavado em Seu mais precioso sangue, Ele há de apresentá-la sem mácula diante de meu Pai Celestial; e suplico a meus filhos que mantenham e defendam, a despeito de todos os perigos e sejam quais forem os sacrifícios pessoais, a abençoada doutrina da expiação completa do pecado através do sangue de Jesus Cristo, uma vez derramado, e apenas através dela".

Exteriormente, portanto, Pierpont Morgan parecia um pilar da Igreja, um dedicado homem de família e, mais ainda, um guardião autonomeado da moralidade pública. Como integrante do conselho diretor da Metropolitan Opera de Nova York, ajudou a cancelar uma apresentação de *Salomé*, de Richard Strauss, sob a justificativa de que o enredo era muito picante para consumo geral. Em 1873 ele chegou inclusive a auxiliar na fundação da Sociedade em Prol da Supressão do Vício, para erradicar a depravação, as jogatinas e os males morais entre as classes mais baixas. Com Anthony Comstock à frente da cruzada moral, a sociedade pôs-se a revirar a moralidade pública, cobrindo estátuas nuas, desmantelando a loteria de Nova Orleans e tentando proibir as peças de George Bernard Shaw.

Ao mesmo tempo que publicamente liderava o coro, desaprovando o comportamento indulgente da plebe ignara e estimulando o virulento Comstock; na vida privada, ainda que nem sempre discretamente, Morgan farreava como um bode priápico, comportando-se "em geral de tal forma que teria arrancado intimações e convocações do caçador de vícios Anthony [Comstock]". O homem bem-casado e cheio de virtudes que apresentou de forma tão arrogante sua alma eterna aos céus era um incontinente sexual beirando o patológico, cujo gosto pelas atrizes, e generosidade também, inspirou pelo menos uma boa anedota sobre o libertino de carão vermelho: uma atriz comenta que recebeu recentemente uma pérola dentro de uma ostra. "Isso não é nada", responde a companheira. "Eu recebi um colar inteiro de brilhantes de uma lagosta." O Henry Raymond original, do *New York Times*, teria reconhecido os padrões duplos em jogo, assim como o homem que lhe surripiou o bom nome.

Seja qual for a forma em que se analise a moral de Morgan em questões de negócio, o nítido contraste entre sua imagem pública e seu comportamento privado é impressionante de fato. Porém, não há nenhuma evidência de que essa vida dupla tenha lhe pinicado a consciência mais do que a de Worth foi cutucada, porque ambos sabiam muito bem como "sorrir, sorrir e ser um vilão". Entretanto, ao mesmo tempo que ambos existiam num mundo de duplicidade moral, eram também românticos incuráveis. Se o relacionamento de Worth com o Gainsborough roubado estava, em parte, ligado a seu amor por Kitty Flynn, o gosto de Morgan pela arte foi, pelo menos no início, motivado por uma necessidade emocional semelhante.

Em 1861, Morgan, então com vinte e quatro anos, apaixonou-se por uma certa Amelia Sturgis, "uma moça de altos princípios e de boa família da Nova Inglaterra [...] com belos dentes". Logo depois de começado o namoro, Mimi, como era chamada, começou a exibir sintomas de uma tuberculose avançada. Morgan teve que carregar a noiva nos braços e apoiá-la durante uma cerimônia de casamento ao mesmo tempo comovente e trágica. Ela morreu em Nice quatro meses depois. Quando Morgan voltou para casa, depois de enterrar sua jovem mulher, um de seus primeiros atos foi comprar uma tela a óleo, a primeira de milhares, que retratava uma "jovem e delicada mulher", de George F. Baker. Essa tocante "lembrança de Mimi" esteve pendurada na biblioteca de Morgan até sua morte. Worth roubou sua *Duquesa* e

Morgan construiu sua estupenda coleção baseados, os dois, em alicerces semelhantes de amor fracassado e privação emocional.

Muitos anos e inumeráveis quadros depois, Morgan resolveu acrescentar Georgiana a sua já imensa coleção. O milionário era obsessivo e às vezes curiosamente indiscriminado em suas aquisições. Talvez, de novo fazendo eco a Worth, o ato da posse tenha se tornado um fim em si mesmo, mais importante que quaisquer outras considerações, porque, como escreveu certa vez John Fowles: "Isso vale para todas as formas de coleção. O colecionar acaba com o instinto moral. O objeto acaba possuindo o dono". A *Duquesa* de Gainsborough tinha um atrativo especial para Pierpont Morgan. Sua determinação de possuir o quadro que Junius Morgan quisera lhe dar pode muito bem ter sido "uma homenagem profundamente sentimental ao pai". Porém ele também parece ter ficado pessoalmente tocado, como tantos outros, pela esplendorosa beleza do modelo. Para um homem que conhecia um bocado sobre conquistas amorosas, comprar uma imagem tida como uma das mais belas do mundo seria o desafio máximo, uma conquista galante. A Georgiana de Gainsborough tinha, além do mais, aquele desalinho, aquele ar de flerte, aquele inconfundível brilho de "vem cá" nos olhos. A duquesa era seu tipo de mulher.

28. O retorno da pródiga duquesa

Na tarde de 8 de abril de 1901, Morland Agnew chegava a Liverpool com a *Duquesa*, assim como Adam Worth e, fechando a fila, algumas horas depois, Pierpont em embarcação própria. Os jornais londrinos haviam sido informados e alguns repórteres mais empreendedores chegaram até a alugar pequenos barcos numa tentativa vã de chegar ao *marchand* e extrair algumas palavras dele antes que pisasse em terra. "Pelo portaló do *Etruria* desceu o senhor Morland Agnew, com uma senhora do lado, um pacote chato selado debaixo do braço e um olhar ansioso no rosto", apenas para anunciar "'não tenho nada a dizer'. [...] O mesmo ocorreu em Euston. Morland Agnew tinha um pacote a carregar mas nada a declarar."

Naquela tarde, os jornais londrinos anunciaram o regresso do quadro. O *Daily Express* noticiava a recuperação da *Duquesa* e a chegada de Pierpont Morgan em primeira página, com ilustrações tanto da bela quanto da fera, sem fazer nenhuma ligação entre os dois eventos. "O senhor J. Pierpont Morgan, o grande criador de empresas norte-americano, que chega hoje à Inglaterra, com certeza não é do tipo de empreender uma viagem através do Atlântico por prazer, de modo que novos rápidos desdobramentos devem estar a caminho", prometia a imprensa. Em seu perfil bajulatório, porém, o *Express* observa "a predileção e o apreço entusiástico [de Morgan] pela arte" e conclui: "A ambição do senhor Morgan é temperada com uma certa nobreza, já que seu objetivo é a melhoria da raça [...] sempre usando o dinheiro como um instrumento e não como um fim. É um objetivo digno de uma grande mente". A chegada de Adam Worth, outra grande mente cujos pendores aquisitivos também eram temperados por uma certa nobreza, passou, nem é preciso dizer, despercebida.

O retrato foi despachado, sob proteção, para o banco londrino da galeria Agnew, onde foi inspecionado por especialistas em restauração que declararam: "salvo um ligeiro vestígio de uma cicatriz na borda do chapéu, o quadro está perfeito; o rosto, as mãos e o corpo do retrato estão absolutamente intactos". O *Times* declarou-o num "belo estado de conservação". O velho Sir William Agnew, que fora mantido em ignorância das negociações, para o caso de dar com a língua nos dentes, ainda estava no Egeu quando ouviu a notícia. Embora tivesse se aposentado em 1895, Sir William deu imediatamente meia-volta em seu barco e tomou o caminho de Londres, para ver o prêmio que comprara e perdera um quarto de século antes. "Papai telegrafou, está encantado com a notícia e voltando", Morland registrou.

Cumprindo a palavra, Pinkerton manteve o segredo de Worth e, embora pressionado pelos repórteres, disse, com impressionante incorreção, "que o ladrão lutou com distinção pelo Norte durante a rebelião e ao final da luta já havia sido promovido a tenente", ao passo que a Agência Central de Notícias noticiava categoricamente que "a polícia, tanto na Inglaterra quanto na América, tem razões fortíssimas para acreditar que os ladrões estejam mortos". Morland Agnew proclamava completa ignorância quanto à identidade do ladrão do Gainsborough. "Até onde eu sei, o quadro veio de um homem muito doente, acamado num dos estados do Oeste. Talvez a restituição tenha sido sugerida pelo remorso. Foi uma boa coisa termos aceitado a negociação porque se o homem tivesse morrido, como me dizem que é provável que aconteça, seus filhos, sem saber do valor da tela, poderiam tê-la destruído. Não creio que o homem que devolveu o quadro seja o ladrão original. O nome desse indivíduo, quero crer, era Worth."

O *Daily Telegraph*, baseado em informações da Scotland Yard para situar esse "romance mais estranho que a ficção", passou à frente dos competidores noticiando que "quando Morland Agnew viajou com a tela para a Inglaterra, a bordo do *Etruria* ia também o homem que roubou o quadro. Sua identidade não veio a público mas consta que ele tem vivido sossegadamente na Inglaterra com uma família que não sabe de seu passado". Em seguida foi a vez do *Times*, que deu o "o terceiro e sensacional capítulo dessa extraordinária história" e noticiou boatos de "que o homem que roubou o quadro chama-se Adam Worth, ou Wirth, e é bem conhecido da Scotland Yard". Nenhum dos jornais, entretanto, estabeleceu qualquer ligação com Henry Raymond, caído em desgraça tantos anos antes.

"Sua verdadeira história durante o último quarto de século provavelmente, e por motivos muito óbvios, jamais será revelada — exceto por escritores altamente imaginosos", declarou o *Times*, o que não impediu os jornais mais populares de especularem amplamente sobre como a *Duquesa* fora devolvida e de interrogarem Morland Agnew até deixarem-no exasperado. "Jornais cheios de notícias sobre a descoberta da tela perdida [...] fazem uso demais de meu nome. Muito entrevistado de novo. Estou ficando enjoado da duquesa e estou muito cansado. Emoções demais, ultimamente", queixava-se ele. Agnew ficou ainda mais aborrecido quando um jornal publicou uma caricatura maldosa dele agarrado ao quadro. Embora o quadro ainda não estivesse em exposição, especialistas em arte e jornalistas acorriam em bandos à galeria da Old Bond Street. "Estamos literalmente inundados de visitas", o gerente da Agnew disse aos repórteres, acrescentando, como prova de seus longos serviços à firma, que a tela "parece tão fresca e bela quanto no dia em que pela primeira vez entrou nesta galeria [...], o rosto está perfeito e não traz nenhuma marca das aventuras que viveu".

As conjecturas sobre o valor do quadro naquele momento eram inúmeras — "seu valor deve ter aumentado consideravelmente com esse esconde-esconde que a voluntariosa senhora jogou com as forças policiais de dois continentes", garantia o *Evening News* —, porém Agnew recusava-se peremptoriamente a dizer quanto pagara para reaver o quadro. "Podem acreditar em minha palavra", ele dizia, tentando em vão convencer os curiosos, "eu não paguei nada em termos de recompensa pela devolução da tela e não espero que me peçam nada". Foi redonda e corretamente desacreditado dos dois lados do Atlântico. "Os repórteres dos jornais afirmam, espontaneamente, que o preço foi de 5 mil a 25 mil dólares, alguns optando por um número, alguns pelo outro", Pinkerton informou a Agnew, de Chicago. "Conforme nosso acordo, nós nunca divulgamos nenhuma cifra."

O quadro, uma vez mais, entrou na moda: "Agora que a 'duquesa roubada' foi devolvida a seus legítimos donos, será que o quadro [...] vai ditar moda de novo?", perguntava-se um dos jornais para, como toda boa pergunta jornalística, respondê-la imediatamente, observando que a senhora Morland Agnew, recuperada da traumática viagem, e sua prima, a senhora Lockett Agnew, "já tinham decidido sobre a questão [...], cópias exatas do famoso chapéu Gainsborough serão feitas para elas em comemoração à devolução do famoso quadro". O jornal concluía que isso "sem dúvida levará a uma crescente demanda por chapéus Gainsborough, bem copados, com penas e tudo. De modo que os freqüentadores das matinês têm muito com que se preocupar daqui para a frente". Poucas pessoas no país, das classes altas até os comuns mortais, não teriam ouvido falar da *Duquesa* desaparecida. Empresários espertos, nos balneários marítimos, capitalizaram a idéia instalando réplicas do retrato em tamanho natural, feitas em papelão, com o rosto recortado, de modo que os veranistas podiam posar para as câmeras como "o verdadeiro Gainsborough" por seis pence cada.

Enquanto o público refletia sobre a estranha história do retrato, outros começaram a especular sobre seu possível futuro. "É de se esperar", escreveu um crítico, "que depois de todos os maus-tratos que sofreu em lugares escusos e secretos, a obra-prima encontre agora uma posição permanente e segura numa de nossas galerias públicas, para se tornar um memorial permanente da grandiosidade de um dos artistas mais brilhantes de nossa raça; uma representação durável da beleza de uma das mais charmosas e notáveis mulheres inglesas."

Morland Agnew estava inflexível num ponto. "Agora que a tela está conosco outra vez, vamos tomar todo o cuidado para que ela não saia viajando de novo antes de encontrarmos um comprador", declarou ele altivamente, ainda sem saber que Pierpont Morgan estava se aproximando, tendo perseguido Morland Agnew e a *Duquesa* através do oceano Atlântico.

"Meu navio foi mais veloz do que o dele", Morgan vangloriou-se mais tarde ao bispo Lawrence. "Ele chegou a Londres num sábado, eu no domingo. Enviei um recado para a firma dizendo que precisava vê-lo na segunda-feira de manhã, antes que ele fosse para a cidade. Ele veio até Prince's Gate [residência de Morgan em Londres] e eu disse 'o senhor está com a *Duquesa de Devonshire*?'.

'Estou', ele respondeu.

'O senhor se lembra que meu pai, na tarde que antecedeu o roubo da tela, estava para comprá-la e ia tomar a decisão final na manhã seguinte. Ele a queria. O que meu pai quis eu quero. Tenho que ter a duquesa.'

'Muito bem', disse o *marchand.*

'Qual é o preço?', perguntou Morgan.

'Isso cabe ao senhor dizer, senhor Morgan.'

'Não, seja qual for o preço que sua firma achar correto, eu pago.'"

Essa era o método habitual e brusco de Morgan fazer negócio. Segundo um relato contemporâneo, o senador Clerk, de Montana, também fez um lance pelo quadro, "porém o senhor Morgan teve a preferência dos vendedores por causa de suas várias aquisições anteriores".

Em 12 de abril, quatro dias antes de seu sexagésimo quarto aniversário, Morgan fechara negócio, "sujeito a que Sir William Agnew aprovasse a compra". O que o ancião fez sem mais delongas ainda que obviamente desgostoso com seus parentes mais jovens, que lhe roubaram a ribalta vendendo a *Duquesa* antes que tivesse a chance de examiná-la. De Viena ele escreveu a Morgan em veia emotiva: "Cheguei esta manhã aqui e soube por telegrama que meu pessoal lhe vendeu a duquesa. Bem, estou feliz, embora eu não quisesse que nada fosse feito com a tela até eu chegar a Londres. O quadro está, segundo soube, muito sujo e vai precisar de algumas semanas de limpeza até ficar em ordem. Estou grandemente emocionado com o quadro e a primeira coisa que pensei, já que o quadro é propriedade minha (ou melhor dizendo, era), na época apropriada oferecê-lo ao senhor, já que sinto como ninguém e em relação a sua coleção também sinto o maior interesse, maior do que em qualquer outra no mundo. Cumprimento-o por estar de posse do melhor Gainsborough do mundo. Perdoe-me se escrevo incoerentemente — porque estou muito emocionado".

O magnata americano estava encantado com sua aquisição e com a nova onda de publicidade que ela lhe trouxe. Pelos termos do acordo com a Agnew, Morgan, assim como seu pai antes dele, concordara em deixar que a tela fosse exibida na 7ª Exposição Anual da Agnew, em novembro e dezembro de 1901. Só para o caso de a história se repetir e o retrato desaparecer mais uma vez, Morgan insistiu em pagar pela tela apenas depois que ela fosse finalmente entregue. Em troca, o *marchand* concordou em não revelar o nome do comprador da *Duquesa*, porém Morgan não conseguiu se conter. Durante dias, Agnew recusou-se a divulgar o nome do novo proprietário até que, como se lembrou mais tarde, "um repórter contradisse categoricamente nossas negativas com um 'bem, tudo que posso dizer é que o senhor Morgan está parado nas escadarias do Ritz dizendo a todo mundo que foi ele que comprou o quadro!'".

Pierpont Morgan era sempre notícia — "mais colunas de jornais em países os mais diversos foram preenchidas com histórias sobre o senhor Morgan do que sobre qualquer outro homem da vida pública ou privada" —, porém a conjunção de um dos homens mais ricos do mundo e uma das mulheres mais belas do mundo era absolutamente irresistível. Os jornais do mundo todo falaram sobre o caso, embora a história completa do roubo e da devolução do quadro permanecessem um mistério saboroso.

"Essa foi uma das ocasiões em que ele fez o que fazem os homens interessados em atrair a atenção para si mesmos, para seus negócios ou por motivos políticos", escreveu seu afetado biógrafo e genro, Herbert Satterlee. "Em qualquer terreno que entrasse, sempre comprava o lote mais caro; acrescentou campeões a seu estábulo; construiu o melhor iate a vapor e comprou os quadros, livros e objetos mais notáveis para suas coleções [...], sempre demonstrava um descaso absoluto pelo fator investimento ou por 'obter seu dinheiro de volta' e, no entanto, quase tudo que comprava aumentava de valor — a *Duquesa de Devonshire* foi um bom exemplo disso." Especialista em autopromoção que era, Morgan recusava-se a dizer quanto tinha pago pela tela. Quando um clérigo amigo seu o pressionou sobre a questão, a resposta de Morgan foi calculada para manter as especulações à solta: "Ninguém jamais saberá. Se a verdade viesse à tona, eu poderia ser considerado um candidato para o manicômio". Na verdade o preço pago — 30 mil libras, ou 150 mil dólares — foi imenso, porém não foi insano e nem sequer chegou a ser extravagante pelos padrões de Morgan. Caso a verdade aflorasse, ele poderia inclusive ter sido considerado não louco e sim altamente sortudo. Morland Agnew mais tarde se perguntaria se não se desfizera da tela "um tanto apressadamente".

A aquisição caracteristicamente arrogante de um dos tesouros artísticos mais célebres da Grã-Bretanha não foi recebida com aprovação unânime. Se para a respeitável Inglaterra vitoriana Worth era símbolo de um tipo de pesadelo — o vilão que espreita sob um manto moral —, Morgan estava começando a representar um outro: o multimilionário bárbaro desnudando o Velho Mundo de seus objetos valiosos com boladas de dinheiro recém-criado. Uma charge no *New York World* daquele ano mostrava Pierpont Morgan perguntando petulantemente a John Bull [personificação da Inglaterra]: "O que mais tem para vender?". Mascates de rua zombavam da onipotência do magnata oferecendo uma "licença para permanecer na Terra", assinada por J. Pierpont Morgan, por um penny cada.

Porém talvez tenha sido o humor magistral dc Peter Finley Dune que melhor captou a insegurança da Europa diante de poder de compra tão estupendo quanto o desse Colosso de Wall Street: "Pierpont Morgan chama um de seus office-boys, o presidente de um banco nacional, e diz: 'James', ele diz, 'pegue uns trocados no cofre e vá comprar a Europa pra mim', ele diz. 'Chame o czar, o papa, o sultão e o imperador Guilherme e diga-lhes que não vamos mais precisar dos serviços deles a partir da semana que vem', ele diz. 'Dê-lhes um ano de salário adiantado'[...]". Na época em que Morgan comprou a *Duquesa de Devonshire*, muitos especialistas em arte da Grã-Bretanha já estavam alarmados com o fluxo constante de tesouros artísticos desembocando nas mãos de *noveaux* milionários norte-americanos. E nessa briga entrou ninguém menos que Henry James.

O último romance de Henry James, *The outcry*, só foi publicado em 1911, porém é uma resposta direta e só muito ligeiramente velada às questões levantadas pela compra do célebre Gainsborough. Nas palavras do autor, "*The outcry* lida com a questão apresentada recentemente à consciência da sociedade inglesa — ou seja, o grau em que os felizes proprietários de preciosas obras de arte herdadas mantêm-nas, por assim dizer, em custódia para a nação e podem, como guardiões omissos, ser chamados a responder à opinião pública". O romance, que teve quatro edições, conta a história de Breckenridge Bender, um rico norte-americano decidido a possuir os melhores e mais valiosos objetos de arte britânicos, não obstante o custo. O milionário e os "guardiões omissos", Lorde Theign e Lady Sandgate, são publicamente criticados por um jovem especialista enquanto ponderam sobre a venda de retratos ancestrais, inclusive da fictícia *Duquesa de Waterbridge*, pintada por Sir Joshua Reynolds.

A descrição que Henry James faz da "bela duquesa", pintada "até os joelhos, com olhos tão extraordinariamente significativos, braços e mãos tão adoráveis, tons tão magníficos de pele" e "a mulher mais bela de sua época" deixa poucas dúvidas de que a *Duquesa de Waterbridge* representa a célebre *Duquesa de Devonshire* de Gainsborough. Como escreve Adeline R. Tinter, a identidade de Breckenridge Bender é ainda mais óbvia: "o bilionário com o talão de cheques sempre à mão de *The outcry*, sempre pronto a adquirir os quadros mais caros, foi claramente modelado no financista norte-americano", J. Pierpont Morgan. Morgan e Bender inclusive têm o mesmo jeito sem-cerimônia de expressar seus desejos: "Eu tenho que ter a duquesa", disse Morgan. "Bender sabe o que quer", escreve Henry James sobre seu Morgan ficcional; "em geral ele quer o que não pode ter". Os problemas financeiros de Lorde Theign são resultado dos hábitos de jogo de sua filha mais velha, uma filha cujo nome e extravagantes tendências soam fortemente familiares, ainda que com certeza não passe de uma coincidência: "Kitty quer tantas coisas de uma vez só. Para começar, ela sempre quer dinheiro, em grandes quantidades — e para atirá-lo fora de modo tão horrendo".

James, assim como Worth, abandonara efetivamente suas origens norte-americanas e escolhera identificar-se com a Inglaterra e com os ingleses; quatro anos depois da publicação de *The outcry*, o romancista adotou a cidadania britânica. Esse romance, inspirado numa das aquisições mais célebres do século, era uma advertência ao mundo artístico britânico dos perigos que o rondavam sob a forma de vorazes colecionadores de arte norte-americanos. "O mundo das artes está à mercê de um esvaziamento para o qual não parece haver conserto", lamenta-se uma das personagens de James. "Objetos preciosos estão saindo deste perturbado país num ritmo muito mais veloz do que — há um século ou mais — eles jamais entraram."

Fossem quais fossem os balidos dos peritos britânicos, a *Duquesa* de Gainsborough era agora propriedade de Pierpont Morgan, porém ela ainda tinha mais uma temporada londrina antes de desaparecer na pança do milionário. A 23 de maio de 1901, um dia antes de completar 25 anos de seu desaparecimento na calada da noite, Georgiana voltou à galeria de arte Agnew. "Dessa vez ela será guardada com o maior cuidado", observou mordazmente um jornal. "Haverá homens vigiando o famoso quadro dia e noite e quando chegar a hora de fechar, de tarde, a galeria será totalmente vasculhada para garantir que nenhum visitante permaneça escondido."

Limpa e emoldurada, Georgiana era de tirar o fôlego. "Ela está esplêndida", pensou Morland Agnew. Em novembro, a tela foi de novo posta em exibição, durante a 7ª Exposição Anual da Agnew. Durante dois meses, milhares de visitantes passaram para ver a tela e, uma vez mais, ela exerceu seu peculiar fascínio público: "Os teatros de variedades estavam cheios de canções", registra o arquivo oficial da Agnew, "os jornais repletos de poemas sobre a duquesa perdida e os chapéus Gainsborough tinham voltado a ser última moda".

Enquanto as multidões em voga rodopiavam em torno da pródiga *Duquesa*, talvez houvesse entre elas um homenzinho com olhos úmidos e uma tosse aguda que conhecia aquela imagem encantadora melhor do que conhecia seu próprio rosto e que, talvez, hesitasse em dizer adeus.

29. O túmulo de Nemo

A uma distância cautelosa, Worth observava a comoção em torno da devolução da *Duquesa*. Leu as declarações de J. Pierpont Morgan, postado nos degraus do Ritz, e notou, com ironia, as especulações febris sobre o regresso da tela a Londres. Contudo, com a perda de seu troféu, parece ter se recolhido de novo dentro de si mesmo. Seus brios transformaram-se em autopiedade, sua saúde tornou-se ainda mais precária, suas bebedeiras passaram a ser quase suicidas.

O pouco que lhe restara de energia foi empregado em tentar construir um lar para seus dois filhos a quem, ele sabia, prejudicara e que eram, conforme a observação de Pinkerton, "tudo com que ainda se importava no mundo". Com os lucros da devolução do Gainsborough, acomodou-se no bairro de Camden, no número 2 de Park Village East, numa casa grande e espalhada, tão sólida e burguesa quando sua residência anterior em Londres fora espalhafatosa e extrovertida. O quão rico Worth estaria em conseqüência da venda do Gainsborough não se sabe: Pat Sheedy mais tarde declarou que "jamais participou" dos 25 mil dólares que, segundo ele, Worth recebera da Agnew, uma declaração com certeza inverídica que lança, inclusive, dúvidas sobre a própria cifra. Agnew calculou que despendera um total de 7500 libras para recuperar a pintura, mas uma vez mais esse número é questionável, já que nunca ficou especificada a quantia paga pelo resgate. Eddie Guerin achava que a soma aproximava-se de mil libras e declarou ter sido "o pior negócio que Harry fez na vida".

Se não foi o pior negócio, separar-se do Gainsborough foi certamente a decisão mais difícil que Worth teve que tomar. Com a tela foram-se suas pretensões à vida aristocrática e ao sucesso mundano (vale dizer, criminoso). A maré de raiva que o impelira a desafiar a sociedade, rompendo suas leis e imitando suas classes mais altas, baixara por completo. A fraude fora revelada. Em seu lugar, no entanto, ficou talvez um sentimento mais humano do que qualquer outra coisa que tivesse sentido desde que se apaixonara por Kitty Flynn: o desejo visceral de criar a vida em família que nunca conhecera e, dessa forma, encontrar-se. Devolver a *Duquesa* o libertara, mas a ruptura foi uma agonia e com cada novo elogio ao delicioso retrato, não mais sob seu controle, Worth murchava um pouco.

"O súbito regresso à cidade de Sua Alteza, a duquesa de Devonshire, causou comoção quase igual a que teria sido provocada se a bela Georgiana tivesse voltado à vida, trazendo um novo alento de beleza e charme." Sua recuperação também fizera renascer o antigo debate sobre sua autenticidade. "Nunca antes, na história da arte e de seus mestres, houve tamanha comoção provocada por uma obra [...] como a que despertou a descoberta do desaparecido retrato de Gainsborough da duquesa de Devonshire", escreveu um observador, salientando que, na questão da autenticidade, "os críticos apresentaram todos os argumentos viáveis, bem como os inviáveis, que puderam conceber". Outros diziam que não se tratava do retrato de Georgiana e sim de Elizabeth, a outra duquesa de Devonshire; havia os que afirmavam que a obra não era de Gainsborough e também os que declaravam a existência de um tal retrato, feito por Gainsborough, mas que o "recém-comprado trazido à luz é uma cópia espúria".

A *Pall Mall Gazette* pronunciou, magistralmente, que "ela não é, no final das contas, a mais famosa das duquesas [...] ela não é Georgiana e sim Elizabeth", entretanto com igual convicção insistiu que, uma vez exibido o quadro, a sugestão de que fosse de qualquer outro que não Gainsborough "desaparecerá como a névoa diante do sol. O retrato é típica e totalmente Gainsborough".

O *Times* sugeriu que a questão da autenticidade fosse resolvida organizando-se uma exposição de todos os retratos de Georgiana e Elizabeth para que se pudessem comparar as semelhanças, numa espécie de parada artística de identificação. "Uma exposição em Londres de tantos desses retratos quantos fosse possível reunir, com a recém-recuperada duquesa no 'papel principal', além de grande atração seria útil para resolver uma ou duas questões sobre as quais ainda restam algumas dúvidas no presente momento."

"Provavelmente todas as especulações com as quais pululam as colunas de jornal mostrar-se-ão criações de [...] material impalpável", observou um crítico partidário, enquanto o *Daily Express* zombava do furioso debate entre especialistas com uma "Balada de Georgiana" (pedidas as devidas desculpas à "Oriana" de Tennyson), quase tão ruim quanto algumas das odes escritas para a duquesa durante sua vida:

Nossos corações despedaçaram-se de dor —
Quando, vinte e cinco anos atrás,
Deixaste-nos em meio à neve invernal,
Sem um endereço sequer

Onde encontrá-la — oh,
Georgiana!

E agora que a temos de volta,
Recebemos essa bofetada malvada,
De gente a quem falta cultura,
Ou gosta de uma boa piada —
De que não és mais que uma charada —
Georgiana!

Dizem que se és a mesma
Na verdade roubas a fama de outra,
Chegam até mesmo a dizer
Que o quadro tirado à moldura
Era de Lady Fulana,
Georgiana!

E pior ainda, eles bradam
Que não és um Gainsborough qual nada,
E a prova, clamam,
É que o preto é branco e o baixo é alto,
Que Paulo é Pedro e Pedro é Paulo,
Georgiana!

Portanto se tu não és tu,
Não és quem aqui esteve
E se de Gainsborough és mero
Esboço, parece então claro
Que não foste nem achada nem perdida, minha querida
Georgiana!

A devolução do Gainsborough dera novo ímpeto à mitologia que cercava a duquesa de Devonshire. Em Adam Worth, porém, teve exatamente o efeito inverso. Pressentindo que o tempo era curto, dedicou-se a reivindicar os filhos de volta com uma determinação jamais mostrada enquanto o quadro o retinha. Seu primeiro ato ao regressar a Londres fora enviar dinheiro ao irmão, no Brooklyn, com instruções para mandar de volta o jovem Harry, então com catorze anos, e sua irmãzinha tão logo quanto possível. Porém até mesmo esse desejo mostrava-se fugidio. Sua cunhada, sentindo que Worth estava uma vez mais "endinheirado", recusou-se pura e simplesmente a entregar as crianças ao pai sem um pagamento substancial. Worth ficou arrasado. Em junho de 1901 escreveu a Pinkerton denunciando violentamente a deslealdade e cobiça "daquele meu irmão e de minha cunhada" que, conforme suspeitava, estavam envenenando a cabeça das crianças contra ele.

"Eu os sustentei a vida toda e eles esperam que eu continue a fazê-lo. Ela é uma megera hipócrita e suja; diz ser religiosa, mas, como eu lhe disse, todos os trapos que leva no corpo, a casa onde mora, é tudo fruto de — [ele teve o cuidado de não usar a palavra 'crime', para o caso de a carta cair nas mãos erradas]. Ela tem sido esperta o bastante para controlar as crianças e provavelmente assustou-as com boatos, de modo que elas não querem vir; mas fazem isso por interesse próprio, não pelo bem das crianças. Três anos atrás, quando eu não tinha dinheiro, eles me escreveram dizendo que não poderiam mais sustentá-las. [...] Só há uma maneira de agir, e esta é fazê-los passar fome. Quando não houver mais dinheiro, as crianças acabarão se sentindo satisfeitas em vir." Worth, sempre um crítico acerbo, ainda mantinha uma crença residual no poder controlador do dinheiro.

Sozinho, bêbado e triste, Worth isolou-se por completo. Os boatos de sua volta a Londres haviam chegado ao submundo e alguns colegas de seu passado criminoso foram visitá-lo atrás de dinheiro, como nos velhos tempos, ou então para ver se Worth tinha algo lucrativo em vista. Ele os mandava embora com uns trocados e a firme impressão de que o outrora mestre do crime estava totalmente aposentado.

William Pinkerton, que já fora seu maior inimigo, era agora o único ser humano em quem Worth depositava alguma confiança. Ele mandava longas e perturbadas cartas ao detetive, em geral em "escrita secreta" cifrada e assinada com o pseudônimo "Robert R. Bayley". Nos melhores dias, Worth fazia alguns comentários sobre conhecidos mútuos do mundo do crime, mas a maioria eram, como ele próprio admitiu, arengas "embriagadas" contra sua má sorte, seus parentes mercenários e sua saúde precária. "Estou um pouco melhor do peito", escreveu ele a respeito dos acessos de tosse que o deixavam trêmulo e fraco. "Não há muito sangue, mas receio que seja apenas temporário, já que tenho esses terríveis suores noturnos e a tosse." As respostas de Pinkerton eram mais as de um irmão ansioso do que as de um detetive mundialmente famoso para um integrante da elite da fraternidade criminosa. O relacionamento dos dois ultrapassara o simplesmente profissional. Ambos eram homens durões — a essas alturas as técnicas da agência Pinkerton para estourar sindicatos já haviam transformado William numa figura odiosa para muitos trabalhadores norte-americanos — porém ambos tinham fraquezas psicológicas que pareciam encontrar vazão naquela amizade. Talvez Pinkerton visse em Worth a rebeldia contra a autoridade que aliviava parte de seu ressentimento contra um pai inflexível e uma vida inteira passada em obediência à lei. O detetive arriscara sua reputação profissional com a questão do Gainsborough, já que se Agnew ou a Scotland Yard tivessem sabido o quão próximo ele estivera de Worth, teria sido difícil defender-se. Worth, por outro lado, parece ter visto essa amizade com o detetive como uma forma de justificação para seu passado, uma prova de que, durante o longo duelo em lados opostos, ambos jogaram segundo as mesmas regras de honra e respeito — algo que agora significava muito mais para Worth do que toda a falsa "respeitabilidade" que ele roubara. O Olho protegera Worth da lei durante muito tempo e agora procurava protegê-lo de si mesmo.

"Amigo H.", o detetive escreveu de Chicago, "não faz idéia de como me entristece vê-lo escrever de forma tão melancólica, [...] o quanto antes sair dessa atmosfera de Londres, melhor, e aconselho-o a vir imediatamente para cá e ir para o Colorado, onde a altitude é muito benéfica para pessoas com problemas pulmonares."

"Quero lhe dizer, Harry, que o consumo excessivo de bebidas tem muito a ver com seu problema. Sei que esteve em uma ou duas bebedeiras feias e elas são em grande parte responsáveis por estar nas condições em que está agora. Descobri que ninguém consegue beber socialmente sem ingerir álcool em excesso, o que fatalmente cria uma infinidade de problemas, de modo que parei de consumi-lo completamente."

Pinkerton enviava ao amigo poemas recortados do jornal local, recortes das notícias do submundo e os últimos resultados das corridas. Tentou animar Worth com notícias da *Duquesa de Devonshire*, mas, talvez inadvertidamente, apenas ajudou a lembrá-lo de sua perda. "Recebi várias cartas muito simpáticas do cliente para quem trabalhei em conexão com o quadro e ele está muito satisfeito com tudo o que foi feito por ele." Tão amistosa se tornara a correspondência entre eles que o irmão mais cauteloso de William ficou alarmado. "Creio que esteja escrevendo a esse homem de maneira muito aberta", Robert Pinkerton disse a William. "Ele corre o risco de ser preso e sua correspondência será confiscada. Estou ciente de que as cartas são datilografadas e assinadas apenas com uma inicial, e que nada poderia ser provado, porém há coisas que permitiriam a qualquer detetive esperto adivinhar quem é o provável emissário. [...] Se essa carta caísse nas mãos da Scotland Yard, não seria natural que eles pensassem que tínhamos o dever de informá-los da presença na Europa de um homem desses, vivendo atualmente em Londres?" William mostrou-se contrito. Prometeu ao irmão que iria "suspender completamente a correspondência", mas não fez nada do gênero. Sua impudente lealdade a Worth sobrepujava agora a que devia à Scotland Yard.

Enquanto as cartas circulavam de um lado a outro, o detetive e o criminoso discutiam a melhor forma de Worth empregar seu dinheiro restante. "Incentivei-o a investir [...] em papéis e deixá-los a meus cuidados", para o benefício dos filhos, Pinkerton registrou mais tarde em carta ao filho de Worth. "Pedi-lhe, na época, para deixar a Europa e voltar para cá [...], com os meios de que dispunha estabelecer um pequeno negócio [...], ele pensou seriamente no assunto e achou que gostaria de se estabelecer em Hot Springs, Arkansas, eu lhe disse que seria uma boa idéia, que levasse você e sua irmã para lá e, com os meios que ele tinha então, poderia ter facilmente começado um pequeno negócio em Hot Springs, ganhando um bom sustento para todos vocês, e sua saúde teria melhorado muito. Eu receava que seu regresso a Londres, entre companhia estimulante, seria demais para o estado de saúde em que se encontrava." A companhia estimulante a que Pinkerton se referia vinha, é claro, não em forma humana e sim engarrafada.

Numa explosão tardia de sua velha engenhosidade, Worth falou de novo, por uns tempos, da idéia de construir um alarme à prova de ladrões, uma engenhoca que ele estava em posição invejavelmente única de aperfeiçoar. Porém à medida que a batalha para reaver os filhos se arrastava e que Worth foi atingido por dores de cabeça tremendas, que Pinkerton atribuía a um "tumor", tanto o detetive quanto ele parecem ter percebido que todas aquelas conversas de se mudar para o Arkansas, de investimentos e alarmes não passavam de sonhos ociosos. O tempo estava se esgotando depressa, e a necessidade de Worth de reunir sua fragmentada família tornara-se desesperada. Por fim engoliu o orgulho e concordou em enviar à avarenta cunhada todo o dinheiro exigido, caso ela lhe cedesse os filhos e os mandasse para a Inglaterra. Ela concordou, porém o preço foi alto. Worth estava de novo praticamente sem um tostão.

No final de 1901, as crianças chegaram finalmente a Camden, onde o pai, segundo Pinkerton, "preparara um belo lar". Quase pela primeira vez na vida, Worth estava no centro de uma família. Ele estava decidido a evitar que os filhos descobrissem seus crimes e Pinkerton permaneceu convicto de que "eles nada sabiam de sua carreira passada". Contudo o jovem Harry Raymond não era bobo e deve ter tido mais que uma vaga suspeita da profissão pouco ortodoxa do pai. "Ele pouca coisa me disse de seus negócios", o rapaz confidenciaria mais tarde a Pinkerton, enfatizando, na mesma carta, sua intenção de "pôr a mão na massa e ganhar a vida honestamente, o que sempre será meu desejo". Por que o jovem haveria de se dar ao trabalho de enfatizar sua honestidade, a menos que houvesse algum motivo para duvidar dela?

Até mesmo os filhos conheciam Adam Worth pelo nome de Henry Judson Raymond, e até o final o escroque-mor manteve a fachada que lhe servira tão bem durante anos. Se os filhos suspeitavam que ele fosse outra coisa que não o respeitável ainda que doente homem de negócios que ele aparentava ser, pelo menos tiveram a generosidade de lhe permitir essa última ilusão e disfarce.

A 31 de dezembro de 1901, a 7ª Exposição Anual da Agnew encerrou-se, tendo sido considerada sucesso absoluto por todos, e Pierpont Morgan preparou-se para tomar posse de seu troféu. Apesar de seriamente enfermo, Worth "não procurou nenhum médico" e insistiu em sair de casa, sem dúvida para visitar sua velha amiga em Old Bond Street pela última vez. Quando a *Duquesa* saiu finalmente da Agnew e de sua vida, Worth sucumbiu inteiramente. Fraco, porém num estado de espírito de estranha liberação, escreveu a Pinkerton pela última vez, anexando um pacotinho contendo o pouco dinheiro que ainda possuía após as últimas exigências da cunhada, agradecendo ao detetive pelos muitos atos de bondade e dizendo-lhe que estava livre para falar após sua morte, mas que, se possível, evitasse causar dissabores ao filho e à filha. Também disse ao filho para entrar em contato com Pinkerton quando o fim chegasse. Sua família declarou mais tarde que ele parecia curiosamente contente, as faces cinzentas com um ligeiro rubor, como se algum peso tivesse finalmente sido removido de seus ombros descarnados.

A 4 de janeiro, Pierpont Morgan, alma gêmea de Worth e seu par em questões de dupla moral, transferiu para a Agnew a soma de 30 mil dólares e deu instruções para que a *Duquesa* fosse entregue no número 13, Prince's Gate, a grande mansão de cinco andares, ao sul de Hyde Park, que mais tarde seria a residência oficial do embaixador Joseph P. Kennedy e lar do futuro presidente norte-americano, John F. Kennedy. Morgan mostrar-se-ia um protetor tão ciumento da *Duquesa* quanto Worth o fora. Negou-se a exibir o retrato de novo e recusou peremptoriamente permissão para que se fizessem gravuras — para fúria de Morland Agnew, que esperava oferecer uma a Pinkerton, como expressão de sua gratidão por seu papel na devolução do quadro. "O senhor Morgan não permite que se façam reproduções da tela e nada podemos fazer", desabafou o *marchand*. "Espero que acabe mudando de idéia." Mas o senhor Morgan não mudou. Assim como outro homem antes dele, estava decidido a manter a imagem da duquesa para seu prazer exclusivo.

Morgan levou o mesmo tipo de absolutismo que empregava em todos os aspectos de sua vida à maneira como expunha seus quadros. Alguns anos mais tarde, o rei Eduardo VII foi tomar chá em Prince's Gate e reparou num outro grande retrato, a *Condessa de Derby*, pintado por Lawrence.

"O teto é muito baixo nesta sala para esse quadro. Por que o pendurou ali?", perguntou o rei.

"Porque gosto dele ali, senhor", retrucou o magnata.

Ninguém, nem os monarcas, diriam a Pierpont Morgan onde pendurar seus quadros e não restava qualquer dúvida, em sua mente, de onde a *Duquesa de Devonshire* deveria ficar. O grande Gainsborough foi pendurado no lugar de honra, acima da lareira, na posição mais proeminente da casa. A *Duquesa* era um emblema de superioridade social, de conquista sexual e um símbolo de sucesso mundano, pela segunda vez e para um outro homem.

A 8 de janeiro de 1902, quatro dias depois que Morgan finalmente tomou posse da "nobre senhora" e a poucos quilômetros de distância, no bairro de Camden, o homem que a tivera por 25 anos jazia calmamente na cama, com o filho e a filha por perto. A dor se fora paulatinamente, deixando Adam Worth numa fragilidade patética, porém curiosamente exuberante.

"Saí de seu quarto para descer e jantar e ele parecia muito animado", narrou o jovem Harry Raymond. "Quando voltei a seu quarto ele estava como que dormindo; várias horas depois a senhoria foi até meu quarto para me dizer que não estava gostando da aparência de meu pai e me pediu que fosse até lá, o que eu fiz, porém meu pai falecera silenciosamente, sem lutar."

A certidão de óbito qualificou Henry Judson Raymond como homem de "meios independentes" cuja morte, aos 56 anos, fora resultado de uma falha cardíaca, doença do fígado e, no dizer desaprovativo do legista, "hábitos crônicos de intemperança".

Harry Raymond Júnior enterrou o pai no cemitério de Highgate, onde ele se encontra ainda num túmulo "comum", sem nome, sem lousa ou qualquer outra marca, em meio a uma moita espinhenta. O registro de enterro do jazigo número 34281 foi feito no nome de Henry Judson Raymond. Até na morte Adam Worth insistiu em ser outra pessoa. Talvez seja justo que um homem que adotou e desvencilhou-se de tantos nomes descanse para toda a eternidade sem nenhum sinal que lhe denuncie o paradeiro.

O jovem Harry Raymond, ainda ostentando o nome que o pai surripiara trinta anos antes, vendeu a mobília do número 2 de Park Village East e voltou para a América com a irmã mais nova. Duas semanas após a morte de Worth, os Pinkerton receberam um bilhete, com carimbo de St. Paul, Minneapolis: "Permita-me informá-lo de que meu pai (Harry J. Raymond) faleceu a 8 de janeiro, entre seis e sete da noite", e assinado H. L. Raymond.

Robert, o mais cínico dos irmãos Pinkerton, sentia-se inclinado a desconfiar de uma outra tramóia por parte do arquifalsificador, que afinal de contas já forjara sua morte antes. "Acha que poderia ser um truque da parte do velho sujeito para nos enganar antes de partir para um novo esquema de roubos?", escreveu ele ao irmão. William, porém, estava convencido e redigiu imediatamente uma resposta, sem qualquer menção ao passado de Worth:

> Sua carta de 24 último, informando-me da morte de seu pai, chegou-me como um choque. Recebi uma carta de seu pai por volta do primeiro do ano, contando-me que estivera muito doente. [...] Escrevi-lhe dizendo que esperava que tomasse muito cuidado consigo e que recuperasse totalmente a saúde.

> Conheci seu pai durante mais de trinta anos e, embora nossas vidas tenham sido bem diferentes, sempre houve uma calorosa amizade entre nós. Espero que ele tenha deixado vocês em condições de tomarem conta de si. Lamento bastante a morte de seu pai. Parece incrível que alguns meses atrás seu pai tenha estado aqui comigo, visita que me agradou muito. [...] Seu pai costumava falar um bocado dos filhos e sua vida inteira parecia concentrada em vocês dois. Desejo-lhes toda a sorte. Com profunda simpatia, creia-me,
>
> Atenciosamente,
>
> W. M. Pinkerton

Segundo um relato, Worth deixou um testamento, "homologado em 1907, [que] mostrava que ele morreu de posse de cerca de 23 mil libras". Não há provas que corroborem esse fato, e muita coisa sugere que Worth tenha morrido sem nada, uma vez que o jovem Harry logo voltou a escrever a Pinkerton, observando: "Meu pai deixou muito pouco dinheiro e depois de pagar as despesas do funeral e nossas passagens de volta à América, estamos praticamente sem um tostão [...], porém estou trabalhando para o futuro, de modo que possa me sustentar e à minha irmã, que é inteiramente dependente de mim". (De acordo com uma notícia de jornal, publicada muito tempo depois, eles talvez tenham ficado pobres porque após a morte de Worth "sua casa foi invadida e saqueada por uma quadrilha de ladrões com quem ele se associara". Uma vez que o jovem Raymond nunca mencionou esse fato, trata-se com certeza de invenção. Obviamente ele suspeitava que houvesse mais coisas no passado do pai e pressionou o detetive para obter informações: "Meu pai falava com freqüência no senhor [...] e o senhor poderá sem dúvida lançar alguma luz no que diz respeito às coisas que eu não sei a respeito dele e que me interessariam grandemente".)

O detetive manteve os dois lados de seu trato com o ladrão agora morto: enviou o pacote final de Worth, que garantiu pelo menos que os dois filhos não passassem fome, e nos anos seguintes agiu como guardião de um e outro. Ao mesmo tempo, nunca discutiu diretamente o passado criminoso de Worth com os órfãos, dizendo apenas que ele fora "um homem de idéias muito criativas" e enfatizando "sua bondade de alma". A decorosa observação feita ao filho de Worth, de que haviam tido vidas "bem diferentes", era o máximo que estava disposto a revelar.

"Sempre terei uma boa lembrança de seu pai porque embora tenhamos passado vários anos sem nos ver, até dois anos atrás, e de novo há um ano, ainda assim sempre nutrimos um sentimento amistoso um pelo outro e eu faria qualquer coisa em meu poder para ajudá-lo e à sua irmã." É um tributo à afeição que Worth podia inspirar e ao tamanho do coração de Pinkerton o fato de as cartas revelarem dor verdadeira com a perda do velho inimigo e amigo. "Fiquei realmente sentido ao saber da morte do pequeno sujeito", escreveu ele ao irmão. "Acho que fomos as únicas pessoas em quem ele confiou. Suas bebedeiras prolongadas sem dúvida ajudaram a encurtar-lhe a vida."

"Sinto-me como você a respeito de Little Adam", Robert respondeu.

A notícia da morte de Worth começava a se infiltrar pelos canais do submundo, porém os irmãos detetives decidiram "manter segredo sobre a questão de sua morte, por enquanto", concordando também que se a notícia acabasse vindo a público e fossem chamados a comentar "vamos deixar a família de fora completamente". Foi apenas uma questão de tempo, é claro, até que a imprensa ficasse sabendo. Já em 1893 a *Pall Mall Gazette* revelara o envolvimento de Adam Worth, vulgo Henry Raymond, no roubo do Gainsborough. Quando o quadro reapareceu nas mãos de Morland Agnew, houve de novo especulações sobre o papel de

Worth, mas a essa altura o ladrão desaparecera, e uma vez que Morland Agnew não sabia, e Pinkerton não iria dizer que ele estava envolvido, a história perdeu ímpeto.

A 5 de fevereiro de 1902, os jornais londrinos publicaram uma nota breve anunciando a morte de Adam Worth, vulgo Henry Raymond, e em poucas horas jornalistas dos dois lados do Atlântico começaram a juntar as peças do quebra-cabeça. De repente, os Pinkerton viram-se bombardeados com pedidos para confirmar ou negar que o recentemente falecido ladrão era de fato o ladrão do Gainsborough. "Tenho uma carta de Adam Worth afirmando que eu poderia usar tudo que ele me disse, após sua morte", William Pinkerton observou e, por fim, com evidente relutância, decidiu contar a história completa. "Eu detestei ter que falar sobre ele após sua morte, mas achei melhor para nós dizer alguma coisa e pôr as coisas nos eixos do que deixar que fosse dito por algum detetive totalmente ignorante da questão." Os jornalistas eram um bando pouco confiável, observou ele. "Nunca se consegue transmitir algo correto a um repórter, [...] se você lhe escreve os fatos, ele os muda conforme sua vontade."

A 6 de fevereiro, William Pinkerton convocou os jornalistas cada vez mais insistentes em seu escritório em Chicago e leu para eles uma declaração previamente preparada delineando a vida de Worth, sua trilha de crimes, o roubo do Gainsborough e a participação do detetive em seu retorno, embora sem revelar seu relacionamento próximo com o falecido vilão. Na manhã seguinte, a história, sensacional mesmo para os padrões da época, foi publicada de costa a costa, detalhando os eventos da vida extraordinária de Worth com precisão considerável ou, nas palavras de Pinkerton, "tão corretos quanto um jornal consegue publicar alguma coisa".

Refletindo a ambivalência em relação ao crime que existe até hoje, os jornais competiram para prestar tributo a um homem que roubara, falsificara e enganara a vida toda. O tom bajulatório não estava tão distante assim do que era dispensado a outros "grandes homens", tais como ao Henry Raymond original, cujo louvor obituário um dia chamara a atenção de Worth e lhe fornecera o pseudônimo que ele levou até o túmulo. O *New York Sun* chamou o roubo do Gainsborough de "o crime mais notável cometido no século XIX" e proclamou que "as memórias da polícia de dois continentes não remontam à época em que ele era um amador. As autoridades parecem concordar que, em suas especialidades criminosas, Worth não teve superior nem iguais e que, ao morrer, não deixou ninguém para herdar seu manto". O *Evening Sun* louvou-o como "um dos ladrões mais célebres da história criminosa da Europa e América". O *New York World*, com orgulho cívico peculiar, chamou-o de "um dos escroques mais notáveis que esta cidade já produziu".

"Pessoalmente era muito charmoso e de caridade proverbial. Milhares de norte-americanos receberam sua ajuda", observou o *Chicago American* de Randolph Hearst, enquanto o *Tribune* lembrava-se de seu título, como fizeram tantos outros — "O Napoleão do crime" —, e lamentava a passagem "do último de um bando realmente grandioso de criminosos de alto nível que operaram na América e no mundo todo [...] em todo seu trabalho [ele] almejou apenas a caça graúda". Até mesmo publicações augustas como o *Times* e o *New York Times* enumeraram seus feitos com indisfarçável espanto, lembrando o esplendor de sua vida em Londres e o alcance de sua engenhosidade criminosa.

Talvez a avaliação mais reveladora e com certeza a mais bem informada venha dos Pinkerton: "Com a morte de Adam Worth foi-se também, provavelmente, o criminoso mais criativo e ousado dos tempos modernos. Em toda sua carreira criminosa, e em todos os vários crimes que cometeu, sempre teve orgulho do fato de nunca ter praticado um assalto onde se tenha feito necessário o uso de armas de fogo e de nunca jamais ter escapado, ou tentado escapar, pela força ou pondo em risco a vida de algum funcionário. Entre todos os homens que os Pinkerton conheceram durante a vida, este foi o mais notável de todos".

Worth passara a vida roubando respeitabilidade e ascensão social. Com as pilhagens tornara-se a quintessência do cavalheiro vitoriano, completo, com cavalos de corrida, mansões, iates e a mais cobiçada tela da época, antes que sua fabulosa existência fabricada ruísse por terra. Worth acreditara que podia roubar o respeito, e tinha razão, mas não da maneira como ele pensou. Na morte, obteve a admiração e as homenagens do mundo, não por ter apoiado as regras da respeitabilidade vitoriana e sim por tê-las violado, secretamente, uma a uma.

"Adam Worth está morto", proclamou o *New York Journal.* "Seu passamento marca o fim de um singular romance moderno."

Epílogo
Os herdeiros

Os grandes embora dúbios talentos de Adam Worth sobreviveram à sua morte. Em agosto de 1899, as três filhas de Kitty Flynn passeavam pelo interior de New Jersey quando a carruagem em que viajavam ficou presa numa linha férrea e foi tragicamente despedaçada por um trem expresso. Katherine Louise, a filha mais nova do primeiro casamento de Kitty, e Juanita Terry, sua filha com Juan Terry, morreram. Porém Lucy Adeline, quase que com toda a certeza a primogênita de Worth, que se casara com o eminentemente respeitável Charles Trippe alguns anos antes, sobreviveu, juntamente com seu filho pequeno, Juan.

JUAN TRIPPE, neto de um criminoso de carreira, herdou a fortuna dos Terry e criou a Pan American Airways, outrora a companhia aérea mais poderosa do mundo. Seus métodos de negócio não estavam assim tão distantes dos do avô. Gore Vidal, com um aceno à ascendência criminosa de Trippe, referia-se a ele como o tubarão, ou mais exatamente o "barão ladrão", o "*robber baron* das linhas aéreas". Os 40 mil funcionários de Juan Trippe referiam-se a ele simplesmente como o "grande hipócrita".

O outro, e legítimo, ramo da família Worth prosperou com a maior retidão. HARRY L. RAYMOND, filho de Adam Worth, começou "no último degrau da escada", como "moço de recados da companhia American Car & Foundry", com um salário de "apenas quatro dólares por semana". O adolescente foi rapidamente resgatado por ninguém menos que William Pinkerton, em cumprimento à jura que fizera a seu velho amigo. Por meio do mais benévolo subterfúgio, o Olho enviou a Raymond um cheque de setecentos dólares, fingindo ser uma dívida de "um homem desta cidade". Quando a agência publicou um panfleto contando a vida de Adam Worth, os proventos foram enviados, anonimamente, aos filhos do ladrão. E a generosidade de Pinkerton não terminou por aí. "Devemos estar em condições, dentro em breve, de colocá-lo numa posição melhor que a de agora", o detetive prometeu. Alguns meses depois, o jovem Henry Raymond juntou-se à firma de detetives que perseguira seu pai pelo mundo todo durante meio século.

WILLIAM PINKERTON parece ter sofrido uma mudança, após a morte de Worth. "O crime profissional entre homens inteligentes está praticamente extinto. Não temos mais grandes larápios ou falsificadores nos Estados Unidos de hoje", ele disse com tristeza, um mês depois de enterrado o grande criminoso. Em vez de perseguir os escroques, William Pinkerton tornou-se cada vez mais seu protetor e benfeitor, enviando revistas, dinheiro, perus no Dia de Ação de Graças e até roupas brancas limpas para os homens que ele ajudara a pôr na prisão. Muitos antigos vilões encontraram emprego na Agência de Detetives Pinkerton. William lamentou até o fim a perda dos velhos "cavalheiros ladrões" como Adam Worth e culpava os filmes de gângster de Hollywood de serem "a motivação principal para jovens criminosos". Ele morreu em 1923, aos 77 anos, deixando uma fortuna calculada em 15 milhões de dólares, o que levou um ladrão da velha-guarda a resmungar que "obviamente ele fez mais dinheiro com o crime do que qualquer uma das pessoas que perseguiu". A grande maioria dos presentes em seu vasto funeral, realizado em Chicago, pertencia à fraternidade criminosa, inclusive a veterana ladra Sophie Lyons.

La Dame de Lyons, como SOPHIE LYONS era conhecida na Sûreté de Paris, tornara-se amiga íntima dos Pinkerton em conseqüência de suas freqüentes prisões. Em 1897, para surpresa de praticamente todos que a conheciam, Lyons declarou que estava "abraçando a respeitabilidade", foi trabalhar no *New York World* e tornou-se a primeira colunista social da América. Suas memórias, publicadas em 1913, embora intituladas *Why crime does not pay* [Por que o crime não compensa], foram obviamente destinadas a provar o oposto e tornaram-se um campeão de vendas instantâneo. No final, teve que prestar contas a seu passado. Quando estava com uns setenta anos de idade, três homens foram até sua casa em Detroit e mataram-na de pancadas. Os Pinkerton calcularam que Sophie Lyons juntou mais de 1 milhão de dólares com suas várias formas de roubo, extorsão, estelionato, jornalismo e propriedades, sendo que a maior parte ela deixou "para a educação dos filhos de condenados".

PAT SHEEDY, o jogador profissional que ajudou a negociar a devolução do Gainsborough, acalentou a memória de Worth e fez uso excelente dela. Em 1905 ele declarou, de repente, que Worth lhe dera uma outra tela roubada, *A Madalena*, de Bartolomé Murillo, que fora surripiada de um convento mexicano quarenta anos antes. "Worth sabia um bocado sobre pintura. Ele achava esta tela um trabalho melhor do que a duquesa", afirmou o suspeito Sheedy. Os Pinkerton não se deixaram enganar nem por um minuto. "Não há nada aqui", Robert Pinkerton escreveu. Porém tal era a fama de Worth que outros estavam plenamente dispostos a acreditar na história. O Murillo foi adquirido por 15 mil dólares por um certo John Condon, ex-proprietário de uma casa de apostas e dono da pista Harlem, em Chicago. Condon declarou que o grande Worth já apostara em seu estabelecimento e que agora queria possuir a tela "por motivos sentimentais". Obviamente não a comprara por razões artísticas, já que era cego.

CHARLES "THE SCRATCH" BECKER, o grande falsificador a quem a polícia comparava a "Michelangelo, Rembrandt e Whistler em talento artístico", foi finalmente apanhado em 1900 por uma onda de falsificações envolvendo uns quarenta bancos. Em 1903 saiu da prisão de San Quentin de excelente humor, tendo passado os anos de cadeia aperfeiçoando um novo tipo de papel e tinta à prova de falsificações que pretendia vender aos mesmos bancos que ele vinha depenando há décadas. "Eu sou o que vocês chamariam de um artista", ele disse aos jornalistas que o aguardavam na saída, acrescentando que gostaria de ser tido como uma versão norte-americana de Benvenuto Cellini, o grande escultor e ourives do Renascimento. Generosos como sempre, os Pinkerton tentaram interessar uma série de bancos e companhias de papel na tinta indelével e no papel de Becker, porém sem sucesso. Ele morreu em 1916, tendo passado o resto de seus anos, muito satisfeito, como guarda da Pinkerton, prendendo punguistas no hipódromo de Chicago.

MAX SHINBURN, "O BARÃO", passou quase o resto da vida na prisão, dizendo o tempo todo que era outra pessoa. Nas horas vagas, que eram muitas, Shinburn, mecanicamente muito prendado, trabalhou numa nova técnica para desenho de rodas de automóvel. Atormentado pelos repórteres para admitir sua identidade, ele retrucava: "Eu não conheço esse homem [...], eu não sou Shinburn; mas a menos que me deixem em paz, vou dizer umas coisas capazes de provocar sensação em alguns quadrantes". Foi finalmente libertado a 1º de abril de 1908 e, nessa época, dizia ter "descoberto o segredo do moto-perpétuo [e] planejava passar o resto da vida aperfeiçoando sua extraordinária descoberta". Em vez disso, como tantos outros de sua laia, descobriu-se dependente da caridade dos Pinkerton. William Pinkerton encomendou-lhe uma história intitulada "Arrombamento de cofres — seu começo e progressos", que continua sendo o tratado definitivo sobre a arte vitoriana de abrir cofres. "Do início dos anos 1850 até a época atual, o autor testemunhou da maneira mais prática possível a evolução do cofre", começava Shinburn, com humor sarcástico. A obra mostrou-se "tão reveladora e instrutiva para o criminoso novato que sua publicação foi proibida". Esse trabalho notável nunca saiu dos arquivos da Pinkerton. No final, Pinkerton achou um trabalho para o irascível, insincero mas infinitamente divertido vilão como zelador, depois que ele ficou "absolutamente a zero", sujeito à indignidade de vender "uma porção de histórias fantasmas aos jornais" sobre Adam Worth, simplesmente para sobreviver. Max Shinburn morreu a 13 de fevereiro de 1916, no Lar John Howard para Prisioneiros Recuperados, em Boston, aos 77 anos de idade. Rivais na morte, como na vida, e a exemplo de Worth, Max Shinburn chegou finalmente à Broadway quando sua vida foi adaptada para o palco em *Alias Jimmy Valentine*, de Paul Armstrong.

Quanto à vida literária póstuma de Adam Worth, Sir Arthur Conan Doyle tentou matar tanto o herói quanto o anti-herói no momento em que Sherlock Holmes e o PROFESSOR MORIARTY encontram-se, brigam e despencam "enlaçados nos braços um do outro" pela catarata Reichenbach, no fim de "O problema final". Holmes ressuscitou; Moriarty não. Porém, como Conan Doyle observou: "Tudo vem em círculos, até o professor Moriarty [...]. A velha roda gira e o mesmo aro desponta de novo. Tudo já foi feito antes e o será outra vez".

A coleção de arte do grande financista PIERPONT MORGAN aumentou exponencialmente à medida que ele foi envelhecendo e enriquecendo ainda mais. Suas casas continham "uma imensa e crescente variedade de coisas belas que, com o tempo, incluiriam pinturas, bronzes, terracotas, jades, marfins, esmaltes, cristais, vidros, tapeçarias, baixos-relevos, miniaturas, caixas de rapé, bíblias, livros sacros da Igreja anglicana, autógrafos e, é claro, livros e manuscritos". Em 1904, aos 67 anos, Morgan tornou-se o principal benfeitor, presidente e força motriz por trás do museu Metropolitan de Nova York, ainda que alguns o comparassem a uma "viúva de pileque, com crédito ilimitado, andando pela Quinta Avenida a comprar desenfreadamente".

Ele freqüentava a igreja regularmente e opinava em questões morais, mas será que foi o santo que se considerava ser? Terá sido um gênio financeiro esclarecido protegendo o mundo capitalista ou foi um potentado ganancioso e autocentrado, protegendo seus próprios interesses e os de sua classe? Durante sua vida, Morgan deu muito e "suas doações estavam sempre relacionadas de perto com suas lealdades e afeições pessoais", porém uma tela pela qual ele sentiu claramente uma duradoura afeição pessoal, a *Duquesa de Devonshire*, de Gainsborough, nunca foi doada. Quando Morgan morreu, a 31 de março de 1913, tendo deixado instruções explícitas a Deus sobre como tomar conta de sua alma, o grande retrato estava entre os primeiros objetos a serem reivindicados quando seus filhos dividiram o espantoso legado.

Porém, depois disso, e durante muitos anos, GEORGIANA, DUQUESA DE DEVONSHIRE, foi relegada ao esquecimento. Em 1960, a *Duquesa* foi exposta brevemente no Wadsworth Athenaeum, em Hartford, Connecticut, mas à exceção desse momento, o retrato nunca mais foi exibido pelos herdeiros de Morgan. Fora das vistas do público, o grande Gainsborough resvalou lentamente da memória, embora a imagem vivesse em milhares de gravuras e cópias, em estatuetas, em gastas baladas do *vaudeville*, em latas de biscoito e em porcelanas. Por fim, o retrato passou às mãos de Mabel Satterlee Ingalls, a última neta de Morgan. Ele foi pendurado, esporadicamente, no apartamento da senhora Ingalls, em Nova York, porém a maior parte do tempo a *Duquesa* ficava dentro de um armário. Consta que Mabel Ingalls não considerava o atraente retrato "muito respeitável". Mabel Ingalls morreu a 28 de dezembro de 1993, aos 92 anos, e seus herdeiros optaram por leiloar a tela na Sotheby's de Londres.

O leilão ocorreu em 13 de julho de 1994. O salão da Sotheby's estava lotado quando o retrato foi descoberto e colocado em hasta pública pela primeira vez, desde a extraordinária venda na Christie's, mais de um século antes. Os lances foram ágeis. Um "senhor Smith" sentou-se impassível diante do retrato e, apesar de uma série de "lances feitos do fundo da sala", cobriu todos eles. Alguém, era óbvio, estava decidido a possuir o retrato, independentemente do preço. Após alguns minutos tensos, o implacável senhor Smith levantou o braço pela última vez e a *Duquesa de Devonshire*, de Gainsborough, foi vendida por 265 500 libras.

Mais extraordinário que o preço, entretanto, foi o comprador. Acabado o leilão, corado e visivelmente aliviado, o homem revelou ser Nicholas Smith, da Curry & Co., firma de advogados e procuradora do atual duque de Devonshire.

A senhora, para citar Adam Worth, estava voltando para casa.

O regresso da *Duquesa* a Chatsworth, a 22 de julho de 1994, foi triunfal. Todos os empregados do duque, aposentados locais e seus consortes, foram convidados a assistir ao descerramento e a brindar a pródiga duquesa.

"É uma história tão maravilhosa, tão extraordinária que achei que devíamos ter o retrato de volta", disse o duque, reclinado em meio ao couro antigo e aos volumes raros de sua biblioteca em Chatsworth. Do lado de fora da janela, os muitos hectares da propriedade ducal perdem-se no horizonte de Derbyshire e no andar inferior, na grandiosa sala de jantar, Georgiana, duquesa de Devonshire, recebe uma vez mais seus convidados, dessa vez levas de turistas. Limpa e restaurada, o brilho em seus olhos parece mais cintilante que nunca. "Ela era da pá virada, pelo que dizem", anuncia uma voz com sotaque de Derbyshire, com aprovação e autoridade.

Logo após a venda, a tela foi sujeita a uma bateria de testes pela galeria Tate e os resultados foram intrigantes. "Não há evidência técnica para que se duvide que a seção central seja basicamente de Gainsborough", Rica Jones, da Tate, concluiu cautelosamente. Raios X revelaram um chapéu anterior por baixo da extravagância de penas de avestruz, muito semelhante ao chapéu de um dos desenhos de Gainsborough para *Richmond Water Walk*. Pesquisas técnicas sugerem que o chapéu que está visível foi "posto por alguém logo no início da história do retrato", ao passo que "a base, as misturas de tintas, a preparação, a estrutura em camadas das listras remanescentes e, mais importante, o formato do chapéu anterior, em conformidade a um desenho *bona fide*, tudo aponta para uma origem no estúdio de Gainsborough".

Até onde a ciência pode informar, a tela é com toda probabilidade de Gainsborough e retrata Georgiana, porém jamais poderá haver certeza absoluta. Durante toda sua conturbada história, os observadores viram o que quiseram ver na tela: Adam Worth viu Kitty Flynn, ou um símbolo, fabricado pela mão do homem, da beleza feminina perfeita, ou então um emblema de seu prestígio criminoso; Pierpont Morgan viu poder; uns viram Georgiana de Devonshire, outros Elizabeth Foster. Porém pode muito bem ser que o tema do retrato seja alguém inteiramente diferente, uma mulher misteriosa, desconhecida, elevada à categoria de grã-duquesa.

Seu olhar experiente através da sala de jantar de Chatsworth, entre o tipo de opulência que Adam Worth roubou e Pierpont Morgan comprou, não revela nada. Porém é possível que por trás daquele sorriso pintado, o maior impostor de todos esteja rindo ainda.

Agradecimentos

Tenho que agradecer a muita gente em vários países por terem me ajudado a rastrear o escorregadio Adam Worth: Tony Blair, cujas investigações incansáveis desenterraram tantas preciosidades; Thelen Blum e Derek Andrade, arquivistas da Agência de Detetives Pinkerton; David Wright, arquivista da Biblioteca Pierpont Morgan; o duque de Devonshire e Peter Day, arquivista de Chatsworth House; a galeria de arte Agnew; Margaret Harradine, da Biblioteca Port Elizabeth, África do Sul; William E. Lind, arquivos nacionais, Washington DC; ao pessoal da Biblioteca Britânica e da Biblioteca Pública de Nova York; o Arquivo Nacional de Filmes, Washington, DC; Andrea Cordani em Londres e Mark Leonard na Bélgica.

Também sou grato pela ajuda e incentivos das seguintes pessoas: meu agente Ed Victor; Michael Fishwick e Rebecca Lloyd da HarperCollins; Dermot Clinch; Jack Baer; Paul Richard; Blair Worden; Magnus Macintyre; Kate Macintyre; Hugh Belsey; Irving Kamil; Patterson Smith; J. Spencer Beck; Lord Lonsdale; Jean Strouse; William Righter; Susan Bell; Katty Sandford; Mindy Friedman Horn; Bob Robinson; Marily Bender e meus editores e colegas no *Times.*

Este livro não poderia ter sido escrito sem o apoio resoluto de minha mãe e a memória de meu pai — erudito, inspiração e grande amigo.

Notas

As seguintes abreviações indicam os principais arquivos usados nesta obra:

PA Arquivo da Agência de Detetives Pinkerton, Califórnia
AA Arquivo Agnew, Londres
CHA Arquivos de Chatsworth House, Derbyshire
NG Galeria Nacional de Arte, Washington, DC

EPÍGRAFES/PREFÁCIO

"Adam Worth foi o Napoleão [...]" C. McCluer Stevens, *Famous Crimes and Criminals* (Londres, 1907), p. 38.

"Ele é o Napoleão do crime, Watson [...]" Sir Arthur Conan Doyle, "The final problem", The Annotated Sherlock Holmes (Nova York, 1992), vol. II, p. 303 (doravante Conan Doyle).

"Espero que não esteja [...]" Oscar Wilde, *The importance of being earnest* (Londres, 1895), ato II.

1. A FUGA [PP. 19-22]

"amenidades e graças [...]" Nathaniel Wraxall, *Posthumous memoirs*, vol. III, p. 342, citado em *Pictures in the Collection of J. Pierpont Morgan* (impressão particular, Londres, 1907), seção sobre Gainsborough, p. 2.

2. UMA BELA GUERRA [PP. 23-35]

"seu pai fora um polono-russo [...]" "A Duquesa de Gainsborough", de E. A. B., p. 25, AA. Esse folheto, infelizmente sem data, de trinta páginas, é muito bem informado e parece ter sido escrito logo após a devolução da tela, possivelmente por um dos funcionários da Agnew (doravante Duquesa de Gainsborough).

"Tivesse ele continuado [...]" "Adam Worth, vulgo 'Little Adam' — Roubo e Recuperação da Duquesa de Devonshire de Gainsborough", folheto impresso independentemente pela Agência de Detetives Pinkerton e escrito principalmente por William Pinkerton (Nova York, 1904), p. 1 (doravante Adam Worth).

"nasceu de excelente [...]" Sophie Lyons, *Why crime does not pay* (Nova York, 1913), p. 38.

"entrou na escola aos seis anos [...]" Adam Worth, op. cit., p. 1.

"lhe deu a sova [...]" Max Shinburn, "Vida de Adam Worth, vulgo Henry Raymond", documento não publicado (c. 1894), em PA, p. 1.

"imprimindo nele [...]" Adam Worth, op. cit., p. 1.

"o Napoleão do [...]" C. McCluer Stevens, op. cit., p. 38.

"ambição [...]" Cardeal Newman, "Sermões Paroquiais", 8, nº II, 159, (1836). Citado em Walter E. Houghton, *The victorian frame of mind* (Oxford, 1957), p. 183.

"vida de vagabundagem [...]" Shinburn, op. cit., p. 1.

"de uma das principais [...]" Adam Worth, op. cit., p. 1.

"gratificação de mil dólares para aliciar [...]" ibid., p. 2. A cifra parece excessivamente grande e sem dúvida foi muito inflada por Pinkerton.

"Ele se associou [...]" ibid., p. 1.

"buraco lamacento [...]" Jacob Roemer, *Reminiscences of the war of the rebellion* (Flushing, 1897), p. 26.

"Tudo o que queríamos [...]" ibid., p. 27.

"Tiros e morteiros [...]" ibid., p. 58.

"Rapazes, não adianta [...]" ibid., p. 72.

"Balas e morteiros [...]" ibid., p. 79.

"Durante essa batalha [...]" ibid., p. 82.

"estacionado por uns tempos [...]" Adam Worth, op. cit., p. 2.

"Em seu terceiro alistamento [...]" Shinburn, op. cit., p. 1.

"Por volta dessa época [...]" ibid., p. 1.

"tirou partido [...]" ibid., p. 3.

"pelos estados confederados [...]" ibid., p. 1.

"obtido experiência [...]" Prefácio de John Shuttleworth a *The Pinkertons meet Jimmy Valentine*, de Alan Hund, Macfadden Publications (Nova York, 1943).

"elegantes armazéns [...]" William Howe e Abranham Hummer, "In danger" (1888), citado em Luc Sante, *Low life* (Nova York, 1991), p. 213.

"tornou-se leitura obrigatória [...]" Carl Sifakis, *The encyclopedia of American crime* (Nova York, 1992), p. 352.

"Por causa de suas [...]" Adam Worth, op. cit., p. 2.

"A maioria dos bares [...]" Eddie Guerin, *I was a bandit* (Nova York, 1929), p. 49.

"crescendo de todos os orifícios" Sante, op. cit., p. 116.

"Sadie adquiriu [...]" Herbert Asbury, *Gangs of New York* (Nova York, 1928), p. 64.

"a mais notória [...]" ibid., p. 216.

"Bater carteiras [...]" Edward Winslow Martin, *The secrets of the great city — a work descriptive of the virtues and the vices, the mysteries, miseries and crimes of New York city* (Filadélfia, 1868), p. 366.

"Como eu mesma [...]" Lyons, op. cit., p. 39.

"não demorou [...]" ibid., p. 39.

"a primeira manifestação [...]" ibid., p. 39.

"Dodger meteu-se [...]" Charles Dickens, *Oliver Twist* (1839).

"dinheiro suficiente [...]" Lyons, op. cit., p. 39.

"Eu não acredito [...]" Sifakis, op. cit., p. 450.

"tumba de mortos-vivos" ibid., p. 451.

"não tinha a menor [...]" Carta de dezesseis páginas de William Pinkerton a Robert Pinkerton, de 16 de janeiro de 1899, PA (doravante Confissão de Worth), p. 9.

"descarregava [...]" Shinburn, op. cit., p. 1.

"ele conseguiu [...]" ibid., p. 1.

"teve a satisfação [...]" ibid.

"cais solitário [...]" ibid.

"Ele conseguiu [...]" ibid., p. 2.

"era lei entre [...]" Lyons, op. cit., p. 39.

"Ele fornecia [...]" ibid.

"ambição irrequieta" ibid.

"estado da sociedade [...]" Max Shinburn, "Arrombamento de cofres — começo e progresso", documento não publicado, PA, c. 1905.

"Operações como [...]" Sante, op. cit., p. 208.

"em vez dos bandidos [...]" Allan Pinkerton, *The bankers, The vaults and the burglars* (1873). Citado em "The bank burglar — real life raffles", Patterson Smith, *Antiquarian Bookseller*, 8 de maio, 1989.

"um ladrão de banco [...]" Guerin, op. cit., p. 301.
"Era difícil [...]" Lyons, op. cit., p. 40.
"doido para entrar [...]" ibid., p. 40.

4. Os profissionais [pp. 48-58]

"A melhor promotora [...]" Lyons, op. cit., p. 187.
"a mais bem-sucedida [...]" Asbury, op. cit., p. 214.
"que pela primeira vez [...]" Sifakis, op. cit., p. 470.
"Era uma mulher imensa [...]" Asbury, op. cit., p. 214.
"sem um amigo [...]" Lyons, op. cit., p. 188.
"suas feições grosseiras [...]" ibid., p. 188.
"padecia de [...]" ibid., p. 190.
"dali para a frente [...]" ibid., p. 215.
"o produto dos [...]" Asbury, op. cit., p. 215.
"lidava com [...]" ibid., p. 215.
"a lei fazia [...]" ibid., p. 217.
"onde garotos e [...]" ibid., p. 217.
"o trabalho de pós-graduação[...]" ibid., p. 217.
"ela era astuta [...]" Sifakis, op. cit., p. 470.
"eram mobiliados [...]" Asbury, op. cit., pp. 214-5.
"recebia luxuosamente [...]" ibid., p. 215.
"Jamais esquecerei [...]" Lyons, op. cit., p. 196.
"um lugar especial [...]"Asbury, op. cit., p. 471.
"Isso apenas [...]" Sifakis, op. cit., p. 471.
"O exército de inimigos [...]" Lyons, op. cit., p. 193.
"o grande desgosto" ibid., p. 41.
"firmou-o como [...]" ibid., p. 41.
"mão de mestre [...]" B. P. Eldridge e Wm. B. Watts, *Our rival, the rascal*, (Boston, 1893), p. 85.
"Certa vez, depois [...]" ibid., p. 85.
"um assaltante de banco [...]" Asbury, op. cit., p. 215.
"talvez o mais especializado [...]" Thomas Byrnes, "Professional criminals of America" (Nova York, 1895).
"Fala inglês com um [...]" Circular de Ed. Mechelynck, Juiz de Instrução, Bruxelas, 16 de março, 1893, PA.
"olhos azuis pequenos [...]" George Bangs para William Pinkerton, Nova York, 6 de julho, 1897, PA.
"no dorso do pulso [...]" ibid.

"uma catraca que [...]" Edward J. Gallagher, Robber Baron (impressão particular, Laconia, New Hampshire, 1967), p. 58.

"seu ouvido era [...]" Eldridge e Watts, op. cit., p. 45.

"Shinburn revolucionou [...]" Sophie Lyons no *Chicago Daily American*, julho, 1913.

"trabalhou por algum [...]" Relato da prisão de Shinburn, 28 de junho, 1896, PA, p. 1.

"caíram em tamanho [...]" Max Shinburn, "Arrombamento de cofres", op. cit., PA, p. 3.

"O cofre que eu [...]" Sophie Lyons, *Chicago Daily American*, julho, 1913.

"teve uma boa [...]" Eldridge e Watts, op. cit., p. 53.

"dedicou suas habilidades [...]" "Bullard, o príncipe ladrão", documento nº 175, PA.

"A dissipação [...]" Eldridge e Watts, op. cit., p. 53.

"um dos mais ousados [...]" "Bullard, o príncipe ladrão", documento nº 175, PA.

"Bullard é homem [...]" John Cornish a George Bangs, Boston, 23 de novembro, 1886, documento nº 197, PA.

"delicadeza de toque" Eldridge e Watts, op. cit., p. 53.

"Jogador inveterado" Adam Worth, op. cit., p. 4.

"Os ladrões ficaram [...]" "Bullard, o príncipe ladrão", documento nº 175, PA.

"esconderam-se no vagão [...]" ibid.

"enquanto ele regressava [...]" John Cornish para George Bangs, Boston, 23 de novembro, 1886, documento nº 197, PA.

"Shinburn costumava [...]" Lyons, op. cit., p. 78.

5. A NOIVA DOS LADRÕES [PP. 59-70]

"fez uma turnê [...]" Lyons, op. cit., p. 42.

"umas duzentas [...]" *The Boston Post*, 23 de novembro, 1869.

"As garrafas tinham [...]" Adam Worth, op. cit., p. 3.

"cofre ficou [...]" *The Boston Post*, 23 de novembro, 1869.

"Cortá-lo [...]" ibid.

"O tesouro [...]" ibid.

"Os baús [...]" ibid.

"bastante chocados [...]" ibid.

"quase 1 milhão [...]" Adam Worth, op. cit., p. 3.

"uns cinqüenta [...]" *The Boston Post*, 23 de novembro, 1869.

"Todos continuam [...]" *The Boston Post*, 26 de novembro, 1869.

"ele jogou, bebeu [...]" Adam Worth, op. cit., p. 3.

"velho alquebrado [...]" ibid.

"Aqueles malditos detetives [...]" Citado em *The Pinkertons — the detective dynasty that made history*, de James D. Horan (Nova York, 1967), p. 286. Embora o método histórico de Horan seja passível de críticas, seu capítulo sobre Worth é precioso, já que teve acesso, nos anos 50 e 60, a uma variedade de fontes depois destruídas (no caso da Scotland Yard) ou perdidas (no caso dos arquivos da Pinkerton).

"Tudo que [os ladrões] [...]" *Boston Sunday Times*, 28 de novembro, 1869, p. 1.

"Deve haver [...]" ibid.

"a um ataque de [...]" *New York Times*, 19 de junho, 1869.

"sempre fora [...]" ibid.

"Ele sempre foi [...]" *Evening Mail*, 18 de junho, 1869.

"um dos mais [...]" *New York Telegram*, 18 de junho, 1869.

"ele foi [...]" *Evening Post*, 18 de junho, 1869.

"A opinião [...]" *New York Times*, 20 de junho, 1869.

"ficara com a família [...]" *New York Times*, 19 de junho, 1869.

"fazia uma visita [...]" Marilyn Bender e Selig Altschul, *The chosen instrument — Juan Trippe and Pan Am* (Nova York, 1982), p. 19.

"Ela era uma moça [...]" Lyons, op. cit., p. 44.

"Bullard e Raymond [...]" ibid.

"inclinado a viver [...]" Adam Worth, op. cit., p. 4.

"A corrida pelos [...]" Lyons, op. cit., p. 44.

"para lhe ser justo [...]" ibid., p. 45.

"Ele procurou alguma [...]" Adam Worth, op. cit., p. 4.

6. UM BAR AMERICANO EM PARIS [PP. 71-83]

"os péssimos [...]" Lady Amberly, mãe de Bertrand Russell, citada em *The fall of Paris*, de Alistair Horne (Londres, 1965), p. 17.

"a França é uma paciente [...]" ibid., p. 420.

"comprara parte [...]" ibid., p. 421.

"esplendor palaciano" Adam Worth, op. cit., p. 4.

"que eram [...]" ibid., p. 4.

"Os norte-americanos eram [...]" ibid., p. 4.

"sua beleza e [...]" Documento nº 172, PA.

"no quartel-general de [...]" Discurso de William A. Pinkerton durante a Convenção Anual dos Chefes Internacionais de Polícia, em Jamestown, Virgínia, 1907, PA.

"A senhora Wells era [...]" Adam Worth, op. cit., p. 4.

"o afável Bullard [...]" John Cornish para George Bangs, Boston, documento nº 197, PA.

"que o barman [...]" William Pinkerton para Robert Pinkerton, 12 de fevereiro, 1902, PA, p. 3.

"fez duas ou três [...]" Adam Worth, op. cit., p. 4.

"estonteados com [...]" ibid., p. 4.

"de banqueiro [...]" Eldridge e Watts, op. cit., p. 46.

"uma oficina completa [...]" Relato da prisão de Max Shinburn, PA, p. 4.

"uma das mais ousadas [...]" Eldridge e Watts, op. cit., p. 46.

"Com o dinheiro [...]" Prisão de Shinburn, op. cit., PA, p. 2.

"ninguém se deu [...]" Eldridge e Watts, op. cit., p. 48.

"com mão aberta" ibid.

"insuportável porco [...]" Confissão de Worth, op. cit., p. 3.

"Eu poderia dar [...]" Guerin, op. cit., p. 301.

"apenas um vício [...]" Horan, op. cit., p. 290.

"o falsificador profissional [...]" William Pinkerton para Robert Pinkerton, 12 de fevereiro, 1902, PA, p. 4.

"um grande sujeito [...]" Confissão de Worth, op. cit., p. 7.

"norte-americanos grã-finos [...]" Prisão de Shinburn, p. 2.

"porém ele não soube [...]" John Cornish para George Bangs, Boston, documento nº 197, PA.

"Na alegre capital [...]" Eldridge e Watts, op. cit., p. 54.

"empreendera uma guerra [...]" Shuttleworth, op. cit.

"Não era incomum [...]" ibid.

"Quando Bill Pinkerton [...]" Guerin, op. cit., p. 301.

"Ficamos um tanto [...]" Citado em Horan, op. cit., p. 293.

"Não havia intenção [...]" Confissão de Worth, op. cit., p. 6.

"morreu de susto" ibid., p. 7.

"Old Vinegar ficou [...]" ibid., p. 7.

"as entradas também [...]" ibid., p. 7.

"Joe caiu bem [...]" ibid., p. 7.

"dois conhecidos falsificadores [...]" Shuttleworth, op. cit.

"As pessoas respeitáveis [...]" William Pinkerton a Robert Pinkerton, 12 de fevereiro, 1902, PA, p. 3.

"quem insistiu para [...]" Harold M. Lloyd, "Confidences of American Frank", *Boston Sunday Herald*, 7 de outubro, 1934.

"O roubo espantou [...]" Adam Worth, op. cit., p. 5.

"O local foi finalmente [...]" ibid., p. 5.

"O barman foi [...]" William a Robert Pinkerton, 12 de fevereiro, 1902, PA, p. 3.

"Wells [Bullard] e outros [...]" Adam Worth, op. cit., p. 5.

"nunca mais seria [...]" Confissão de Worth, op. cit., p. 7.

"um jogador e corretor [...]" William a Robert Pinkerton, 12 de fevereiro, 1902, PA, p. 3.

"a balbúrdia que [...]" Confissão de Worth, op. cit., p. 7.

"Quando nos encontramos [...]" ibid., p. 7.

"A história da Grã-Bretanha [...]" T. B. Macaulay, *Critical Essays*, 3, 279, citado em Houghton, op. cit., p. 39.

"Nós removemos montanhas [...]" Carlyle, *Signs of the times* (1829), *Essays*, 2, 60, citado ibid., p. 41.

7. A *DUQUESA* [PP. 84-92]

"então plenamente [...]" Allan Cunningham, 1829, capítulo sobre Gainsborough, citado em *Pictures in the Collection of J. Pierpont Morgan*, op. cit.

"porém sua beleza [...]" ibid.

"Passando seu lápis [...]" ibid.

"que já promete [...]" Senhora Arthur Bell (née D'Anvers) *Thomas Gainsborough, a record of his life* (Londres, 1897), p. 63.

"esverdeada" Ver *Artists and their friends in England, 1700-1799*, de William T. Whitley, vol. I (Londres 1928), p. 199; também *The ingenious Mr Gainsborough*, de Geoffrey Williamson (Nova York, 1972), p. 171.

"Há mais retratos [...]" *Magazine of Art*, junho, 1901, artigo de W. Roberts, "Retratos de duas duquesas de Devonshire", p. 15.

"um deles está com [...]" Ver W. T. Whitley, *Thomas Gainsborough* (Londres, 1915).

"abandonar os amigos [...]" Carta do dr. Sjaak Zonneveld a Peter Day, arquivista, CHA, 28 de agosto, 1994.

"dispersaram" Ellis Waterhouse, "Portraits by Thomas Gainsborough", Walpole Society, vol. XXXIII, 1953, nº 3, p. 28.

"pernas muito duras" "The old masters at Burlington House", de Henry James (1877), citado em *The painter's eye: notes and essays on the pictorial arts*, de Rupert Hart-Davis (Londres, 1956, Wisconsin, 1989), ver p. 125.

"Na época estava [...]" *The Times*, 11 de abril, 1901, p. 6.

"Prezado Senhor, sou-lhe [...]" Duquesa de Gainsborough, op. cit., p. 13.

"nunca teve a menor [...]" *The Times*, 11 de abril, 1901, p. 6.

"O retrato permaneceu [...]" ibid.

"Bentley era amigo íntimo [...]" ibid.

"como comerciante de armarinhos [...]" *Dictionary of national biography*, p. 716.

"tinha profunda aversão [...]" ibid., p. 717.

"a tela que fora [...]" Duquesa de Gainsborough, op. cit., p. 14.

"Havia uma crença [...] Robert Kempt, *Pencil and palette* (Londres, 1881), p. 97.

"Embora grande amante [...]" Duquesa de Gainsborough, op. cit., p. 14.

"aquarelas, porcelanas [...]" *Dictionary of national biography*, p. 717.

8. O DOUTOR JEKYLL E O SENHOR WORTH [PP. 93-107]

"agora deleita-se [...]"

"um grande pateta [...]" Confissão de Worth, op. cit., p. 4.

"Bullard, aliás Wells [...]" William Pinkerton a Robert Pinkerton, 12 de fevereiro, 1902, PA.

"quadras de tênis [...]" Lloyd, op. cit.

"pelo qual pagava [...]" Duquesa de Gainsborough, op. cit., p. 25; também *London Evening News*, 9 de abril, 1901, p. 2.

"uma casa de interceptação [...]" Lyons, op. cit., p. 46.

"o mais notável [...]" Adam Worth, op. cit., prefácio e p. 6.

"Crimes em todos [...]" Lyons, op. cit., p. 47.

"Era um roubo atrás [...]" Adam Worth, op. cit., p. 6.

"a zona centro-oeste de [...]" Guerin, op. cit., p. 302.

"Havia alguns homens [...]" Confissão de Worth, op. cit., p. 13.

"Uma foto [...]" Adam Worth, op. cit., p. 6.

"tripulação [...]" *London Evening News*, 9 de abril, 1901, p. 2.

"Essa última expedição [...]" Lyons, op. cit., p. 56.

"O inspetor Shore [...]" Horan, op. cit., p. 295.

"ser respeitável [...]" Herbert Spencer, palestras em Exeter Hall, 3 (1847-48), 364, citado em Houghton, op. cit., p. 184.

"Agora que um homem [...]" John Ruskin, *Pre-raphaelitism* (1815), citado em ibid., p. 187.

"devia ser honesto [...]" J. C. F. Harrison, *Late victorian Britain, 1875-90* (Londres, 1990), p. 42.

"somente as pessoas superficiais [...]" Oscar Wilde, *O retrato de Dorian Gray* (1891), capítulo 2.

"mobiliário dispendioso [...]" Lyons, op. cit., p. 45.

"ele era um homem [...]" George Dilnot, *Master minds of crime*, p. 659, sem data, AA.

"príncipe" Lyons, op. cit., p. 56.

"Tornou-se um estudioso [...]" ibid., p. 58.

"dez cavalos [...]" *London Evening News*, 9 de abril, 1901, p. 2.

"ele empregava um grupo [...]" ibid.

"Enquanto teve dinheiro [...]" Adam Worth, op. cit., p. 23.

"Qualquer um que [...]" ibid.

"durante sua carreira [...]" Milton Esterow, p. 184, *The art stealers* (Nova York, Londres, 1966).

"É tão fácil [...]" Charles Kingston, *Remarkable rogues* (Londres, 1921), p. 260.

"Se você quiser subir [...]" Citado em Horan, op. cit., p. 302.

"Fizeram-se passar por [...]" Houghton, op. cit., p. 395.

"Espero que não esteja [...]" *The importance of being earnest*, ato II.

"Um homem com [...]" Adam Worth, op. cit., p. 23.

"sempre há [...]" ibid.

"Foi seu recorde [...]" Lyons, op. cit., p. 47.

"podia agradecer [...]" Confissão de Worth, op. cit., p. 5.

"O que ele diz [...]" ibid.

"Quanto de bajulação [...]" ibid., p. 7.

"uma guerra aberta [...]" Citado em *Crime and society in England 1750-1900*, de Clive Emsley (Londres e Nova York, 2ª edição, 1996), p. 168.

"Eu acho que meu [...]" *Sunday Times*, 23 de junho, 1957.

"vítima das classes ricas [...]" ibid.

"ao apoiar a [...]" Harrison, op. cit., p. 155.

"Eu não me importo [...]" Citado no *Sunday Times*, 23 de junho, 1957.

"mantendo seu disfarce [...]" Horan, op. cit., p. 295.

"ele trocava os trajes [...]" ibid.

9. TURQUIA [PP. 108-16]

"o maior covarde [...]" Confissão de Worth, op. cit., p. 12.

"o mais microscópico [...]" Horan, op. cit., p. 300.

"um bigodinho [...]" I. W. Lees a William Pinkerton, São Francisco, 19 de fevereiro, 1886, PA.

"Ele tem modos [...]" ibid.

"Chapman tivera [...]" Eldridge e Watts, op. cit., p. 176.

"Bullard era, como todos [...]" William Pinkerton na *Illustrated Police News*, 22 de setembro, 1888.

"pelas principais [...]" Eldridge e Watts, op. cit., p. 176.

"A cadeia não significava [...]" Horan, op. cit., p. 296.

"só como pão [...]" Howard Adams (pseudônimo de Sesicovitch) para "Minha querida Alima", 29 de janeiro, 1875. Citado em Horan, op. cit., p. 296.

"inabalável lealdade [...]" Lyons, op. cit., p. 47.

"nunca ter abandonado [...]" Adam Worth, op. cit., prefácio.

"disfarçado de [...]" Kingston, op. cit., p. 265.

"foi ele que [...]" Confissão de Worth, op. cit., p. 3.

"enquanto atravessavam a Ásia Menor [...]" Adam Worth, op. cit., p. 7.

"A única coisa que Reilly [...]" Confissão de Worth, op. cit., p. 3.

"dinheiro que 'Little Joe' [...]" Adam Worth, op. cit., p. 7.

"precisava do dinheiro [...]" Carta de Robert Pinkerton a Larry Hazen, publicada no *New York Tribune*, 29 de abril, 1878.

"possuía dinheiro [...]" ibid.

"sua morte nas mãos [...]" William Pinkerton a Robert Pinkerton, 12 de maio, 1902, documento nº 2454, PA.

"o primeiro e o segundo [...]" Pinkerton a Larry Hazen, 1878, op. cit.

"tendo cumprido [...]" Adam Worth, op. cit., p. 7.

"Sem o cérebro frio [...]" Lyons, op. cit., p. 46.

"'Como está Kate?' [...]" Horan, op. cit., p. 301.

"uma antiga namorada [...]" Guerin, op. cit., p. 298.

"Tivesse ela casado [...]" Lyons, op. cit., p. 47.

"Ele nunca esqueceu [...]" ibid., pp. 46-7.

10. UMA GRANDE DAMA OFERECE UMA RECEPÇÃO [PP. 117-27]

"refinamento natural [...]" Hart-Davis, op. cit., p. 127.

"15/20 por Beleza [...]" Citado em *Derbyshire life*, setembro, 1994, p. 35.

"muito bonita" *Magazine of Art*, op. cit., p. 369.

"sua juventude [...]" Walpole, Letters, vi, p. 186; ver *Pictures in the Collection of J. Pierpont Morgan*, op. cit., p. 3.

"disposição precoce [...]" Mary Robinson, *Beaux and belles of England*, p. 298.

"uma das moças mais [...]" Whitley, *Artists and their friends*, op. cit., p. 397.

"Poupa as formas [...]" Peter Pindar, "Petition to time in favour of the Duchess of Devonshire", na *Magazine of Art*, junho, 1901; também em *Pictures in the Collection of J. Pierpont Morgan*, op. cit.

"Eu poderia acender [...]" Brian Masters, *Georgiana, Duchess of Devonshire* (Londres, 1982), p. 36; *Pictures in the Collection of J. Pierpont Morgan*, op. cit., p. 3.

"As escravas [...]" Whitley, op. cit., p. 398.

"Oh, Senhora, criada [...]" *Dictionary of national biography*, p. 1256.

"ele pusera a duquesa [...]" Ver "Loan Collection of Pictures", Art Gallery of the Corporation of London, 1892, nº 92, NG.

"Quando pessoas de [...]" Masters, op. cit., p. 400.

"beber diariamente [...]" Whitley, op. cit., p. 400.

"irresistível rainha [...]" Bell, op. cit., p. 64.

"mais brilhante [...]" ibid., p. 64.

"Antes de me condenarem [...]" Masters, op. cit., p. 69.

"Então a mulher [...]" ibid., p. 300.

"A beleza do modelo [...]" Herbert L. Satterlee, *J. Pierpont Morgan — an intimate portrait* (Nova York, 1939), p. 351.

"Sua beleza protéica [...]" Esterow, op. cit., p. 183.

"Artistas e especialistas [...]" Robert Kempt, op. cit., p. 97.

"o tratamento parecia [...]" ibid.

"na voluptuosidade [...]" ibid.

"originalmente de um [...]" História da duquesa de Devonshire de Gainsborough, documento anônimo e sem data, AA.

"a cabeça foi pintada [...]" Duquesa de Gainsborough, op. cit., p. 6.

"que conhecera ambas [...]" Lorde Hawkesbury em carta ao *The Times*, citada em ibid., p. 15.

"Assim, pois, surgiram [...]" *The Times*, 8 de maio, 1876.

"Tamanho foi o interesse [...]" ibid.

"a sólida superfície [...]" *Pictures in the Collection of J. Pierpont Morgan*, op. cit., p. 7.

"esse é tão-somente [...]" *The Times*, 13 de novembro, 1901.

"a resposta é que [...]" ibid.

"Os doutores, embora [...]" *The Times*, 8 de maio, 1876.

"A maioria [...]" ibid.

"criou uma sensação [...]" ibid.

"os céticos debandaram" Kempt, op. cit., p. 97.

"O leilão será lembrado [...]" *The Times*, 8 de maio, 1876. Ver também *The art amateur*, vol. XXIX, setembro, 1963, p. 80, para um relato de quando esse recorde foi quebrado.

11. UM NAMORO E UM RAPTO [PP. 128-39]

"viveu a um ritmo de [...]" *London Evening News*, 9 de abril, 1901, p. 2.

"tolo demais [...]" Confissão de Worth, op. cit., p. 13.

"Ele tem seguido [...]" I. W. Lees a William Pinkerton, São Francisco, 19 de fevereiro, 1886, PA.

"essa inglesa [...]" Horan, op. cit., p. 298.

"Joe cortejou a [...]" Guerin, op. cit., p. 48.

"instalaram-se [...]" Horan, op. cit., p. 299.

"um tigre humano" Confissão de Worth, op. cit., p. 4.

"virou-se contra ele [...]" ibid.

"para evitar serem [...]" Adam Worth, op. cit., pp. 7-8.

"homem de boa posição [...]" Relato sem data no arquivo "Duquesa de Devonshire", PA.

"o pedido de fiança [...]" ibid.

"nessa época estava adquirindo [...]" História da Duquesa de Devonshire, op. cit., AA.

"contratara um outro [...]" ibid.

"retrato da duquesa [...]" ibid.

"que devido a essa carta [...]" ibid.

"o interesse na venda [...]" *The Times*, 19 de maio, 1876.

"Lembra-se de uma paisagem [...]" *O retrato de Dorian Gray*, p. 33.

"na mesma hora [...]" Confissão de Worth, op. cit., p. 9.

"[ele] iria até um conhecido [...]" Adam Worth, op. cit., p. 9.

"uma coisa desajeitada [...]" Lyons, op. cit., p. 49.

"Toda a Inglaterra [...]" C. McCluer Stevens, op. cit., p. 39.

"presente principesco" Ron Chernow, *The house of Morgan — an American banking dynasty and the rise of modern finance* (Nova York, 1990), p. 41.

"a conexão foi o bastante [...]" Carta de J. Spencer Beck, impressa na revista do *New York Times*, 21 de agosto, 1994.

"o senhor Junius Morgan [...]" Satterlee, op. cit., p. 352.

"ele teria que [...]" ibid.

"absoluto segredo" ibid.

"É da natureza [...]" Laurence Sterne, *Vida e opiniões de Tristam Shandy*, livro II, capítulo 19.

12. UMA MULHER PROCURADA [PP. 140-9]

"o dobro de sua quantia [...]" Rodney Engen, *Pre-raphaelite prints* (Londres, 1995), p. 20.

"Sendo moradores de Bond Street [...]" *The Times*, 27 de maio, 1876, p. 12.

"teria se dado férias [...]" *The Times*, 10 de abril 1901, p. 4.

"de todo o mundo [...]" Adam Worth, op. cit., p. 10.

"o clamor originado [...]" Duquesa de Gainsborough, op. cit., p. 21.

"aturdida" Adam Worth, op. cit., p. 10.

"não correspondia em [...]" Confissão de Worth, op. cit., p. 3.

"um acessório [...]" Esterow, op. cit., p. 187.

"o quadro e a [...]" Confissão de Worth, op. cit., p. 3.

"para salvar sua [...]" *The art amateur*, vol. XXXIX, setembro 1963, p. 80.

"qualquer um que [...]" ibid.

"mais sábios" Duquesa de Gainsborough, op. cit., p. 7.

"eu tenho uma ótima vidente [...]" M. Mortimer a William Agnew, 28 de maio, 1876, AA.

"Sem dúvida o senhor [...]" Anônimo para William Agnew, 27 de maio, 1876, AA.

"Será que ele não [...]" Daniel Berman a William Agnew, 29 de maio, 1876, AA.

"Eu não aceitarei [...]" "Australia" a William Agnew, 6 de agosto, 1876, AA.

"Agora, senhor Agnew [...]" ibid.

"Senhor, embora eu seja [...]" Marguerite Antehuester aos senhores Agnew e Boxhill, 26 de maio, 1876, AA.

"O interesse, para não dizer a ansiedade [...]" *Midland Daily Telegraph*, 25 de julho, 1893, AA.

"empresários pagavam [...]" Esterow, op. cit., p. 201.

"conseguido um feito [...]" *New York Sun*, 26 de julho, 1893, AA.

"na maioria das cerimônias [...]" *New York Herald*, 18 de julho, 1897, AA.

"o chapéu Gainsborough [...]" *New York Sun*, 29 de maio, 1894, AA.

"uma enorme pena [...]" Conan Doyle, op. cit., "A case of identity", vol. I, p. 406.

13. MINHA BELA SENHORA [PP. 150-64]

"quartos mobiliados nos pavimentos [...]" Bender e Altschul, op. cit., p. 22.

"renome como [...]" ibid.

"desregrada" William Pinkerton a Robert Pinkerton, 12 de fevereiro, 1902, PA.

"uma semicasa de encontros [...]" ibid.

"numa determinada época [...]" ibid.

"Adam me disse que sempre [...]" ibid.

"Cavalheiros [...]" "E. Chattrell" aos senhores Agnew, Nova York, 10 de junho, 1876, AA.

"não aparece no registro [...]" Robert Pinkerton ao superintendente Williamson, Scotland Yard, Nova York, 13 de julho, 1876, AA.

"Nossa impressão, ao [...]" William Schaus aos senhores Agnew, Nova York, 22 de julho, 1876, AA.

"o hotel mais bem administrado [...]" Confissão de Worth, op. cit., p. 10.

"muito freqüentado [...]" ibid., p. 9.

"Ele teve certeza que [...]" ibid., p. 11.

"O homem [...]" ibid.

"encontrada na caixa de correio [...]" Nota escrita por J. M. Worrall na "Carta nº 1", AA.

"Cavalheiros: Queremos informar-lhes [...]" "New York" aos senhores Agnew, 15 de dezembro, 1876, AA. Observe que o autor dessa carta e das cartas anteriores, assinadas "Edward Chattrell", referem-se à "publicidade" resultante do roubo, uma forma peculiar de expressão que sugere a mesma autoria.

"New York, Carta recebida [...]" *The Times*, 2 de janeiro, 1877.

"um pedaço mais longo [...]" "New York" aos senhores Agnew, Nova York, 22 de janeiro, 1877, carta nº 2, AA.

"com o objetivo de facilitar [...]" "New York" aos senhores Agnew, 6 de março, 1877, carta nº 3, AA.

"O quadro está aqui [...]" ibid.

"New York. Estou esperando [...]" *The Times*, 26 de março, 1877.

"as penalidades pelo crime [...]" "New York" aos Agnew, 22 de maio, 1877, AA.

"Tentei em vão [...]" "New York" aos Agnew, 22 de maio, 1877, AA.

"NEW YORK, Não há perigo [...]" *The Times*, 31 de maio, 1877.

"Achando que era impossível [...]" "New York" aos Agnew, 8 de agosto, 1877, AA.

"Realmente não posso sugerir [...]" "New York" aos Agnew, 21 de agosto, 1877, AA.

"Parece óbvio que [...]" *New York Herald*, 18 de julho, 1897.

"um salafrário *fin de siècle* [...]" *New York Sun*, 26 de julho, 1893.

"um elefante branco [...]" Confissão de Worth, op. cit., p. 5.

"Refestelando os olhos [...]" Lloyd, op. cit., p. 2.

14. KITTY FLYNN, RAINHA DA SOCIEDADE [PP. 165-74]

"aperfeiçoara-se nas artes [...]" *New York World*, 21 de março, 1894.

"batizado na igreja [...]" *Historia de familias cubanas*, Francisco Xavier de Santa Cruz y Mallèn, Havana, *Editorial Hercules*, 1940, vol. III; ver também *Arzobispado de la Habana*, Seccion de Dispensas de Amonestaciones, legajo 36, numero 106.

"quando ouviu dizer que o sogro [...]" *New York Herald*, 25 de agosto, 1899.

"Todas as transações [...]" ibid.

"mostraram ser verdadeiras [...]" ibid.

"comerciante de escravos" Documento nº 175, PA.

"um dos homens mais [...]" *New York Herald*, 25 de agosto, 1899.

"Os Terry tinham casas [...]" Bender e Altschul, op. cit., p. 23.

"com os quais entrou [...]" *New York Herald*, 25 de agosto, 1899.

"distinguia-se por suas [...]" ibid.

"O jovem Terry encantou-se [...]" Lyons, op. cit., p. 46.

"Ela era bonita e [...]" *New York World*, 21 de março, 1894.

"Sua conduta como prisioneiro [...]" Eldridge e Watts, op. cit., p. 54.

"ofensivo cartão-postal [...]" *Illustrated Police News*, 22 de setembro, 1888.

"dizendo que o assalto ao [...]" John Cornish a George Bangs, Boston, 23 de novembro, 1886, documento nº 197, PA.

"ganhos ilegítimos [...]" Eldridge e Watts, op. cit., p. 54.

"dedos tão sensíveis [...]" John Cornish a George Bangs, Boston, 23 de novembro, 1886, documento nº 197, PA.

"enquanto roubava uma corrente [...]" William Pinkerton a Robert Pinkerton, 12 de fevereiro, 1902, PA, p. 3.

"preso e enviado [...]" *Illustrated Police News*, 22 de setembro, 1888.

"para grande consternação [...]" *New York World*, 21 de março, 1894.

"um casamento extremamente [...]" Lyons, op. cit., p. 46.

"que haviam crescido [...]" William Pinkerton a Robert Pinkerton, 12 de fevereiro, 1902, PA, p. 3.

"permitiu às filhas [...]" Bender e Altschul, op. cit., p. 23.

"Ao voltar de uma tarde [...]" *New York Times*, 15 de junho, 1888.

"carta cujo tom [...]" *New York World*, 21 de março, 1894.

"Ela escreveu uma resposta [...]" ibid.

"sentadas, fumando e [...]" *New York Times*, 15 de junho, 1888.

"A senhor Terry, assim que entrou [...]" ibid.

"no decurso da qual [...]" ibid.

"queixando-se de que a senhora [...]" ibid.

"uma pessoa de mau-caráter [...]" ibid.

"um interrogatório semelhante [...]" ibid.

"Seu casamento com Bullard [...]" ibid.

"A experiência em tribunal [...]" *New York World*, 21 de março, 1894.

"depois mudou-se [...]" *New York Times*, 7 de maio, 1891.

15. DESONRA ENTRE LADRÕES [PP. 175-84]

"ser o perpetrador [...]" Adam Worth, op. cit., p. 11.

"Enquanto estava na prisão [...]" ibid.

"não podia controlá-lo [...] ibid.

"Aos poucos vazaram certos fatos [...]" ibid., p. 10.

"de volta a seu velho [...]" John Shore a William Pinkerton, Horan, op. cit., p. 308.

"Ele se tornou tamanho [...]" Adam Worth, op. cit., p. 11.
"ir à forra" Confissão de Worth, op. cit., p. 4.
"Shore tinha o hábito [...]" ibid.
"mantendo um bordel [...]" ibid.
"chamado Rising Sun [...]" ibid.
"Ele disse que haviam arranjado [...]" ibid.
"ele cansou de esperar [...]" ibid.
"se o superintendente [...]" ibid., pp. 3-4.
"Eu lhe disse que achava [...]" ibid., pp. 4-5.
"nunca teria dado [...]" ibid., p. 3
"Esse roubo foi cometido [...]" Adam Worth, op. cit., p. 16.
"De tempos em tempos [...]" ibid., p. 10.
"por uma bagatela" Horan, op. cit., p. 305.
"não dos cofres [...]" Confissão de Worth, op. cit., p. 12.
"recusou-se a [...]" ibid.
"Phillips exigiu que o quadro [...]" Adam Worth, op. cit., p. 10.
"suspeitando traição [...]" ibid.
"um pugilista" Confissão de Worth, op. cit., p. 13.
"começou a xingar [...]" ibid.
"Ele saltou, atingiu [...]" ibid.
"puxando Worth [...]" ibid.
"denunciou-o por bater [...]" ibid.
"parecia-lhe que Junka [...]" ibid.
"eles nunca mais [...]" Adam Worth, op. cit., p. 11.

16. DIAMANTES BRUTOS [PP. 185-97]

"uma combinação de arte [...]" Declaração do Banco da Inglaterra, 11 de março, 1880, citado em Horan, op. cit., p. 308.
"ficar de sobreaviso [...]" Confissão de Worth, op. cit., p. 12.
"Devido a sua tendência [...]" ibid.
"Ele poderia ter vivido [...]" Eldridge e Watts, op. cit., p. 48.
"veio a Londres [...]" Confissão de Worth, op. cit., p. 3.
"série de explosões [...]" Adam Worth, op. cit., p. 12.
"o melhor de todos" Citado em Horan, op. cit., p. 306.
"ele temia deixá-lo [...]" Lyons, op. cit., p. 53.
"trinta e poucas telas [...]" Júlio Verne, *Vinte mil léguas submarinas* (1870), capítulo 11.
"Eu não sou o que você [...]" Verne, op. cit., capítulo 10.

"em parte a negócios, em [...]" Inspetor chefe J. G. Littlechild, *Cassel's Sunday Journal*, 22 de novembro, 1893.

"um notório vigarista [...]" Adam Worth, op. cit., p. 13.

"Como não havia restrições [...]" *Standard Encyclopedia of Southern Africa* (Pretoria, 1971), vol. III, p. 487, ver: "Crimes, non-violent".

"Ele abriu um escritório [...]" Horan, op. cit., p. 308.

"Enquanto reconhecia o [...]" Adam Worth, op. cit., p. 13.

"examinou a situação [...]" ibid.

"um capitão da marinha [...]" ibid.

"capturariam o cocheiro [...]" ibid., p. 14.

"os cavalos tropeçaram [...]" ibid.

"provocou sensação" ibid.

"topa-tudo" William Pinkerton a Robert Pinkerton, 12 de fevereiro, 1902, p. 4, PA.

"enfraquecera e ficara [...]" Confissão de Worth, op. cit., p. 6.

"decidiu continuar [...]" Adam Worth, op. cit., p. 14.

"duzentas libras imediatamente [...]" Confissão de Worth, op. cit., p. 6.

"Sua intenção [...]" ibid.

"um cavalheiro idoso [...]" Adam Worth, op. cit., p. 14.

"levou três pacotes [...]" ibid.

"alegou ser da maior [...]" ibid.

"havia um regato fundo [...]" ibid.

"Na noite seguinte [...]" ibid.

"Os despojos [...]" Confissão de Worth, op. cit., p. 6.

"ele vinha desviando [...]" Adam Worth, op. cit., p. 15.

"especialistas da Inglaterra [...]" Littlechild, op. cit.

"Sabendo que qualquer [...]" Adam Worth, op. cit., p. 15.

"vendo a coisa nos jornais [...]" Confissão de Worth, op. cit., p. 6.

"algum artigo que tinha [...]" ibid.

"mais com o fim [...]" ibid.

"Ele disse que John [...]" ibid., p. 13.

"um sujeito inteligente, educado [...]" Adam Worth, op. cit., p. 15.

"casado com uma senhora [...]" Shinburn, op. cit., p. 8.

"Ao pôr sua mercadoria [...]" Adam Worth, op. cit., p. 15.

"Se algum dia eu viesse [...]" Dilnot, op. cit., p. 657.

"O quadro foi 'descoberto' [...]" *The Times*, 10 de abril, 1901, p. 4.

"Acredito ter encontrado [...]" Carta anônima, 5 de maio, 1884, AA.

"enquanto um bando de homens [...]" *Pall Mall Gazette*, recorte sem data, AA.

"visto o ladrão" Carta anônima, sem data, AA.

"depositários desse artigo" Meiklejohn & Son a G. Lewis, 16 de fevereiro, 1887, AA.

"fraudes de turfe" Confissão de Worth, op. cit., p. 4.

"Negociações poderão ser [...]" *New York Herald*, citado em Esterow, op. cit., p. 193.

"New York — Se o atual [...]" ibid.

"Quais são suas instruções [...]" *New York Sun*, 29 de maio, vol. XLV, nº 271, sem o ano, AA.

17. LUVAS DE SEDA [PP. 198-214]

"dois dos melhores cavalos [...]" Lloyd, op. cit., p. 2.

"mesmo suas pesadas perdas [...]" Lyons, op. cit., p. 56.

"um excelente casa [...]" Lloyd, op. cit., p. 2.

"como cavalheiro número um [...]" Harrison, op. cit., p. 34.

"por volta das cinco horas [...]" McCluer Stevens, op. cit., p. 34.

"escada abaixo [...]" ibid.

"o escritório mergulhasse [...]" ibid.

"Worth, no momento em que o gás [...]" ibid.

"levou as autoridades [...]" *Midland Daily Telegraph*, 25 de julho, 1893, AA.

"Eu ganhei uma média [...]" Lloyd, op. cit., p. 2.

"Se alguma vez [...]" Guerin, op. cit., p. 76.

"ele adorava [...] opor [...]" McCluer Stevens, op. cit., p. 38.

"Raymond amava o trabalho [...]" ibid.

"Ano após ano os fabricantes [...]" Max Shinburn, "Arrombamento de cofres", op. cit., p. 3, PA.

"o ladrão se mantivesse [...]" ibid.

"um dos maquinadores mais [...]" Guerin, op. cit., p. 297.

"É muito curioso [...]" *O retrato de Dorian Gray*, capítulo 18.

"um bando de vigaristas [...]" I. W. Lees a William Pinkerton, São Francisco, 19 de fevereiro, 1886, PA.

"Foi um trabalho limpo [...]" ibid.

"Ele continua apaixonado [...]" ibid.

"estava pior [...]" Guerin, op. cit., p. 48.

"espancou um dos [...]" ibid.

"Foi sem dúvida uma ironia [...]" ibid.

"disputa com o homem [...]" I. W. Lees a William Pinkerton, São Francisco, 19 de fevereiro, 1886, PA.

"desenroscou a fechadura [...]" Confissão de Worth, op. cit., p. 6.

"viúva pobre porém de boa [...]" Lyons, op. cit., p. 58.

"Com o tempo ele se [...]" ibid.

"Ela era uma mulher [...]" ibid.

"uma das meninas que [...]" Confissão de Worth, op. cit., p. 8.

"tinha-lhe verdadeiro afeto [...]" William Pinkerton a Robert Pinkerton, 12 de fevereiro, 1902, PA.

"situada em meio a belos jardins [...]" Duquesa de Gainsborough, op. cit., p. 28.

"sob o telhado de um pavilhão [...]" Lloyd, op. cit., p. 3.

"ele a escondia no gabinete [...]" ibid.

"o produto do grande roubo [...]" Confissão de Worth, op. cit., p. 9.

"blefou muito [...]" ibid.

"receou demonstrar [...]" ibid.

"após ser libertado [...]" Adam Worth, op. cit., p. 13.

"vários milhares de [...]" Confissão de Worth, op. cit., p. 9.

"Pela pequena soma de [...]" Horan, op. cit., p. 311.

"ele saiu de um banco [...]" McCluer Stevens, op. cit., p. 43.

"Sophie Lyons era uma [...]" Guerin, op. cit., p. 119.

"eu estava andando pela [...]" ibid., p. 120.

"notório assaltante [...]" William Pinkerton a George Bangs, Chicago, 27 de abril, 1913, PA.

"Fomos tomar um [...]" Guerin, op. cit., p. 120.

"o jantar poderia terminar [...]" ibid.

"Eu não disse nada [...]" ibid., p. 121.

"Os ladrões iam [...]" Kingston, op. cit., pp. 264-5.

"Adam Worth [...]" *New York World*, 2 de setembro, 1888.

"a inimizade entre [...]" Confissão de Worth, op. cit., p. 6.

"Um amigo meu [...]" Dilnot, op. cit., p. 662.

"conhecido meu há [...]" John Shore a William Pinkerton, 21 de maio, 1888, PA.

"equiparam o local [...]" ibid.

18. GATUNOS DESCALÇOS [PP. 215-22]

"Adam Worth está inquieto [...]" John Shore aos Pinkerton, 4 de agosto, 1888, documento nº 744, PA.

"Era um páreo duro [...]" Shinburn, "Arrombamento de cofres", op. cit., p. 2.

"Os homens deixavam o território [...]" Citado em Frank Morn, *The eye that never sleeps* (Indiana, 1982), p. 121.

"os Pinkerton fizeram mais [...]" Guerin, op. cit., p. 301.

"o governo canadense [...]" Morn, op. cit., p. 121.

"ele tinha andado [...]" Confissão de Worth, op. cit., p. 9.

"aniquilava com as [...]" Guerin, op. cit., p. 301.

"por soltar notas [...]" *Police News*, 10 de agosto, 1895.
"A necessidade de especular [...]" Gallagher, op. cit., p. 72.
"jogo e da extorsão [...]" ibid.
"com os recursos [...]" ibid.
"Max e Charlie [sic] depois [...]" *New York Herald*, 18 de julho, 1897.
"se cansou de financiar [...]" ibid.
"esperava obter no mínimo [...]" Gallagher, op. cit. p. 75.
"Eles planejavam roubar [...]" ibid., p. 74.
"Para economizar tempo [...]" ibid., p. 76.
"disparou um tiro [...]" ibid.
"um dos especialistas pediu [...]" ibid., p. 76.
"identificou-os como notórios [...]" *New York Herald*, 18 de julho, 1897.
"voltaria a viver com [...]" "Bullard, o príncipe dos ladrões", documento nº 176, PA.

19. A WATERLOO DE WORTH [PP. 223-34]

"Worth estava vivendo [...]" Adam Worth, op. cit., p. 11.
"Seria de se imaginar [...]" ibid., p. 16.
"o rapaz se encarregaria [...]" Confissão de Worth, op. cit., p. 8.
"um dos assaltantes e [...]" *New York Jeweler's Review*, 16 de março, 1889.
"fazer uma excursão [...]" ibid.
"Alonzo, apesar de ter [...]" Confissão de Worth, op. cit., p. 9.
"pulou no assento [...]" ibid.
"e em menos tempo do que [...]" *La Meuse*, 6 de outubro, 1892.
"Alonzo deveria vigiar [...]" Confissão de Worth, op. cit., p. 8.
"saiu do furgão [...]" ibid.
"Monsieur Decorty, funcionário [...]" *La Meuse*, 6 de outubro, 1892.
"vendo o malfeitor [...]" ibid.
"também ele se [...]" *La Gazette de Liège*, 6 de outubro, 1892.
"O fugitivo já estava [...]" ibid.
"apressou-se em livrar-se [...]" *La Meuse*, 6 de outubro, 1892.
"a dois quarteirões [...]" Confissão de Worth, op. cit., p. 8.
"um golpe audacioso [...]" *La Gazette de Liège*, 6 de outubro, 1892.
"ele estava vestido [...]" *Le Soir*, 7 de outubro, 1892.
"traje convencional [...]" *La Meuse*, 6 de outubro, 1892.
"o extremamente sólido 'Pince Monseigneur' [...]" ibid.
"Há evidências que [...]" *La Gazette de Liège*, 7 de outubro, 1892.
"Se soubesse da verdade [...]" *La Gazette de Liège*, 21 de março, 1893.

"Ele se recusa a [...]" ibid.

"Com a lealdade pela [...]" Lyons, op. cit., p. 59.

"esse indivíduo fora visto [...]" *La Meuse*, 6 de outubro, 1892.

"1 milhão de francos [...]" Confissão de Worth, op. cit., p. 8.

"valiosos papéis [...]" ibid.

"O valor oficial dos papéis [...]" *La Meuse*, 6 de outubro, 1892.

"continuava mantendo um [...]" *La Gazette de Liège*, 10 de outubro, 1892.

"O sujeito fala e escreve [...]" Circular de 10 de outubro, 1892, do juiz de instrução belga Theodore de Corswarem, Liège, PA, p. 2.

"nem a polícia nem [...]" *New York Herald*, 18 de julho, 1897.

"Interrogado a respeito [...]" *La Meuse*, 10 de outubro, 1892.

"Investigações foram realizadas [...]" ibid.

"obtivera o jornal [...]" *New York Herald*, 18 de julho, 1897.

"jamais saiu das mãos [...]" Shinburn, op. cit., p. 6.

"vive em estilo extravagante [...]" ibid.

"Sua tática é lidar [...]" ibid.

"conhecia Worth, vulgo Raymond [...]" ibid.

"bem judaica" ibid.

"e gosta muito de usar [...]" ibid.

"Pode-se dizer [...]" ibid.

"Shore bombardeou-me [...]" Confissão de Worth, op. cit., p. 8.

"ele esperava a qualquer [...]" ibid.

"nós não fomos convocados" ibid.

"Para lhe ser sincero [...] William Pinkerton a John Shore, Denver, Colorado, 3 de novembro, 1892, PA.

"Eu vou escrever ao juiz [...]" Robert Pinkerton a John Shore, com data equivocada de 1º de outubro de 1892, PA.

"Eu sei o que sua instituição [...]" Confissão de Worth, op. cit., p. 2.

"dívida de gratidão [...]" ibid.

20. O JULGAMENTO [PP. 235-47]

"Sessões de 20 e 21 de março [...]" *La Gazette de Liège*, 20 de março, 1893.

"Henry Raymond, um conhecido [...]" *New York World*, 7 de novembro, 1892.

"Wirth [...] era membro [...]" *Daily Telegraph*, 22 de março, 1893.

"disse representar um [...]" Adam Worth, op. cit., p. 17.

"recusou-se a se envolver [...]" ibid.

"autoridades inglesas" ibid.

"a palavra do ministro [...]" ibid.
"admitir a seu próprio [...]" ibid.
"ansiosos para ver o réu [...]" *Gazette de Liège*, 21 de março, 1893.
"perdera boa parte de [...]" ibid.
"privado das magníficas [...]" *La Meuse*, 21 de março, 1893.
"Este não é mais o [...]" ibid.

A versão condensada do julgamento de Worth foi transcrita da *Gazette de Liège*, 21 de março, 1893. O repórter da *Gazette* ouviu mal o pseudônimo de Worth, entendendo "Rau" e assim confundindo ainda mais a questão.

21. CAVALHEIRO ACORRENTADO [PP. 248-62]

"conseguir cair nas graças [...]" Adam Worth, op. cit., pp. 17-8.
"Ele foi um delator [...]" Confissão de Worth, op. cit., p. 2.
"Ele era informante [...]" ibid.
"De todos os patifes [...]" ibid.
"Não havia nada, de [...]" ibid.
"jamais se conformaria" ibid.
"matar Shinburn [...]" ibid.
"os rumores chegaram até [...]" Lyons, op. cit., p. 59.
"recebeu o cáiser na [...]" Duquesa de Gainsborough, op. cit., p. 26.
"mente cedeu sob o [...]" Lyons, op. cit., p. 60.
"cresceram até a idade [...]" ibid.
"muito amargurado" Confissão de Worth, op. cit., p. 8.
"nunca mais ele [...]" ibid.
"O tratamento presidiário [...]" ibid., p. 10.
"operado [...]" ibid.
"Quando eu caí em [...]" ibid.
"documento fornecido [...]" *New York Herald*, 18 de julho, 1897.
"consideravelmente menos do que [...]" ibid.
"todos os oficiais da polícia [...]" Gallagher, op. cit., p. 73.
"Sempre bem-vestido [...]" ibid.
"trabalhar em pequenos bancos [...]" "Prisão de Shinburn", p. 11, PA.
"Em sua residência foram [...]" ibid.
"A prisão de Shinburne [sic] [...]" ibid.
"obrigado a usar [...]" ibid.
"um homem de maneiras [...]" ibid.
"acamado de nervoso [...]" Confissão de Worth, op. cit., p. 2.
"a notícia gloriosa [...]" ibid.

"A notícia lhe fez mais [...]" ibid.

"Um conhecido criminoso [...]" *Daily Telegraph*, 11 de maio, 1893.

"Na gaveta da sala [...]" ibid.

"Parecia impossível [...]" Sifakis, op. cit., p. 471.

"obteve uma série de [...]" Asbury, op. cit., p. 217.

"consegui transferir de volta [...]" Sante, op. cit., p. 211.

"Ela já foi garçonete [...]" *The World*, 21 de março, 1894.

"as duas mais velhas [...]" ibid.

"já estava bem [...]" Bender e Altschul, op. cit., p. 24.

"esbanjado [...] em luxos [...]" Citado em ibid.

"É a ambição de todo nova-iorquino [...]" ibid.

"Ela viveu história [...]" *New York Herald*, 25 de agosto, 1899.

"Essa sua pele [...]" Rosamund de Zeer Marshall, Kitty (Londres, 1945), p. 107.

"o belo e diabólico [...]" ibid., p. 180.

"Que que é isso [...]" ibid., p. 27.

"a feminilidade floriu [...]" ibid., p. 71.

"Diacho, Kitty [...]" ibid., p. 46.

"A carícia aveludada [...]" ibid., p. 175.

"me chame de Tom" ibid., p. 3.

"uma ninfa [...]" ibid., p. 99.

"Você é de longe [...]" ibid., p. 260.

"Só tem uma outra [...]" ibid., p. 132.

"homem por inteiro" ibid., p. 302.

"Despi o roupão [...]" ibid., p. 304.

"foi preciso muito esforço [...]" Julie Gilbert, *Opposite attraction* (Nova York, 1995), p. 299.

"falar somente com [...]" ibid.

"três milhões e meio de dólares de bilheteria [...]" ibid., p. 301.

"Paulette Goddard desenvolveu [...]" *New York Herald Tribune*, 1º de abril, 1946, citado em Gilbert, op. cit., p. 301.

22. LE BRIGAND INTERNATIONAL [PP. 263-70]

"um mistério de dezessete [...]" *Pall Mall Gazette*, 24 de julho, 1893.

"um homem chamado Marsend [...]" *The Globe*, 28 de julho, 1893.

"um homem de negócios [...]" ibid.

"confessou com uma certa [...]" *Pall Mall Gazette*, 24 de julho, 1893.

"ter um indício do [...]" Memorando sem data de "McGeorge", c. 26 de julho, 1893, AA.

"em associação" ibid.
"através do Ministério [...]" ibid.
"algum dinheiro aos dois [...]" ibid.
"seu principal objetivo [...]" ibid.
"Worth prometeu [...]" *Pall Mall Gazette*, 24 de julho, 1893.
"Ele entrou no mundo [...]" ibid.
"Nada se diz, no relato [...]" *Midland Daily Telegraph*, 25 de julho, 1893.
"Os senhores Agnew, sem dúvida [...]" *Bath Herald*, 26 de julho, 1893.
"para adorar" *Sun*, 26 de julho, 1893.
"usara a pusilânime faca [...]" ibid.
"a história pode ser [...]" *Manchester Courier*, 25 de julho, 1893.
"visitado durante noites insones [...]" ibid.
"desoprimir sua mente" ibid.
"Como o criminoso tem sido [...]" ibid.
"no decorrer da entrevista [...]" *The Globe*, 28 de julho, 1893.
"várias gargalhadas [...]" ibid.
"Parece certo [...]" ibid.
"Continuo acreditando [...]" Robert Pinkerton a William Pinkerton, carta sem data, PA.
"Alguns jornais [...]" *Pall Mall Gazette*, 26 de julho, 1893.
"A firma teve negociações [...]" ibid.
"Nós já poderíamos ter [...]" ibid.
"As negociações para a devolução [...]" ibid.
"não tivesse chegado a ser [...]" Engen, op. cit., p. 20.
"Pode ser que haja [...]" *Sun*, 26 de julho, 1893.
"ouviu as notícias com a [...]" ibid.
"Homens misteriosos [...]" ibid.
"pediu às autoridades [...]" M. Worrall, memorando, 25 de agosto, 1893, AA.
"ser um associado [...]" Morland Agnew, memorando, 2 de agosto, 1893, AA.
"ou por quem quer que fosse" ibid.
"Não havia nada [...]" M. Worrall, memorando, 25 de agosto, 1893, AA.
"Sem dúvida que o quadro [...]" Morland Agnew, memorando, 2 de agosto, 1893, PA.
"Não havia nada a fazer." ibid.

23. VULGO MORIARTY [PP. 271-80]

"por entre os dedos [...]" *Pall Mall Gazette*, 24 de julho, 1893.

Parece que mesmo antes de introduzir Moriarty definitivamente em "O problema final", história de Sherlock Holmes publicada na *Strand Magazine* e na *McLure's Magazine* em dezembro de 1893, Conan Doyle já sabia de alguns feitos de Worth, já que "The resident patient", publicado em agosto daquele ano, faz referência à "quadrilha do banco Worthingdon".

"O original de Moriarty [...]" Vincent Starrett, *The private life of Sherlock Holmes* (Londres, 1933), pp. 141-2.

O doutor Briggs, um conhecido médico de St. Louis, era um amigo íntimo de Conan Doyle cujas buscas pelas origens factuais dos escritos do romancista o levaram a estabelecer a localização "real" do número 221-B da rua Baker.

"O homem permeia [...]" Conan Doyle, op. cit., *The final problem*, vol. II, p. 303.

"quem, em sua opinião [...]" McCluer Stevens, op. cit., p. 38.

"Imagine a longa e constante [...]" Citado em Dilnot, op. cit., p. 657; também McCluer Stevens, op. cit., p. 39.

"Ele é extremamente alto [...]" Conan Doyle, op. cit., *The final problem*, vol. II, p. 304.

"casos das mais variadas [...]" ibid., p. 303.

"um homem muito respeitável [...]" Conan Doyle, op. cit., vol. I, op. cit., *The valley of fear*, p. 478.

"1 milhão e duzentos [...]" ibid., p. 479.

Existe de fato uma tela retratando uma menina com uma ovelha, atribuída a Greuze, porém intitula-se *Innocence*. Uma tela com esse nome foi vendida na galeria de arte Pourtales, de Paris (Holmes modifica o nome para Portalis), em 1865 por pouco mais de 100 mil francos, ou 4 mil libras. Em 1918 provou-se que vinha a ser uma cópia do *Innocence* original, de Greuze, hoje parte da Wallace Collection, em Londres. De fato, como observou o suplemento literário do *Times*, em 1º de julho de 1960, "o preço de venda de um Greuze nunca ultrapassou os 129 mil francos oferecidos por *Les Oeufs Cassées*, na venda da Demidoff, em 1870".

"moça com cordeiro" Sou grato a Charles Higham, que destaca essa dica em seu livro *The adventures of Conan Doyle* (Nova York, 1976), p. 114.

"Consta que [...]" "A história de uma tela", *The World*, 11 de abril, 1877.

"pouco depois da [...]" Wayne G. Broehl, *The Molly Maguires* (Cambridge, Mass., 1964), vi, p. 409.

"quase uma paráfrase [...]" ibid.

"subiu nas paredes [...]" Entrevista com Ralph Dudley, 1948, por James Horan, citado em Horan, op. cit., p. 499.

"De início [...]" ibid.

"O sobrenome Worth [...]" Bob Robinson, "O ilustre convertido", palestra não publicada ao grupo "sherlockiano" da Carolina do Sul, The Handsome Wheels.

"um grande criminoso" Conan Doyle, op. cit., "The adventure of the illustrious client", op. cit., vol. II, p. 675.

"virtuose do violino" ibid.

"vilão perigosíssimo" ibid.

"agente do imenso [...]" ibid.

"uma mulher esbelta e [...]" ibid., p. 677.

"cartola brilhante [...]" ibid., p. 672.

"mais perigoso [...]" ibid.

"Ele tem gostos [...]" ibid., p. 675.

"que coleciona mulheres [...]" ibid., p. 678.

"homem-besta" ibid., p. 680.

"um verdadeiro aristocrata [...]" ibid., p. 676.

24. EXPIAÇÃO [PP. 281-91]

"de saúde alquebrada [...]" Adam Worth, op. cit., p. 18.

"uma ruína mental [...]" William Pinkerton a Robert Pinkerton, 12 de fevereiro, 1902, PA.

"Esta foi uma das [...]" ibid.

"Os ladrões entraram [...]" *New York Evening Journal*, 1º de novembro, 1897.

"A loja era tida como [...]" *London News*, 2 de novembro, 1897.

"Fisher não disse positivamente [...]" Memorando, PA.

"ele perdera um pouco [...]" Dilnot, op. cit., p. 661.

"Os franceses tinham [...]" Confissão de Worth, op. cit., p. 12.

"A coisa [...]" ibid.

"um apostador conhecido [...]" Adam Worth, op. cit., p. 18.

"ganhava a vida [...]" Dilnot, op. cit., p. 662.

"controlava o retrato [...]" Adam Worth, op. cit., p. 18.

"o único homem a quem [...]" Confissão de Worth, op. cit., p. 1.

"em hipótese alguma [...]" ibid.

"que eu era um bom [...]" ibid.

"Ele tinha certeza de que [...]" ibid.

"Carta aguardando [...]" ibid.

"um estranho apareceu [...]" Adam Worth, op. cit., p. 18.

"Caro Senhor [...]" Citado em Esterow, op. cit., pp. 197-9.

"Reconheci imediatamente [...]" Confissão de Worth, op. cit., p. 1.
"No dia 12 recebi [...]" ibid.
"Eu queria que fosse visto [...]" ibid.
"Exceto por estar grisalho [...]" ibid., p. 2.
"tinha as características de um [...]" ibid., p. 5.
"Eu o examinei [...]" ibid., p. 13.
"Bem, eu vim vê-lo [...]" ibid., p. 3.

25. MORIARTY CONFESSA A HOLMES [PP. 292-300]

"com disposição bisbilhoteira" Confissão de Worth, op. cit., p. 6.
"A Dama deve [...]" Horan, op. cit., p. 317.
"Considero este homem [...]" ibid., p. 2.
"que sempre gostara de mim [...]" ibid. p. 7.
"uma bela caixinha [...]" ibid., p. 10.
"Claro que não se pode [...]" ibid.
"e ele disse com lágrimas nos [...]" ibid., p. 8.
"Ele disse que tinha vivido [...]" ibid.
"O grande superintendente Byrnes [...]" ibid., p. 5.
"alguém falsificara a tela [...]" ibid., p. 9.
"Perguntei-lhe como estava [...]" ibid., p. 12.
"de coração ele o devolveria [...]" ibid., p. 14.
"em hipótese alguma [...]" Adam Worth, op. cit., p. 19.
"Comecei a falar [...]" Confissão de Worth, op. cit., p. 11.
"Antes de ir embora [...]" ibid., p. 14.
"Ele parecia de boa-fé [...]" Citado em Horan, op. cit., p. 316.
"Eu não sei se teremos mais [...]" Confissão de Worth, op. cit., p. 10.
"Eu acredito de fato que posso [...]" ibid., p. 13.

26. O FARDO DO MENSAGEIRO [PP. 301-13]

"a Scotland Yard trabalhava [...]" Adam Worth, op. cit., p. 19.
"rico norte-americano" *History of Agnew's, 1817-1967* (impressão privada, Londres, 1967), apêndix III, p. 81 (doravante História da Agnew).
"sugere que a questão [...]" ibid., p. 82.
"não deve haver ninguém [...]" Adam Worth, op. cit., p. 19.
"Sheedy adotou como postura [...]" ibid.
"O inspetor Froest acredita [...]" História da Agnew, op. cit., p. 81.

"Um homem que oferecesse [...]" Duquesa de Gainsborough, p. 23.
"Por enquanto [...]" Adam Worth, op. cit., p. 20.
"Temos que ter uma noção [...]" William Pinkerton aos senhores Lewis e Lewis, advogados, Chicago, 10 de julho, 1899, PA.
"ele não é em nenhum [...]" ibid.
"lhe permitisse o privilégio [...]" Adam Worth, op. cit., p. 20.
"Se os Agnew permitissem [...]" ibid.
"cruzasse o oceano" George Bangs a Robert Pinkerton, 16 de janeiro, 1900, PA.
"Talvez sejam eles [...]" ibid.
"os Pinkerton receberam [...]" Adam Worth, op. cit., p. 20.
"insistiu em receber [...]" Dilnot, op. cit., p. 662.
"Pinkerton imediatamente [...]" Adam Worth, op. cit., p. 20.
"Quando se soube [...]" ibid.
"Era um segredo conhecido [...]" *London Evening News*, 11 de abril, 1901.
"de medo que, em sua [...]" História da Agnew, op. cit., p. 82.
"Tenho notícias que me [...]" Morland Agnew, diário, citado in ibid.
"Esses ianques comem [...]" Morland Agnew a Daisy Agnew, 17 de março, 1901, AA.
"Passei momentos [...]" *London Evening News*, 10 de abril, 1901, p. 2.
"banho de água fria [...]" ibid.
"esse homem excelente [...]" ibid.
"Vocês terão a duquesa [...]" Esterow, op. cit., p. 200.
"Pessoalmente, eu estava [...]" *London Evening News*, 10 de abril, 1901, p. 2.
"Isso é muito dinheiro [...]" História da Agnew, op. cit., p. 82.
"À medida que se aproximava [...]" ibid., também *London Evening News*, 10 de abril, 1901, p. 2.
"Cerca de um quarto [...]" ibid.
"Enfim bateram na [...]" História da Agnew, op. cit., p. 83.
"mensageiro adulto [...]" ibid.

A ênfase de Agnew na idade, despreocupação e silêncio do mensageiro sugerem que se tratava de Adam Worth e que o *marchand*, apesar de todas as declarações posteriores, sabia disso. A recusa subseqüente de Pinkerton de falar sobre o paradeiro de Worth durante essa transação, sendo que foi tão liberal em relação a todas as demais questões, é mais uma prova de que o idoso mensageiro era Worth em pessoa.

"Depois que ele [...]" ibid.
"observou sua fisionomia [...]" Adam Worth, op. cit., p. 21.
"Ergui os olhos para o detetive [...]" História da Agnew, op. cit., p. 83.
"Tenho certeza de que [...]" Adam Worth, op. cit., p. 21.
"Bem, fico satisfeito que [...]" *London Evening News*, 10 de abril, 1901, p. 2.

"Em seguida fomos até uma [...]" História da Agnew, op. cit., p. 83.

"Pendurei-a num gancho [...]" ibid.

"Ao chegar a Nova York [...]" ibid.

"Há cerca de 25 anos [...]" Morland Agnew a Daisy Agnew, 31 de março, 1901, AA.

"nosso grato reconhecimento [...]" Morland Agnew a William Pinkerton, 31 de março, 1901, AA.

"Contei ao comissário [...]" História da Agnew, op. cit., p. 83.

"Se os funcionários da [...]" Adam Worth, op. cit., p. 21.

"Mamãe e algumas outras senhoras [...]" Morland Agnew a Daisy Agnew, 31 de março, 1901, AA.

"um milionário decadente [...]" *Daily Express*, 9 de abril, 1901, p. 5.

"mandara, através de nosso [...]" William Pinkerton a Moreland Agnew, Chicago, 8 de abril, 1901, AA.

"decididamente mentirosos" *Evening Standard*, 10 de abril, 1901, p. 1.

27. PIERPONT MORGAN, O NAPOLEÃO DE WALL STREET [PP. 314-22]

"regressando à Inglaterra [...]" Adam Worth, p. 22.

"do que o valor de lançamento [...]" Howard Zinn, *A people's history of the United States* (Nova York, 1990), p. 316.

"O mordomo lhe disse [...]" Bispo Lawrence, citado em Cass Canfield, *The incredible Pierpont Morgan* (Nova York, 1974), p. 114.

"Eu estava decidido a [...]" ibid.

"Indo para Londres [...]" Delos Avery, "Kidnapping done in oil", artigo em PA.

"O Napoleão de Wall Street", Jonathan Hughes, *The vital few* (Boston, 1966), p. 404.

"viu na Guerra Civil [...]" Chernow, op. cit., p. 22.

"Essa era uma época de corrupção [...]" George Wheeler, *Pierpont Morgan and friends — the anatomy of a myth* (Englewood Cliffs, New Jersey, 1973), p. 131.

"se alguém tiver que pensar [...]" Frederik Lewis Allen, *The great Pierpont Morgan* (Nová York, 1949), p. 154.

"O homem que tivesse acumulado [...]" ibid., pp. 111-2.

"havia dois Pierpont [...]" Chernow, op. cit., p. 35.

"Nunca, em circunstância [...]" Chernow, op. cit., p. 26.

"Entrego minha alma [...]" Allen, op. cit., p. 13.

"em geral de tal forma [...]" Wheeler, op. cit., p. 132.

"Isso não é nada [...]" Chernow, op. cit., p. 115.

"sorrir, e sorrir [...]" William Shakespeare, *Hamlet*, ato I, cena V.
"uma moça de altos [...]" Wheeler, op. cit., p. 82.
"jovem e delicada [...]" ibid., p. 83.
"lembrança de Mimi" ibid., p. 84.
"Isso vale para todas [...]" John Fowles, *The Magus* (Londres, 1977), p. 178.
"uma homenagem profundamente [...]" Chernow, op. cit., p. 42.

28. O RETORNO DA PRÓDIGA DUQUESA [PP. 323-33]

"Pelo portaló [...]" *Daily Express*, 9 de abril, 1901, p. 5.
"O senhor J. Pierpont [...]" *Daily Express*, 10 de abril, 1901.
"predileção e [...]" ibid.
"A ambição do senhor [...]" ibid.
"salvo um ligeiro [...]" *London Evening News*, 10 de abril, 1901, p. 2.
"num belo estado [...]" *The Times*, 9 de abril, 1901, p. 8.
"Papai telegrafou [...]" História da Agnew, op. cit., p. 84.
"que o ladrão lutou [...]" *Evening Standard*, 10 de abril, 1901, p. 1.
"a polícia, tanto [...]" ibid.
"Até onde eu sei [...]" História da Agnew, op. cit., p. 84; também *London Evening News*, 10 de abril, 1901, p. 2.
"romance mais estranho [...]" *Daily Telegraph*, 9 de abril, 1901.
"o terceiro e sensacional [...]" *The Times*, 10 de abril, 1901, p. 4.
"que o homem que roubou [...]" *The Times*, 9 de abril, 1901, p. 8.
"Sua verdadeira história [...]" *The Times*, 10 de abril, 1901, p. 4.
"Jornais cheios de [...]" História da Agnew, op. cit., p. 84.
"Estamos literalmente inundados [...]" *Evening Standard*, 10 de abril, 1901, p. 1.
"seu valor deve ter [...]"*London Evening News*, 9 de abril, 1901, p. 2.
"Podem acreditar em [...]" *London Evening News*, 10 de abril, 1901, p. 2.
"Os repórteres dos [...]" William Pinkerton a C. Morland Agnew, Chicago, 8 de abril, 1901, AA.
"Agora que a 'duquesa roubada'[...]" *London Evening News*, 9 de abril, 1901, p. 2.
"o verdadeiro Gainsborough" Fotografia em AA.
"É de se esperar [...]" Duquesa de Gainsborough, op. cit., p. 29.
"Agora que a tela está [...]" *London Evening News*, 10 de abril, 1901, p. 2.
"Meu navio foi mais [...]" Canfield, op. cit., p. 114.
"porém o senhor Morgan [...]" *New York Herald*, 7 de fevereiro, 1901.
"sujeito a que Sir William [...]" Da Agnew a J. Pierpont Morgan, 12 de abril, 1901, AA; também História da Agnew, op. cit., p. 84.

"Cheguei esta manhã [...]" História da Agnew, op. cit., pp. 84-5.

"um repórter contradisse [...]" ibid., p. 84.

"mais colunas de jornais [...]" Satterlee, op. cit., p. 352.

"Essa foi uma das ocasiões [...]" ibid.

"Ninguém jamais [...]" ibid., p. 353.

"um tanto apressadamente" Morland Agnew a William Pinkerton, 19 de novembro, 1902, PA.

"O que mais tem [...]" *New York Times*, 11 de agosto, 1963, citado em Chernow, op. cit., p. 100.

"licença para permanecer na Terra" Allen, op. cit., p. 179.

"Pierpont Morgan chama [...]" Wheeler, op. cit., p. 203.

"*The outcry* lida com [...]" Henry James, *The outcry* (Londres, 1911), comentário de capa para a primeira edição.

"bela duquesa [...]" ibid., p. 22.

"a mulher mais bela [...]" ibid., p. 30.

"o bilionário com o talão [...]" Adeline R. Tinter, "Henry James, *The outcry* e the art drain of 1908-9", revista *Apollo*, fevereiro, 1981, p. 110.

"Bender sabe [...]" James, op. cit., p. 21.

"Kitty quer tantas [...]" ibid.

"O mundo das artes [...]" ibid., p. 52.

"Objetos preciosos estão [...]" ibid.

"Dessa vez ela será [...] *London Evening News*, 9 de abril, 1901, p. 2.

"Ela está [...]" História da Agnew, op. cit., p. 86.

"Os teatros de [...]" ibid., p. 84.

29. O TÚMULO DE NEMO [PP. 334-50]

"tudo com que ainda [...]" Adam Worth, op. cit., p. 22.

"ele jamais teria participado [...]" *Pittsburgh Leader*, 3 de março, 1905.

"o pior negócio [...]" Guerin, op. cit., p. 298.

"O súbito regresso à [...]" *Magazine of Art*, junho, 1901, p. 368.

"Nunca antes, na história [...]" Duquesa de Gainsborough, op. cit., p. 5.

"recém-comprado [...]" ibid., p. 6.

"ela não é, no final [...]" *Pall Mall Gazette*, 9 de abril, 1901, p. 1.

"desaparecerá como [...]" ibid.

"Uma exposição em Londres [...]" *The Times*, 10 de abril, 1901, p. 4.

"Provavelmente todas as especulações [...]" Duquesa de Gainsborough, op. cit., p. 6.

"Nossos corações despedaçaram-se [...]" *Daily Express*, 10 de abril, 1901, p. 4.

"daquele meu irmão [...]" Adam Worth (vulgo Robt. R. Bayley) a William Pinkerton, 22 de junho, 1901, PA.

"Estou um pouco melhor [...]" ibid.

"Amigo H. [...]" William Pinkerton (B.) a Amigo H. (Adam Worth), 30 de junho, 1901, PA.

"Recebi várias cartas [...]" ibid.

"Creio que esteja escrevendo [...]" Robert Pinkerton a William Pinkerton, 3 de julho, 1901, PA.

"suspender completamente [...]" William Pinkerton a Robert Pinkerton, 5 de julho, 1901, PA.

"Incentivei-o a investir [...]" William Pinkerton a Harry L. Raymond, 21 de fevereiro, 1902, PA.

"tumor" ibid.

"preparara um [...]" Adam Worth, op. cit., p. 22.

"eles nada sabiam [...]" ibid.

"Ele pouca coisa me disse [...]" Henry L. Raymond a William Pinkerton, sem data, PA.

"não procurou [...]" ibid.

"O senhor Morgan não [...]" Morland Agnew a William Pinkerton, telegrama, 19 de novembro, 1902, PA.

"O teto é muito baixo [...]" Wheeler, op. cit., p. 203.

"Saí de seu quarto para [...]" Henry L. Raymond a William Pinkerton, sem data, PA.

"meios independentes" Certidão de óbito em St. Catherine's House, Londres.

"Permita-me informá-lo [...]" H. L. Raymond a William Pinkerton, 24 de janeiro, 1902, PA.

"Acha que poderia ser [...]" Robert Pinkerton a William Pinkerton, 6 de fevereiro, 1902, PA.

"Sua carta de 24 último [...]" William Pinkerton a H. L. Raymond, 2 de fevereiro, 1902, PA.

"homologado em 1907 [...]" McCluer Stevens, op. cit., p. 44.

"Meu pai deixou [...]" Henry L. Raymond a William Pinkerton, sem data, PA.

"sua casa foi invadida [...]" *New York World*, 9 de janeiro, 1905.

"Meu pai falava [...]" Henry L. Raymond a William Pinkerton, sem data, PA.

"um homem de idéias [...]" William Pinkerton a Henry L. Raymond, 21 de fevereiro, 1902, PA.

"Fiquei realmente sentido [...]" William Pinkerton a Robert Pinkerton, 2 de fevereiro, 1902, PA.

"Sinto-me como você [...]" Robert Pinkerton a William Pinkerton, 10 de fevereiro, 1902, PA.

"manter segredo sobre [...]" Robert Pinkerton a William Pinkerton, 6 de fevereiro, 1902, PA.

"vamos deixar a família [...]" ibid.

"Tenho uma carta [...]" William Pinkerton a Robert Pinkerton, 9 de fevereiro, 1902, PA.

"Eu detestei ter que [...]" William a Robert Pinkerton, 7 de fevereiro, 1902, PA.

"Nunca se consegue [...]" ibid.

"tão corretos quanto [...]" William Pinkerton a Robert Pinkerton, 9 de fevereiro, 1902, PA.

"o crime mais notável [...]" *New York Sun*, 9 de fevereiro, 1902.

"um dos ladrões mais célebres [...]" *Evening Sun*, 7 de fevereiro, 1902.

"um dos escroques mais [...]" *New York World*, 7 de fevereiro, 1902.

"Pessoalmente era muito [...]" *Chicago American*, 7 de fevereiro, 1902.

"do último de um bando [...]" *Chicago Tribune*, 7 de fevereiro, 1902.

"Com a morte de Adam Worth [...]" Adam Worth, op. cit., p. 23.

"Adam Worth está morto [...]" *New York Journal and American*, 7 de fevereiro, 1902.

EPÍLOGO [PP. 351-9]

"*robber baron* [...]" Gore Vidal, *United States, essays 1952-1992*, (Nova York, Londres, 1993), p. 1073.

"Grande Hipócrita" Robert Gandt, *Skygods, the fall of Pan Am* (Nova York, 1995), p. 10.

"no último degrau [...]" Henry L. Raymond a William Pinkerton, sem data, PA.

"um homem desta cidade" William Pinkerton a Henry L. Raymond, 21 de fevereiro, 1902, PA.

"Devemos estar em [...]" ibid.

"O crime profissional [...]" Morn, op. cit., p. 140.

"a motivação principal [...]" Horan, op. cit., p. 497; *World Magazine*, 25 de abril, 1920.

"obviamente ele fez mais [...]" Guerin, op. cit., p. 301.

"abraçando a respeitabilidade" ibid., p. 295.

"para a instrução dos [...]" ibid., p. 296.

"Worth sabia um bocado [...]" *New York Sun*, 7 de maio, 1902.

"Não há nada [...]" Nota de RAP (Robert Pinkerton), anexada à ibid., PA.

"por motivos sentimentais [...]" *New York Sun*, 7 de maio, 1902.

"Michelangelo [...]" Morn, op. cit., p. 133.

"Eu sou o que vocês [...]" Brochura para a exposição fotográfica da Pinkerton, Washington, DC.

"Eu não conheço [...]" *New York World*, 15 de outubro, 1900.

"descoberto o segredo [...]" Gallagher, op. cit., p. 110.

"Do início dos anos [...]" Max Shinburn, "Arrombamento de cofres", op. cit., PA.

"tão reveladora e [...]" Morn, op. cit., p. 138.

"absolutamente a zero [...]" William Pinkerton a George Bangs, Chicago, 27 de abril, 1913, PA.

"uma porção de histórias [...]" ibid.

"enlaçados nos braços [...]" Conan Doyle, "The final problem", op. cit., vol. II, p. 317.

"Tudo vem em [...]" ibid., vol. I, p. 479.

"uma imensa e crescente [...]" Allen, op. cit., p. 113.

"viúva de pileque [...]" Wheeler, op. cit., p. 283.

"suas doações estavam [...]" Allen, op. cit., p. 121.

"lances feitos do fundo [...]" *Daily Telegraph*, 14 de julho, 1995.

"É uma história tão [...]" Duque de Devonshire, entrevista com o autor, setembro, 1995.

"Não há evidência técnica [...]" Relatório sobre a *Duquesa de Devonshire*, de Gainsborough, feito por Rica Jones, da Tate.

Índice remissivo

ESTA OBRA FOI COMPOSTA PELO GRUPO DE CRIAÇÃO EM MINION, TEVE SEUS FILMES GERADOS PELO BUREAU 34 E FOI IMPRESSA PELA GEOGRÁFICA EM OFF-SET SOBRE PAPEL PÓLEN SOFT DA COMPANHIA SUZANO PARA A EDITORA SCHWARCZ EM MAIO DE 2000